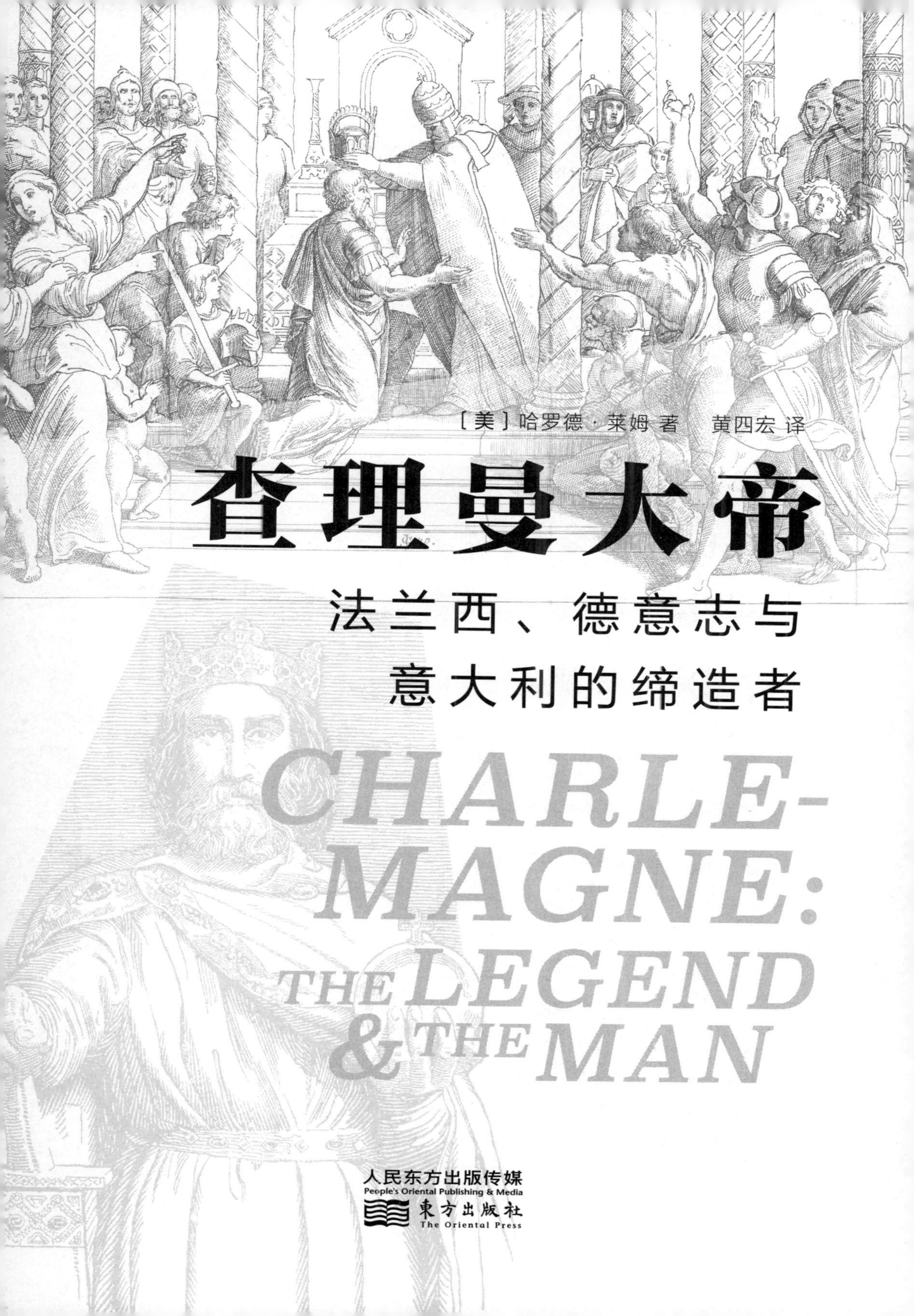

〔美〕哈罗德·莱姆 著　黄四宏 译

查理曼大帝

法兰西、德意志与意大利的缔造者

CHARLEMAGNE: THE LEGEND & THE MAN

人民东方出版传媒
People's Oriental Publishing & Media
東方出版社
The Oriental Press

图书在版编目（CIP）数据

查理曼大帝 / (美) 哈罗德·莱姆 著；
黄四宏 译. -- 北京：东方出版社, 2020.5
ISBN 978-7-5207-1472-3

Ⅰ. ①查… Ⅱ. ①哈… ②黄… Ⅲ. ①查理大帝
(Charles the Great, Charlemagne 742–814)—传记
Ⅳ. ①K835.657=314

中国版本图书馆CIP数据核字(2020)第042161号

查理曼大帝
（CHALIMANDADI）

作　　者：[美] 哈罗德·莱姆
译　　者：黄四宏
责任编辑：辛春来
出　　版：东方出版社
发　　行：人民东方出版传媒有限公司
地　　址：北京市朝阳区西坝河北里51号
邮　　编：100028
印　　刷：三河市刚利印务有限公司
版　　次：2020年5月第1版
印　　次：2020年5月第1次印刷
开　　本：710毫米 × 1000毫米　1 / 16
印　　张：24.75
字　　数：360千字
书　　号：ISBN 978-7-5207-1472-3
定　　价：98.00元
发行电话：（010）85924663　85924664　85924641

译者序

查理曼大帝（742—814）的故事充满着英雄主义传奇色彩。查理曼大帝是西方文明最有影响力的人物之一。查理曼大帝长达四十七年的统治见证了中世纪某些意义非凡、影响深远的历史进程。毫无疑问，查理曼大帝对欧洲的启蒙愿景带来了加洛林文艺复兴，而这一未曾停止发展的文化繁荣时期促成了后来所谓的哥特时期的惊人成就。如果没有查理曼大帝，那么欧洲文明可能会长期停滞不前并且陷入混乱与蒙昧。即使在一千多年后的今天，我们也能感受到查理曼大帝强大的影响力。

本传记共十章，以时间为序，详述了查理曼大帝孩童时期的经历，从继承王位到加冕称帝的历程，以及驾崩后的影响力和种种传奇故事。查理曼大帝是矮子丕平的私生子，自幼备受各种歧视与冷眼。矮子丕平没让查理曼大帝接受什么教育，只是让他在身后看自己处理政务。矮子丕平驾崩后，查理曼大帝和弟弟卡洛曼一世继承了王位，共同统治法兰克王国。卡洛曼一世撒手人寰后，查理曼大帝独享王位并且立即开始推行扩张政策。查理曼大帝首先征服了意大利的伦巴第人，然后通过野蛮措施征服了异教徒撒克逊人。随着查理曼帝国慢慢扩张，查理曼大帝也证明了自己在军事、民事管理及外交方面的才能。查理曼大帝是当之无愧的开明君主——他关心百姓疾苦，招贤纳才，重视教育，有勇有谋，毕生都在努力创建一个伟大的基督教共同体。查理曼大帝驾崩后，关于他的传奇故事不胫而走，而不同的时代、不同的民族都竭力塑造着不同的查理曼大帝的英雄形象——查理曼大帝俨然成为一股不朽的催人奋进的精神力量。当然，现实中的查理曼大帝也是凡尘之人，不可避免地会有某些性格上的缺陷——尤其是古代帝王的一些保守和骄奢的习性，如干涉甚至不让女儿结婚成家、拥有成群的妻妾却疏于管理，并且因此在最终告别世俗之际，成了名副其实的孤家寡人。虽然查理曼大帝晚年时的凄凉场面不禁令人唏嘘，但瑕不掩瑜，他的伟人光辉和卓越成就将永留汗青。

本书的作者哈罗德·莱姆出生于美国新泽西州的阿尔派恩，是美国历史学家、编剧家、小说家和作家。在哥伦比亚大学求学期间，哈罗德·莱姆师从美国著名作家和文学评论家卡尔·凡·多伦和美国著名音乐家、作家和文学教授约翰·厄斯金，并且逐渐对亚洲的民族和历史产生了浓厚的兴趣。哈罗德·莱姆很早就开始了写作生涯，其作品频频刊登于赫赫有名的《冒险》杂志。《冒险》成了见证哈罗德·莱姆长达十九年的小说创作的主要刊物。1927年，哈罗德·莱姆写了一部关于成吉思汗的传记，广受好评并且从此转向了非小说写作，撰写了大量的人物传记和通俗历史书籍，直至1962年逝世。哈罗德·莱姆关于十字军运动的历史记载获得的成功引起了著名导演塞西尔·戴米尔的关注，随即受聘为同一主题电影的技术顾问。从此，哈罗德·莱姆为塞西尔·戴米尔导演撰写了许多电影剧本，如《乱世英杰》（1936年）、《霸王妖姬》（1949年）等。据哈罗德·莱姆说，他会说法语、拉丁语、波斯语、阿拉伯语和少量的鞑靼语。哈罗德·莱姆的创作影响了一大批美国作家，包括罗伯特·欧文·霍华德、马尔科姆·惠勒-尼科尔森、斯科特·奥登等。

本书是哈罗德·莱姆所著的浩瀚的传记作品中的一部。1954年，一经问世，本书便获得了《纽约时报》的强烈推荐。与此同时，权威书评杂志《柯克斯书评》也给予了本书极高的赞誉，指出"哈罗德·莱姆已经学会了将真正广博的学识与真实的故事感、戏剧感和性格融为一体的艺术。撰写查理曼大帝的传记时，哈罗德·莱姆深入挖掘了存于修道院、博物馆和国家档案馆中的古代手稿里的资料，出色并且完整地描绘了一位迄今仍然充满传奇色彩的伟大皇帝。……该传记全面展示了人物及其时代。对读者而言，阅读该传记不啻一种丰富的体验。”

正如作者在后记中所说的：“本传记尝试讲述查理曼大帝毕生的梦想，而无意过多评述他的成与败。”虽然本书客观的叙述视角可以给读者留下更多的解读空间和阅读体验，但哈罗德·莱姆长期的文学写作背景让他展现出了不同于其他传记作者的独特写作风格。本人一直认为，译者应当尽职尽责地肩负起文化交流使者这一重任，不仅要尊重原作、原作者及其文化，而且不能怠慢译作的读者群体以及译语文化。译者只有处理好了这两极的关系，才能让译作发挥其应有的价值和折射人类文明成果的光芒。因此，在翻译这本传记过程中，本人一方面尽可能尊重原作的写作风格和文学性，力求让读者尽可能多地体会到哈罗德·莱姆的作传方式，另一方面也竭力尊重原作的史料记录和历史传记的特点，力图向读者重现伟人查理曼大帝的形象及其所处的中世纪早期的欧洲概况。达到上述目的绝非易事。首先是努力与作者共情，想他所想，叙他所叙。哈罗德·莱姆非常擅长于刻画人物心理活动并且常将其与叙述有机地融为一体，而在翻译中稍有不慎，译者便会忽略了原作的旨意而误导读者。因此，为避免读者困惑，本人采用了适当的话语标记，尽力使原作的心理描写与事件叙述之间的过渡显得更加明朗。其次是不同文化背景的问题。由于历史背景是距今一千二百余年的中世纪早期的欧洲，原作涉及大量的相关历史事件、宗教术语、人物和地点，而读者如果缺乏必要的历史文化知识，那么在阅读本书时会出现种种阅读困难，影响文化传播的效果。因此，本人查阅了大量的资料，在译作中补充了近三百条注释，力求为读者弥补百科知识不足的缺陷，以飨读者。幸运的是，原作者哈罗德·莱姆非常有先见之明，不仅“书中的河流、城市采用的都是现代名称——只有一些当时十分重要、现在却鲜为人知的地方才保留了原名”，而且头衔和官职采用的都是“中世纪中晚期的更简单的形式”，十分为读者着想。在我查阅资料时，哈罗德·莱姆的做法也为我省去了许多跨越时空的棘手问题。最后是译作的可读性问题。在尽量忠实原作的基础上，本人不忘考虑译作读者的阅读感受，竭尽所能地发挥着自己的语言能力，力求让读者享受一次愉悦的阅读之旅——读者能爱不释手地捧着拙作并且沉醉其中不仅是我莫大的幸福，而且会让我的成就感油然而生。当然，鉴于本人能力有限，本书中的纰漏肯定在所难免。敬请各位读者不吝批评与指正。

在本书翻译过程中，本人尤其要感谢爱人詹宏伟、儿子詹睿文的大力支持。我的爱人和儿子对我的每一部译作都表现出了强烈的兴趣和美好的憧憬，而这种兴趣和憧憬让我自始至终都保持着饱满的精神动力。在闲暇之余，我的爱人和儿子还会帮我斟字酌句，打磨译文，让我能将译文更好地呈现给读者。最后，本人还要感谢李飞老师及其认真负责的编辑团队通过多次审阅和校对让本书得以出版。

于杭州西湖西斗书斋

2019年5月

作者序

查理曼逝世后，好几代人一直把他当作伟人铭记心头，并且尊称他为“查理曼大帝”。

“查理曼”这个名字不仅听起来有点奇怪，而且拥有非同寻常的意义。与其他大多数国王不同，查理曼大帝似乎不属于某一个民族，而是属于西方基督教世界的所有欧洲民族。这或许是因为暮年时的查理曼大帝竭力想统一基督教世界的这些民族并且建成一个基督教团体，而正是在这一过程中，他让各民族对未来满怀希望。

在查理曼大帝所处的时代，文明和地理界限正在逐渐消亡。随着最后一批罗马军团的覆灭，科学、法律和井然有序的生活——这些维系我们当今社会的机制——也在逐渐远离大西洋东岸的蛮族。大西洋东岸的这些蛮族是我们的祖先，而在罗马帝国日渐瓦解时，其中有些民族，如西哥特人①、伦巴第人②等，就已漂洋过海迁入罗马帝国，保留了衰落的罗马文明的某些记忆及精华。然而，直到很久后，查理曼大帝的臣民，即法兰克人才来到这片土地。

① 西哥特人，东日耳曼人的一支，曾在西罗马帝国境内的伊比利亚半岛建立西哥特王国，先后定都于图卢兹、托莱多。——译者注（本书中除原注外，均为译者注，不再另行说明）

② 伦巴第人，日耳曼人的一支，起源于斯堪的纳维亚，历经四个世纪左右的民族迁徙后，伦巴第人占据了亚平宁半岛（即意大利）北部并且在此建立了伦巴第王国。

法兰克人虽然用武力占据了卢瓦尔河[①]与莱茵河之间的一片荒野并且定居落户，但总是被女巫安息日的见闻和夜间主宰森林的撒旦所困扰。后来，法兰克人听了爱尔兰人圣高隆邦[②]等传教士的预言，对未来萌生了一些希望。圣高隆邦告诉法兰克人，不仅人的灵魂终会获得救赎，而且耶稣基督可能会再次降临。

精力旺盛的法兰克人属于日耳曼部落的一支，素有勇士传统，听过贝奥武夫[③]扯下了妖怪格伦德尔一只刀枪不入的手臂的英雄事迹。在更凶残的蛮族斯拉夫人和东方游牧民族的逼迫下，法兰克人虽然靠着强壮的身体幸存了下来，但不得不长期偏安于欧洲一隅。此外，法兰克人与幸存的希腊-罗马文化之城，即君士坦丁堡隔海相望——那边盛行的是伊斯兰文化，与法兰克人的文化针锋相对。在黑暗至极的7世纪，法兰克人的世界似乎正在走向穷途末路——许多人相信，等到1000年，世界将会戛然而止。

在那段时期，不仅人们胸无大志，思想日渐沉沦，而且文字逐步衰败——通用拉丁语分裂成了各种本地语，而这些比肉体面临的危险和磨难更令人担忧。罗马帝国时期幸存下来的高卢人[④]逐渐忘却了古老的技能，而法兰克人虽然是高卢人的主宰，但不明白文明国家的国王为什么要靠法律来管理人民。法兰克人效忠于自己推选出来的部落首领。法兰克人的首领达格伯特一世[⑤]统一了分裂的民族；普瓦捷战役[⑥]后，铁锤查理[⑦]将穆斯林入侵者往南赶到了高卢以外，并且通过没收教堂资产聚敛了财富；铁锤查理的儿子矮子丕平则

---

① 卢瓦尔河，源出临地中海海岸的塞文山脉南麓，在布列塔尼半岛南面注入大西洋，两岸风光秀丽并且多葡萄园，是历史上水上运输的大动脉。

② 圣高隆邦（540—615），一位伟大的传教士，因远离自己的家乡爱尔兰去蛮荒的欧洲大陆宣讲基督及其福音而被视为开创西欧文明的伟大先锋之一。法国、瑞士及意大利等地都有由圣高隆邦所创建的修道院。

③ 贝奥武夫，盎格鲁-撒克逊民族的英雄叙事长诗《贝奥武夫》中的主人公，是灭除妖怪格伦德尔的民族英雄。

④ 高卢人，指古罗马时期扩张至安那托利亚中部的使用高卢语（凯尔特语族的一个分支）的人。

⑤ 达格伯特一世（605—639），632年，即查理贝尔特二世被刺身亡后，达格伯特一世统一了分裂的法兰克并且成为法兰克唯一的国王。

⑥ 普瓦捷战役，征服西班牙后，阿拉伯帝国开始了对法兰克王国的征服。732年，阿拉伯军队与法兰克军队在普瓦捷交战，而法兰克军队取得了最终的胜利。

⑦ 铁锤查理（688—741），即法兰克王国墨洛温王朝末期的宫相查理·马特。查理·马特抚平内乱，抗击外敌，实行采邑改革，为后来加洛林王朝的建立奠定了基础。

普瓦捷战役

试图控制高卢南部，将法兰克人打造成为异族的改变者，进而成为异族的统治者。然而，只有查理曼大帝，即铁锤查理的孙子、矮子丕平的儿子，获得了大帝的称号，而查理曼统治下的法兰克王国变成了加洛林帝国，即查理曼帝国。

后来，西方世界经历了一些特别的事件。虽然查理曼帝国不复存在，但人们对它的记忆经久不衰。不仅查理曼帝国化作了一股力量，帮助塑造了一个新的西方世界，而且查理曼大帝成为一个传奇。在所有基督教领土上发展和传播的查理曼大帝的传奇故事不仅是一段关于虚构的黄金时代或超凡君主的记忆，而且是属于全人类的记忆，展现了一位统治者在短期内如何带领人们奔赴不可思议的理想之地。可以说，查理曼大帝的传奇传遍大小宫殿与教堂，穿过千家万户，走过大街小巷，甚至偷偷溜进了民谣歌曲，并且在长达四百年的时间里一直影响着欧洲的风云变幻。

故事可以多次书写。本书讲述的就是查理曼大帝的故事及其传奇之始。

目录

第1章

森林之地

为圣多马守夜后，查理曼接受了自己的第一个任务。查理曼开始了自己的探险并且在753年冬季的雪地和泥沼上留下了一串深深的足迹。查理曼没有可以指挥的军队，也没有获封任何领地——耕地也好，森林也罢，他都没有。753年，十一岁的查理曼个头很高，虽然行动笨拙，但肩膀宽厚，手掌宽大，看上去身强体壮。查理曼满头的黑发刚刚修剪过，梳拢在一起。查理曼虽然块头大，但声音十分尖锐。

平时，大家都称查理曼为“矮子丕平的那个儿子”。出于某种原因，有些人很不喜欢查理曼并且会把他的名字念成“渣儿”，即下贱之人的意思。“渣儿”虽然不是查理曼的真名，但很适合他。

接受任务后，查理曼立刻保证，无论是否下雪，他都会快速前行，独自迎接那些越过阿尔卑斯山脉来到法兰克的访客们。查理曼拉过一件羊皮斗篷，披在皮袍外，骑着马，从矮子丕平的王宫，即古老的西奥多庄园出发了。查理曼虽然忘了给陌生的来访者带礼物，但没忘记给骑手们一人挑一匹良马。除了剑手克罗尔德，查理曼挑选的骑手还包括几个前一天和他一起猎鹿的守林人。在没有任何忠诚的部下、显赫的主教，以及死心塌地的追随者的情况下，这个倔强任性的男孩就这样带着一帮男伴出发了。

看着查理曼一行人的身影消失在泥沼上，没入漫天飞雪之中，一些送行

教皇斯蒂芬二世

者大笑起来，轻声说道，与其说“渣儿”是出发去迎接圣彼得[①]的使徒，即教皇斯蒂芬二世，倒不如说他是骑马外出狩猎。矮子丕平没有吭声——身为法兰克王国一国之主，矮子丕平向来严肃冷酷。矮子丕平虽然把自己的大儿子查理曼留在身边，看着他长大，但不仅不送他上学，而且不派人辅佐他。然而，没人能说得准矮子丕平对待查理曼的这种方式究竟是好是坏。

① 圣彼得（1—67），早期基督教领袖人物之一、耶稣十二门徒之一，后因被罗马皇帝尼禄·克劳狄乌斯·恺撒·奥古斯都·格马尼库斯迫害而在罗马殉道而死。临死前，圣彼得要求被倒钉在十字架上。

在没膝的泥沼中，马儿们举步维艰、疲惫不堪。查理曼与同伴频繁地给领马更换着马鞍，跟着夕阳，一路向南飞速行进，抵达了近三百英里[①]外的客栈。这是矮子丕平给查理曼的第一个任务。查理曼非常开心，自由自在地骑着马，无须听圣富拉德或总司令伯纳德·德·圣昆廷的说教。

赶路时，查理曼一行人开怀歌唱，而他们激起的阵阵水汽旋即消失在一片迷雾中。看着自己跟随的男孩如此开心，查理曼的六位同伴庆幸不已。

矮子丕平

① 一英里约合一点六千米。

用查理曼的话说，好运总会与梅斯主教圣阿努尔夫的家人同行。查理曼的家族的始祖梅斯主教圣阿努尔夫曾求过神迹——他把自己的指环投入塞纳河[①]，说如果指环能失而复得，那么他将成为一国之君。梅斯主教圣阿努尔夫的指环沉入水中，不见了踪影。几年后，梅斯主教圣阿努尔夫的餐桌上摆着一条鱼。鱼刚被剖开，梅斯主教圣阿努尔夫的那枚指环便掉了出来——毫无疑问，这是上帝的旨意。

“我们途经一条没有浅滩的河，”剑手克罗尔德说道，“夜幕降临时，查理曼正骑着马。一头白色的雄鹿突然在查理曼面前跃起并且跳入水中。在夕阳下，鹿角如金子般闪闪发光。查理曼骑着马紧跟着雄鹿蹚入河中——天哪，千真万确，浅滩出现了。虽然大家纷纷蹚水过河，但河水都没怎么打湿大家的绑腿。”

正如这些茶余饭后的闲聊，查理曼能记起的事不是与狩猎有关就是与河流有关。由于不相信自己有何过人的本领或智慧，查理曼很喜欢听同伴们谈论他的运气。

夜幕降临并且赶到三百英里外的客栈时，查理曼认为，命运果真待他不薄——一群马正歇在干草堆和马厩旁。难道罗马来访的使徒已经到了？

然而，客栈门口站着的是奥谢公爵。奥谢公爵曾奉矮子丕平之命去罗马指挥作战。由于认出了高高的查理曼，奥谢公爵说道：“你父亲丕平在后面多远？”奥谢公爵虽然是一位老练的主教，但说话直白——他直呼矮子丕平其名，没有敬称国王。

“父王没来。父王派我来接圣彼得的使徒，即教皇斯蒂芬二世。教皇斯蒂芬二世人呢？”

奥谢公爵不大高兴，看着眼前的查理曼，许久才解释说，由于翻山时遭遇了危险，教皇斯蒂芬二世一行人中的一个人在圣莫里斯修道院去世了，而剩余的人正从圣莫里斯修道院缓慢向客栈行进。

① 塞纳河，今法国北部大河，是欧洲最具历史意义的大河之一。自中世纪初期以来，巴黎就是在塞纳河的一些主要渡口上建立起来的。

奥谢公爵和他的人占据了阁楼上的睡铺，没有给查理曼及其同伴腾地方。奥谢公爵甚至直截了当地指出，矮子丕平只派他年幼的儿子和一群林间伙伴两手空空地来迎接教皇斯蒂芬二世是十分不礼貌和有失身份的。

查理曼立刻毫不客气地回应了奥谢公爵，表示自己不会像奥谢公爵那样在客栈舒舒服服地住着——由于是受命来迎接伟大的访客的，他将继续向前执行命令。

奥谢公爵回到火炉旁，嘴里嘀咕道："渣儿。"

雪还在下着，而天色越发昏暗。查理曼一行人继续前行，忍受着肆虐的刺骨之寒。疲惫不堪的马儿们拖着沉重的蹄子，极不情愿地踏出了干草堆和马厩。剑手克罗尔德和守林人们毫无怨言——他们是查理曼的人，必须忠心耿耿。

天黑了，查理曼和同伴被困在了森林中。由于找不到出路，查理曼一行人便勒马在林间休憩。查理曼生性倔强——他即使找不到栖身之处，也绝不会回头去睡在火炉旁的石头上，眼巴巴看着奥谢公爵睡在干草铺上。

查理曼突然大笑起来，说道："亲爱的朋友们，现在，那头白色的雄鹿肯定要出现了——它应该会给我们指路。"

看到查理曼如此乐观，伙伴们备受鼓舞并且乐得继续前行，就和冒险穿越黑暗的埃及一样。终于，一名守林人指着前方，说道："那里隐约有火光——应该是哪户人家的炉火吧。"大家都这么想。

然而，沿路也亮起了火光。原来，那火光是一列骑兵队的火把，而由于没有兵力对抗那么庞大的部队，查理曼一行人勒紧了缰绳。这些骑兵看起来像夜间出没的强盗。

剑手克罗尔德发誓道："雄鹿会不会再出现并不重要——如果不是尊敬的圣彼得的使徒，即教皇斯蒂芬二世一行人，那么请立刻把我打瞎！"剑手克罗尔德一语中的——为了赶路，教皇斯蒂芬二世及其护送者只能在黑暗中摸索前行，沿途寻找歇身之处。兴奋不已的查理曼满身的疲倦一扫而光——这么好的运气实在是千载难逢！

骑兵们得知查理曼是代表法兰克人来接他们的，便带着他来到一个人面前。这个人裹得严严实实，骑着白马，有气无力地问道："国王在哪儿？"

查理曼下了马，激动得语无伦次，努力解释称，在西奥多庄园温暖的大厅里，铁锤查理的儿子矮子丕平正恭候着教皇斯蒂芬二世。说完这番话，查理曼便不知道再说什么了，只能焦虑不安地等着对方答复。另一个人用清晰流畅的拉丁语将查理曼的话复述了一遍。

铁锤查理

很明显，由于矮子丕平没有亲自来迎接教皇斯蒂芬二世，那个裹着长袍的人起了疑心。查理曼竭力想听懂裹着长袍的人和另一个人的奇怪的谈话，并且马上意识到他的父亲派他和同伴来迎接教皇斯蒂芬二世是不符合礼节的。教皇斯蒂芬二世小声嘀咕着，而他的声音随着山间的寒风颤抖着。

与此同时，查理曼猛然想起自己的手中竟然没拿任何礼物，顿时羞愧难耐。

“尊敬的教皇大人，”查理曼扯着尖厉的嗓子喊道，“我虽然本该带一些上好的织物和贵重的黄金送给您做礼物，但现在只有狩猎武器和书籍，几乎没有织物和黄金。”

毛皮兜帽中露出了一张脸。在火把的亮光下，教皇斯蒂芬二世的脸显得格外苍白和疲惫。教皇斯蒂芬二世弯下腰来仔细审视着查理曼，说道：“勇敢的孩子，我还需要什么礼物呀！查理曼，你已经送了我们一份大礼——你竟然在深更半夜穿过了这荒郊野外的森林，并且接下来还要带我们去找个地方安顿下来，不是吗？”

听到伟大的教皇斯蒂芬二世字正腔圆地叫着自己的大名，查理曼渐渐宽慰——他的名字听起来非但不像含糊不清的“渣儿”了，反倒像教堂里清脆悦耳的钟声。

骑着马掉头并且经过骑兵时，查理曼一直在想，他毕生都不会忘记这祝福之声。此时，查理曼内心的羞愧已经荡然无存。

由于抑制不住内心的狂喜，查理曼笑了起来并且连连发呛。剑手克罗尔德见状，赶紧来到查理曼身旁，小声问道：“您怎么了？”

查理曼大吸一口气，说道：“在半夜最冷的时辰，我们要去把奥谢公爵从温暖的被窝里揪出来，让他给这些主教和神父腾地方，而一想到那情景，我就忍不住想笑。”查理曼的笑声划破了黑夜的寂静，在冰天雪地里久久回荡。

754年首日的圣诞宴会后，查理曼完成了他的第一次任务。放眼望去，西奥多庄园的湿湿漉漉的屋顶上升起了袅袅炊烟。不仅身着长袍的圣富拉德已在路边等待，而且全副武装的总司令伯纳德·德·圣昆廷也带着部下守候一旁。在古老破败的罗马式拱门下，查理曼的父亲矮子丕平也在等待着。矮子丕平穿着一件崭新的天蓝色披风，腰佩宝剑，而剑柄的圆球上镶着金十字架。令查理曼吃惊的是，矮子丕平摇晃着宽大的身子下了马，踏入泥地，像个马夫一样牵着教皇斯蒂芬二世的马的缰绳穿过了拱门。

奥谢公爵嘟囔道："有人要为矮子丕平的所作所为付出代价。"

查理曼打了个响指，对奥谢公爵的冷言冷语非常不屑。

在温暖的大厅里，教会贵族和世俗贵族共聚一堂。矮子丕平和教皇斯蒂芬二世穿过人群，进入了祈祷室，为教皇斯蒂芬二世在寒冬中的长途跋涉和平安抵达祷告。这时，怪事发生了。

在圣坛的台阶处，教皇斯蒂芬二世不顾连日来的疲惫，对矮子丕平跪了下来，哭着说道："法兰克国王，请你接受我的恳求——如果你不答应帮我对抗外敌，那么我将长跪不起。"

或许是过度劳累，或许只是年迈消沉，教皇斯蒂芬二世消瘦的脸庞已经老泪纵横。查理曼想亲眼看着他的父亲矮子丕平会如何迅速和热心地扶起教皇斯蒂芬二世。

然而，矮子丕平无动于衷，并且翘起了他的下巴。矮子丕平不仅身体强壮，而且非常警惕。啜泣的教皇斯蒂芬二世和沉思的矮子丕平二人形成了一幅画面，仿佛圣坛后的马赛克图案，定格在了查理曼的脑海中。

许久后，矮子丕平才一言不发地伸手扶起了年迈的教皇斯蒂芬二世。

完成任务后，查理曼回到王宫重返旧职——其实也不是什么职责，只是继续像以前一样做矮子丕平的混账儿子。

矮子丕平皮肤黝黑，少言寡语。矮子丕平的王权不是世袭而来的——他原本是位宫相，是法兰克贵族中的老大，还曾发誓要忠于当时的君主，即墨洛温王朝①的末代国王希尔德里克三世②。

① 墨洛温王朝，存在于481年至751年，是法兰克王国的第一个王朝，后被加洛林王朝取代。墨洛温王朝的疆域相当于当代的大部分法国与德国西部。

② 希尔德里克三世（714—754），墨洛温王朝最后一位国王，743年至751年在位。

希尔德里克三世

然而，矮子丕平采取了行动，采用强硬手段迅速掌握了国家的统治权。当时，希尔德里克三世正坐着礼车去参加一年一度的议事会。公牛拖着礼车，步履沉重，而车夫是位长发的农夫。体态臃肿、满头红发的希尔德里克三世本该在议事会上会见列席的子民，核实他们完成的任务并且审批下一年的计划。

751年，法兰克贵族可能一起宣誓达成了共识，准备选举一位宫相。矮子丕平不是宫相的候选人，却是最出类拔萃的法兰克贵族，有强大的卫兵支持，牢牢掌控着兵权，可以随意调遣士兵，并且每年都会率领法兰克的武装部队南征北战。因此，矮子丕平派圣富拉德出使罗马，询问教皇圣扎加利，在掌控了国家兵权的情况下，矮子丕平是否应该谋个头衔。教皇圣扎加利给出了肯定的答复。

因此，希尔德里克三世被挟持到了森林里的一座修道院中，没有出现在议事会上——这位几乎被人遗忘的墨洛温王朝末代君主坐着礼车，自此永远告别了舒适的农场、美食和女人，并且被剃光了满头漂亮的红发。在议事会上，矮子丕平受拥为国王，而圣卜尼法斯①为矮子丕平加冕，给满头黑发的矮子丕平戴了顶金王冠。

奥谢公爵等大贵族虽然从未将矮子丕平的国王身份当回事，仍然认为矮子丕平与他们地位相当，但即使心有不甘，也必须听从君命——身为铁锤查理之子的矮子丕平已成功篡夺了王位。

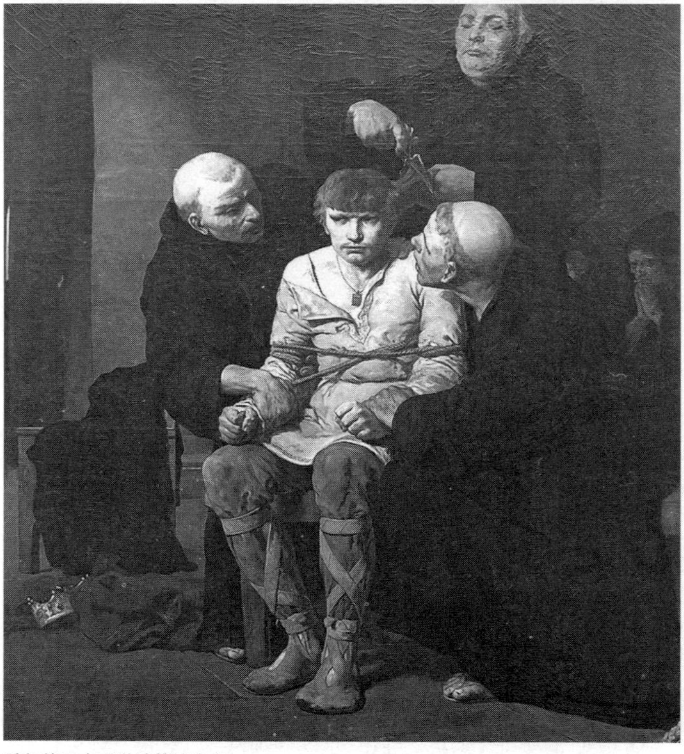
希尔德里克三世被剪掉头发

① 圣卜尼法斯（约675—754），被称为“德意志人的使徒”，出生于英格兰的温弗里德，8世纪向法兰克帝国的日耳曼地区执行盎格鲁-撒克逊传教任务的主要人物，被教皇格列高利三世任命为美因茨大主教。

圣卜尼法斯

虽然在这些缺少感恩之心的日子里，基督教世界似乎在黑暗中渐趋没落，但早前的黄金时期在所有法兰克人的脑海中仍挥之不去——那时，不仅罗马帝国遍地黄金、贸易活跃，而且墨洛温王朝的先祖们带领着法兰克人傍海而生。

没有人跟查理曼提过往昔的繁荣与和平。骑马或是站在父亲矮子丕平身后时，查理曼曾无意间听到了只言片语的传说和窃窃私语。从清晨开始，直到晌午用餐前，矮子丕平都会让查理曼跟在他身后聆听臣民的各种可怜的申诉——这就是矮子丕平对儿子采取的教育方式。

贝尔特拉达王后

虽然贝尔特拉达王后认为孩子应该研习宗教经典，但只有在午饭后犯困的一个小时和临睡前。查理曼才有机会接触宗教书籍并且向执事们请教。执事们都是贪恋酒肉之徒。在酒足饭饱后给宫廷学校的男孩们授课时，执事们往往会草草对付算术和物理课程——例如，你如果有三十颗栗子并且每天吃五颗，那么能吃多少天？能否吃到主教休息日？什么是光？光是照亮万物的火把。

所有孩子都只需知道问题的答案。学习修辞时，孩子们会大声朗读宗教经典，如“为扫罗王①哀恸吧——是他让你们穿上美丽的红衣……是他给你们

① 扫罗王（前1082—前1010），是犹太人进入王国时期后的第一个王。扫罗王的在位时间约为公元前1050年到公元前1010年。

的衣裙镶上了黄金饰物”。此外，孩子们还会读到关于扫罗王驾崩和索多玛城[①]没落的内容。

然而，在查理曼看来，无论是课程的答案，还是宗教书籍上的神迹，都与父亲矮子丕平身旁的那些人的苦恼毫不相干。

每天，查理曼还要练习使用武器。武器是查理曼的叔叔总司令伯纳德·德·圣昆廷给查理曼的。在圣坛前，圣富拉德为武器祈福后，查理曼跪着接过了圣富拉德手中的尖形铁盾牌、配有腰带的长剑和梣木制的轻便长矛。每逢夏夜，总司令伯纳德·德·圣昆廷的下属，即一位老剑客，会用长剑、盾牌和大刀陪查理曼操练。大刀是一种笨重的弧形刀，可以用于抵挡重击或利器的快速刺杀。由于四肢很长，查理曼坐在马背上就能将盾牌伸至马身外很远处。虽然查理曼两腿一夹便可让马疾驰，但与此同时，手脚笨拙的他又无法用六英尺[②]长的长矛射中靶子。

查理曼朝着自己的教练大喊道：“你让野猪跑跑试试——我准能用长矛击中它。”

查理曼还有一些狩猎武器，包括一些可投掷的长矛、一把小弓及配套的长短不一的箭，而手掌宽大的查理曼已经能将这些武器使用自如。然而，查理曼大帝无法将在战场上使用的非常沉重的铁长矛的矛尖对准猛冲的野猪。

查理曼的教练嘟囔着：“哎，可是阁下的野猪也没法扛盾牌呀。”查理曼被教练的话激怒了——要知道，查理曼连最快的骑兵都能追上。看着查理曼用自己的武器训练，总司令伯纳德·德·圣昆廷摇摇头，与矮子丕平一样一声不吭。接着，总司令伯纳德·德·圣昆廷擦了擦下巴，说道：“年轻人，你徒有技术，却不懂技巧。”“如果阁下给我布置一项任务，那么我会完成的。”面对查理曼的任性，总司令伯纳德·德·圣昆廷灰色的眼中闪着一丝责备。总司令伯纳德·德·圣昆廷说道：“这比任务更重要！北方人不会把划船当成任务。同样，匈奴人生来就会骑马。”查理曼说道：“然而，法兰

① 索多玛城，据《旧约·圣经》记载，索多玛城位于死海的东南方，如今已沉没在水底。
② 一英尺约合零点三米。

克人不是……”“法兰克人生来就属于森林！”总司令伯纳德·德·圣昆廷打断道。

把最后一片牧场抛在身后并且经过果树和坚果树进入昏暗的森林时，查理曼也会警觉起来，稍做休憩。查理曼不仅会沿着鹿的足迹穿过最浓密的橡树林，而且能用眼睛的余光瞥见远处围着树干嬉戏的松鼠，通过捕捉到快速变化的影子来判断黑豹出没的动向。猎犬往往会快速奔上山坡，对着查理曼狂吠，看上去兴奋不已，同时也带着几分警告。

查理曼是林间穿梭的行家，仅凭一些微弱的标记就能找到长角的雄鹿或正在进食的熊。查理曼能靠本能判断方向并且找到森林的出路。查理曼如果选择在林中过夜，那么会找到溪流并且生一团火。

森林的范围越来越大，而山坡和高地上的黑色的枞树林一直蔓延至山谷的耕地旁。几百年来，没有人能阻止森林的扩大。查理曼经常会来到被弃置的林中村落，在那些散落于灌木丛中的砖石结构中穿行。

猎手们相信，在森林里，查理曼可以任意驰骋——即使在没有月光的夜里，他也能设法看到女巫安息日的篝火。当满月如指明灯般高挂在空中时，小精灵们会在月桂与橡树缠绕生长的泉边观望。

伸手扶起哀求的教皇斯蒂芬二世时，矮子丕平不是十分果断。秋收前的夏季，查理曼发现了矮子丕平的想法。754年5月的田野议事会结束后，王宫人员骑马去了巴黎。查理曼非常开心——到处都是鲱鱼和其他种类的鱼的塞纳河可以让他玩个痛快。

由于已经完成了土地的开垦与播种工作，贵族们可以随时启程去巴黎。在巴黎岛附近的山坡上有一处恺撒大帝的弃宫，而矮子丕平正带着家人在此歇息。墨洛温王朝的君主们——尤其是达格伯特一世，曾想过要将巴黎岛建成一座大城镇，而达格伯特一世就安葬于巴黎岛。然而，或许是不想步异族国王之后尘，更加粗野的加洛林家族从不把巴黎岛放在眼里。如今的巴黎岛已是荆棘丛生，而多数人仅知道它的罗马名“泥地”。

在恺撒大帝的弃宫中，查理曼第一次有了属于自己的房间。法兰克王室

达格伯特一世

成员抵达恺撒大帝的弃宫时，圣富拉德一如既往地精力充沛，并且告诉查理曼，很早以前，罗马军队就曾在此处拥护恺撒为皇帝。圣富拉德总是尽力将一些历朝历代的事情解释给查理曼听——在这一点上，他比矮子丕平有过之而无不及。矮子丕平不是埋头沉思，就是忙于政务。查理曼每次弄不明白历史时，矮子丕平就会变得极不耐烦。

虽然新房间铺的是马赛克地板——即使隔着睡袍睡上去也很不舒服，但查理曼并不介意——他发现了更令他兴奋的事情，即到了夜晚，他可以从墙上的一个缺口爬出，来到草地上，舒活舒活筋骨，听着潺潺的河水声，并且趁阳光还没有驱散迷蒙的水汽时，走一走和其他小伙伴一起开拓的夜行路线。

恺撒大帝的弃宫变得格外豪华。圣富拉德开始忙碌起来，而贝尔特拉达王后也穿上了礼服——一切都在告诉查理曼，重要的仪式即将来临。与装扮大厅或马匹的新饰物不同，贝尔特拉达王后的礼服上镶着闪闪发光的丝线和金线。贝尔特拉达王后的礼服的脖子和手臂处是紧身的，而圆形的大摆一直垂到她脚边。贝尔特拉达王后虽然穿着这件衣服时有些行动不便，但仍然喜形于色，神气十足，而一旁的侍女们也纷纷拍手叫好。虽然，贝尔特拉达王后不是贵族出身，但查理曼认为，身着圆摆新礼服的她俨然就是一位贵妇人。

查理曼不由得高声赞许，而贝尔特拉达王后——查理曼叫她伯莎——听后十分开心，并且向取悦一位大人物一样，屈膝鞠了一躬。真是知子莫若母啊！

起初，查理曼没有想过自己的身世。矮子丕平寡言少语，而贝尔特拉达王后曾是他最宠爱的情人。查理曼年幼时，矮子丕平做出了选择，即迎娶贝尔特拉达。民间曾笑传，查理曼曾自己走到了父母婚礼的圣坛处。然而，近两年来，查理曼发现，人们不再以此为笑柄了。查理曼向来对这种事情非常敏锐。虽然剑手克罗尔德说过，如果矮子丕平是真正的国王，那么情妇的孩子和王后的孩子一定是有区别的，但查理曼没有把这话当回事。

然而，可能正因为如此，查理曼与贝尔特拉达王后之间的这种血肉相连的母子亲情才十分牢固。无论查理曼和谁发生争执，贝尔特拉达王后都会毫不迟疑地站在他一边，似乎体内有架隐形天平自动偏向他。然而，矮子丕平没有这么偏袒查理曼。非要说偏爱的话，矮子丕平溺爱的是婚礼后出生的孩子卡洛曼。卡洛曼虽然只有三岁，但因是在矮子丕平与贝尔特拉达王后婚后出生的而受到众人宠爱。

庆典前一天，矮子丕平一家人都骑马来到殉道者圣德尼[①]的灰石头教堂。殉道者圣德尼就是狄奥尼修斯。被砍头后的狄奥尼修斯成了殉道者圣德尼，并且因作为巴黎的主保圣人而受到尊重。经历了法兰克的艰辛之旅后，教皇斯蒂芬二世也去了灰石头教堂。后来，教皇斯蒂芬二世去了大麦田间的修道院休养。

虽然晚祷歌过后，贝尔特拉达王后让查理曼与她一起在台阶上祈祷，但查理曼想去森林中探险——他有好几年没见到这片林子了。

---

① 圣德尼（？—250），巴黎的主保圣人，即守护圣人。250年，圣德尼将基督教传至巴黎。后来，罗马皇帝德西乌斯迫害基督教教徒时，圣德尼被砍头。

圣德尼被砍头

“不要去，在这儿跟我一起祈祷吧，”贝尔特拉达王后央求道，“宝贝，现在到了你大展宏图的时候了——你不能再像以前一样固执任性了。”

虽然贝尔特拉达王后的这番话听起来有点令人难以接受，但这种念头似乎令她兴奋不已。为了说服查理曼留下来，贝尔特拉达王后用自己暖和的手紧握着查理曼的手。贝尔特拉达王后刚洗过的头发飘着清香，而她身上也散发着清新的亚麻味。在烛光的掩映下，灰石头教堂的后殿里露出了一幅美丽的画，而查理曼对此十分着迷，便答应留下来。在这幅画中，被砍去了脑袋的圣德尼正弯着腰，想从地上捡起自己的头颅。圣德尼的头颅在一位高大健硕的剑客脚边。

因此，充满活力的贝尔特拉达王后和高大瘦长的查理曼双膝跪地，开始祈祷，而看到这对祈祷的母子后，许多在烛光前流连徘徊的人都钦佩不已，纷纷驻足观望。有位身材苗条并且拥有一对灰色眼眸的女孩走近了查理曼。这位女孩的眼下长着雀斑，而她凌乱的头发披散开来。这位女孩盯着查理曼，一言不发，满是崇敬的神情。查理曼丝毫不理会与自己同龄的这位女孩的目光，庄严而高贵地低下了头，暗自庆幸着自己听从了母亲的教导。

后来，这位女孩被人拉走了。令人敬畏的铁锤查理安息在距圣德尼墓不远处的地方，曾是位肌肉发达的农夫。查理曼凝视着画中的圣德尼。殉道的神父已经毗邻云霄上的天堂里的上帝的宝座，并且毫无疑问牢牢掌控着世俗中的一切——贝尔特拉达王后对此深信不疑。然而，查理曼想起了教皇斯蒂芬二世在矮子丕平面前跪下并且乞求矮子丕平起兵相助的情景。

什么力量才能让人立于不败之地？

庆典当天早晨的天气不仅晴朗，而且十分炎热。蔓延到路上的干草地散发出干燥的香甜味，而查理曼总是把7月视作干草月。

没人在田里干活——所有人都聚集在圣德尼教堂。由于圣德尼教堂的建筑空间太小并且只容得下伯爵和大领主，大部分人都围在外面。草地上的人群听到了喇叭般的钟鸣声，而这洪亮的声音是风琴发出的——这架风琴是为这个荣耀的日子特地新配的。虽然风琴时而会咯吱咯吱或嘘嘘作响，发出一些噪音，但至少对于查理曼而言，它发出的声音听上去像是远处传来的天籁之音和大天使的号角声。

查理曼从来没有见识——甚至听说过这种荣耀的场面。为了避免荆棘划破礼服，雍容高贵的贝尔特拉达王后骑着马来到圣德尼教堂入口处的台阶。王宫的卫士列成整齐的队伍，头戴光亮并且饰有深红色羽毛的头盔，很有分寸地用长矛柄拦住那些东倒西歪的醉汉——这里毕竟是上帝的住所，不能随意进入。

圣德尼教堂

在查理曼看来，整个村子的人似乎都赶来见证这一荣耀的时刻。此外，新乐器都是从君士坦丁堡运来的，而又软又高的红拖鞋也是从一位摩尔商人那儿淘到的。

教皇斯蒂芬二世为光滑的新大理石圣坛祈福时，查理曼一直站在他的父母身后。教皇斯蒂芬二世穿着一件纯白色长袍，并且在细脖子上围了一块闪亮的金布。查理曼虽然听不懂教皇斯蒂芬二世的颂词中的许多内容，但意识到教皇斯蒂芬二世正在召唤天堂的主人们集体授权给圣坛，而这些主人包括使徒、大天使、圣徒、殉道者等上帝的忠诚部下。

祈福后，教皇斯蒂芬二世开始了庆典。教皇斯蒂芬二世把矮子丕平叫到圣坛前，宣称他卓越超凡，是法兰克国王和罗马贵族。与此同时，教皇斯蒂芬二世一边将圣油从一个银质角状小容器中滴到矮子丕平的圆脑袋上，一边为矮子丕平傅油。从前，在耶路撒冷，另一位国王，即大卫王[①]也接受过同样的傅油仪式。

接着，教皇斯蒂芬二世做出了一个令人震惊的举动，即把贝尔特拉达王后叫到他面前，往她可爱的头上也滴了圣油——贝尔特拉达王后从此不再是平民妇人了，而是显赫的法兰克王后。转身面对所有目瞪口呆的公爵、伯爵、圣骑士和主教时，贝尔特拉达王后内心的自豪无以言表。

跪在教皇斯蒂芬二世面前时，查理曼清晰地听到了“高贵的儿子、罗马贵族”。因此，查理曼成了罗马贵族和高贵的国王陛下的儿子。查理曼虽然不知道贵族是什么意思，但感受到了冰冷的圣油滴落在他的头发里时，内心一阵狂喜——他从此会被尊称为矮子丕平的尊贵之子。

接着，圣富拉德将查理曼带回了原位。与此同时，一件令查理曼措手不及的事情发生了。一位无聊的老妇人把查理曼的弟弟，即卡洛曼递给了贝尔特拉达王后。贝尔特拉达王后接过卡洛曼后，虚弱的教皇斯蒂芬二世也替卡洛曼举行了同样的仪式，尊称卡洛曼为“高贵的儿子、罗马贵族”。

刹那间，查理曼简直想放声大笑——将一个幼孩视为贵族、王子也未免太滑稽了吧。然而，由于看到贝尔特拉达王后满面红光，查理曼顿时心里感觉像被刀刺了一下，妒意难抑。获得与一个只有三岁的孩子同等的荣耀让查理曼很伤心，而他立刻下决心不再提及此事。

由于一直对和卡洛曼共享同等荣耀耿耿于怀，查理曼没有再注意听教皇斯蒂芬二世面向所有聚会者的发言。首先，查理曼很难跟上对书中的拉丁文的

---

① 大卫王（前1011—前971），《圣经》中记载的以色列王国的第二任国王，即扫罗王的继任者。

教皇斯蒂芬二世为矮子丕平涂抹圣油

吟诵。其次，法兰克听众看上去也不知如何回复是好——有些神父唱到“空前绝后——阿门”时，其他一直在场的贵族们都在大喊“万岁”。

然而，查理曼还是清楚地听到了某些语句。教皇斯蒂芬二世说道：“自此，你们只能忠于你们的国王和他的子嗣，不能忠于其他人。”由于听到自己与矮子丕平联系在了一起，查理曼略微得到了些宽慰。然而，查理曼随即想到，教皇斯蒂芬二世的话只是为了表明矮子丕平的整个家族都是统治者，而法兰克今后就是矮子丕平及其子子孙孙的天下，与墨洛温王朝或什么臣属、公爵一律无关。矮子丕平已经为整个家族赢得了宝座和世代为王的荣耀。

加冕后的矮子丕平

过了好一会儿，查理曼又猜测：矮子丕平与教皇斯蒂芬二世一定已达成了共识。在田野议事会上，矮子丕平已经说服了疑心重重的贵族骑马翻越阿尔卑斯山去帮助圣彼得大教堂的教皇斯蒂芬二世，而现在，在圣德尼教堂里，教皇斯蒂芬二世宣布矮子丕平成为名副其实的国王。在场的任何人都不能抗议——至少，没有人提出异议。

人们去修道院的大厅用膳时，查理曼拉出自己的老马疾驰而去，穿过草地来到了河边。查理曼从未体会过这种痛彻心扉的嫉妒。每每蒙羞或惹上麻烦时，查理曼通常都会跨上马，扬鞭奔驰，直至他体内偾张的热血逐渐平息和大脑神经慢慢舒缓。

查理曼绕开了屋舍和畜棚，沿着河边驰骋。突然，查理曼看到王宫一群年轻人正光着身子游泳。查理曼勒马下地。河岸边很热，而查理曼虽然扯下被汗浸湿了的干净的亚麻衬衫，但没脱下那双高档的科尔多瓦[①]拖鞋。查理曼径直阔步迈入水中。水中的孩子跟查理曼很熟，都雀跃欢呼起来，祝贺查理曼成为罗马新贵。

有个男孩大喊道："我们莱茵河河畔的英雄虽然不擅长那些冗长无趣的贵族受封仪式，但不仅很有亲吻女孩子的技巧，而且只需一把剑就可以击垮敌人！""用你们的刀'咻'的一声割破他们的血管和喉管！"查理曼附和道——他虽然不能立刻想到一些嘲讽的语句，但给出了合适的回应。跳入河中后，查理曼把同伴们远远地甩在了身后并且游到了河对岸。无论是游泳、骑马还是追猎，很多成年人都不是查理曼的对手。

剑手克罗尔德和仆人们给游泳的查理曼等人送来了凉啤酒。众目睽睽之下，查理曼将自己杯中的酒一口气喝了个精光。啤酒开始在体内翻滚时，查理曼说道："在所有法兰克勇士中，和我同名的我的祖父铁锤查理最厉害——他根本不需要铁剑或铁棒，赤手空拳就能将一头凶猛的熊打得头破血流。"

"那么他的拳头的关节一定是由淬了火的铁铸成的！"

---

① 科尔多瓦，西班牙南部城市，是一个拥有许多文化遗产和古迹的城市，位于莫雷纳山麓和瓜达尔基维尔河河畔，公元前2世纪为罗马人殖民地。

“如果论剑功，”查理曼没有理会别人的插话，接着说道，“那么谁能比得上我父亲丕平？”

“狮子和公牛！”浑身湿漉漉的其他人异口同声地答道，“给我们讲讲剑、狮子和公牛吧——告诉我们丕平是怎样用剑对付狮子和公牛的。”

在众人的央求下，查理曼又倒了一杯酒并且一饮而尽，竭力压低他的尖厉的嗓音，开始讲起了故事：“那次，我的父王丕平坐在宝座上，面朝着所有贵族下属。这时，一头愤怒的公牛冲了过来。接着，一头嗜血的狮子也冲了出来。狮子跳上了公牛的背，咬穿了公牛的脖子。我的父王丕平朝着他下属喊叫道：‘各位尊贵的爱卿，你们如果愿意，那么请把这头野兽从公牛身上拉开并且宰了它。’然而，这些贵族个个都吓得发抖——没有人敢上前拉下那头狮子。”

在场的人都屏息凝神，听得非常认真——他们虽然经常听到这个故事，但仍然非常享受，百听不厌。

查理曼接着讲道：“我的父王丕平看到没人向前，便从宝座上跳了起来，擦拭了一下自己那把用最好的铁铸成的剑。我的父王丕平朝着狮子刺了下去——就那么一下。剑刃不仅刺穿了狮子的脖子，而且刺穿了公牛的脖子，一直深深地插进了土里。这一剑简直让人大开眼界。在一旁观看的法兰克勇士瑟瑟发抖，大气都不敢喘一下。处置完狮子和公牛后，我的父王丕平把剑放回剑鞘，回到了自己的宝座上。”

太阳把草地晒得暖暖的，而所有的人都坐在草地上，一边喝酒，一边兴奋地听着这个故事。查理曼躺成一个“大”字，等着身上的水晒干。由于一来与同伴们相处融洽，二来游泳时遥遥领先，出尽了风头，查理曼舒坦了许多。

那天早晨的卡洛曼的傅油仪式一直在查理曼心中挥之不去。查理曼在同伴面前隐藏了自己内心的痛苦——这是他自己的事情，而他不想提及。

在接下来几年里，查理曼学会了独自承受许多类似的痛苦。

十三岁后，查理曼的身高就超过了六英尺。查理曼喉结饱满，四肢强壮，身材魁梧，不仅能在森林中任意驰骋而不觉疲倦，而且能游泳横渡自己喜爱的默兹河[①]和莱茵河。查理曼额头宽大，鼻子很长，胡须又窄又浓，一看就是梅斯主教圣阿努尔夫家族的人，是一位鹰狼的后代[②]。查理曼素来爱好户外狩猎，而由于常常要透过错节缠绕的植被猎取猎物，他灰色的大眼睛练就了极强的穿透力。然而，查理曼身上的某些尴尬之处没有在发育过程中获得缓解——他的声音仍然像孩子一样尖厉，而大笑时，他的耳朵会一前一后地动，仿佛在倾诉着心中的快乐。

因此，查理曼看上去比他的实际年龄小——他命中注定如此。正是因为这种小，查理曼非常开心。策马扬鞭时，查理曼一跃便能遥遥领先，在马背上拉弓射箭抛掷长矛，而与饥肠辘辘的伙伴分享捕获的各种野味，听着大家赞美自己的力量或目睹着同伴欢呼雀跃的情景时，查理曼会更加开心。查理曼不想让同伴离开自己，不想变得孤孤单单的。

查理曼肆意驰骋时，驯鹰员和守林人会紧紧地跟在他身后。查理曼与驯鹰员和守林人一样，穿着会令人发痒的弗里西亚[③]羊毛衫和皮衣御寒防雨。和忠诚的下属及乡间朝气蓬勃的年轻姑娘们待在一起时，查理曼感到非常惬意——他可以用故事和歌声轻而易举地俘获他们。这时的查理曼有着令人无可抵挡的魅力，而面对着查理曼健硕的身体和急切的欲望，女人们毫无抵抗力，只能束手屈服。

然而，另一个查理曼是孤独的，沉默寡言，每每犯错失败时便会局促不安，深谙自己的无知与奸诈。相反，矮子丕平非常自信，不仅会如恶魔般冷酷、沉着地行事，而且总能化险为夷。贝尔特拉达王后也有雄心壮志，总是不忘鞭策和激励自己的丈夫。查理曼的妹妹吉塞拉非常严肃，为人可靠却令人难以亲近。

查理曼的弟弟卡洛曼一直深受众人喜爱。圣德尼教堂的僧侣们不仅年轻时曾为矮子丕平出谋划策，而且后来成了卡洛曼的家庭教师。卡洛曼轻轻松松

---

① 默兹河，发源于朗格勒高原的普伊，经比利时和荷兰注入北海。

② “阿努尔夫”，即“高贵的鹰狼”。

③ 弗里西亚，位于今天的荷兰及德国境内靠近北海南部地区。弗里西亚人属于日耳曼人的一支，目前主要分布于今荷兰的弗里西亚省境内。

矮子丕平刺杀狮子

矮子丕平斩杀公牛

就掌握了拉丁文的拼读方法，并且因此获得了圣富拉德的关注。显然，卡洛曼遗传了矮子丕平的资质，即洞察敏锐、明断睿达。

在法兰克的编年史中的长达十三年时间的记录里，查理曼几乎都没有被提及。虽然矮子丕平曾两次成功跨越阿尔卑斯山脉远涉意大利，但查理曼都没有同行。因此，这种空白的记录似乎也没什么好奇怪的。编年史基本上是修道院中的一些认真负责的抄写员留下的，而修道院都位于十字路口，是旅者聚集之地。旅者往往会交流各种旅途中的见闻，而僧侣们会用不甚精通的拉丁文密密麻麻地将这些见闻记录在又小又难写的羊皮纸上。早在罗马时期，莎草纸就不再被用于抄写工作了。

通过这种方式，僧侣们记下了自创世以来的每年的重大事件，而据他们推断，上帝创造的这个世界已经度过了五千九百六十个年头。

僧侣们关注瘟疫、彗星、奇迹和诸如“风琴来到法兰克”之类的罕见事件。761年，有一条记录提到了查理曼：“矮子丕平和他的军队、大儿子查理曼一行再次抵达阿基坦并且攻下了许多城堡。”另一名记录员，即维埃纳[①]的阿多补充道：“攻克克莱蒙[②]后，矮子丕平放火把它烧了个精光。”记录者们鲜少提及查理曼的唯一解释就是矮子丕平的这个儿子毫无可圈可点之处——守在父亲矮子丕平身旁的查理曼虽然没有显赫的成就，但从未造反生乱。

每天的新闻均会以信件的形式从矮子丕平的大厅传至各个贵族的处所。矮子丕平和法兰克贵族部下都不得在羊皮纸上记录，只能在抄写员的文字下方做些记录。

有封信来自教皇斯蒂芬二世。教皇斯蒂芬二世虽然规劝矮子丕平不要和贝尔特拉达王后离婚，但没有解释二者为何不能离婚。然而，与此同时，矮子丕平和贝尔特拉达王后的最小的孩子夭折了。贝尔特拉达王后已经四十多岁了，正值雄心勃勃的中年时期。身为法兰克人的高高在上的王后，贝尔特拉达王后与当年生下查理曼的那个漂亮的小情人已经是天壤之别。

---

① 维埃纳，连接法兰西南部和北部的交通要道，是历史上的兵家必争之地。

② 克莱蒙，历史悠久，高卢-罗马时期就已成为阿维尔尼人部落里的一个重要城邦，也是今法国中南部城市克莱蒙-费朗的一部分。

梅斯主教圣阿努尔夫是农民出身，而矮子丕平与他的祖先们一样，常常招惹年轻漂亮的女孩，贪恋床笫之欢。因此，贝尔特拉达王后开始尽心尽力管理国家政务也变得无可厚非。

贝尔特拉达王后反对自己的丈夫，即矮子丕平的观点，并且犯了一些错误。因此，教皇斯蒂芬二世写了那封信。父母亲发生冲突时，查理曼必定会向着贝尔特拉达王后——她对查理曼钟爱有加。

查理曼曾有位叫赫罗特鲁德的妻子。史料中只记录了赫罗特鲁德的名字，提到她不是出身于法兰克的名门望族，在王宫中默默无闻。赫罗特鲁德给查理曼生了一个儿子，取名丕平，即驼背丕平——梅斯主教圣阿努尔夫的家族的取名传统就是在查理曼和丕平之间更换。

然而，驼背丕平明显是上帝的杰作——他印堂发亮，长着天使般的面孔，身子娇弱，脊椎有些弯，并且因此要斜侧着身子才能看到自己的父亲查理曼。

虽然矮子丕平素来不能容忍软弱，但不能不说他的强壮的儿子查理曼生了这么个一点都不像他这个祖父的儿子是命运的玩笑。驼背丕平不仅身子虚弱，而且是驼背的，是查理曼那个孤独的自我的影子，需要得到查理曼的怜爱和保护。与此同时，卡洛曼的两个儿子都十分健壮。

初遇教皇斯蒂芬二世那年前，查理曼认为自己的家庭和游荡的生活方式都是理所当然的事。如今，查理曼似乎对矮子丕平统治整个法兰克王国的事实也习以为常了。然而，查理曼虽然没有获封任何爵位，但仍然以一种奇怪的方式有了属于自己的领地。无论是执行任务还是狩猎，谁都没有查理曼骑马到过的地方多。查理曼径直踏向森林和荒野，直至渺无人烟之地，并且将其据为己有。随后，查理曼不仅会派自己的护林人去他涉足的地方站岗守护，而且会独享林中的野鹿、野猪、野牛等各类野畜，不让外人进入捕猎。通过这种方式，环境恶劣的阿登高原①、阿登森林的深谷、木炭工的松树林废墟和孚日山脉②的无人高地都成了查理曼的小领地。

① 阿登高原，位于今比利时东南部、卢森堡北部和法国东北部的一片丘陵地带。
② 孚日山脉，位于今法国东北部、莱茵河左岸的南北走向山脉。

虽然史料没有提及那些岁月里的查理曼，但他显然不仅是个非常有主见的人，而且倔强固执，不会轻易改变自己的想法。

蜿蜒曲折的默兹河附近有一个不知名的山谷，而查理曼喜欢在那里休息。这个绿意盎然的山谷离罗马帝国曾经的一片殖民地不远，在清澈甜润的维尔姆河河畔，附近还有一片不时有野禽飞过的小狩猎林。这个山谷不仅不邻大河，而且不靠近由石头铺成的法兰克公路——这些公路曾是罗马帝国的军用道路。这个山谷中还有硫黄温泉的池子，可供旅者沐浴解乏。温泉旁边有个叫阿奎斯格拉纳姆的村庄——这个村庄的名字非常古老，可能被很久以前住在这儿的居民用来形容源源不断的水。

查理曼渴望自己能成为这个山谷的主人。

法兰克原始部落的家园与阿奎斯格拉纳姆一样，远离外界尘嚣，大致位于伟大的莱茵河与卢瓦尔河的支流之间，而由于法兰克原始部落的家园所在的这片荒野一直是古代的耕地，莱茵河与卢瓦尔河也就成了天然的边界、壁垒和旅游之地。由于没有公路，人们常常借助小船沿河漂流，而查理曼会借助一只有皮帆的小圆舟顺流而下来到莱茵河流域并且踏进由石头堆砌的客栈——这些客栈原本是罗马军团在殖民地的营地。

法兰克原始部落的家园所在的这片荒野曾由罗马帝国常驻军队和殖民者管理，有成文法，贸易发达，并且沿着已开发的地带向外围扩展。然而，大约三百年前，这一切连同罗马军团一起消失了。

在西方，古代技术已近绝迹。与其他许多原始民族不同，法兰克人从来不知道罗马帝国的管理模式。在游荡生涯中，西哥特人穿过了边界来到西班牙并且有了永久居住地，而东哥特人[①]就在意大利境内定居——他们走到哪儿，好战的伦巴第人就跟到哪儿。为了躲避好战的移民，居无定所的汪达尔人[②]不得不跨越边界来到位于非洲的一些安逸城市。

---

① 东哥特人，哥特人的一个分支，属于日耳曼人的一支，原住在黑海草原西部地区，4世纪后半期形成了部落联盟。

② 汪达尔人，古代日耳曼人部落的一支，曾于西罗马帝国末期入侵过罗马并且占领了今北非突尼斯一带，建立了汪达尔王国。

西哥特人

大不列颠岛的水路游荡者，如盎格鲁人[①]、撒克逊人[②]、朱特人[③]，都经历过罗马帝国没落时期的都市生活，而法兰克人没有这种记忆，对那个养着税务专员、举办战车比赛的罗马文明的昔日辉煌一无所知。

法兰克这个词的含义可能是“自由的”或“凶猛的”。法兰克人记忆里留下的都是波罗的海沿岸的漫天大雾中的艰难生活。传说中，法兰克人的领

① 盎格鲁人，来自丹麦半岛南部和邻近地区的一支日耳曼人，与撒克逊人形成了入侵大不列颠岛的人群的主体。

② 撒克逊人，日耳曼人的一支，最早居住在波罗的海沿岸和石勒苏益格地区，后内迁至德国境内的尼德萨克森一带。

③ 朱特人，北欧的古代民族，日耳曼人的一支。部分朱特人在5世纪至6世纪间与盎格鲁人、撒克逊人等陆续渡海移民至大不列颠岛并且建立了肯特王国。后来，朱特人又与大不列颠岛的部分凯尔特人和迁入的诺曼人结合并且形成了近代的英吉利人。留在欧洲大陆上的朱特人则与丹麦人结合并且形成了今天的丹麦人。

墨洛维斯

袖墨洛维斯[①]是大海的儿子，一个部落的首领，曾被勇士们放在盾牌上高高抬起。墨洛维斯王虽然想根据自己的意愿统治整个民族，但必须征得各氏族的同意。靠森林谋生的法兰克人用战斧辟出了自己的文明，将波罗的海海岸的荒野开垦成了肥沃的土地，并且逐步发展到莱茵兰[②]地区。奥斯特拉西亚[③]的法兰克人在莱茵兰定居，并且将自己的领地向外扩展到了塞纳河流域。纽斯特里

① 墨洛维斯（411—458），传说中的撒利部落的法兰克人首领。墨洛温王朝即得名于墨洛维斯。

② 莱茵兰，旧地区名，也称“莱茵河左岸地带”，指今德国莱茵河中游。

③ 奥斯特拉西亚，古地名，指法兰克王国墨洛温王朝领土的东北部分，包括今法国东部、德国西部、比利时、卢森堡和荷兰的领土。

亚[1]的法兰克人在塞纳河流域辛劳耕作。后来，克洛维一世[2]统一了各地的法兰克人，将喜欢家庭生活的西哥特人赶去了高卢南部。

法兰克人生活在森林里，靠自己攫取的资源谋生，从土地上获取食物抵御饥荒。技术娴熟的铁匠似乎有点像魔术师，替法兰克人将砍斧变成了更高效的剑。法兰克人将原本用来犁地的马变成了战马，将传奇的吟诵者变成了引吭高歌的诗人，将先王们描绘成了短命、焦虑的统治者。崇尚个人自由和勇士协

克洛维一世

① 纽斯特里亚，6世纪至8世纪的法兰克王国西部的一个地区名，指法兰克人定居高卢北部后新征服的地区，包括今默兹河以西、卢瓦尔河以北的地区。

② 克洛维一世（466—511），法兰克王国的奠基人和国王。481年，希尔德里克一世驾崩后，克洛维一世取代了他。

商的部落传统的观念深植于法兰克人心里，甚至超越了君主的意志。在法兰克人眼里，城市只是建房者的集合地，即文明如果不算上教堂里的仪式、经书里那些关于东方的某个伊甸园的滑稽故事或犯罪者所受的折磨，那么会是虚无缥缈的。从络绎不绝的生意人那儿，法兰克人陆陆续续地感受到了文明的存在。这些生意人有的坐着阿拉伯船从地中海来，有的来自遥远的君士坦丁堡，都漫无目的地到处游荡。君士坦丁堡是个梦幻般的国度——那里的皇帝生活在大理石宫殿里。宫殿旁长着棵金子树，而珠光宝气的鸟雀在树上欢唱。此外，各类乐器弹奏出的音乐此起彼伏。

在波罗的海沿岸活动时，法兰克人的祖先或许不是住在龙船里就是住在渔船里——那是一段最模糊的记忆，与墨洛温王朝的黄金时期交织在一起。当时，罗马帝国还没有衰败成沟渠、浴池、剧场等一堆无法修复、毫无意义的空壳。如今，灰飞烟灭的西罗马帝国还没发现什么力量可以接替它，而布伦[①]等港口城市的码头也是一派衰败，杂草丛生。

在克洛维一世和达格伯特一世的带领下，法兰克人已经设法向外扩张了不少。铁锤查理让法兰克人尝到了胜利的甜头，而善于谋划的矮子丕平采取了更大胆的行动，不仅避免了轻率的战斗，而且迅速增进了与圣彼得大教堂的关系。由于试图让法兰克内陆区域成为阿基坦及伦巴第等异教边缘地带和弱文化中心地带之间的权力焦点，矮子丕平宣布越过边界进入法兰克的人可以保留自己民族的法律，不必遵从法兰克人的法律。

在法兰克人的疆土外，“宁与法兰克人为友，毋与法兰克人为邻”的说法不胫而走。

那个年代是西欧的基督教世界最暗无天日的时期。虽然大批说着不同语言的人不断迁徙，但在那个没有规则的年代里，没有任何权力可以促成这股迁徙潮流。由于不仅昔日的辉煌在记忆中日渐模糊，而且也看不到未来有新兴力量崛起的希望，萦绕人们心头的只有一种可怕又神秘的念头：基督将再次降临凡尘，而世界末日会随之到来。

---

① 布伦，位于今法国加来海峡省和英吉利海峡岸边的海滨城市。

然而，当时人们也经历着一股新鲜的生命力和一种未知的事物即将诞生的阵痛。在那个时代，有两个人物在努力争取权威，而他们一个是突飞猛进的法兰克人领袖矮子丕平，另一个是圣彼得大教堂的领袖，即教皇斯蒂芬二世。经过深思熟虑，矮子丕平终于决定和教皇斯蒂芬二世携手。然而，相比神父的权威，铁剑的力量还是占了上风。

说来奇怪，能与矮子丕平抗衡的势力来自最文明的东部边界和南方。在东部，排外的巴伐利亚[①]人把持着多瑙河的贸易要道，与富裕的意大利人和伦巴第人都有来往。与查理曼年纪相仿的巴伐利亚公爵塔西洛三世[②]穿着精致的

巴伐利亚公爵塔西洛三世

① 巴伐利亚是罗马帝国统治该地时给予的名称。8世纪早期，圣卜尼法斯完成了让巴伐利亚人改信天主教的任务。

② 巴伐利亚公爵塔西洛三世（约741—约796），在748年至788年任巴伐利亚公爵，是阿吉洛尔芬家族的最后一位掌权者。巴伐利亚公爵塔西洛三世是查理曼的表亲。

红天鹅绒外衣，戴着金臂环，装扮得像国王一样。巴伐利亚公爵塔西洛三世虽然是矮子丕平的外甥，但是娶了一位伦巴第公主，即柳特佩尔加公主为妻。巴伐利亚公爵塔西洛三世身边还跟着一名理发师和一名诗人。虽然巴伐利亚公爵塔西洛三世常夸耀自己的才能与维吉尔旗鼓相当，但查理曼并不知道维吉尔有多大本事。

一年夏季，5月的田野议事会后过了很久，矮子丕平宣布自己必须停止战争并且在卢瓦尔河等待巴伐利亚公爵塔西洛三世和巴伐利亚人前来会合。卢瓦尔河不仅多砂石，而且水流湍急。在播种季和收割季期间，矮子丕平发兵出征阿基坦南方腹地——那里的公爵在冬季休战期公然反抗了他。矮子丕平打算与巴伐利亚人一起行军，穿过比利牛斯山脉[①]并且镇压阿基坦人的叛乱。

最终，巴伐利亚公爵塔西洛三世带着自己的枪兵来了。走在矮子丕平的卫兵队伍中时，巴伐利亚公爵塔西洛三世的枪兵的鲜红色的披风飞舞着，而法兰克卫兵们身上的砖红色披风不仅色彩单调，而且被雨水浸湿了，看起来像极了装水果的破旧麻袋。虽然守在矮子丕平身后的查理曼没有注意到法兰克卫兵身着罗马制服的样子有多么滑稽，但巴伐利亚公爵塔西洛三世目光敏锐，不仅一下子就发现了法兰克卫兵的滑稽样子，而且看到了矮子丕平临时搭建的小屋。巴伐利亚公爵塔西洛三世也有个计划——一个与矮子丕平大不相同的计划。

和矮子丕平会面时，巴伐利亚公爵塔西洛三世为自己没有设宴迎接找了个借口，直言他虽然义不容辞地赶来了，但因病得厉害，不能与法兰克人一起继续进行艰苦的远征。实际上，巴伐利亚公爵塔西洛三世神采奕奕，能言善辩，根本不像身体不适，并且说道："舅舅，无论是和平还是战争，我诚挚美好的愿望都会一路陪伴着您的宽厚和仁慈。"

矮子丕平习惯性地想了想，答道："你可是在圣希礼[②]教堂发了誓的。你发誓说自己一定会来响应我的号召。"

---

① 比利牛斯山脉，位于欧洲西南部，东起地中海，西止大西洋，分隔欧洲大陆与伊比利亚半岛，是今法国与西班牙的天然国界。

② 圣希礼（310—367），教会圣师之一。352年，圣希礼被晋升为培迪雅斯主教。圣希礼不遗余力地反对亚略派异端，被崇尚异端的君士坦丁大帝逐出小亚细亚。

巴伐利亚公爵塔西洛三世语气软了下来，回答说他虽然如果有能力的话，那么会遵守立下的誓言，但现在，由于身体欠佳，无法和矮子丕平一同征战。

任性的查理曼认为，他如果是矮子丕平，那么可能会反驳这位表亲并且指责其面对敌人时临阵脱逃。然而，查理曼没有从矮子丕平口中听到临阵脱逃这个词。此外，巴伐利亚公爵塔西洛三世非常聪明，让人觉得对付阿基坦人看起来不是战争，而是四处行军而已。

矮子丕平考虑了很久——法兰克人如果要与装备精良的巴伐利亚人兵戎相见，那么可能会无力反击公开叛乱的阿基坦人。最终，矮子丕平没有为难巴伐利亚公爵塔西洛三世并且让他走了。

“一次不要树二敌。”矮子丕平告诉自己身旁的私生子查理曼。虽然矮子丕平很清楚不能拿法兰克人的战斗力来做实验，但查理曼不明白个中原因——在他眼里，这似乎是矮子丕平第一次示弱。实际上，最近，矮子丕平看上去行动有些迟缓，常常坐在自己的宝座上打瞌睡，不仅四肢有些浮肿，而且眼睛下面也长了眼袋。

“他这个蠢脑袋，”贝尔特拉达王后扯着尖厉的嗓门一顿乱骂，“竟然瞒着我们去找救兵——哪里有救兵？在这块圣地上！在圣彼得的遗骨上！教皇会派长矛兵或是狡诈的弓箭手去打仗吗？不，他一个人也不会派。”矮子丕平虽然早年常拿战争当赌注，但如今只一味谈判和求和。由于那个令自己尊敬有加的矮子丕平已经一去不返，贝尔特拉达王后以典型的妇人方式对他挖苦了一番。贝尔特拉达王后也注意到了巴伐利亚公爵塔西洛三世的君主风范及随从人员的气势。在贝尔特拉达王后看来，巴伐利亚公爵塔西洛三世的鲜红色披风就像是大天使的披风。以前，贝尔特拉达王后指望着矮子丕平能通过让萨尔茨堡[①]和图卢兹[②]的贵族老爷们俯首称臣来让她大显威风，在其他妇人——尤其是图卢兹和普罗旺斯[③]等地身上透露着罗马贵族的神秘气质的南方女人——眼

① 萨尔茨堡，位于奥地利的西部，是阿尔卑斯山的门庭，据史载是今奥地利历史最悠久的城市。

② 图卢兹，位于拉泰拉勒-加龙运河和南运河的汇合处，今法国西南部的一个大城市。

③ 普罗旺斯，位于今法国东南部，是一片濒临地中海的蓝色海岸。在历史上，普罗旺斯地域范围变化很大。在查理曼大帝生活的年代，普罗旺斯属于勃艮第王国。

里的地位变得更高。虽然图卢兹女人装腔作势，而普罗旺斯南方女人目中无人、生活奢侈，但贝尔特拉达王后一直觉得奥弗涅庄园简直是漂亮极了，令她在苏瓦松[①]和沃尔姆斯[②]的茅草庄园相形见绌。

贝尔特拉达王后认为，矮子丕平的掌控力正在逐步减弱。

巴伐利亚人毫发无损地离开后，矮子丕平率领法兰克人渡过了卢瓦尔河。

身体无恙的巴伐利亚公爵塔西洛三世逃走了，而病恹恹的矮子丕平在继续战斗——这一情况让查理曼觉得无比讽刺。

一次、两次、三次，矮子丕平不断带着法兰克人的军队挺进南方。768年，矮子丕平拖着浮肿的身子坐在马车里，第三次率军去了南方，而那年的编年史上写道："逾越节后，他继续行军，没有带贝尔特拉达王后和其他家人。"

矮子丕平带着主力部队来到了岩石高地，即敌方的最后一片阵地，而由于非常厌战，这里的百姓杀死了阿基坦公爵瓦奥法尔，因此，反对矮子丕平的叛乱势力不复存在。然而，矮子丕平没有来得及惩罚巴伐利亚公爵塔西洛三世违背誓言并且临阵脱逃的行为。

很快，矮子丕平乘着轿子回到了贝尔特拉达王后所在的地方。经过铁锤查理击退穆斯林骑兵的普瓦捷的黄色丰收田野并且跨过金光闪闪的卢瓦尔河后，矮子丕平抵达了图尔的圣马丁教堂，而在这处圣地，他献了一件宝物作为救济物，希望圣马丁能治愈他的疾病。

据编年史记载："随后，矮子丕平来到了圣德尼教堂，并且于罗马古历十月初八在此驾崩。"矮子丕平葬于圣德尼教堂地下，紧挨着铁锤查理。

---

① 苏瓦松，最古老的法兰西城镇之一，位于法兰西东北部的埃纳河河畔，是今法国皮卡第大区的埃纳省的一个城镇。在西罗马帝国覆灭后的中世纪的大多数时间中，苏瓦松都处于法兰克王国的控制中。查理曼的弟弟卡洛曼就是在苏瓦松即位的。

② 沃尔姆斯，今德国西南部城市，位于美茵茨和路德维希港之间的莱茵河西岸。

第2章

出征科尔贝尼

不久后，用查理曼的朋友约克的阿尔昆的话说，法兰克进入了“世界末季的无爱岁月”。查理曼的家庭生活早就出现了裂痕，而整个法兰克王国也没有矮子丕平执政时那般安全了。在南方的战争中，健壮结实的矮子丕平也许最终耗尽了自己的全部力量。虽然矮子丕平强行统治了六个蛮族，但这一霸权非常脆弱，完全依赖于他强硬的个性。矮子丕平驾崩后，没有人能替代他，导致了法兰克王国的霸权土崩瓦解。

不善言语的矮子丕平生前没有选定王位继承人，也没有把任何地区移交给查理曼和卡洛曼管理。在临终前一日，矮子丕平把法兰克王国一分为二——他的两个儿子查理曼和卡洛曼各得一半。根据矮子丕平的遗嘱，查理曼将统治沿海地区和莱茵河以东直至巴伐利亚境内的阿尔卑斯山脉的广大地区，而卡洛曼将统治法兰克王国的中心部分，即勃艮第[①]周边地区，包括生气勃勃的图卢兹和富饶肥沃的普罗旺斯。

通过这种方式，矮子丕平将保卫边境的艰巨任务交给了魁梧的查理曼，让更有才华的卡洛曼管理法兰克王国的心脏地区。法兰克王国的大领主们都遵从了矮子丕平的安排，将查理曼和卡洛曼兄弟二人护送到北方，并且在苏瓦松将卡洛曼放在盾牌上高高抬起，拥他为卡洛曼一世。过了查理曼和卡洛曼一世

① 勃艮第，西欧历史地区名，位于汝拉山脉和巴黎盆地东南端之间，是莱茵河、塞纳河、卢瓦尔河和罗讷河之间的交通要道。

兄弟二人的管辖区的边界，即努瓦永[1]后，法兰克王国的大领主们又以同样的方式拥戴查理曼为王。

从此，查理曼和卡洛曼一世不再念及兄弟情分，而他们二人之间的仇恨只需一簇小火花便会引爆大冲突。与此同时，圣富拉德、奥谢公爵、文书长和查理曼的堂弟科尔比[2]的圣阿代尔哈德[3]这几个最睿智的谋士都被指派给了卡洛曼一世——矮子丕平的遗嘱没有指明谁将跟从查理曼。二十六岁的查理曼成为君主，一时有点不知所措。

在百般困惑之中，查理曼可能只能仰仗他坦诚直率的母亲，即已经成为王太后的贝尔特拉达。对贝尔特拉达王太后而言，矮子丕平的驾崩是一种解脱——她得以掌握大权并且有机会实施与矮子丕平截然不同的理念。贝尔特拉达王太后不希望法兰克王国只由一个男人的意志来统治，而是希望她的两个儿子都能确保王权并且获得尊严。贝尔特拉达王太后认为，查理曼和卡洛曼一世虽然不能与邻近的更文明的统治者——如显赫的巴伐利亚公爵塔西洛三世和更远些的伦巴第国王德西迪里厄斯[4]——联姻，但不妨与更文明的统治者结为盟友，而如果结盟成功，那么不仅将来不会有什么麻烦事，而且贝尔特拉达王太后会成为唯一的王太后——西方基督教世界的四位国王会在她的鼓动下团结起来。

查理曼不反对贝尔特拉达王太后的这种想法，并且整日骑着马带着年幼的驼背丕平在新领地上来回巡游，希望能以这种极其含蓄的方式给驼背丕平带来荣耀和地位——这是查理曼小时候未曾体验过的。贝尔特拉达王太后比查理曼更会打理王宫事务。因此，在以自己的名义颁布的第一条法令中，查理曼只是签了“虔诚的教堂捍卫者”几个字。如果南方没有发生叛乱，那么查理曼可能会一直这样在边界周围无所事事地闲逛。然而，一个叫霍纳德的人忽然如幽灵一般从一家修道院冒出，带着阿基坦人发动了叛乱，意图对抗梅斯主教圣阿努尔夫的家族的两位新继任的国王。

---

① 努瓦永，今法国北部瓦兹省的一个社区，位于巴黎北部约一百公里处的瓦兹运河上。

② 科尔比，今法国北部的法兰西大区的索姆省的一个市镇。

③ 科尔比的圣阿代尔哈德（约751—827），矮子丕平的同父异母的兄弟伯纳德·德·圣昆廷之子。

④ 德西迪里厄斯（？—786），伦巴第王国国王。德西迪里厄斯的在位时间为756年至774年。

伦巴第国三德西迪里厄斯

霍纳德发动的叛乱是实实在在要处理的大事。查理曼非常激动，不仅派人让卡洛曼一世在春耕之后带领武装力量一同开拔，而且很快便在莱茵兰和沿海地区结集了一支队伍，火速赶去与卡洛曼一世会合。

然而，卡洛曼一世谨小慎微，不仅不愿意冒险出战，而且似乎异想天开，认为查理曼有守护边界的义务。就像当年的矮子丕平一样刚烈任性的查理曼抛下了卡洛曼一世，独自带兵出征了。显然，查理曼虽然事先毫无准备，但运气不错。急性子的查理曼带着装备最好的长矛手疾驰而行，而霍纳德小心翼翼地撤退到了加斯科涅①的丘陵地带。

查理曼虽然穷追不舍，但过了加龙河②后便停了下来，害怕会遭到敌人的伏击。查理曼一边建造简易的石头堡垒，一边派人送信给加斯科涅公爵卢波二

① 加斯科涅，今法国西南部的一个地区，属于阿基坦大区及南部的比利牛斯大区。
② 加龙河，今法国五大河流之一，位于欧洲西南部，流经法国和西班牙。

世并且让他交出霍纳德。查理曼声称自己“已经到了加斯科涅，不拿下霍纳德是不会回去的”。

虽然查理曼一时冲动并且夸下海口，但他长驱直入的行为令并不知道查理曼的实力的当地人十分惊恐。不久后，霍纳德就被捆着带到了查理曼面前。查理曼为自己的好运气开怀大笑，请那些忠心耿耿的跟从者大吃了一顿，并且把霍纳德押回了修道院。

查理曼的这次经历宛若在一片陌生的森林中狩猎。率领部队返回时，查理曼看到了南面的比利牛斯山脉的灰岩山顶和通往龙塞斯瓦列斯[1]的要塞。

这场胜利来得实在太容易，不是靠宝剑的力量，而是靠骑马的速度。如果贝尔特拉达王太后没有在事后进行干涉，那么查理曼可能会一直沉浸在这轻而易举的胜利中。

法兰克的编年史，以及随后的德意志和法兰西的编年史中都提到了这件事的后续，并且指出精力充沛和容貌美丽的女人往往是灾难之源。包括《尼伯龙人之歌》[2]在内的许多诗歌也描述了因王妃们的争吵而导致最伟大的勇士们惨遭杀戮的事。梅斯主教圣阿努尔夫的家族的成员向来情感丰富，经受不住陌生女人的诱惑。在这方面，健壮的查理曼与自己的祖先们并无二致，而贝尔特拉达王太后对这点心知肚明，希望君主身份能让他有所改变。

贝尔特拉达王太后曾离开法兰克王国进行了一次长途旅行，却只字未提自己的出行目的。后来，贝尔特拉达王太后凯旋法兰克王国，命令查理曼迎娶年轻的伦巴第公主德西迪拉塔，不仅以此给查理曼带来了一项先斩后奏的新政，而且打破了矮子丕平毕生坚守的策略。

贝尔特拉达王太后的动机一目了然——她希望自己的两个儿子之间不要产生仇恨。然而，无论是因为卡洛曼一世在阿基坦叛乱事情上的背叛，还是因为卡洛曼一世声称查理曼的领土上的一半森林属于阿登高原，生性倔强的查理曼都不会原谅卡洛曼一世。贝尔特拉达王太后本能地觉得，如果她的两个儿子

① 龙塞斯瓦列斯，奥雷阿加的旧称，位于今西班牙和法国交界处，是巴斯克大区的一个镇。
② 《尼伯龙人之歌》，德意志民间史诗。

打起仗来，那么文质彬彬的卡洛曼一世绝不是四肢发达、嗓门尖厉的查理曼的对手。与此同时，妻子如果知书达理，那么能弥补一下查理曼的粗野，让他的王位更添几分威严。

贝尔特拉达王太后是个了不起的女人，并且可能得到了那些有权有势的领主和卡洛曼一世的谋士的帮助，不仅说服卡洛曼一世与巴伐利亚公爵塔西洛三世和伦巴第国王德西迪里厄斯结盟，而且通过与伦巴第公主德西迪拉塔联姻的方式把查理曼这个桀骜不驯的儿子拉入了这种四方盟约。

因此，贝尔特拉达王太后抛弃了矮子丕平与教皇斯蒂芬二世达成的盟约——伦巴第人想在意大利和罗马称霸，而矮子丕平不仅曾多次出征意大利并且大败伦巴第人，而且发誓要捍卫罗马的处境艰难的教堂。然而，虽然罗马的教堂也曾给贝尔特拉达王太后留下了美好的印象——她曾在那方圣地虔诚朝圣，但她向来视和平为自己追求的使命。

贝尔特拉达王太后把自己的战果解释给查理曼听，并且提醒道："上帝会保佑和平的捍卫者。"然而，对这一战果可能会给圣彼得大教堂带来的可怕影响，贝尔特拉达王太后只字未提。伦巴第国王德西迪里厄斯十分赞成贝尔特拉达王太后的计划，并且允诺会维护和平与幸福。一旦成为查理曼的岳父，伦巴第国王德西迪里厄斯不仅可以让查理曼帮忙平定远方的阿基坦，而且会消除法兰克人对伦巴第人的威胁——真可谓是天赐良机。

贝尔特拉达王太后给查理曼吃了颗定心丸，说道："亲爱的，南方仍然危机四伏。德西迪拉塔公主娇弱温柔，你要好好待她。"

不久，查理曼的新娘伦巴第公主德西迪拉塔到了莱茵兰，并且带来了一群说拉丁语的侍女。伦巴第公主德西迪拉塔虽然确实非常娇弱，病恹恹的，但有一股傲气——贝尔特拉达王太后没有提到这一点。此外，贝尔特拉达王太后还忽略了一点，即查理曼已经有一位妻子了。

显然，为了表示对母亲的孝顺，查理曼一心准备迎娶伦巴第公主德西迪拉塔。由于确实对伦巴第公主德西迪拉塔着迷不已，查理曼立刻休了自己之前娶的妻子赫罗特鲁德。赫罗特鲁德不仅看上去十分单纯，而且在粗俗的法兰克王室中也没有什么地位。然而，与伦巴第公主德西迪拉塔举行婚礼时，查理曼把赫罗特鲁德生的儿子，即驼背丕平留在了身边。

伦巴第公主德西迪拉塔让法兰克人见识了精致优雅的生活方式和各种令人咋舌的要求。伦巴第公主德西迪拉塔不仅要一位侍女专门为她梳头，而且要一批男仆将食物装在大银盘中，用精致的玻璃高脚杯盛酒，送到跟前来伺候她用餐。在室内时，伦巴第公主德西迪拉塔穿着丝绸长袍，而她开口就是一串流利的拉丁语。

晨起时，贵为一国之君的查理曼得晃着庞大的身子自己系绑腿，在束腰衣外披上一件褪色的兽皮，并且必须穿过猪圈和畜棚才能抵达餐厅，开始狼吞虎咽地啃着奶酪和烤鹿肉。到了歌颂主的时辰后，查理曼会披上一件羊皮斗篷从卧室徒步走过去祈祷。牧人们和猎鹰、猎狗的看护人一起涌向查理曼的会客厅，而查理曼不会命令他们出去。此前，伦巴第公主德西迪拉塔住在帕维亚宫。建在阶梯之上的帕维亚宫的女厢房都有由大理石砌成的罗马时期的浴池，而女按摩师会在浴池内等候。法兰克王国没有王宫、像样的城市和热水，只有温泉，而查理曼常常会和伙伴们光着身子跳进温泉嬉戏。

查理曼对伦巴第公主德西迪拉塔说殷格翰有一处王宫正恭候着她。殷格翰王宫与集市只隔着一堵木墙，而墙边是成堆的猪粪。殷格翰王宫的大厅虽然还保留了罗马时期的一些画着牧神追赶仙女的红色绘画，但有一股从隔壁传来的牛棚味。在殷格翰王宫周围，查理曼曾开辟过一片果园。果园里有一架水力碾谷机。水轮推动着磨石，发出嘎吱嘎吱的响声。宫旁的溪水流进了鸭塘，而御膳总管则会在鸭塘旁养一些小鸡和漂亮的野鸡。

鸽子成群地飞过果园，最终成为节日餐桌上的美味，被盛在木制的大浅盘里。查理曼不仅对野味情有独钟，而且一直要等到肉烤得直冒烟，油滴入火中吱吱作响时，才会从烤架上取下品尝。查理曼说自己的殷格翰王宫拥有国王才能享有的宁静，是一位叫雷米的圣人的墓园，神圣并且不可侵犯。

在屋顶，伦巴第公主德西迪拉塔种上了胡麻草。胡麻草一来可以用作肉的配菜，二来可以抵挡雷电。花园里有几位没有标出姓名的罗马皇帝的大理石雕像。清晨，太阳尚未升起时，骄傲的孔雀引吭高歌，不仅给花园平添了几分生气，而且会把查理曼从睡梦中唤醒。

对伦巴第公主德西迪拉塔来说，殷格翰王宫只不过是一座农场。因此，查理曼向伦巴第公主德西迪拉塔许诺，一定会在河边给她找到一座更好的花园。

查理曼想拥着伦巴第公主德西迪拉塔跳入一个沼泽谷的池中。池水的气味很特别。这个沼泽谷就是查理曼眼中的花园胜地——阿奎斯格拉纳姆。在阿奎斯格拉纳姆，查理曼会一边点着兽畜的数目，一边看着不时从头顶飞过的野禽。然而，伦巴第公主德西迪拉塔认为，查理曼似乎是在认真地数着这些盘根错节的树——这片林子是查理曼为自己保留的狩猎林。此外，无论查理曼走到哪儿，驼背丕平都会像影子一样跟到哪儿。

在这次说走就走的新婚之旅中，查理曼的书记员给他念了一封来自罗马的信。这封写给查理曼和卡洛曼一世兄弟二人的信的字里行间充满了怒气："我们听闻了一件令人非常痛心的事情——我们听说，伦巴第国王德西迪里厄斯想说服二位国王中的一位迎娶他的女儿——此事如果属实，那么不啻魔鬼的建议……愚蠢之处在于，你们身为先王最优秀的儿子和最优秀的法兰克人，却即将与伦巴第人同流合污。殊不知，伦巴第人是何其下流卑鄙、离经叛道、臭名昭著的种族——他们根本不配被称为一个民族，充其量只是一个汇聚了乌合之众的蛮夷部落。"

这封信听上去像是一个男人发自心底的呐喊。实际上，圣彼得大教堂的捍卫者们早就发现了贝尔特拉达王太后的外交策略会带来的全部后果。由于与法兰克人结成了联盟，伦巴第人正在明目张胆、肆无忌惮地攫取罗马教廷剩下的土地和城镇。

由于从未离开过法兰克，并且对意大利内部的冲突知之甚少，查理曼因这封信而困惑不解。然而，这封信的结尾处满是怨恨之词，如针尖般直扎人心："你们已经向圣彼得的继任者们承诺要维系坚定的友谊，而他们的敌人也将是你们的敌人，他们的朋友也会是你们的朋友。"

的确，矮子丕平生前确实许下了诺言。这封信中还提及了教皇斯蒂芬二世越过阿尔卑斯山脉寻求矮子丕平的帮助的经历：“教皇斯蒂芬二世如果知道法兰克人打算联合伦巴第人对抗我们的话，那么真不该进行那次长途跋涉。你们如今兑现承诺了吗？……因此，我们非常不悦，并且强烈要求你们兄弟二人中的任何一个都不得与伦巴第国王德西迪里厄斯的女儿结婚。你们的妹妹，即上帝珍爱的高贵的吉塞拉小姐同样也不得许配给伦巴第国王德西迪里厄斯的儿子。你们绝不可以赶跑你们的妻子。”

对大多数男人而言，这种强烈的抗议根本起不到什么作用。查理曼已经与伦巴第公主德西迪拉塔结婚了，而这意味着他已经与远方的伦巴第人结为同盟。然而，查理曼不仅任性，而且特别敏感——他想起了教皇斯蒂芬二世在雪地里瑟瑟发抖的模样，记起了矮子丕平的承诺，以及自己那个与矮子丕平同名的残疾儿子……是他把妻子赶跑了，而罗马来信似乎是针对他一个人的——卡洛曼一世派了使节常驻罗马，肯定知道罗马发生的一切。因此，查理曼觉得自己被愚弄了。查理曼虽然十分愤怒，但非常孝顺，不愿违抗贝尔特拉达王太后。此外，查理曼必须对另一件事负责——身为国王的他曾经要求年满十二岁以上的子民宣誓“我向尊敬的国王查理曼及他的儿子们发誓，余生将永远忠于他们，绝不欺骗他们或持任何不良企图”，而他领土上的大领主曾向新王后，即伦巴第公主德西迪拉塔许下了同样的效忠誓言。

查理曼一边思量着对策，一边继续进行着与伦巴第公主德西迪拉塔的莱茵河畔之旅。当时已经是771年的复活节，而乡间的那些土地也进入了春耕期。在一些修道院中，朝圣者们激动地谈起了伦巴第人策划的暴乱和混乱是如何让罗马的大街小巷陷入恐怖状态的。

紧接着，贝尔特拉达王太后、查理曼和卡洛曼一世三人又分别收到了一封奇怪并且内容大致相同的信。从这封信来看，在伦巴第国王德西迪里厄斯及其所有臣民的帮助之下，教皇斯蒂芬三世似乎已经不再那么悲痛欲绝了。这封写给查理曼的信中写道：“我们想让最仁慈的阁下查理曼认识到，卓越非凡、受主保佑的伦巴第国王德西迪里厄斯带着美好的心愿与我们会面了，而他完全赞同并且接受圣彼得的主张。”

查理曼本能地觉察到了这封信是在说假话，并且意识到更有可能的结果是势单力薄的教皇斯蒂芬三世无力对付伦巴第人，已经屈服。

这封信虽然从表面上看似乎没有说什么，但实际上是在为查理曼开脱罪名。虽然整件事都与查理曼无关了，但他无法忘掉这件事。此外，吉塞拉也不愿意嫁给伦巴第人。

在信中，教皇斯蒂芬三世甚至对卡洛曼一世喜得贵子表示了祝贺。卡洛曼一世的领土与伦巴第国王德西迪里厄斯和巴伐利亚公爵塔西洛三世的领土不相上下。巴伐利亚公爵塔西洛三世自称为王了。这是怎么了？卡洛曼一世、伦巴第国王德西迪里厄斯和巴伐利亚公爵塔西洛三世如今都是赢家，个个意气风发，而查理曼几乎被他们三人——甚至是伦巴第公主德西迪拉塔给比下去了。

困惑挫败时的查理曼很容易冲动，完全没有理智。查理曼向伦巴第公主德西迪拉塔提出了离婚。因此，伦巴第公主德西迪拉塔不再是查理曼的妻子，也不再贵为王后了。

骄傲的伦巴第公主德西迪拉塔虽然不留恋殷格翰王宫——对她来说，像部落里的邋遢女人一样被眼前这个块头巨大、声音尖厉的男人赶走是噩梦般的耻辱，但为了问清离婚的原因，仍然选择留了下来。

然而，查理曼回答说没有原因——他只想按照自己的意愿行事。

因此，伦巴第公主德西迪拉塔带着自己的女仆和侍臣们走了。甚至没有来得及把陪嫁的那些银器打包，伦巴第公主德西迪拉塔一行人就像河面上卷起的一阵风暴，朝着阿尔卑斯山脉的方向迅速离去了。

贝尔特拉达王太后急匆匆地赶来，气得咬紧了嘴唇，试图说服查理曼改变主意。然而，查理曼不为所动，坚持己见。贝尔特拉达王太后伤心地哭了起来。从此，查理曼遇事不再征询贝尔特拉达王太后的意见，而贝尔特拉达王太后也不再出门进行外交活动了。据史书记载，后来，贝尔特拉达王太后一心一意在普吕姆修道院行善。

科尔比的圣阿代尔哈德也匆忙赶来，气得脸色惨白，来不及细想便大吼道："你简直是禽兽！连耳朵抽筋的蠢驴都不如！你不仅让自己成为一个奸夫，而且让我和所有发誓忠于你的王后的法兰克人都成了伪誓者。"

查理曼没有和科尔比的圣阿代尔哈德动手，也没有派人把伦巴第公主德西迪拉塔叫回来。科尔比的圣阿代尔哈德离开了殷格翰王宫，并且多年都没有再见查理曼。

有位叫希尔德加德的十三岁的姑娘长着一头黑发，是士瓦本贵族。有一年，希尔德加德跟着家人早早来赶丰收季的集市。小提琴乐队弹奏着曲子欢迎查理曼驾到时，查理曼注意到了围观的人群中的希尔德加德并且径直向她走去。查理曼发现虽然希尔德加德说话时有些羞涩，但她的声音动听。查理曼拉

希尔德加德

起希尔德加德的手，放进他宽厚的手中，感受到了希尔德加德的坚定和温暖。与此同时，希尔德加德的目光一刻也没有从查理曼身上移开。

查理曼想起了希尔德加德，将自己的大脑袋往后一靠，仰天长笑，大喊道："我是上帝的傻瓜！"

与罗马的来信一样，科尔贝尼[1]传来的消息也如晴天霹雳——查理曼的弟弟卡洛曼一世已经病危，时日无多。

查理曼拿着信，顿觉万念俱灰，茫然不知所措，而法兰克民众则对这封信的反应各不相同。查理曼召集了驯鹰员和猎手——他们曾与查理曼一起穿越了加斯科涅——向南骑行并且穿过了森林，似乎在寻找野鹿。

后来，在查理曼和卡洛曼一世的领土边界附近的一个小屋中，查理曼一行人从护林人那得知了卡洛曼一世驾崩的噩耗。因此，查理曼一行人立刻上路了。

在科尔贝尼，已故的卡洛曼一世的顾问们都到齐了。这些顾问们包括圣富拉德、普罗旺斯的瓦兰、奥谢公爵与率领主力部队的查理曼的两个叔叔，即总司令伯纳德·德·圣昆廷和欧坦伯爵蒂埃里四世。

在没有提前告知的情况下，查理曼步入了顾问们的集合地。在大厅外，查理曼的随行者们全副武装，守候在马旁。顾问们纷纷向查理曼致敬，而查理曼站着，轻描淡写地说道："先父丕平把国家交给了我和卡洛曼。现在，卡洛曼不幸驾崩，而他所管辖的区域也应该归我了。"

有些顾问提到卡洛曼一世还有两个儿子——父亲的统治权应该由儿子来继承，而由于年龄尚小，孩子们应当有个监护人替他们管理辖区，直至孩子们长大成人。

"替他们管理多久呢？"查理曼质问道。接着，查理曼摇摇头，说道："不可以。"

在卡洛曼一世的领土上拥有领地的奥谢公爵肆无忌惮地反驳道："两个孩子有母亲，而这个母亲是明媒正娶、出身高贵的。"

奥谢公爵可能也是有意借这番话让在场的人想起查理曼与伦巴第公主德

① 科尔贝尼，今法国皮卡第大区的埃纳省的一个市镇，属于拉昂区克拉奥讷县。

西迪拉塔离婚一事。一时间，火药味变得很浓，而一番针锋相对的争吵似乎已经在所难免。然而，查理曼没有立刻回话，只是凝视着房间中央升起的火苗。在天花板上的通风口处，火苗的烟不断打着转儿。过了一会，查理曼似乎轻松了些，走向一言不发的圣富拉德，拉着他的手，轻声说道："你一直都是我的好朋友。现在，我授权由你来决定如何处理先王丕平的国家统治权和孙辈。"说完，查理曼便走出大厅去了寒冷的院子中等候。大厅内所有人不仅大吃一惊，而且感觉到了一种新的责任——他们本以为查理曼的态度会非常强硬。

圣富拉德说，在这种困难时期，国家必须由一个有实力的男人来管理，而这个人非查理曼莫属。由于想到了阿基坦的叛乱，查理曼的两位叔叔，即总司令伯纳德·德·圣昆廷和欧坦伯爵蒂埃里四世，也赞同圣富拉德的意见。因此，顾问们达成了一致意见。然而，与查理曼关系不和的奥谢公爵选择了出门去找卡洛曼一世的遗孀格伯加王后。

顾问们宣布了讨论的结果后，卡洛曼一世的遗孀格伯加王后带着年幼的孩子与奥谢公爵一起去了帕维亚。

"不要紧吧？"查理曼对格伯加王后一行人的离去似乎毫不在乎，也不打算派人去挽留他们。

"太要紧了。"神情十分严肃的圣富拉德回答道。格伯加王后带走的两个男孩不仅是她和卡洛曼一世婚后所生，是卡洛曼一世真正的继承人，而且一旦落入伦巴第国王德西迪里厄斯的手中，日后定会成为法兰克王国的后患。

然而，查理曼仍然无动于衷，只是觉得有些滑稽——由于梅斯主教圣阿努尔夫的家族的正统后裔逃亡国外，只剩下私生子出身的他和他的残疾儿子驼背丕平守护家园。想到这里，查理曼不由得摇头笑了起来。现在，必须有人肩负起责任，而只有查理曼一人有能力挑起这份责任——这一切都是上帝的安排。查理曼决定不想了——整个法兰克王国都是他的了，而其他事情一概不重要。

查理曼似乎略有所思。然而，话说回来，查理曼会如何果断决策并且想出办法解决眼下的诸多问题呢？

以前的查理曼看起来就像傻瓜，行事仅凭一时冲动。查理曼莫名其妙地赶跑了两个妻子。遣走大包小包的伦巴第公主德西迪拉塔就等于埋下了仇怨的种子，足以让骄傲的伦巴第人永远怀恨在心。更要命的是，查理曼不仅攫取了弟弟卡洛曼一世的继承权，而且让弟弟的孩子落入了死敌伦巴第人的手中——伦巴第人肯定会充分利用这两个孩子，把他们当成人质。此外，查理曼与巴伐利亚公爵塔西洛三世的家族结下了梁子——巴伐利亚公爵塔西洛三世的妻子就是伦巴第公主德西迪拉塔的妹妹。然而，在查理曼看来，这些都无关紧要。

科尔比的圣阿代尔哈德说过，查理曼的禽兽行为不仅把自己变成了一名奸夫，而且让法兰克贵族都沦为了伪誓者，而这是一个非常简单的事实。实际上，后来，为了掩饰这种禽兽行为，查理曼统治时期的编年史撰写者竟然曾声称赫罗特鲁德是查理曼的情妇，并且解释说查理曼与伦巴第公主德西迪拉塔离婚的原因是伦巴第公主德西迪拉塔因身体不好而无法生育。显然，查理曼统治时期的编年史撰写者的说法是错误的——与查理曼离婚后的伦巴第公主德西迪拉塔回到了伦巴第国王德西迪里厄斯的宫殿，不久后就在产床上去世了——查理曼的第二个孩子的命运令人唏嘘。

显然，意识到自己因听从母亲的建议而酿成大错后，气急败坏的查理曼采取了一系列行动。聪明的卡洛曼一世行事小心谨慎，而年长的顾问们愿意辅佐卡洛曼一世也是情理之中的事。愚蠢的查理曼曾异想天开，想得到这些地位显赫的贵族的拥护，却不知在科尔贝尼时贵族们都已经打算离开他。然而，查理曼的突然出现让顾问们颇为震惊。接着，查理曼一反常态，彬彬有礼地让圣富拉德来决定他是否可以得到权力，而他则在外等候消息，听凭顾问们做主。后来，顾问们表示，查理曼的行为打动了他们。查理曼确实具备结交各种朋友的天赋。

查理曼虽然性格倔强，不会轻易改变自己的意志，但与众不同，善于连哄带骗，拥有高明的手段。此外，查理曼能持之以恒并且非常有魄力，往往能达到他的目的。查理曼曾让他的臣民发誓忠诚于他，现在又继续让卡洛曼一世管辖的那些十二周岁以上的臣民许下了同样的誓言——甚至那些拿着棍棒敲打树上的果子的小猪倌也被要求向查理曼宣誓。

这种宣誓不仅此前闻所未闻，而且在之后几百年间也鲜有发生。当然，在那种年代，十二岁的姑娘和小伙子已经发育成熟，有的成为劳动力，有的参军作战，有的结婚生子——实际上，他们已经活过了预期寿命的一半。然而，在查理曼以前，只有分得土地的贵族需要向国王宣誓。虽然臣民们违背誓言的情况是常有的，但查理曼仍然要求所有人都成为顺民，只忠诚于他一人。

令人颇感奇怪的是，在那些新宣誓的人中，最严肃的是南方的叛乱者，即阿基坦人，而这也是查理曼的愚蠢行为带来的一些意想不到的结果。

或许是发现了古怪的查理曼身上具有某些魅力——更有可能是清清楚楚地记得矮子丕平曾数次把自己打得一败涂地，总之，相比法兰克人、勃艮第人、士瓦本人等，以前的敌人对待忠诚的宣誓要更加慎重些。无论如何，昔日躁动不安、惹是生非的高卢-罗马人，即后来的加斯科涅人和普罗旺斯人，都进行了忠诚宣誓，没有策划任何反抗或背叛查理曼的运动。相反，查理曼的臣民和家族中的人倒是不断地给他添乱。

772年4月，贝尔特拉达王太后已不再帮助查理曼执政。与此同时，在意大利，有一波势力开始策划谋反，导致形势不容乐观。查理曼开始统治整个法兰克，娶了希尔德加德为妻，并且整装出发，准备跨过莱茵河边界去进攻异教徒撒克逊人的领地。

希尔德加德王后长着一双黑色的眼睛，家教很好，会干很多女人的活儿。希尔德加德王后织得一手好布，会替查理曼管账，会备好足够的肉应付冬季或饥荒时节，会为自己编织平整的衣服——不是那种外国公主的薄丝绸衣服——还很会生孩子。婚后不久，希尔德加德王后就怀孕了。最重要的是，希尔德加德王后不仅年轻、温柔，而且对年幼的驼背丕平也非常友好。由于家庭生活幸福温馨，查理曼日益快活起来，无论到了哪里都喜欢和家人住在一起。

虽然查理曼希望希尔德加德王后能一直陪着他到处征战，但772年夏季，希尔德加德王后没有进入撒克逊人的领地——查理曼也不会把自己的新婚妻子带进一片荒芜并且到处都是对他怀恨在心的异教徒的森林、沼泽和群山中。撒克逊人虽然与法兰克人同属野蛮部落，但不会和法兰克人保持和平关系。法兰克人同样不会跟撒克逊人握手言和。法兰克人和撒克逊人结下这种不共戴天的仇恨的原因是法兰克人已经改信基督教，并且将撒克逊人信仰的上古之神视为妖魔鬼怪。

这种顽固不化的仇恨背后还有一个连查理曼都不知道的原因。撒克逊人的领土从哈茨山山顶一直延伸至波罗的海岸，是他们的家园和最终的庇护所。当年，铁锤查理十分好战，而撒克逊人奋力抵抗才为自己保留了这片土地。后来，法兰克人突然对撒克逊人发动了袭击，烧毁了村庄，抢走了牲畜，收走了谷物，甚至把一些战俘当奴隶使唤，而矮子丕平就是那次袭击的策划者。然而，矮子丕平放过了一处隐蔽的山谷，并且在发动袭击后的十五年间都没有再打撒克逊人的主意。

可以说，在登上王位的第一个7月，查理曼带着一批急躁不安的贵族外出的目的只是想打一个简单的突击战热身，不想冒险远征作战。史书上所谓的以“复仇和破坏”为目的的袭击非常普遍，而查理曼有可能真是这样想的，并且几乎没做任何计划就采取了行动。查理曼进攻撒克逊人更有可能是因为身为异教徒的撒克逊人烧毁了边界处的教堂。查理曼想报复撒克逊人以泄心头之恨。

查理曼大获全胜。查理曼的胜利并非偶然。正如记载“管风琴来到法兰克”一样，法兰克的所有史书都记下了772年的这个夏天，并且将其称为查理曼“摧毁伊尔明苏尔神像之夏”。

查理曼率领着自己召集的骑手和弓箭手，小心谨慎地沿河徒步跋涉。查理曼一行人跨过了莱茵河，把谷物和猪一起放在林中的空地上，并且在森林的入口处设下埋伏。虽然撒克逊人已经学会了制造和使用战争器械并且在山顶上设了木墙防护，但查理曼还是把他们赶走了，开始搜寻防卫森严的伊尔明苏尔神像的隐蔽处。

查理曼沿溪流而下，来到了一处隐蔽的山谷——这儿是一片树林，而林中的树木如石柱廊般高大挺拔。这片荒无人烟的树林不仅是撒克逊人以前的庇护所，而且是他们进行血祭和施展巫术的场所。查理曼一行人勘察了这片树林，而剑手克罗尔德让老兵四处查看是否有埋伏——如此静谧的树林中心竟然立着撒克逊人崇拜的伊尔明苏尔神像。

巨大的树干上刻着一个没有眼睛的头像，看起来有点恐怖。查理曼仔细研究着神像，而他的部下们则在祭司的小屋内搜寻宝贝。部下们收获甚微，而查理曼一声令下，喝道："把那个玩意儿砍下来！"所有的斧头齐刷刷砍过去。砍了好一阵子后，大树终于倒下并且压在了祭司的小屋上，把小屋砸了个稀巴烂。在碎片堆中，许多金银钱币和器皿闪闪发光——原来，撒克逊人把宝贝全藏在了这方圣地。这可真是一笔不小的战果！

查理曼笑了起来，说部下们没有白费力气摧毁伊尔明苏尔神像，收获不小。查理曼立刻把战利品分给了部下们，留了一件银质的酒碗给希尔德加德王后当礼物并且作为自己获胜的证物。这口银碗上刻着一幅粗糙的柱状草图——有点像伊尔明苏尔神像。终于，查理曼让撒克逊人为烧毁法兰克教堂一事付出了代价。夏末又逢旱期，森林里的溪流日渐干涸并且成了一条条泥沟。查理曼命一小拨人骑马回莱茵河，而在路上，正当人和马口渴难耐之际，倾盆大雨从天而降。这拨人中的神父说，这场荒野中的雨水是上帝相助——除了在伊尔明苏尔神像处收获的财宝，法兰克人又获此恩赐——简直就是奇迹。

查理曼应该同样认为这次夏季的行军是神奇之旅。初雪降临时，查理曼解散了部下并且让他们各自回家，而他则在西奥多庄园的大厅里与希尔德加德王后团聚。从冬日的圣诞节直到春日雪融后的复活节期间，由于大雪会封住所有外出的道路，法兰克人都将在自己的农场内闭门不出。

有一天，查理曼正和希尔德加德王后一起惬意地烤火时，一个叫彼得的男子冒着暴风雨来到了他们面前。彼得漂洋过海从罗马来到法兰克。实际上，坐船是彼得唯一能选择的出行方式——阻挡他跨越阿尔卑斯山脉的不是寒冬的气候，而是充满敌意的伦巴第人。

彼得对查理曼说道："伦巴第国王德西迪里厄斯现在保护着您弟弟的妻

子格伯加王后及她的两个儿子。伦巴第国王德西迪里厄斯已经攻下了教廷在罗马城外所辖的城镇，威胁要入侵罗马并且成为罗马城的主人。”查理曼攻打撒克逊人时，伦巴第人趁机对罗马采取了行动。罗马和教皇的艰难处境虽然实际上远不会危及查理曼的安全，但和查理曼的个人生活有着千丝万缕的联系。查理曼想起了矮子丕平对教皇斯蒂芬二世的承诺，逃亡他国的格伯加王后，以及自己在二十年前的暴雪夜与年迈的教皇斯蒂芬二世的初遇——所有这一切都在冥冥中注定了查理曼无法与过去一刀两断。圣富拉德曾警告过查理曼，任何决定都事关重大。

圣彼得大教堂的新的使徒领主是教皇阿德里安一世，而查理曼对新任教皇一无所知，仅从彼得那里得知新任教皇阿德里安一世不仅十分鄙视伦巴第国

教皇阿德里安一世

王德西迪里厄斯，而且声称他不会再以平等的地位与伦巴第国王德西迪里厄斯会面，也不会放弃罗马城。

实际上，试图与伦巴第人论理失败和向遥远的君士坦丁堡的皇帝寻求帮助未遂后，教皇阿德里安一世才抱着最后一线希望找到了法兰克人——彼得没有把这些事告诉查理曼。

在火炉旁想了一会后，查理曼派信使去传达他的圣旨。查理曼命令贵族领主们带上武器和补给来参加5月的田野议事会，准备行军去阿尔卑斯山脉。

查理曼知道，没有几个贵族愿意执行他的命令。

第3章

跨越阿尔卑斯山脉

查理曼率领法兰克王国的主力军队去了日内瓦[①]。据编年史记载，后来，即到了日内瓦后，法兰克王国的主力军队兵分两路，而查理曼则带领其中一支跨越了阿尔卑斯山脉。

虽然编年史中的记载似乎只是轻描淡写的一笔，但浮现在我们眼前的一定是骑兵们拿着亮闪闪的兵器，全副武装并且跟着威严的查理曼在崇山峻岭间行进的场景。然而，实际上，查理曼不仅毫无作战经验，而且没有君临天下的气势——他只是在冒险尝试一项最困难的任务。

查理曼没有亲信部队。大概只有三四千名骑手响应了查理曼的号召。这些骑手主要是应征入伍的东法兰克人、阿勒曼尼人[②]和勃艮第人，并且因非常迷信而不喜欢被精确编号。这些骑手自备轻长矛，身穿皮革无袖衣和缝着铁片或铁环的衣服，头戴半边头盔，身佩长利剑和弧形劈刀，还带着崭新而笨重的尖形铁盾牌。据总司令伯纳德·德·圣昆廷观察，这些骑手不是天生的骑手，只是后来喜欢骑马，又因要面对骑术更精湛的哥特人和阿拉伯人而练就了本领。参军后，这些骑手主要听从当地领主的命令，而这些领主不一定服从查理

① 日内瓦，位于日内瓦湖西南角，是今瑞士联邦的第二大城市，与法国接壤。被罗马人征服后，日内瓦变成了罗马帝国的一部分。9世纪，日内瓦成为勃艮第公国首都。日内瓦一直是勃艮第人、法兰克人争夺的对象。

② 阿勒曼尼人，日耳曼民族的一支，于496年被克洛维一世征服并且纳入法兰克王国。

曼。一听到号声，这些骑手便一鼓作气，争先恐后地冲锋上阵——当然，撤退时，他们同样争先恐后。

查理曼的步兵是来自小农庄的农民，手持蓝色或红色的圆形木盾牌，头戴铁帽，身背仿拜占庭式的紫杉木弓——虽然矮子丕平也曾尝试让他的骑兵效仿拜占庭的重骑兵使用这种木弓，但结果以失败告终。法兰克王国的主力部队中的其余人员是车夫、仆人、胆大的男孩和查理曼的贴身侍卫。可以说，法兰克王国的主力部队与训练有素的军队简直差了一大截。

无论是有英雄气概的战士，还是在5月的田野议事会后应征入伍的士兵，都希望能在丰收季前返回自己的农庄。除最近袭击撒克逊人外，法兰克王国的军队已经有十七年未曾离开过故土。因此，即使是老兵也只是习惯于沿边界进行“复仇和破坏”，没有上过正式的战场。虽然法兰克军队过去令人闻风丧胆，但这种威望绝非来自血腥沙场的拼杀——矮子丕平早就意识到，而查理曼则到后来才发现了这一点。达格伯特一世统治时期的身强力壮的战士们已经变成了田间劳作的农夫，把全部心思都放在了自己的家族和土地上。终于。在查理曼的号召下，骨子里带着对国王的忠诚的战士们应征入伍。查理曼要率领一群农民跨过高山去作战，而他的对手不仅更聪明，而且驻扎在大城市，有重重罗马城墙做防御。

查理曼不仅有总司令伯纳德·德·圣昆廷的辅佐，而且拥有精明的头脑，能够准确地判断军队的实力。招兵买马前，查理曼派了三名可靠的信使去伦巴第确认彼得所述是否属实，以及和伦巴第国王德西迪里厄斯协商能否和平解决事端。

最后一批应征入伍的士兵从莱茵河下游出发并且抵达了日内瓦附近的会合处。在希尔德加德王后的住所前，查理曼立起了两面军旗——一面旗的图案是远古恶龙，而另一面的图案是较新的基督教十字架。夏日来临，冰雪融化，高山上的草原焕发出勃勃生机，而法兰克军队所需的水、木头和饲料都有了保障。

信使回到日内瓦城向查理曼汇报了情况。据记载：“他们虽然不仅一再央求，而且献上了查理曼的礼物，但伦巴第国王德西迪里厄斯的残忍毒辣之心丝毫不为所动。”

得到信使的消息后，查理曼开始了间谍行动。查理曼召集了一个贵族理事会。贵族理事会的成员包括军队总司令、御膳总管、圣骑士或王宫官员、公爵或军队领袖、伯爵或地区长官、传递上帝旨意的大主教，而这些人中的大多数都不赞成查理曼沿用矮子丕平的政策，即为了保护罗马城而与伦巴第人大动干戈。然而，对矮子丕平曾经的责任，即确保圣彼得大教堂的安全，查理曼感到不可推卸。查理曼对部下解释称自己虽然不仅准备了厚礼，而且提出了丰厚的条件，但遭到了伦巴第国王德西迪里厄斯的拒绝。此外，查理曼是有意想让法兰克军队去执行他的意愿。

大多数农民出身的战士都隐约地认为，神圣的圣彼得还活着，被围困在罗马。

因此，查理曼达到了自己的目的。由于阿尔卑斯山脉的各个关口都很狭窄，以及草料不足，法兰克军队虽然规模不大，但仍然得分批通过。希尔德加德王后和驼背丕平被留在了日内瓦。总司令伯纳德·德·圣昆廷率领较弱的一

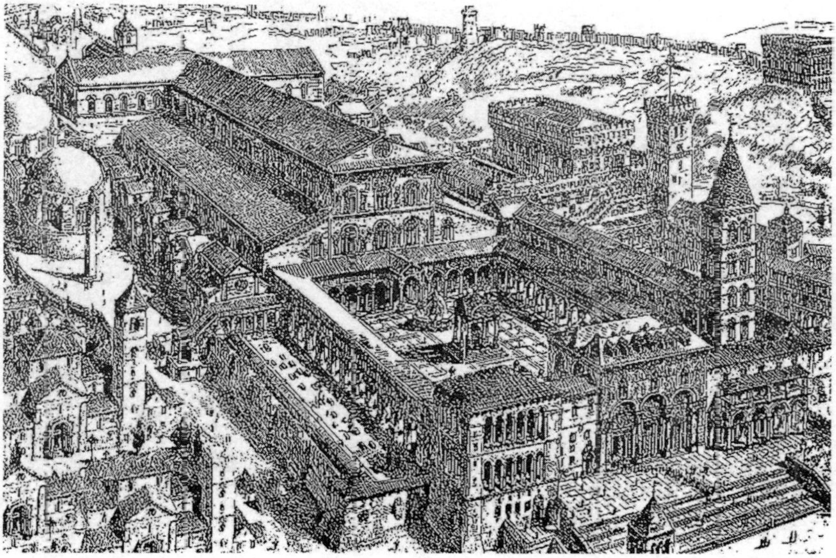

圣彼得大教堂

支部队翻过了朱庇特山口，即大圣伯纳德山口[1]，而查理曼则率领精锐部队从塞尼峰周围盘旋而上，朝着“耸入云霄、怪石嶙峋的山顶”行进。谷物、猪肉和酒桶装满了好几辆外面用兽皮盖着的货车。牛儿拖着货车，步履艰难地爬上山口，而驴骡则背着船的部件，沉重缓慢地挪着步子。需要过河时，驴骡载着的这些船的部件可以派上用场。禽畜都是活着被扛上山的，待战士们要吃时再被宰杀。

在路上，查理曼号召大家唱赞歌。战士们虽然大汗淋漓，但边走边唱道：“转头……再看看……这条路将把我们带回祖国。”

查理曼的运气似乎不错——山顶上没有敌军。查理曼率领的部队大声唱着歌，开始下山，而他们前面是一个狭小的山谷。这时，法兰克部队发现，一堵摆着战争武器的石墙挡在了山谷的入口处。放眼望去，石墙两侧都是敌军。法兰克人没能突破敌军的重围，导致这场进攻宣告失败。

大圣伯纳德山口

① 大圣伯纳德山口，阿尔卑斯山脉的一处重要山口，位于今瑞士和意大利边境。

分批突击失败后，查理曼糟糕的领导力暴露无遗。查理曼虽然渴望停战言和，并且派信使与伦巴第人协商，表示愿意奉上一万四千件银器以求敌方释放人质，化干戈为玉帛，但未能如愿。

伦巴第国王德西迪里厄斯的王营似乎就在不远处。伦巴第国王德西迪里厄斯虽然与查理曼一样，是个农民出身的山里人，但在协商谈判方面更有手段。不仅和谈一直没有进展，而且食物也差不多被吃完了。此外，撤离的道路也被封住了。因此，在帐篷里的法兰克贵族怨声载道。令人感到荒唐的是，这个四肢发达、头脑简单的梅斯主教圣阿努尔夫的后代非但没有去鼓舞士气和想办法如何突破重围，反倒央求着贵族不要抛弃他。有人提醒查理曼说，夏天即将结束，而法兰克人应该打道回府收割庄稼了。

显然，查理曼不希望继续作战。这时，欧坦伯爵蒂埃里四世手下几名有经验的军官来到查理曼的帐篷里商量对策。军官们认为，如果主路被封，那么周边一定有小路可以通向山顶。查理曼同意了军官们的想法，让他们带几名骑手去探路。

出人意料的是，军官们竟然真的找到了路，而剑手克罗尔德和同伴们美其名曰梅斯主教圣阿努尔夫的家族的好运。多年后，包括拿破仑一世在内的许多伟大的军事评论家都非常敬佩查理曼，称颂英明过人的他不仅成功地分散了敌军，而且突破了阿尔卑斯山脉的重重关隘。虽然事实究竟如何仍然不得而知，但可以肯定的是，法兰克部队出现在山顶时，伦巴第卫戍部队顿时惊慌失色，望风而逃。

恐惧如瘟疫般蔓延开来。卫戍部队的逃离不仅让伦巴第国王德西迪里厄斯吓破了胆，而且导致了整个伦巴第王室的仓皇出逃。法兰克人经过那堵空无一人的石墙，如天兵天将般现身小山谷中并且将伦巴第王营洗劫一空，收获颇丰。法兰克人挥舞着长矛和利剑，一路冲锋，将伦巴第人赶出了山谷。

据编年史记载："在上帝的庇佑下，我王查理曼替自己和忠诚的部下找到了通往意大利的路。"

总司令伯纳德·德·圣昆廷带领分队从小山谷中出来，顿时感觉豁然开朗，并且加入到了追击伦巴第人的行列中。法兰克人沿着波河①一路扫荡，来到了帕维亚的城墙外。帕维亚是伦巴第国王的王宫所在地。

查理曼得到了刻骨铭心的教训——他深信，如果那几个忠诚的军官没有采取行动，那么他和整个法兰克军队可能都无法化险为夷。

很快，查理曼就将自己得到的教训付诸实践了。773年9月，由于查理曼和法兰克军营就驻扎在帕维亚城墙外，伦巴第国王德西迪里厄斯及伦巴第王室不得不待在城墙内。法兰克人没有可以突破高大威严的城墙的围攻武器，而城墙另一边是深不可测的护城河。由于丰收季已经到来，法兰克人因地制宜，开始在富饶的波河山谷里收割着水果和谷物。

由于没别的事儿可干，查理曼决定带着几个亲信——即他可以信赖的骑手先锋部队——去别处找点事儿干。

也不知是有意还是无意，面对不够开化的法兰克人和文明程度更高的伦巴第人之间的冲突，查理曼放弃了军事策略，开始激起法兰克人和伦巴第人之间的冲突。显然，法兰克人不够开化，而伦巴第人的文明程度则更高。

伦巴第人虽然曾是最骄傲的一个部落，但后来在日耳曼移民的震慑之下，锐气骤减。勇猛无敌的日耳曼人强行留在了罗马帝国，而之前的伦巴第人也是为了躲避更厉害的阿瓦尔人②才不得不出逃至意大利。出逃至意大利后的二百多年中，伦巴第人一直保持着自己的生活方式、传统和语言。再后来，伦巴第人迁入了城市。直到最近两代，伦巴第人才放弃了宗族的群居方式和传统，开始说拉丁语。嫁至法兰克时，伦巴第公主德西迪拉塔感觉自己就像是流落到蛮荒部落的城里人。令人感到奇怪的是，伦巴第大贵族虽然最终喜欢上了城市生活并且与城里人通婚，但坚持让城里人遵从伦巴第人的衣着打扮，穿长裤披斗篷，留长须和前额头发，剃光后脑勺的头发。因此，伦巴第人的傲气变成了自负，而他们的勇猛则变成了狡诈。

---

① 波河，意大利最大的河流，源于意大利与法国交界处的科蒂安山脉的维索山，注入亚得里亚海。

② 阿瓦尔人，欧亚大陆的古代游牧民族之一，约在6世纪迁徙到欧洲中部和东部，并且在9世纪初前一直统治潘诺尼亚平原。

柳特普兰德[1]等最强大的伦巴第国王曾想统一意大利半岛以成为一方之霸并且管辖从威尼斯群岛到风和日丽的贝内文托[2]的广大地区。771年袭击罗马城门时，诡计多端的伦巴第国王德西迪里厄斯似乎也有占有整个意大利的野心，奢望自己能像当年的西奥多里克大帝[3]一样。

西奥多里克大帝

① 柳特普兰德（？—744），伦巴第国王，712年至744年在位，曾与意大利大部分地区的统治者频繁冲突并且大都取得了胜利。柳特普兰德曾利用拜占庭帝国的弱点扩大了伦巴第王国在埃米利亚和罗马的版图。

② 贝内文托，意大利南部城市，位于沃尔图诺河上游的贝内文托盆地，西南临那不勒斯，是今贝内文托省省会和主教区和曾经的罗马军用大道上的重镇。571年，贝内文托成为伦巴第公国的首府。11世纪，贝内文托受拜占庭帝国统治，后被并入教皇区。

③ 西奥多里克大帝（454—526），东哥特人的国王（475—526），意大利统治者（493—526），西哥特人的统治者（511—526），以及西罗马帝国贵族。作为哥特王国的统治者，西奥多里克将自己的王国的版图从大西洋一直延伸到了亚得里亚海。

在执行自己的计划的过程中，伦巴第国王德西迪里厄斯仅受到了教皇阿德里安一世的反对。教皇阿德里安一世不仅封住了罗马城门以示反抗，而且牢记着昔日的罗马帝国的辉煌，准备捍卫破败的罗马城的荣耀，坚信圣彼得大教堂绝不会屈服于世俗君主。与其说教皇阿德里安一世的行为是一种武力，倒不如说代表了一种精神——实际上，保护他的只有罗马城的不专业的卫兵，而与此同时，即查理曼还在日内瓦招募军队时，伦巴第国王德西迪里厄斯已经派兵北上并且驻守在了阿尔卑斯山脉的隘口。

法兰克人对伦巴第的大城市望而生畏，并且认为意大利就是“伦巴第”。然而，查理曼便发现，伦巴第国王德西迪里厄斯的统治存在着薄弱之处——贝内文托、斯波莱托①、弗留利②等最富有的城市被一些高级官员掌控着，而这些高级官员只顾一己私利，忙于建立自己的领地，绝不会听命于任何统一王权。

上次得到教训后，查理曼肯定怀疑过法兰克军队的实力，不确定法兰克军队能否在战火中杀出一条生路。因此，查理曼不会允许法兰克军队就此在帐篷里心慵意懒、花天酒地。此外，波河流域阳光明媚、温暖如春，而成片的葡萄园和果园在随处可见的城堡和教堂下方繁茂生长，显示出一派欣欣向荣的景象。看到这幅生机盎然的图景，习惯了贫瘠荒芜的林地的查理曼怎能抑制得住内心的激动？了不得——溪流之上到处建有石桥，而桥上都是平坦的道路。此外，乞丐们坐在罗马人用来做浴缸的马赛克地板上捉着身上的虱子！这就是城里人的生活吗？！查理曼大开眼界。

查理曼虽然按计划在帕维亚的城墙外驻守，但不愿意做守株待兔之事。因此，查理曼把总司令伯纳德·德·圣昆廷和另外几位骑士留在帕维亚的城墙外，挑了几个骑兵——在加斯科涅和塞尼峰时，查理曼就是靠这几个人组成的冲锋队获胜的——率性地沿着波河出发了。

---

① 斯波莱托，位于亚平宁山脉脚下，是今意大利翁布里亚大区佩鲁贾省的一座城市。

② 弗留利，意大利东北部的一个地区，具有独特的历史文化身份。西罗马帝国灭亡后，弗留利先后由意大利的第一个蛮族国王奥多亚塞、西奥多里克大帝和拜占庭的皇帝们统治。568年，伦巴第人征服弗留利并且建立了弗留利公国。

查理曼策马扬鞭，骑行到了维罗纳[①]。查理曼一行人看见一堵墙围住了一个堡垒，而墙顶上立着四十八个塔楼。查理曼的骑兵不知用了什么方法进入了这座堡垒，来到了古老的集会厅。集会厅两侧供奉着被人遗忘的罗马诸神。

伦巴第国王德西迪里厄斯的儿子阿迪吉斯就是从维罗纳逃走的。然而，在维罗纳，查理曼俘获了逃亡的格伯加王后母子三人和奥谢公爵。因此，卡洛曼一世的继承人落入了查理曼手中。

阿迪吉斯

① 维罗纳，意大利北部的一座历史悠久的城市，位于阿尔卑斯山脉南麓的阿迪杰河河畔。

查理曼看着目中无人的奥谢公爵，鄙夷地说道：“你找个藏身之地竟然要跑这么远。”

当晚，查理曼把弟媳，即格伯加王后叫到自己桌旁。格伯加王后吓得瑟瑟发抖。查理曼亲手给格伯加王后斟了一杯酒，而格伯加王后的视线始终不敢离开她的两个儿子。为了让格伯加王后放心，查理曼命人取来一件披风铺在稻草上，让她坐在上面时刚好能看到熟睡的孩子们。查理曼似乎把格伯加王后母子三人当成了自己的家人。

消息沿路传开了，说打了胜仗的法兰克人非但没有杀俘虏，反倒非常愉快地请俘虏吃饭。伦巴第王国的其他城市的公爵很纳闷——他们记得一清二楚，此次拔剑动武之前，查理曼明明向伦巴第国王德西迪里厄斯又是送礼又是求和。因此，这些公爵们决定躲在城墙后按兵不动，静观事态发展。结果，查理曼卷土重来，横穿伦巴第并且侵占了更多城市。

查理曼征战伦巴第的情形令人难以忘怀。后来，曾与剑手克罗尔德共事的老兵阿德尔伯特把这段传得神乎其神的故事告诉了圣迦尔修道院的一位撰写编年史的僧侣。这位僧侣记录道：

“奥谢公爵逃到伦巴第国王德西迪里厄斯那儿避难。得知可怕的查理曼驾到时，伦巴第国王德西迪里厄斯和奥谢公爵爬上了一座高塔，四处远眺，辨认来者。行李货车出现并且飞啸而过，比大流士一世①的战车都快。伦巴第国王德西迪里厄斯问奥谢公爵道：‘那大队人马中有查理曼吗？’奥谢公爵答道：‘没有。’大批不同国家的混合军队蜂拥而至时，伦巴第国王德西迪里厄斯朝奥谢公爵大喊道：‘查理曼肯定在这支队伍里。’然而，奥谢公爵说道：‘不在，不在。他还没来。’接着，伦巴第国王德西迪里厄斯和奥谢公爵又看到了主教和修道院院长们。奥谢公爵浑身发抖，对伦巴第国王德西迪里厄斯说道：‘当你看到田里有人忙着用铁器收割庄稼，明晃晃的铁器溅着河水黑压压地击向我们的城墙时，查理曼就要来了。’话音刚落，一片乌云压了过来，

① 大流士一世（前550—前485），波斯帝国的伟大君主，在位时间为公元前521年至公元前485年。大流士一世出身阿契美尼德家族支系，曾发动十八次大战役，致力于维护波斯帝国的统一。

而刚刚还晴朗的天空瞬间昏暗起来。明晃晃的武器闪烁着光芒，如黑夜里的火光。查理曼来了——他简直就是个铁人！只见查理曼头戴铁盔，双手都裹着铁皮，左手高举一根铁矛。所有人都簇拥着查理曼，跟在他身后，拿着武器，片刻间就站满了整片田野，直至分不清哪些是河水，哪些是他们闪闪发亮的铁器。城墙摇摇欲坠，而市民们吓得尖叫道：'哦，天哪，完蛋了——铁人来了！'看到这一切后，奥谢公爵如实地向伦巴第国王德西迪里厄斯汇报道：'你急切想见的查理曼来了。'"

这个传说无疑夸大了查理曼的兵力——现实中的他根本无法冲破帕维亚的城墙。冬天过去后，查理曼烦躁不安，为排解心情派人把希尔德加德王后和他们的两个儿子接来了。雪融后，希尔德加德王后走下了塞尼峰。家人团聚令

法兰克骑兵

查理曼十分开心。查理曼一家共同庆祝胜利——除了帕维亚的城墙里的敌人，查理曼已经没有敌人需要对付了。

查理曼带着家人、公爵、高官和主教再次启程，并且承诺称他们将穿上荣耀之袍，以朝圣者的身份在罗马城度过欢乐的复活节。

查理曼一时兴起做出了去罗马的决定，虽然忘了提前通知教皇阿德里安一世，但没有忘记带上他的精锐冲锋骑兵队。

查理曼带着骑兵队欢天喜地地上路了，穿过了托斯卡纳[①]的大小山峰，来到了罗马附近的平原地带。一座座石头做的引水渠如无精打采的巨人般横跨在沼泽地上方。在营地的最后一夜，查理曼吩咐贵族们披上蓝色和红色的曼特尔披风，而他则给自己的剑装上了金柄。意大利的食物富有营养，而查理曼的肚子已经吃得圆鼓鼓的了。查理曼想起了自己拥有罗马贵族的头衔，便提醒贵族部下道："亲爱的勇士兄弟们，无论谁在这次复活节宴上喝得不省人事，我都会认为他对我不忠并且把他看成猪。"

普罗旺斯的瓦兰发誓道："我向陛下保证，所有法兰克伙伴们都会像真正的朝圣者一样，满怀敬畏地赴宴。没人会因贪杯而酩酊大醉。"

查理曼像戏剧大师一样分别安排了世俗贵族、神职贵族、号手、龙旗旗手和十字旗旗手紧随在他身后。由于对自己的相貌不够自信，查理曼渴望能被浮华和权力包围。

在克罗地亚大街上，人群夹道欢迎着查理曼的到来——罗马的军人们相互撞击着长矛，辅祭们挥舞着棕榈叶，小伙子们精神抖擞地唱道："旗帜飘扬……"

在查理曼身旁，掌旗官来回踱步。一切都显得那么华贵与和谐，而查理曼激动不已，便下了马，徒步向前走去。罗马城就在查理曼眼前——就在这棕色的城墙背后。在查理曼之前，还没有哪位法兰克国王能有幸目睹罗马这一神圣之都。

① 托斯卡纳，位于今意大利中部，具有丰富的艺术遗产和极高的文化影响力，被视为文艺复兴的发源地。

查理曼一边靠近城墙，一边留意自己的部下是否跟了上来。与此同时，拿着棕榈叶的向导把查理曼领到了一旁，说道：“这是胜利之路。难道法兰克的仁慈之君要走这条恺撒大帝的凯旋之路吗？”

因此，向导们把查理曼带离城门并且引向了圣彼得大教堂。查理曼继续兴高采烈地走着，听着赞歌——这歌声比声音沙哑的法兰克神父们的歌声动听多了。

虽然教皇阿德里安一世已决定不让查理曼迈入罗马城，但据教皇阿德里安一世的传记作者记载，听闻查理曼即将到达罗马城，教皇阿德里安一世顿时“惊喜若狂”。

实际上，教皇阿德里安一世非常惊愕。教皇阿德里安一世出身显赫的罗马家族，稳重果断，不仅深谙神职事务，而且政治经验颇丰，曾经遏制并且惩罚了罗马内部派系的黑暗阴谋，单枪匹马地对抗诡计多端的伦巴第国王德西迪里厄斯，梦想着亘建罗马城已经被毁的纪念碑。教皇阿德里安一世就是个罕见的混合体——他虽然身为教皇，但同时也是一位性情刚毅、极有魄力的外交家。

然而，当时的教皇阿德里安一世遇到的问题十分棘手。身为圣彼得大教堂的继承人，教皇阿德里安一世与君士坦丁堡的元老不再往来，并且受形势所迫成了掌管罗马的孤家寡人。罗马这座卓越的前辈留下的城市暴乱不断，日渐衰败，没有稳定的食物和资金来源，仅靠罗马的公爵领地提供日常所需。教皇阿德里安一世也是罗马共和国的仅存遗老。因此，教皇阿德里安一世长期忙于对付伦巴第人。最糟糕的是，比起其他蛮族，伦巴第人不仅更加开化和文明，而且对他们的宗教也更加虔诚。为了守住日薄西山的罗马城，教皇阿德里安一世必须在意大利——他口中的祖先遗产——拥有更多领土。然而，无论是贪婪的伦巴第国王德西迪里厄斯、独立的公爵，还是远在君士坦丁堡的皇帝都不会交出领土。因此，教皇阿德里安一世准备与神父、民兵和朝圣者一起誓死捍卫罗马。这时，法兰克人翻越阿尔卑斯山脉来到了罗马，并且暂时缓解了伦巴第的威胁。

此外，得知查理曼已经攻占了维罗纳后，南方的伦巴第公爵们想和教皇阿德里安一世讲和。南方的伦巴第公爵们慌忙从贝内文托、斯波莱托等城市赶到圣彼得大教堂，剃掉须髯和长发，向教皇阿德里安一世表忠心——一旦帕维亚的形势发生改变，无论是查理曼还是伦巴第国王德西迪里厄斯都会要了他们的命。南方的伦巴第公爵们都去了罗马城，而他们的身份都突然转变成了顺从、虔诚的朝圣者。教皇阿德里安一世看着令自己垂涎的意大利领土，却在从未得到通报的情况下，忽然听闻野蛮的法兰克人的国王查理曼正骑马向罗马行进。

虽然教皇阿德里安一世的拉丁文不够好，但博览群书的他仍然可能会想起《伊索寓言》中青蛙的下场。伊索是一位幽默的叙利亚奴隶，讲了许多故事，而其中一个故事讲的就是一群青蛙试图通过召唤暴君来废除他们有名无实的国王。

因此，教皇阿德里安一世决定像对付伦巴第国王德西迪里厄斯一样保卫罗马城。由于强行闯入的查理曼是个未知数，为了安全起见，教皇阿德里安一世十分谨慎，派向导和欢迎者把法兰克军队安顿在城墙外的尼禄·克劳狄乌斯·恺撒·奥古斯都·格马尼库斯①的竞技场并且只把查理曼一人带到了圣彼得大教堂门口。

天刚亮时，在圣彼得大教堂门口，教皇阿德里安一世焦急地等着，而他身后还跟着神父和一群本笃会②修士。查理曼的剑柄上的黄金闪闪发光。查理曼跪着沿台阶往上爬，费力地支撑着自己高大的身躯。教皇阿德里安一世伸出手，欢迎道："奉上帝之名，来者有福。"查理曼亲吻了教皇阿德里安一世的手。

教皇阿德里安一世仔细端详着自己眼前这位大个子野蛮人。成群的僧侣

---

① 尼禄·克劳狄乌斯·恺撒·奥古斯都·格马尼库斯（38—68），罗马帝国皇帝，是朱利诺-克劳狄王朝的最后一位皇帝。在位时间为54年至68年。

② 本笃会，天主教修道院修会之一，由意大利人圣本笃在529年创立。在意大利中部的卡西诺山，本笃会成员建立了第一座修道院，严格遵守圣本笃制定的会规，即要求修士发绝财、绝色、绝意的"三愿"，祈祷不忘工作，视游手好闲为罪恶。后来，圣本笃制定的会规成了天主教修会制度的范本。

教皇阿德里安一世与查理曼

齐声祷告时，查理曼分外欣喜，露出了得意的笑容，觉得自己好像来到了庆祝盛大节日的大厅。教皇阿德里安一世握着查理曼的手，穿过天井，进入了由九十六根石柱围成的圣彼得大教堂的正厅，并且来到了圣坛前。圣墓上点着一百根蜡烛，而烛光映在金银托盘和马赛克壁画上，熠熠生辉。查理曼怎么也想象不出如此富丽堂皇的景象。在告解室谦卑地祈祷时，查理曼偷偷瞥了一眼希尔德加德王后和目不转睛的驼背丕平。起身时，查理曼听到了教皇阿德里安一世的问题，即查理曼如果不仅已经让骄傲的敌人低下了头颅，而且用自己的力量为圣彼得效了忠，那么还想在罗马做什么呢？

查理曼低声回答称他想在复活节期间参观圣殿，然后便离开了。

教皇阿德里安一世岂会轻易相信查理曼的话？站在查理曼身旁的教皇阿德里安一世俨然就是招待着一位不速之客的高贵主人。教皇阿德里安一世直截了当地让查理曼许诺忠诚，与他保持伙伴关系并且和平相处。查理曼一一答应，并且下令要求所有法兰克贵族和神职人员许下同样的誓言。教皇阿德里安一世颇为满意，一直站在查理曼身旁。在圣彼得大教堂门口，教皇阿德里安一世说道：“你今日能入教堂是非常愉悦之事。”查理曼似乎不介意睡在尼禄·克劳狄乌斯·恺撒·奥古斯都·格马尼库斯的竞技场。774年复活节的那一整天，查理曼都恍恍惚惚的，无论到哪儿都有不真实的感觉。查理曼受到了罗马地方官和大领主的致敬，亲历了圣玛丽亚大教堂庄严的弥撒仪式，参加了拉特兰圣约翰大教堂的聚餐。查理曼所在的罗马不仅是神圣之都，而且是一个

拉特兰圣约翰大教堂

使徒保罗

世界性大都市。来自非洲甚至大不列颠岛的朝圣者接踵奔赴圣殿，走到哪儿都拿着参观地点列表，不仅会买下一个个小十字架，而且有时还会买些小遗骨。查理曼也忍不住各拿了一块使徒保罗[①]和圣彼得的遗骨，来到了圣马丁和圣德尼的圣坛前。教皇阿德旦安一世带查理曼看了一个房间——这个房间里摆满了书架，而书架上又摆满了书。查理曼惊愕得大叫起来，央求教皇阿德旦安一世赠予他一些圣礼书带回法兰克。这些书上的插图和文字都非常精美。

① 使徒保罗（5—67），早期基督教领袖之一，被天主教封为使徒，《新约·圣经》的最重要的作者，对发展基督教起了不可磨灭的作用。

三天过去了，而教皇阿德里安一世十分困惑：眼前这个像男孩般好奇的男人——这位可能的罗马的未来的主人或保护者的葫芦里究竟卖的是什么药？教皇阿德里安一世从查理曼身上嗅出了倔强和责任感的味道。查理曼想着法子让驼背丕平挺直腰杆并且看到一切开心的事情。后来，教皇阿德里安一世总是问查理曼是否会做一件事，而不是问他是否能做到。教皇阿德里安一世请求查理曼对付敌人，而不是让向他提供帮助。

教皇阿德里安一世继续观察着，想逐步揣摩查理曼的性格奥秘。然而，由于内心压抑着极大的恐惧，查理曼这个强大的外族人把自己藏得很深。查理曼认为恐惧是一种耻辱，并且因此竭力不让其外露。

教皇阿德里安一世默默地关注着查理曼。查理曼爱去圣彼得被囚禁的小房间等圣地，着迷于告解室的石头和遗骨匣。此外，查理曼的行踪习惯也与常人不同，令教皇阿德里安一世十分好奇。一般的朝圣者都不会像查理曼那样急切地想带走一块碎石。当自己硕大的身躯挤进那些圣地时，查理曼常常会喜不自禁，似有如释重负之感。总之，教皇阿德里安一世很想知道，查理曼是不是想让自己的身体逃避某种假想的追踪。

在城墙外的圣保罗教堂举行了弥撒仪式后，法兰克人开始为离开做准备。然而，没等到法兰克人离开，教皇阿德里安一世便明白了一个事实，即查理曼根本没想过要离开家人和部下。因此，教皇阿德里安一世再次约查理曼在圣彼得大教堂圣坛见面。在圣彼得大教堂，虽然教皇阿德里安一世一言不发，但查理曼仍然想起了他的父亲，即矮子丕平当年向教皇斯蒂芬二世发誓的情景。矮子丕平立誓的场景是查理曼关于法兰克王国的神圣记忆——当时，矮子丕平许诺将一些城市和领土划拨给圣彼得及其代理人名下。教皇阿德里安一世问查理曼，法兰克人是否会承认矮子丕平当年的承诺。

查理曼欣然应允，回复称自己跨越阿尔卑斯山脉就是来兑现承诺的。因此，教皇阿德里安一世让秘书念出了矮子丕平承诺划拨给圣彼得及其代理人的城市和领土名单。秘书用拉丁文飞快地念着，而查理曼似懂非懂。“……从科西嘉岛[①]

① 科西嘉岛，位于地中海中，现为法国最大、地中海第四大岛屿。

某地到巴尔多山[①]，到帕尔马[②]……从那里到曼图亚[③]和火石山[④]，以及整个拉文纳[⑤]……与古时相同……还有威尼斯及伊斯特里亚半岛[⑥]……连同整个斯波莱托和贝内文托。”

很多名字查理曼听都没听过——在意大利，查理曼只熟悉自己骑马到过的那些路的名字，也从没看过地图。因此，查理曼不知道，秘书口中念出来的范围包括了意大利三分之二的领土。然而，由于明白这是教皇阿德里安一世的执念，查理曼毫无异议地认可了。据有些见证者说，查理曼吩咐自己的神父将矮子丕平的誓言抄写了一份，并且亲手将其放在圣坛下方的坟墓上的福音书下面。实际上，矮子丕平承诺出让的土地还不止教皇阿德里安一世希望得到的那些。

查理曼带走了一名罗马神父去教法兰克人学习正确的咏唱，还带走了一位博学的学者，即比萨的彼得[⑦]，教授自己语法和写作。最关键的是，查理曼带走了对图书馆和文明建筑的渴望。罗马之行让查理曼的心灵意外地得到了宽慰。

从此，查理曼顺风顺水，喜事连连。希尔德加德王后又生了个女儿。774年6月月初，经受了饥饿和热病的考验之后，帕维亚战役告捷——伦巴第国王德西迪里厄斯带着家人从宫内走出来投降，说自己不过是一个闷闷不乐的小胖男人，不敢与查理曼对抗。看着伦巴第国王德西迪里厄斯焦虑又窘迫的样子，查理曼放声大笑。伦巴第国王德西迪里厄斯的妻子，即安萨王后倒是长得挺标致的。

法兰克人一窝蜂地涌进帕维亚。查理曼骑着马进了城门，俨然一副胜利者的姿态，欣赏着帕维亚的长石柱廊和温泉浴池。查理曼的前妻，即伦巴第公

---

① 巴尔多山，位于今意大利北部的威尼托大区，横跨特伦托和维罗纳省。

② 帕尔马，意大利北部城市，位于波河平原南端，紧临帕尔马河。

③ 曼图亚，意大利北部小城，约建于公元前2000年，现属于伦巴第大区，位于波河中游平原，米兰城东南部，被波河支流明乔河形成的几个湖泊三面环绕。

④ 火石山，即今意大利帕多瓦省的市镇蒙塞利切，因火石丘陵地质而得名。

⑤ 拉文纳，意大利北部城市，位于亚得里亚海附近的沿海平原上，在5世纪至6世纪作为东哥特王国的都城，在6世纪至8世纪是东罗马帝国统治意大利时的中心。

⑥ 伊斯特里亚半岛，克罗地亚和斯洛文尼亚境内的一个三角形半岛，位于亚得里亚海东北部，西滨威尼斯湾，东临克瓦内尔湾。

⑦ 比萨的彼得（744—799），中世纪早期的意大利语法学家、执事和诗人。

主德西迪拉塔已经去世。帕维亚是查理曼的了。查理曼心情大好，看着部下们挑选着金银财宝，下令将这些财宝全部送给部下们作为长期围城的奖赏。部下们一片欢腾，纷纷赞扬查理曼慷慨大方和绝佳的运气——查理曼几乎兵不血刃就大获全胜。自此，查理曼自称“蒙上帝之恩的法兰克人和伦巴第人之王、罗马贵族查理曼”。

查理曼派人把伦巴第国王德西迪里厄斯夫妇押送到了科尔比的修道院去隐修。至于其他伦巴第人，查理曼没有要求他们遵守法兰克人的法律或向法兰克人进贡，更没有将他们的土地或城市占为己有。查理曼只是伦巴第人之王，并非伦巴第王国之王。因此，伦巴第人可以保留自己原有的管理模式。处理完这些事后，查理曼就启程飞奔向自己的家园。查理曼经过罗纳河①的源头，即罗纳河冰川时，希尔德加德王后新生的女儿不幸夭折。

伦巴第人对征服者就这样放过他们的仁慈行为赞不绝口。有人写道：“法兰克国王没有破坏我们的财产——可见他是多么仁慈宽容。”在以前的意大利，从未有过这种先例。

仅仅不到一年后，查理曼的和平政策就引发了叛乱。正如撒克逊人仇恨自己的法兰克亲戚一样，地位卑微的伦巴第人对他们新主人的怨恨也日渐强烈。由于软弱的伦巴第国王德西迪里厄斯已被遣走，北方的伦巴第公爵们便想联合起来管理国家。在罗马，教皇阿德里安一世听说伦巴第国王德西迪里厄斯的儿子从君士坦丁堡带回了一支舰队，而叛乱已经如箭在弦。法兰克人统治伦巴第人的局面遭到了破坏。

教皇阿德里安一世曾经对查理曼寄予厚望，却发现这位强大的法兰克国王忙于对付撒克逊人，根本无心顾及意大利的困境。教皇阿德里安一世坐立不安，写了一封长信给查理曼，称其为朋友和“伟大卓越的王”，向他的夫人及孩子们问好——教皇阿德里安一世显然想起了查理曼对家庭的忠诚——并且提醒他圣彼得大教堂周围混乱的局面：武装兵团占据了道路；拉文纳人声称国家主权在北部；弗留利公爵罗特加德召集了一支军队。

① 罗纳河，欧洲的重要贸易河流，联系欧洲北部与地中海，源于瑞士中南的阿尔卑斯山脉。

775年整个夏季，查理曼都忙于针对撒克逊人的战事，没有采取实质措施镇压教皇阿德里安一世提及的伦巴第人的叛乱，只是象征性地派了两名主教去转了转。两位主教奉命骑着骡子从法兰克出发，在斯波莱托和贝内文托之间来回与当地的酋长会谈并且警告他们道："安分点吧——查理曼就要来了。"然而，弗留利公爵罗特加德只是让两位主教使节把自己对时局的看法带回法兰克。

弗留利公爵罗特加德奚落两位主教道："这位法兰克王有什么用啊？罗马人竟然这么信任他。"教皇阿德里安一世虽然把弗留利公爵罗特加德的嘲讽捎给了依然在外征战的查理曼，但没有得到任何回信。冬天到来、大雪封住山口时，教皇阿德里安一世彻底失望了。

然而，圣诞节后，查理曼成功地穿越了重重雪山，并且带着精锐的骑兵队攻克了道道关口。这一次，查理曼没有在帕维亚逗留，而是一路沿河猛冲，登上了东部山峰，与敌人浴血奋战。有传说描述了弗留利公爵罗特加德如何应战并且落荒而逃，以及在山上被自己人杀害的情节，还提到了被围攻的特雷维索①是如何落入法兰克人之手的。

查理曼虽然向伦巴第国王德西迪里厄斯展示了谦谦君子的风度，但对叛军则如秋风扫落叶，绝不留情，不仅吊死了叛乱的领头人，而且驱逐了弗留利公爵罗特加德并且没收了他的领地。查理曼让法兰克的公爵统治北方，并且派兵驻扎以帮助法兰克的公爵巩固统治。这样一来，自称为伦巴第人之王的查理曼就名副其实了——从法律上来说，查理曼即使不在伦巴第也是伦巴第人的国王。由于与查理曼的两名主教会谈过，斯波莱托人和贝内文托人没有加入叛乱。

查理曼没有去罗马朝圣，而是在返回法兰克的山路上稍做停顿庆祝了复活节。776年7月，查理曼及时赶到家收割了干草。

从此，意大利的命运开始受控于查理曼与罗马教皇阿德里安一世的博弈。查理曼变化无常，而教皇阿德里安一世则果断刚毅。

---

① 特雷维索，意大利北部城市，今属威内托大区，位于皮亚韦河的下游平原的西南部。

从身体条件上来说，查理曼可谓无所畏惧。查理曼结实高大的身板能经受得住任何惩罚，受伤后也只是会留下一些疤痕而已。查理曼曾经强迫一千名男子跟着他跨越雪山，露天宿营。据守林人透露，一次狩猎时，查理曼遇见了一头野牛——这种畜生体型十分庞大，堪称欧洲的百兽之王，而狮子也要惧它三分。当然，在守林人娓娓道来的故事中，查理曼无疑是无所畏惧的英雄。守林人说道：

“查理曼天赋异禀，根本不是贪图安逸的懒散之人。出门猎杀野牛时，虽然同行人一看到眼前那巨大的野兽便吓得魂飞魄散，但查理曼毫不畏惧。查理曼骑着精力充沛的战马，靠近那头野牛，试图用剑刺穿它的颈项。不巧的是，查理曼刺偏了，而野牛撕碎了查理曼靴上和腿上的绑带。查理曼的小腿肚被野牛的尖角顶到了。由于这点小伤，查理曼变得一瘸一拐。接着，野牛转身逃跑，躲在了大树和石头后面。虽然许多部下都要取下自己的绑腿给查理曼换上，但查理曼拒绝了，说道：‘我就要这样去见希尔德加德。’

“这时，普罗旺斯的瓦兰的儿子奥坦伯爵伊桑巴德飞奔着拿着长矛向那头猛兽刺去，正好刺中了它肩骨和气管之间的心脏部位。众人把余温尚存的野牛拖到了英勇的查理曼面前。

“然而，查理曼似乎没有理会，只是把那畜牲的尸体交给同伴处理，待处理完就回家了。在家里，查理曼把撕碎了的绑带给希尔德加德王后看，问道：‘这畜生把我弄成这样了——你觉得应当怎样奖赏刺死它的人？’希尔德加德王后回答道：‘应当奖给他最好的礼物。’因此，英勇的查理曼把野牛的角拿了出来以证明他没有撒谎。希尔德加德王后倒吸了一口气，吓得直捶胸口。”

看到希尔德加德王后如此担心后，查理曼虽然原本不喜欢奥坦伯爵伊桑巴德，但也奖励了奥坦伯爵伊桑巴德一磅银子表扬他的英勇行为并且与他拉手结为了朋友。查理曼不仅不担心自己的身体，而且自从去了维罗纳后，也不再害怕敌人的阴谋诡计。

一种恐惧弥漫在查理曼心头并且日益加剧。查理曼不仅作为孩子时，由于享受着家庭的关爱，还没有恐惧的概念，而且作为矮子丕平的长子，生活在他的庇护之下，也没有意识到这种恐惧。然而，现在，查理曼不得不孤身一人面对马鞍与王位。这种恐惧出现在查理曼心头，犹如会跳舞的幽灵，活跃在查理曼的家园的每个角落，阴魂不散。这种恐惧虽然瞒得了他人，但逃不过查理曼的眼睛。这种恐惧每天都在警告着查理曼，让他担忧和焦虑，唯恐法兰克人会没落和末日到来。

在殷格翰的集市上，查理曼碰到了一位兜售怪玩意的奸商。这个奸商很胖，戴着蒙头斗篷，穿着羊毛上衣，卖的是藤条绕成的护身符，声称只要花几个钱便可以消肿、复明、止吐黑污——他简直是一个男巫。

查理曼喜欢穿着弗里西亚羊毛常服一个人闲逛，导致人们往往认不出作为国王的他。有一次，查理曼正闲逛着，发现有个村子里的老老少少都围着一个木头十字架刑具。村民们围观的是一个被控行窃的士瓦本人。神父把沸水从一个大锅炉倒进一个高及士瓦本人腰身的桶里，接着把一块小石子扔进桶里。神父卷起士瓦本人右手的袖子，称按照上帝的旨意，士瓦本人裸露的手臂应当浸入沸水中经受考验。

围观者越聚越多，都想看清楚士瓦本人是否能从热气腾腾的沸水中捡起石头以证明自己的清白。这时，查理曼挤进人群，走到了桶边。如果士瓦本人没有拿起石头，那么他的手便会被斧子砍下——许多围观者都想看到这一幕。很快，查理曼发现，士瓦本人面无惧色，非常镇定。神父刚喃喃念完一些乱七八糟的拉丁文后，士瓦本人就把手臂伸进了桶内。士瓦本人似乎很痛，大叫了一声，同时猛地伸出了他的拳头。一位秃头神父一把拽住了士瓦本人的拳头，然后举起了一枚石头——看上去像是从士瓦本人手里拿出来的。神父当即高声宣判士瓦本人无罪。

虽然围观者一片沸腾，但俯身看着桶内时，查理曼发现石头纹丝不动地躺在桶底——这场审判只不过是变戏法！查理曼非常生气，抓住了士瓦本人和神父的脖子并且把他俩的脑袋埋进了沸水中。士瓦本人和神父感受到了真正的痛，杀猪般地尖叫起来，拼命地挣脱了查理曼。围观者死死地瞪着查理曼，困惑不解，觉得查理曼简直没有人性。

因此，查理曼再一次发现，法兰克自由民整日如农奴般在田间劳作，收获那点可怜的谷物，虽然有权拿起武器战斗，但宁愿选择死守土地和满足于填饱肚子，而不愿意去承担更艰巨的义务。

面对这样的子民，查理曼突然意识到，法兰克人曾引以为傲的日耳曼血统已经消失殆尽——他们正沉沦于酒足饭饱的平庸日子，像加大拉的猪群[①]一样，你推我搡地冲向自己的末日。

晚祷时，在路边的一座圣雷米的小教堂里，查理曼下马并且唱了颂歌。在教堂外，随从们一边等候查理曼，一边顺便活动活动筋骨。教堂低垂的屋顶

加大拉的猪群

① 加大拉的猪群，《马太福音》中记载的一个故事，大意是说耶稣赶鬼入猪群，导致猪纷纷跳下山崖落海而死。

刚好盖过黑色的圣坛，而两个人正在轻声交谈着——应该是一名土地终身持有者在向执事忏悔。执事穿的袍子盖过了猎裤，而脏兮兮的地面到处可见动物粪便。对这些事，查理曼都已经习以为常了。然而，小声祈祷时，查理曼听到了银币发出了很有规律的叮当声，而与此同时，另一个声音说道：“第四个，不该跟牧羊人有奸情；第五个，不该把牛脂称两次；第六个，不该耍小把戏捉弄那个没脑子的男孩……”忏悔的声音越来越低，最后说道：“圣雷米的圣骨在上，我发誓我只有七个银币。”

查理曼心想，法兰克自由民的话是不能再信了——除非他们在著名的圣物旁发誓。接着，查理曼明白了一个事实，即这位忏悔者是在用自己的银币为自己的过错赎罪——有些百姓认为，先知丹尼尔的“以施舍赎罪”就是要他们拿出一笔钱。

法兰克人的榆木脑袋怎能理解先知的话呢？本应引导大众的神父们却大字也不识一个。

离开帕维亚的宫殿后——特别是受了明智的教皇阿德里安一世的教导后，查理曼意识到了自己的无知和法兰克人的愚蠢。法兰克人不仅住的是用板条和粗灰泥建成的茅草屋子，而且祈祷用的教堂也是木头做的。目睹罗马的气势恢宏的大教堂时，查理曼十分震撼，像是喝醉了酒，觉得整个身子都飘了起来。因此，查理曼深信自己是靠近了一股神奇之力。然而，一回到家园，这种升华的感觉就消失了。不错，查理曼是带回了圣物。然而，在这片森林里，这些圣物与当地教堂的残骸和木头有何不同呢，能创造奇迹或改造法兰克人吗？

和斯特姆说完这些话后，查理曼陷入了沉思。当时，查理曼骑马走在莱茵河右岸的路上，在边界的聚居处发现斯特姆正在枞木林里砍树枝准备建造防御迷路的野兽的夜间路障。年老的斯特姆虽然不仅是圣卜尼法斯的徒弟，而且是富尔达修道院的院长，但仍然像以前做教区神父时一样，常常徒步在各处活动。认出查理曼后，斯特姆仍然继续挥舞着斧子，一心埋头砍树枝。在查理曼的部下们点燃的篝火边，斯特姆坐下并且吃着查理曼的晚餐肉、面包和蜂蜜。斯特姆没有道谢，只是一言不发地听着查理曼抱怨法兰克人生活懒散、暴饮暴食和思想落后。查理曼停下来想听斯特姆的意见时，斯特姆不再沉思，说了句奇怪的话：“孩子，让你的猎人、随同和侍从都离开。你就待在这火旁，等到晚祷时间进行祈祷。”

“我祈祷？”

“是的，你祈祷。”

斯特姆饱经风霜，曾和圣卜尼法斯行走于荒野。正是靠着在山顶上砍下的木头，斯特姆建成了为圣卜尼法斯存放遗骨的富尔达修道院。查理曼原本很想从斯特姆那听取一些明智的建议。

斯特姆抬起头，凝望着星空，而他的目光越过挤在一起的白眉，穿过了烟火。“时候差不多了，尊敬的法兰克国王陛下，这些大树难道不像教堂中的柱子吗？你在这儿感到害怕了吗？”

查理曼极不耐烦，问道：“神父，说出你的想法！你为什么叫我祈祷？”

斯特姆用粗糙的手勒紧了腰带，站起身来，用干哑而有力的声音说道：“如果你的法兰克子民沉沦于无知和奸情中，那么责任在他们的神父。如果法兰克人的神父没有思想和意志，那么这种可怕的现象只能是因为一个可怕的权力。” 斯特姆指着查理曼，继续说道：“那就是你的权力——你的话就是法律，而所有这些凡夫俗子都在等着你的指令，等着你点头同意或生气皱眉。你的权力是可怕的权力。你不会分享权力，也不会逃避权力。因此，祈祷吧，祈祷你会正确使用权力。陛下，是你逼我说出真话的。”

因此，在由树枝建成的路障中，查理曼和斯特姆一起跪下了。查理曼虽然琢磨着斯特姆说的每一个字，但理解起来还是有些费力。查理曼想到了法兰克人最后一位合法国王，即墨洛温王朝的末代国王希尔德里克三世。肥胖的希尔德里克三世不仅行动不便，而且压得礼车的轮子滚起来都摇摇晃晃的。查理曼眼前浮现出了希尔德里克三世如孩子般幼稚的眼神。谁都可能成为最后的国王——说不定哪天就轮到查理曼的哪个孩子身上了——这才是查理曼所惧怕的。

斯特姆斜着身子往火里扔干树枝，看着巨人般的查理曼，灰色的眼中出现了些异样的神情，说道：“孩子，不要妄想在一夜之间改变人性。我常给撒克逊人洗礼，并且发现他们在第二天会献上一头羊甚至一头牛来安抚古老的森林之神。我很高兴——他们没有让奴隶流一滴血。”

查理曼没想到斯特姆这位边界处的神父会如此宽容。铺好睡觉用的披风时，斯特姆看着路障点了点头，说道：“动物会更注意围着火的路障，而不会去留意任何祈祷者。”这就是斯特姆给查理曼的建议。

查理曼虽然无法找出自己恐惧的原因，但一直用精力充沛的身体抵抗着这种恐惧。如果查理曼觉得自己的思想需要接受教育的熏陶，那么他即使业已成年也会乐于接受。查理曼努力从自己新老师，即比萨的彼得那里学习如何将无头绪的词语组织成清晰的句子。比萨的彼得会给查理曼读维吉尔的严肃诗歌，讲特洛伊的灭亡，以及埃涅阿斯[①]在特洛伊城燃烧的火光中带着自己的祖先的神像逃跑的情形。

埃涅阿斯在特洛伊城燃烧的火光中逃离

① 埃涅阿斯，特洛伊英雄，安咯塞斯王子与爱神阿佛洛狄忒的儿子。

“埃涅阿斯的子民怎样了？”查理曼问道。

“他们被征服了。对被征服者而言，唯一的安全就是不抱任何希望。”

查理曼开始对漂洋过海并且创造了一个新民族的埃涅阿斯感兴趣了。

有时，惧怕自己无能的思想占据心头时，查理曼会走进森林，穿过小道来到一片小树林。这片小树林虽然很像伊尔明苏尔神像所在的树林，但略小一些。这片小树林里面的小屋里住着几个上了年纪的吟游诗人。查理曼会给这些吟游诗人一些救济品，而吟游诗人会弹着竖琴，唱起他们当年在海边骑行时吟诵的那些古老的法兰克英雄之歌。

从这些吟游诗人的记忆中，查理曼一点点地收集着法兰克英雄的故事。吟游诗人们想起了一个诸神庇护的黄金年代，一个由英雄掌握国家大权的时代，而查理曼想起了被自己摧毁的伊尔明苏尔神像。除了去罗马过复活节那件事，查理曼一直都在按照矮子丕平的思想行动，而非根据自己的意愿。查理曼很想知道矮子丕平怎么会想到去制服桀骜不驯的撒克逊人。和以前相比，法兰克的政权情况没有什么变化，越发像国王的私人财产。法兰克王宫与帕维亚王宫截然不同，只是查理曼偶尔歇息的一处院子或大厅。决定国家大事的议事会由查理曼本人和其他十一位圣骑士或王宫官员组成。查理曼不在时，法兰克王国的政务由王宫伯爵主持。

在圣彼得大教堂住过后，查理曼逐渐意识到自己的统治方式太粗野了。宫廷内务总管管理的土地和牲口比任何地方官府都要多，而御膳总管会安排好查理曼行军需要的食物和草料。两位总管和希尔德加德王后要一起详细记录珠宝的出入、节庆日献给国王或外赠的礼物。此外，两位总管和希尔德加德王后还要记录边界的岗位和桥梁的支出，给地方官府发放的钱粮，以及查理曼从敌人那获取的战利品。

希尔德加德王后一直都在忙着囤积财产，特别是农场里的农作物和牲口。虽然查理曼深信希尔德加德王后的做法不是什么好兆头，但希尔德加德王后不仅非常认真，而且只有看到每间房都装满了足够用的奶酪、猎物、啤酒、亚麻、蜂蜜、谷物和牛脂蜡烛时才会心满意足。

“自从你受上帝保佑的父王驾崩后，我们的土地上再没有发生过饥荒。”希尔德加德王后说道。

虽然查理曼不明白希尔德加德王后是怎样把上帝的保护和肉的产量联系到一起的，但显然，希尔德加德王后不仅轻松、完美地做到将其联系了起来，而且不希望任何事情变得糟糕。

因此，查理曼第一次不按矮子丕平的政策行事了——他打算制服自己最敌视的对手撒克逊人，改变他们的宗教信仰，让他们不再信仰骗人的异教。议事会成员一致赞同查理曼的意见，认为“那个民族虽然一开始就落入了恶魔手中，但将来会得到基督的甜蜜管束”。圣卜尼法斯等虔诚的传教士曾跨过莱茵河，冒险在异教徒中进行传教，最终都被杀害了。虽然全副武装的军队也曾去惩罚撒克逊人等异教徒，但传教士们从未和军队同行。用武力让异教徒信仰基督教是一种新的尝试，而这种尝试注定会带来之后长达三十年的恐慌。

毋庸置疑，有些事是必须尝试的。法兰克军队刚出发去意大利，边界处的撒克逊人就发动了袭击，通过烧毁弗里茨拉尔大教堂并且将其改成了马厩来替被法兰克人推倒的伊尔明苏尔神像报仇雪恨。

776年冬季，议事会计划只用一次大规模入侵就结束所有异教冲突。所谓大规模入侵就是发动所有法兰克王国嫡系军队的士兵，而军队会在荒地路边沿途修筑堡垒并且在堡垒内修建教堂——775年整个夏季，即教皇阿德里安一世央求查理曼回罗马时，法兰克人都专注于此事。

查理曼麾下的战士们满怀仇恨，长驱直入异教徒的领土，稳扎稳打，遇到在逃的森林难民一律烧杀，迅速占领了西吉堡[①]和埃尔斯堡两座要塞。法兰克军队沿着伊尔明苏尔山谷前进，直逼威悉河。在威悉河这道天然屏障前，法兰克军队驱散了阻力，让东伐利亚[②]和西伐利亚[③]两大宗族见识了铁剑的厉

① 西吉堡，德意志西部的一座撒克逊山堡，可以俯瞰鲁尔河与莱恩河交汇处。在查理曼与撒克逊人的战争中，西吉堡一直是双方必争之地。

② 东伐利亚，德意志北部的一个历史地区，包括历史上由撒克逊公国延续下来的东部郡，西临莱纳河，东靠易北河与萨勒河。

③ 西伐利亚，德意志西北部一个地区。在中世纪，西伐利亚所指区域不尽相同，或指古老的撒克逊公国的一部分，或指西伐利亚公国，或是西伐利亚王国。

害。踏过鲁尔河[①]河谷后，法兰克军队又将矛头对准了桑塔尔山[②]一带的黑皮肤的民众。当时，对法兰克人来说，似乎所有出现的敌人都会溃败。

然而，在威悉河边，为查理曼修建住所的法兰克军队的一支分队惨遭突袭和屠戮——森林里依然藏着撒克逊人的战斗力量。收到消息后，查理曼立刻带兵追赶，却发现敌人已不见踪影，而路边的村民纷纷投降，甘当人质。

从信使那里，查理曼得知，敌人包围了西吉堡和埃尔斯堡两座要塞。因此，在罗纳河的源头处的查理曼赶紧掉转马头，率军火速赶往莱茵河畔。然而，查理曼和疲惫不堪的老兵们万万没想到，敌人已经占据了不可逾越的高地。经历了一系列失败的查理曼逐渐明白，试图通过征服居民来攻占城市的入侵方式是行不通的。虽然没有哪支军队能与法兰克军队抗衡，但查理曼攻克的也只不过是两座边界堡垒和连着黑森高原的道路。

此外，查理曼的大规模入侵已激起了所有撒克逊人悄无声息又坚定的反抗——甚至连那些他未曾涉足的北方平原地区、易北河[③]一带和波罗的海沿岸的撒克逊人也反抗他。

查理曼远没有足够的传教士去对付那么多敌人。在武装侍卫的守护下，传教士结结巴巴地向愠怒的人质和饥饿的村民讲解着基督教教义。查理曼一边让传教士指责村民徒劳无益的信仰，一边热切地渴望着能再出现一个圣卜尼法斯让撒克逊人改变宗教信仰。因此，查理曼想起了斯特姆。查理曼派人去请斯特姆——这位边界神父虽然上了年纪，但依然很有感召力。

斯特姆问道："请告诉我，你是想把狼赶跑，还是想把羊领来？"

这个问题可难住了查理曼。斯特姆解释说，撒克逊人是一个好战的种族，就和狼一样，并且遭到武力攻击时，宁死也不会改变自己。斯特姆指出，查理曼如果改变撒克逊人的狼性，那么必须收起武器，与撒克逊人共同生活、分享食物并且给他们自由。

---

① 鲁尔河，今德国西部的北莱茵-西伐利亚州的一条河流，是莱茵河的支流之一。

② 桑塔尔山，位于今德国下萨克森州，属于威悉山地的东部延伸段，被奥伊、戴斯特-桑塔尔和威悉河河谷所环绕。

③ 易北河，中欧主要航运水道之一，发源于捷克和波兰两国边境附近的克尔科诺谢山南麓。

听了斯特姆的话，急躁的查理曼十分生气，说道："面对那些背信弃义的家伙，你还要我怎样去跟他们握手言和？我不知给了他们多少次机会！"

"是给得够多了。然而，在握手言和前，你已经用冷冰冰的武器惩罚了他们。"

"即使我没有惩罚他们，他们也不会屈服啊。"

"和他们停战。"老斯特姆摊开了粗糙的双手，说道。

"怎么做？"

"按照上帝的旨意，身为国王的你有义务安排这些深陷迷途的人重回上帝的怀抱。"

斯特姆的要求虽然超出了查理曼的理解能力，但也印证了查理曼的担忧——撒克逊人是异教徒，粗野残暴，信仰远古神灵，推崇传统的英勇精神，比伦巴第人和法兰克人保留着更多的胆量和魄力。

虽然在名义上，蒙上帝恩赐的查理曼是国王，但上帝想让他去统治哪些子民呢？法兰克人、特雷维索和远东山区的伦巴第俘虏都已经发誓会效忠于查理曼。查理曼可以统治辽阔的疆域，却没有一个可以安家的城市。在这种情况下，查理曼仍然号召不同种族和使用不同语言的人都许下了忠诚于他的誓言。

在斯特姆的极力主张之下，查理曼思索再三，采取了一个新办法来对付顽固不化的撒克逊酋长。查理曼不仅下令酋长们可以自由集会，接受教堂洗礼并且对他宣誓效忠，而且宣布他虽然不会在撒克逊人的土地上兴建堡垒，但会建一个有教堂的新镇。查理曼表示，他虽然会成为撒克逊人的最高领主，但撒克逊人仍然可以保留自己原有的法律和习俗。

新镇远离西吉堡和埃尔斯堡，靠近利珀河的发源地，是查理曼亲自挑选的地址。此外，新镇位于一片水源充足的平原，可以满足沐浴和狩猎的需求，很像深受查理曼喜爱的这几年都没空去的阿奎斯格拉纳姆。由于流淌着一条叫帕德拉的小溪，查理曼给新镇取名为帕德拉夫宁或帕德博恩[①]。第一个用砍下的木头做成的建筑是教堂。

① 帕德博恩，德意志的一座历史悠久的城市，位于今德国的北莱茵-西伐利亚州。

帕德博恩的教堂建于776年。后来，大主教阿多写道："在利珀河的发源地，查理曼接待了所有撒克逊人及他们的妻儿。撒克逊人接受了洗礼，认可了查理曼的信仰。在帕德博恩召开了一次大会——不仅是法兰克人的大会，而且是撒克逊人的大会。"

777年夏季，这次不寻常的大会召开了。精力充沛的查理曼登台展现了自己卓越的表演天赋。正如在罗马城门一样，身着长袍、戴着徽章的主教和伯爵们簇拥在查理曼周围。留着长髯的伦巴第人和昂首阔步的巴伐利亚人一同游行。斯特姆前来帕德博恩的教堂朝圣，站在齐腰深的溪水中，替蜂拥而至的黑森人、东伐利亚人和西伐利亚人等撒克逊各宗族的人们洗礼。旗手挥舞着见证了意大利的胜利的龙旗和十字旗，神气活现地穿过熊熊的篝火。在罗马唱诗班的指挥的引导下，僧侣们齐声唱着"旗帜飘扬"。

篝火旁摆着一张张桌子，而桌上堆满了肉、酒和蜂蜜。斯特姆正在全心全意地布道。前途无量的查理曼目光炯炯，在聚会人群中来回穿梭、谈笑风生。天生的出色演说家查理曼穿着皮猎裤，披着狼皮衣，越发显得高大魁梧。看到健硕挺拔的撒克逊人正三五成群地开怀畅饮，查理曼挤了进去，不仅与酋长们一盏接着一盏地对饮，而且与他们合唱了歌颂在瓦尔哈拉殿堂[①]寻找沃旦[②]的英雄们的赞歌。

查理曼心中正洋溢着满满的喜悦时，一支陌生的骑兵队出现了。骑兵们身穿银铠甲，披着纯色斗篷，安然平和地坐在高高的马鞍上。这些骑兵是阿拉伯贵族，来自比利牛斯山脉以南的西班牙，而他们此行的目的是向查理曼请求停战。

查理曼不愧是首屈一指的表演大师——他非常热情地欢迎了尊贵的客人，并且获得了很多好感。毫无疑问，阿拉伯贵族的来访说明了查理曼日益增长的权力，而对来自森林中的撒克逊人来说，阿拉伯贵族看起来像是另一个世界的酋长。斯特姆认为，刚刚信仰基督教的撒克逊人应当看着查理曼与阿拉伯贵族举行国事会谈，而查理曼为此煞费苦心。

① 瓦尔哈拉殿堂，北欧神话的主神奥丁在阿瑟加德的一处宫殿，是尘世阵亡的英雄的住所。
② 沃旦，日耳曼神话中的最高神。

瓦尔哈拉殿堂

因此，查理曼安排了一场商议停战协定的戏。从表面上看，查理曼又一次不战而胜——对这一点，他也深信不疑。然而，查理曼的乐观几乎立刻导致了悲剧。

结合后来发生的事情，阿多主教写道：“维茨金和一些撒克逊人中的叛乱分子向这些阿拉伯贵族走去，请求他们帮忙一起反抗查理曼。”

在上次叛乱中，维茨金就已经变得赫赫有名。维茨金不仅没有参加教堂的洗礼，而且未对查理曼宣誓效忠。维茨金没有自己的宗族和土地，只是一个说服他人听他指令的酋长。维茨金曾警告过撒克逊人，绝不要让查理曼在莱茵河对岸有立足之地。查理曼不知道，维茨金正是煽动叛乱的首要人物。

777年夏季有个最好的兆头。“777”由三个七组成，是仁爱数字“七”和幸运数字“三”的结合。“七”是上帝造人的天数，而“三”则代表圣父、圣子及圣灵三位一体。希尔德加德王后又给查理曼生了个健康的男孩。此外，从表面上看，查理曼不仅已经成功地让顽固的撒克逊人信仰了基督教，而且与他们成了朋友。

在帕德博恩召开大会前，查理曼已经完全信仰了基督教。查理曼变得激情满满——百姓不仅不再把他的名字念得像“渣儿”了，而且不再嘲笑他的私生子身世——他已经成为名副其实的国王。此外，更加文明的撒拉森领主也来求见查理曼。对罗马教皇阿德里安一世而言，查理曼比矮子丕平的成就更大——查理曼不仅迅速平定了阿基坦，而且扩大了法兰克王国的疆域。

法兰克也在发生着变化。墨洛温王朝的君主、纽斯特拉里亚的法兰克人和奥斯特拉西亚的法兰克人已逐渐淡出了人们的记忆，而取而代之的是和蔼友善的梅斯主教圣阿努尔夫的家族的成员。由于查理曼总是在外骑行，从山区客栈到低地畜棚的形形色色的人都认得他红润的脸庞。查理曼用方言跟人们交谈，睡在阁楼里，还把礼物留在路边的神龛里。因此，各个边界的自由民来求见的不是高高在上的王权，而是查理曼本人。面对路旁的侍从的问话，沼泽地区的一位弗里西亚人回答道：“我找查理曼国王。”一位加斯科涅人则说道：“我是查理曼的人。”

从另一方面看，对急性子的查理曼来说，亲民十分有用。由于意识到了法兰克人的不足之处，查理曼非常欢迎新的拥护者，觉得帕德博恩大会后，各个民族的人都愿意聚在他身旁。

夜间沉思时，查理曼会仔细考虑被不同的民族追随意味着什么。追随查理曼的人都有一个共同点，即他们都是基督的羊圈中的羊——伦巴第人、布列塔尼人[①]和撒克逊人都是基督教教徒。查理曼一直没对人透露自己的一个疑问，即他是否有可能成为一位基督教民族的伟大领袖？

然而，查理曼想出了一些可以付诸实践的行动。最初，查理曼称自己是"神圣教堂的捍卫者"，将即位九年来的大部分时间都花在了捍卫各处边境的教堂一事上。无论教堂多么偏远，人们都会来寻求查理曼的帮助，而此举也为查理曼创造了新的边界。

为什么是查理曼？在当时的欧洲，权力不相上下的君主有三位——除查理曼外的另外两位分别是巴伐利亚公爵塔西洛三世和第一代科尔多瓦埃米尔[②]阿卜杜勒-拉赫曼一世。然而，巴伐利亚公爵塔西洛三世只想扩大他的巴伐利

阿卜杜勒 – 拉赫曼一世

① 布列塔尼人，布列塔尼半岛上的居民，属于欧罗巴人种。

② 埃米尔，阿拉伯国家的贵族头衔，曾被中东地区和北非的阿拉伯国家使用。

亚王国，而第一代科尔多瓦埃米尔阿卜杜勒-拉赫曼一世是异教徒。因此，只有查理曼才有可能领导基督教人民。

黎明时分，从沉思中回过神来并且起身准备去教堂做祷告和唱赞美诗时，查理曼的脑海中突然冒出了一个念头，即他如果能领导基督教人民的军队，那么实际上也可以名正言顺地统治基督教人民。

第4章

龙塞斯瓦列斯之难

在777年圣诞节到复活节期间的冬季休眠期，议事会就计划了778年夏季的活动。总司令伯纳德·德·圣昆廷和欧坦伯爵蒂埃里四世等年长者很少做决策，都是让查理曼拿主意。年长者们这样做的原因不是查理曼坚持己见，而是没人能驳斥他的满腔热情。

在莱茵兰过冬时，查理曼提到了要侵略西班牙。顾问和圣骑士虽然都大吃一惊，但不得不承认查理曼的理由很不错。查理曼指出，虽然法兰克军队数年前才出征过阿基坦，但食物和粮草已经充盈，而对法兰克王国来说，莱茵河沿岸的撒克逊人安分后，剩下更大的威胁就是比利牛斯山脉南面的撒拉森人[①]。法兰克人与撒拉森人的边界安静了十年的原因是倭马亚[②]穆斯林和阿巴斯王朝[③]正忙于内战。在这场冲突中，强大的第一代科尔多瓦埃米尔阿卜杜勒-拉赫曼一世脱颖而出。第一代科尔多瓦埃米尔阿卜杜勒-拉赫曼一世这位勇士出身的领主迟早会攻击基督教徒。因此，法兰克人不如先下手为强。

此外，整个比利牛斯山脉附近都是逃避撒拉森人的侵略的基督教民族。

① 撒拉森人，原指从今叙利亚到沙特阿拉伯之间的沙漠阿拉伯游牧民。广义上的撒拉森人指中古时代所有的阿拉伯人，而狭义上的撒拉森人只用来指中世纪时期地中海的阿拉伯海盗。

② 倭马亚王朝（661—750），阿拉伯帝国的第一个世袭制王朝。

③ 阿巴斯王朝（750–1258），阿拉伯帝国的第二个世袭制王朝。

巴斯克人

这些阿斯图里亚斯[①]的难民是瓦斯康人，即加斯科涅人和巴斯克人[②]，以及骄傲的西哥特人。如果法兰克人能够让这些难民获得自由，那么毫无疑问，这些难民将愿意与查理曼一起沿埃布罗河在南方建立更坚固的新边界。

因此，查理曼很有信心地表达了自己的想法，并且给自己制订了一项新任务，即率领一支真正的基督教军队打败西班牙的异教徒。查理曼没有说明他想以率领基督教军队出征的方式迈出新任务的第一步。大多数圣骑士都没有异

① 阿斯图里亚斯，今西班牙的自治区兼省之一，拥有三千五百多年历史，北至坎塔布连海，南接卡斯蒂利亚-莱昂，西邻加利西亚，东连坎塔布里亚。

② 巴斯克人，西南欧民族，主要分布在西班牙的比利牛斯山脉西段和比斯开湾南岸，少数分布在今法国及拉丁美洲各国，属欧罗巴人种地中海类型，是古代伊比利亚部落的巴斯孔人的直系后裔。

议。欧坦伯爵蒂埃里四世的儿子，即盖洛内的威廉已经到了可以在战场上立功的年纪，而御膳总管埃吉哈德希望在西班牙人身上收获比在撒克逊人身上更可观的战利品。此外，进军布列塔尼时的负责人罗兰急切想征服异教徒的领地。

查理曼的满腔热情使得圣骑士们都愿意跟随他。查理曼发布的命令不仅要求集结远至南方的加龙河区域的作战兵力，而且要求集结的速度必须快——要赶在复活节前，不能像以往那样等到5月的田野议事会时期。时间飞逝，而查理曼不仅马上派出信使快马加鞭赶去颁布命令，而且让圣骑士们尽快准备武器。查理曼暗自想着，新军队不是法兰克人、勃艮第人、伦巴第人和阿基坦人的军队，而是基督教世界的军队。

在准备远征的过程中，任性的查理曼巧妙地设法让自己的工作时间翻了一番。查理曼会在烛光中醒来，拿着披风和绑腿来到前厅，替等候在那的人们主持公道。早餐时，查理曼一边喝酒和吃面包，一边听人们申诉。通常，

盖洛内的威廉

保留第三次裁决的权力的查理曼会允许百姓对伯爵和主教的裁决提出异议。伯爵和主教都喜欢判处罚金。晚餐时，查理曼限定自己只能喝三杯酒，吃四盘食物——当然，这不包括猎人们带给他的珍贵烤肉。大家都可以开心地跟着查理曼一起用晚餐，而查理曼会叫比萨的彼得大声朗读圣奥古斯丁[①]的《上帝之城》。

博学的圣奥古斯丁预言，罗马帝国一统天下的局面终将结束，而上帝之城会取而代之。想到西班牙时，查理曼觉得，圣奥古斯丁似乎预见了这个时代要发生的事。此外，《上帝之城》中写道："……最野蛮的动物——据说，曾经的人类几乎就是野兽——会用保卫和平的圈把自己的同类围在一起……繁衍、哺育和抚养幼崽……甚至最孤独的秃鹰也会筑巢照顾母亲和看护幼鹰。"这部分内容与查理曼的观念不谋而合。

因此，查理曼对自己的后代和希尔德加德王后尽心尽力。希尔德加德王后又有了身孕。

《上帝之城》中还写道："因此，所有人都与自己圈内的人寻求和平，并且希望成为圈子里的统治者。人们甚至想把战争中的敌人也变成圈内人，将自己的和平与法律强加给圈内人。"这些不也正和查理曼所想的差不多吗？查理曼不也是努力想把撒拉森人变成自己的人吗？毫无疑问，查理曼即将出兵攻打撒拉森人的目的正是要把自己的和平强加于他们。

最终，和第一代科尔多瓦埃米尔阿卜杜勒-拉赫曼一世有过争吵的两位撒拉森贵族，即苏莱曼·伊本·雅克赞和斯拉韦请查理曼帮助他们攻打第一代科尔多瓦埃米尔阿卜杜勒-拉赫曼一世。这似乎是天意。查理曼很尊重苏莱曼·伊本·雅克赞和斯拉韦。苏莱曼·伊本·雅克赞是阿拉伯人所罗门的儿子，曾掌管埃布罗河上的要塞萨拉戈萨[②]。举止有些傲慢的斯拉韦带了些熏香送给希尔德加德王后，令希尔德加德王后十分高兴。斯拉韦还带了彩绘玻璃

---

① 圣奥古斯丁（354—430），罗马帝国时期的天主教思想家和欧洲中世纪基督教神学、教父哲学的重要代表人物。

② 萨拉戈萨，今西班牙阿拉贡自治区首府，西班牙第五大城市。公元前1世纪末，萨拉戈萨成为罗马属地，后演变为阿拉伯语中的"萨拉克斯塔"和现名。

查理曼的晚餐

灯、珍珠串和锦缎等礼物。锦缎上画着一头叫大象的奇怪野兽，而斯拉韦补充说自己见过和帕德博恩的教堂一样大的大象。

苏莱曼·伊本·雅克赞和斯拉韦还有些怪癖。无论遇到的法兰克女人是美还是丑，苏莱曼·伊本·雅克赞和斯拉韦二人都会把头扭向一旁。祷告时，苏莱曼·伊本·雅克赞和斯拉韦二人会与自己的奴隶分开，不仅不看书，而且不用神父帮忙——他们只是先把自己洗干净，再在地上铺好毯子。苏莱曼·伊本·雅克赞忠诚地许下了诺言，指出查理曼如果进军西班牙，那么无需一兵一卒便可以打开萨拉戈萨的城门，而这很合查理曼的胃口。查理曼已尝到了先孤立再进攻敌人的甜头——对付伦巴第人时，跨越阿尔卑斯山脉前，他就培养了一个支持自己的伦巴第人派系。快速平定弗留利公爵罗特加德的叛乱时，查理曼也派了看似无知的主教打先锋并且因此成功孤立了强大的贝内文托人。

现在，查理曼的新阿拉伯盟友为他在西班牙铺好了路，而他只需要长驱直入便可获胜。

法兰克军队启程了，仿佛是去参加某个节日。庄严的骑兵浩浩荡荡地跟在十字旗后。778年春季，查理曼把龙旗留在了水流湍急的加龙河河岸——希尔德加德王后及其侍女们会在那儿等他回来。和当初在阿尔卑斯山脉一样，查理曼派了部分兵力通过佩尔基山口去巴塞罗那[①]，而所有圣骑士和莱茵兰英雄都留在他身边。

天公作美，查理曼的军队很快就顺利穿过了岩石地区并且进入了加斯科涅高地。缭绕的晨雾好似给群山蒙上了一层面纱，而法兰克人虽然曾数次远赴西班牙，但从未遇到过这样的情景。

年轻的盖洛内的威廉是欧坦伯爵蒂埃里四世的儿子，比兴奋的查理曼更早抵达加斯科涅高地。盖洛内的威廉位于骑兵队伍的末尾，身披加斯科涅式短斗篷，凝视着这片迷雾。由于前方的山路上空无一人，盖洛内的威廉产生了一种不祥的预感。

---

① 巴塞罗那，位于伊比利亚半岛东北部，濒临地中海，是西班牙第二大城市。巴塞罗那的起源可以追溯到两千三百多年前。

身披铠甲的查理曼

然而，查理曼认为安静的早晨是个好兆头，说道：“人都还在自己家里没出门吧。”盖洛内的威廉咬紧了嘴唇，说道：“尊贵的国王陛下，他们只留下了空屋子，连牲口都赶走了。”

虽然查理曼辩称，了无生气的群山对法兰克军队不会造成多大伤害，但盖洛内的威廉仍然疑虑重重——加斯科涅和巴斯克的山民与角羊一样桀骜不驯，从来不会把什么王公贵族放在眼里。

因此，细心的查理曼派猎手和弓箭手带着大号角爬上高地并且命令他们一旦发现前方有持武器者就吹响号角——没有号角声就等于没有敌情。法兰克军队翻过狭长的岩石山口前进，下行穿过纳瓦拉①的森林坡地和松林高原，来到了潘帕罗纳②。潘帕罗纳城门大开，旁边静静地流淌着一道瀑布。身材矮小、皮肤黝黑的巴斯克人默默地给法兰克军队送上了谷物和奶酪。查理曼无意中看到了一座花园——花园中有一个大理石水池，风一吹，池中便会喷射出喷泉，令查理曼连连称赞。

为了确保潘帕罗纳的安全，查理曼留下了守卫部队。随后，查理曼迫不及待地继续前进，沿溪流来到了宽阔的埃布罗河边。埃布罗河河面上有三三两两的帆船来回穿梭于傍山而建的村子之间。柏柏尔人③和犹太商贩拿着奢华的商品走向军营，掂量着沉甸甸的阿拉伯金币，对法兰克银币很是不屑。查理曼吩咐部下好好跟商贩讨价还价——在这处有着白墙和喷泉的异国之地，只有商贩向他们表达了美好的祝愿。

命运再次眷顾了查理曼。苏莱曼·伊本·雅克赞给查理曼带来了一名贵族人质。据苏莱曼·伊本·雅克赞说，这名被在萨拉戈萨的部队俘获的人质叫塔·拉巴，是第一代科尔多瓦埃米尔阿卜杜勒-拉赫曼一世麾下的一支部队的司令官。

过了山区后，盖洛内的威廉变得轻松了些，也慢慢认为苏莱曼·伊本·雅克赞和斯拉韦是值得信赖的——一来，查理曼已经把苏莱曼·伊本·雅克赞和斯拉韦的儿子们留作人质；二来，苏莱曼·伊本·雅克赞和斯拉韦虽然不喜欢查理曼，但更不喜欢第一代科尔多瓦埃米尔阿卜杜勒-拉赫曼一世。

关于斯拉韦，查理曼好奇地问道："这个骄傲的朝圣者为什么取名为'奴隶'④？"

---

① 纳瓦拉，今西班牙北部一个自治区，地处比利牛斯山脉西段南麓。纳瓦拉的前身是一个独立王国，即纳瓦拉王国。

② 潘帕罗纳，位于阿尔加河上，曾为巴斯克人的城市。自5世纪到9世纪，潘帕罗纳先后被西哥特人、法兰克人和摩尔人占领。824年，巴斯克潘帕罗纳王国建立，后被称纳瓦拉王国，而其首府即是潘帕罗纳。

③ 柏柏尔人，西北非的一个说闪含语系的柏柏尔语的民族。柏柏尔人不是一个单一的民族，而是众多在文化、政治和经济等方面相似的部落族人的统称，主要分布在摩洛哥、阿尔及利亚、利比亚、突尼斯和马里等。

④ 斯拉韦与奴隶同形同音。

不苟言笑的盖洛内的威廉终于笑了，说道：“因为斯拉韦脸色红润，眼睛明亮——正如陛下您一样——很像一个基督教教徒。”

“斯拉韦为什么长成这样却成了奴隶？”

“斯拉韦的模样不是因苦难或羞辱，而是因他占领了许多基督教人民的领土造成的。”

查理曼率军继续沿着埃布罗河行军并且成功与东部山口的部队会合。会合后的法兰克军队实力大增，信心满满。看到埃布罗河另一侧的萨拉戈萨的高高的城墙后，法兰克军队便乘着便携式船只来到了城门旁。然而，萨拉戈萨城门紧闭，准备抵御法兰克军队的进攻。苏莱曼·伊本·雅克赞和斯拉韦虽然派出了信使去萨拉戈萨劝守军把基督教军队放进城，但未能如愿。萨拉戈萨的城墙是用水泥和石头铸成的，和帕维亚的城墙一样坚固，而法兰克军队没有攻城武器。

盖洛内的威廉恨恨地说道：“现在看来，不喜欢第一代科尔多瓦埃米尔阿卜杜勒-拉赫曼一世的萨拉戈萨人民也不喜欢我们。”

苏莱曼·伊本·雅克赞建议查理曼尽可能在远处守候。苏莱曼·伊本·雅克赞认为等到城内断粮了，要不了多久，守军就会妥协。

法兰克军队跨河驻营，在帐篷里一直待到了仲夏。夜晚时，渔船会悄悄顺流而下，把食物和武器运给萨拉戈萨的守军。因此，穆斯林把法兰克军队的驻地称为恺撒大帝的据点。与此同时，法兰克人不得不靠劫掠乡村来获取生活物资。寻找食物时，法兰克人打听到，一支来自科尔多瓦的增援部队正在赶来萨拉戈萨的路上。虽然查理曼十分不安——如果科尔多瓦的增援部队赶到，那么他将不得不背水一战，但不仅圣骑士们觉得自己已经胜券在握，而且罗兰提醒查理曼说法兰克人此行的目的就是为了征服西班牙。

看到查理曼时，塔·拉巴露出了笑容。顽守抵抗的萨拉戈萨中一定隐藏着什么秘密——萨拉戈萨人民似乎把法兰克人当成了前来征服他们的异族人，而进攻意大利时，这种事情没有发生过——罗马人民非常欢迎法兰克军队。科尔多瓦虽然山远地偏，但实力强大，不会让法兰克人在萨拉戈萨扎根。

查理曼想把事情弄清楚。然而，不仅法兰克军队已经无法忍受盛夏的闷热，而且北方传来了坏消息——在遥远的莱茵河的边界处，撒克逊人攻击了神父并且开始四处抢掠。

法兰克军队在埃布罗河等得太久了，一无所获并且耗尽了物资。来时踌躇满志的查理曼变得非常困惑。

虽然苏莱曼·伊本·雅克赞劝说查理曼留下来等待萨拉戈萨守军投降，但查理曼已经不再相信苏莱曼·伊本·雅克赞。法兰克人似乎中了圈套。查理曼突然起了疑心，下令监视苏莱曼·伊本·雅克赞和他儿子。法兰克人四处寻找斯拉韦，却发现他已经不见了踪影。

查理曼下令打包行李，开始往埃布罗河上游撤退。经过潘帕罗纳时，查理曼下令摧毁城墙。虽然没有人试图阻拦查理曼，但塔·拉巴说，在摧毁城墙的速度上，基督教教徒没有对手。查理曼意识到，除了摧毁一个山间小镇和抓获几个俘虏，这次远征别无战果。

法兰克军队爬上了龙塞斯瓦列斯山口，不再想名声威望之事——士兵们只想快快回到家里。

查理曼命令外地人和他一起在主力部队中行进，让盖洛内的威廉和普罗旺斯人领头。法兰克人负责照顾行李货车和保护后勤部队。

山下的平原地区也没有任何敌情。在龙旗、公爵和主教们的陪伴下，查理曼向上攀爬，从炎热的低地进入了雾气弥漫的清凉的山谷。法兰克军队逐渐分散开来，越过了被树林和岩石覆盖的山顶。下行至加斯科涅山区后，法兰克军队停了下来，准备过夜。

虽然由于行李货车还没到，查理曼一行人没有帐篷，但对法兰克士兵来说，在8月的凉爽的夜晚露宿草地不仅不是什么难事，而且不是什么稀罕事——行李货车经常跟不上骑兵的步伐。

那个月朗星稀的夜晚永远刻在了查理曼的记忆里。拂晓前，星光渐渐淡去，而在朦胧中，查理曼觉得，许多人很早就起来照料战马。虽然查理曼没有召唤任何人，但人们都围在他身旁，等着他醒来。查理曼虽然认为后勤部队和

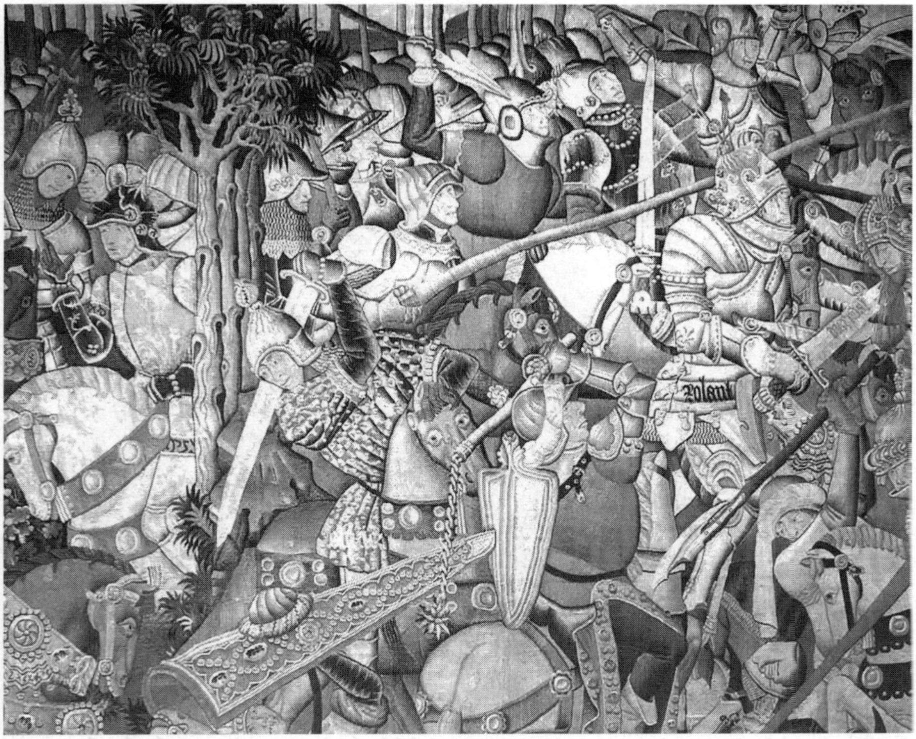

龙塞斯瓦列斯战役

行李货车似乎都到了，但很纳闷为什么没有听到车轮声。然而，查理曼听到了一个噩耗——后勤部队无人生还，再也不会跟他会合了。

虽然没有幸存者可以描述灾难的来龙去脉，但骑行回龙塞斯瓦列斯时，查理曼瞬间什么都明白了——在山谷最狭窄的地方，敌人对后勤部队发动了攻击。成片的树林是敌人最好的掩护。一辆辆空荡荡的货车像是条被砍断了的长蛇，一动不动地躺在地上，应该是因被从山顶推下的沉重的巨石击中而翻倒的。散了一地的行李和物资已经遭到了洗劫。除了一些因受伤而痛苦地呻吟着的牲口，其他牛马都被赶走了。在地上，带着致命的伤口的法兰克人尸体横七竖八地躺着。法兰克人成堆地躺在山谷的裂缝里或山洞里——毫无疑问，他们生前肯定与敌人展开了殊死搏斗。不知是谁剥光了法兰克人的战袍，取走了他们的盔甲和武器，而他们的敌人，无论死活，都不见一个。攻击者们不仅身手

查理曼的军队在龙塞斯瓦列斯遇袭

敏捷，而且肯定是步行者——除了褐色的血迹和脚印，攻击者们没有留下其他痕迹。

查理曼一行人还发现了御膳总管埃吉哈德、罗兰等指挥后勤部队的所有圣骑士。圣骑士们的尸体同样伤痕累累。经验丰富者只需要看一眼圣骑士身旁的地面便会明白法兰克人经历了怎样的战斗——在那段狭窄的山路上，战马寸步难行，而法兰克人正守护着行李货车艰难移动。突然，巨石从天而降。紧接着，一群轻装的敌人蜂拥而上，打乱了法兰克人的队列。幸存者们振作起来，一个接一个地站起来准备做最后一搏。在山谷的裂缝处的一个镶着银边的巨大弧形号角应该就是让法兰克士兵们丧命的凶器。

查理曼的部下怒不可遏，骑着马追踪攻击者的足迹。然而，没有大路可走，山间小径纵横交错，在溪谷处消失，似乎不通向任何地方。有人爬上山顶也没看到下方深谷有什么动静。

由于天快黑了，查理曼把部下们都叫了回来——如果他的部下们无法聚集在一起，那么敌人会趁着黑暗再来一次攻击。普罗旺斯人告诉查理曼，根据路上留下的痕迹，可以肯定法兰克军队在龙塞斯瓦列斯遭遇的敌人就是山里的巴斯克人。

为什么？为什么巴斯克人要攻击法兰克军队？巴斯克人一定是根据查理曼的行为做出了判断：认为查理曼想建立政权统治他们。

实在是太讽刺了，查理曼原本只想把基督教教徒从异教中解放出来，而法兰克士兵们竟然死在了这些基督教教徒手中！

龙塞斯瓦列斯一役还有多个未解之谜，而编年史撰写者称龙塞斯瓦列斯为死亡关口。苏莱曼·伊本·雅克赞作为人质的儿子不见了，没有和其他人一起遇害——是残忍的巴斯克人放过了他，还是阿拉伯人也参与伏击并且救走了人质？查理曼无法得知这个问题的答案。

查理曼下令挖墓穴埋葬牺牲的法兰克士兵，而法兰克军队的头领的尸体则被用披风包好并且运回了法兰克。

高级主教站在一块巨石前念完葬礼祷告后，查理曼便下令重新出发。除了几个头领的尸体，再没有什么东西需要被运回法兰克。日落前，法兰克人全部撤离了龙塞斯瓦列斯。

在下山去加龙河的过程中，查理曼重组了法兰克军队。在加龙河河畔，希尔德加德王后与侍女正等待着查理曼。虽然查理曼没有流露出悲伤之情，但龙塞斯瓦列斯的记忆成了他心中永远也抹不掉的伤疤。地上的号角、光秃秃的岩石、罗兰和法兰克勇士的裹尸布的模样一幕幕地在他的脑海中浮现。查理曼不仅再也不愿意提及龙塞斯瓦列斯，而且再未迈入阿基坦一步。

王宫年鉴编撰者也未提及龙塞斯瓦列斯之难，只写到了占领潘帕罗纳的过程和进军萨拉戈萨及其返程，导致这次远征看上去似乎是一次凯旋。然而，有位无名作者不顾王室规矩和政策，说道：“778年，查理曼进入西班牙并且惨遭失败。”

后来，圣迦尔修道院的编年史撰写者写道：“无须写出龙塞斯瓦列斯的死者的姓名——所有人都认识他们。”

查理曼的军队与巴斯克人展开激战

查理曼的军队中一个号手的最后时刻

的确，龙塞斯瓦列斯的死者的姓名不需要被写出——龙塞斯瓦列斯之难不仅被查理曼铭记一生，而且无论是在炉火边，还是在客栈旁，都可以被人们听到。一个世纪后，在去西班牙大小圣地的路上，朝圣者们都仍然在讲述着龙塞斯瓦列斯之难。随着时间的推移，关于龙塞斯瓦列斯之难的故事不仅不知不觉地拥有了一种快乐的基调，而且主要描绘了罗兰的英雄主义和英勇传奇。此外，故事中的巴斯克人也被改成了查理曼的敌人，即撒拉森人。

三百年后，龙塞斯瓦列斯之难又被改编成了不朽的《罗兰之歌》，为人们所吟诵。在《罗兰之歌》中，查理曼的基督教骑士与西班牙的异教徒进行了殊死搏斗。《罗兰之歌》宛若回声，依然流露着查理曼的悲痛之情。

《罗兰之歌》中描绘的龙塞斯瓦列斯之难

与查理曼团聚时，希尔德加德王后已经生下了一对双胞胎。然而，查理曼已经变了样，与复活节时兴高采烈地发布战令的那个生机勃勃的国王判若两人。

在欧塞尔[1]，查理曼收到了北方的灾难的所有消息——由于他不在，在一个叫维茨金的家伙的煽动下，刚接受完洗礼的撒克逊人发动了暴乱。撒克逊人沿着莱茵河一直扫荡至摩泽尔河[2]一带，不仅烧毁了被称为“查理曼的城堡”的卡尔斯堡，而且甚至连孩子和女人都没有放过。

查理曼虽然看上去并不惊愕，但已经意识到自己犯了多么愚蠢的错误。查理曼冲动的征服计划就像孩子们用沙子做的城堡一样轰然倒塌，而建立统一的基督教军队的愿望最终也只不过是他一厢情愿的美梦。议事会的成员们听取了查理曼的意见并且帮助他去实现梦想，却因此而丧命。斯特姆是怎么说的？“因为一个可怕的权力。”查理曼的意愿和言语的权力统治着许多人。

从那一刻起，查理曼便开始不再自作主张。后来，查理曼的一位传记作者直率地表示，查理曼大帝“已经教会了自己忍受和承担任何事情，不屈服于逆境，不偏信虚假或幸运的机会”。

查理曼非常诚实，不会推卸自己的责任，而他的自卑中蕴含着出人意料的力量。查理曼似乎从来都不会放弃自己的目标。如果花费更长的时间、采用不同的方法可以达到目的，那么查理曼会弥补龙塞斯瓦列斯之难带来的后果并且补救莱茵河地区的失败。如果那些反抗的民族一时不能在查理曼的和平意愿下成为一个统一的基督教民族，那么他会锲而不舍地为之奋斗。

在778年的悲剧中，查理曼展示了自己的一种伟大品质，即坚持不懈的决心。

虽然查理曼释放苏莱曼·伊本·雅克赞并且让他回西班牙的做法让所有人都大吃一惊，但结局并不乐观——返回西班牙后，苏莱曼·伊本·雅克赞被暗杀了。不久，西班牙真正的主宰者，即第一代科尔多瓦埃米尔阿卜杜勒-拉

① 欧塞尔，今法国勃艮第大区约讷省的省会，是勃艮第大区第四大城市，位于巴黎与第戎之间。
② 摩泽尔河，莱茵河在德意志的第二大支流，德意志第二大航运河流，被称作“德意志之母”。

赫曼一世率军出现在北方，不仅夺下了萨拉戈萨，而且沿比利牛斯山脉扫荡基督教民族。第一代科尔多瓦埃米尔阿卜杜勒-拉赫曼一世征服了巴斯克人，掠夺了战利品，导致仅剩阿斯图里亚斯免于被穆斯林统治。第一代科尔多瓦埃米尔阿卜杜勒-拉赫曼一世声称基督教教徒需要处理的最后一件事是释放塔·拉巴。查理曼照办了。

查理曼不仅很清楚西班牙的胜利者是第一代科尔多瓦埃米尔阿卜杜勒-拉赫曼一世，而且意识到自己不过是个失败的首领和国王。经过深思熟虑，查理曼决定必须让自己成为非同一般的、更明智的人。查理曼意识到，为了变得更明智，他需要获得其他明智之人的帮助——他必须寻找新的老师。

查理曼还做了一件令人难以置信的事。虽然法兰克的编年史中没有提及这件事，但一位阿拉伯史学家记载道："查理曼是法兰克人的强权专制者。查理曼虽然曾在一段时间内与第一代科尔多瓦埃米尔阿卜杜勒-拉赫曼一世处于敌对状态，但后来，由于逐渐明白了第一代科尔多瓦埃米尔阿卜杜勒-拉赫曼一世天赋卓越，不仅与他讲和，而且打算通过联姻和停战的方式与他结成同盟。虽然第一代科尔多瓦埃米尔阿卜杜勒-拉赫曼一世接受了查理曼的停战协议，但联姻一事没有下文。"

为了获得比利牛斯山脉一带的和平，查理曼与第一代科尔多瓦埃米尔阿卜杜勒-拉赫曼一世的停战状态维持了十年。离开阿基坦时，查理曼就不打算再回去，并且因此把驻守边境、联合加斯科涅人和普罗旺斯人的任务交给了与龙塞斯瓦列斯之难几乎没有什么关系的已经成为第二代图卢兹公爵的盖洛内的威廉。

阿基坦是查理曼开始远征的第一站。因此，查理曼恩准阿基坦人成为独立的民族——这是他典型的行事风格。后来，再次去罗马时，查理曼带上了自己的一个年仅三岁的孩子。这个年仅三岁的孩子是在加龙河河畔出生的，即那对双胞胎中的幸存者，而他接受洗礼时用的名字是路易。后来，路易被封为阿基坦国王路易一世，而他的命运则更加曲折。

查理曼打算把路易放在图卢兹的宫廷里养大并且让他学习南方的拉丁语和阿基坦人的行为举止以便日后能成为合格的统治者。通过这种方式，查理

阿基坦国王路易一世

曼开始补偿自己在西班牙遭遇的不幸。查理曼从不推卸自己对778年的悲剧的责任。

查理曼的这次远征还引发了另一个悲剧，即双胞胎中的一个孩子的夭折。这个孩子的夭折让希尔德加德王后痛哭流涕。这对双胞胎几乎长得一模一样，深受希尔德加德王后宠爱。查理曼觉得，希尔德加德王后年龄不大，应该能自我安慰——毕竟，还有一个孩子活了下来。查理曼认为，希尔德加德王后只是因痛失爱子而没有精力去安抚那些牺牲在龙塞斯瓦列斯的烈士的遗孀。

流年不利，法兰克王国遭遇了旱灾，甚至连森林里的溪流都成了泥塘。

由于收成大大减少，无知的人不仅吃了种子，而且在冬天屠宰牲畜。有一次，查理曼在一位主教的府邸内留宿。为了迎接查理曼，院子里成堆的灰土和大厅里的脏污很快就被打扫得一干二净。虽然查理曼本以为自己可以吃到烤鹿肉或烤鱼，但除了好几盘他没见过的黑奶酪，餐桌上再没有其他东西。

查理曼十分困惑，拿刀切去了一片黑皮，只吃下面的白色部分，而像仆人一样站在查理曼后面的主教见状十分着急，低声说道："尊敬的陛下，您为何把黑皮切掉啊？那是这块奶酪的精华部分。"

查理曼极不情愿地咀嚼着切下来的黑皮，称赞其味道不错，吃着很像是上等黄油。查理曼问主教贮藏了多少这种"极品奶酪"。听到主教说自己有好多这种黑奶酪后，查理曼便下令装两车带上路。

希尔德加德王后告诉查理曼，由于干旱后往往会出现饥荒，村里的女人都在采摘橡子，而橡子原本是给猪吃的。因此，查理曼派信使去命令修道院和大庄园拿出贮藏的谷物、种子和奶酪分发给阵亡战士的家人、寡妇、孤儿和穷人——这是理所当然的——蒙上帝恩典，所有的食物都是国王的财产。

然而，由于没有亲眼看到，查理曼不知道大家是否都听从了指令。无情的饥荒如约而至，而法兰克不像西班牙，没有商人的大篷车，无法将物资运送到灾区。圣德尼教堂坐落于土路旁，而路过它的查理曼停下来并且参拜了矮子丕平的墓地。圣富拉德告诉查理曼，饥荒是上帝所赐——连年的战争是一种罪过，激怒了上帝。

比萨的彼得念念叨叨，给查理曼读了特洛伊城被烧毁后的场景。在烛台旁，查理曼徘徊着，毫无睡意。实际上，查理曼不仅往往要到半夜三更才能睡着，而且在黎明前就会心神不安地醒来。查理曼常常利用仆人们走到帘子外睡下后的这段时间学习，而他的课本正是从教皇阿德里安一世那儿要来的福音书。

这本福音书装帧华丽，而其中的单词之间都没有空格。读这本福音书时，查理曼会指着字母一个个读过去以便把单词区分开。查理曼把这本福音书放在蜡烛旁，搜寻着颇受他喜爱的使徒保罗的那句话，即"因为上帝选择了世上的愚蠢之物”。发现了自己做的小十字架标记后，查理曼开始轻声、反复地读着使徒保罗的这句话，努力思考其中的含义。

由于不甚明白使徒保罗的这句话的意思，查理曼天真地认为，基督偏爱更愚蠢的动物，喜欢骑毛驴、看鸽子、养绵羊——这些动物都没有狐狸聪明狡猾，不会自己挖洞藏身。

绞尽脑汁想到这些时，查理曼坚信，如果他弄不懂这些词语的意思，那么他将它们拼写得再好、读得再清晰也没有任何意义。因此，查理曼变得有些不耐烦了，不愿意再听圣富拉德的复述或比萨的彼得的唠叨。查理曼认为，圣富拉德只热衷于修道院的事，而比萨的彼得只会把单词像项链上的银珠一样串起来。

接着，查理曼决定要为自己找到更好的老师。饥荒时期，查理曼开始物色会解释事情的好老师。然而，要找到这样有见识的人谈何容易。由于觉得自己即将寿终正寝，斯特姆已退居富尔达修道院。在撒克逊人叛乱期间，为了安全起见，圣卜尼法斯的遗骨已经从富尔达修道院被运走了。虽然圣富拉德仍然精力充沛，但他考虑得更多的是替自己赎罪和自己的名声，而不是神父的职责。至于其他神职人员，查理曼更不指望，觉得他们都是精神空虚、身体慵懒之人。有一次，在一座教堂做晚祷时，查理曼注意到了一个奇怪的僧侣。这个僧侣拱起喉咙，张大嘴巴，不停地动着嘴唇，假装正确地唱出了自己没记住的词语。合唱时，查理曼努力压低自己尖厉的声音，看到其他人都相互碰肘扮鬼脸嘲笑那个傻里傻气的僧侣。唱完结尾“永远的阿门”后，查理曼大步走向那些嘲笑者，不仅厉声斥责了他们，而且表扬了那位满脸通红的僧侣努力执行自己的任务的行为。

接着，希尔德加德王后走近查理曼，像平日想得到查理曼奖励时那样双膝跪地。希尔德加德王后说她听闻查理曼想找一名新的大主教来教学，并且问他能否慷慨地将此职位赐予一个年轻的贫穷神父。希尔德加德王后说这位神父一直忠心耿耿地伺候着她，而由于不想解释是自己想找一位老师，查理曼将主教领地赐予了希尔德加德王后力荐的神父。

与此同时，查理曼意识到希尔德加德王后变了。希尔德加德王后不再像母亲般爱护年幼的驼背丕平，似乎不再喜欢这个非亲生的残疾儿子。希尔德加德王后更多关注自己的五个亲生子女，并且让他们上宫廷学校接受比萨的彼得的精心教导。在上语法课和修辞课期间，查理曼常常抽时间和孩子们坐在一起，觉得由于需要关心的事情不多，他们没有宫廷学校的普通孩子学得多。因此，查理曼常常会怒斥孩子们，而每每这时，希尔德加德王后都会伤心地痛哭起来。

查理曼安慰妻子道："我亲爱的夫人，现在的情况是，你的孩子整天只想着打野兔或戴雏菊花环。相反，这些穷孩子认真听、认真学，并且明白他们的生活取决于他们学到的知识。"

"不是这样的！查理、卡洛曼、路易、罗特鲁德和吉塞拉更怕您。虽然他们勤奋好学、彬彬有礼，但您对他们期望太高。此外，由于您的生活方式，他们总是居无定所。您什么时候能让他们在同一个地方过两次圣诞节？"

"在沃尔姆斯待过那么长时间！"

在那段艰难的日子里，希尔德加德王后不仅对什么事都不满意，而且认为查理曼只是在四处游荡。希尔德加德王后哭了，恳求查理曼不要再四处游荡了，并且在冬天时要么住在沃尔姆斯，要么住在殷格翰王宫——住西奥多庄园也可以。希尔德加德王后还表示，孩子们需要更多的家庭空间和更宁静的环境。

查理曼无法答应希尔德加德王后——不仅日益庞大的王室会把一个宫殿在一个季节里收获和储藏的食物吃个精光，而且他必须去需要他的地方。因此，查理曼不会听从希尔德加德王后的意见，也不会让希尔德加德王后留下来过稳定的生活。

满腹诗书的安吉尔贝称希尔德加德王后为"国王们的母亲"。安吉尔贝和希尔德加德王后让心事重重的查理曼想到，他的孩子们虽然也会成为国王，但会统治什么地方，又会采取怎样的统治方式呢？查理曼是被梅斯主教圣阿努尔夫的家族推上王位的一位君主。想到这些，查理曼加快了自己的行动。

有件事毁了查理曼的好心情。失去了希尔德加德王后的宠爱后，脸色苍白的驼背丕平离开了宫廷学校——至少，宫廷学校的老师是这样和查理曼说的。只要查理曼不在，驼背丕平就会和朋友到别处去。据查理曼所知，驼背丕平性格腼腆，不会出去打猎或游泳。实际上，没有人知道驼背丕平常去森林里或庭院里的什么地方。因此，科尔比的圣阿代尔哈德说驼背丕平“找到了属于自己的地方和伙伴”。

龙塞斯瓦列斯之难发生后，查理曼让科尔比的圣阿代尔哈德和安吉尔贝加入了议事会。科尔比的圣阿代尔哈德不仅曾大胆骂查理曼是奸夫，而且因在科尔比修道院隐修而不同意加入议事会，说自己没有政治头脑。然而，和说服其他人一样，查理曼说服了科尔比的圣阿代尔哈德来辅佐他。

安吉尔贝也想投身教会事务。安吉尔贝会作诗，甚至认识希腊语，而只会用希腊语说“谢谢”的查理曼则称安吉尔贝为荷马。科尔比的圣阿代尔哈德和安吉尔贝值得信赖——至少，在聚会中，安吉尔贝很有影响力，可以解决一些最棘手的问题。然而，查理曼意识到，科尔比的圣阿代尔哈德和安吉尔贝虽然会成为很好的帮手，但不适合做导师。

科尔比的圣阿代尔哈德和安吉尔贝觉察到，希尔德加德王后虽然日渐虚弱，但仍然得跟着查理曼到处漂泊，而身强力壮的查理曼没有考虑到这一点。然而，在查理曼面前，科尔比的圣阿代尔哈德和安吉尔贝对希尔德加德王后的状况只字未提。

安吉尔贝对同伴说道：“如果你让野牛安心待在牛棚里做家牛，那么它不仅不会听你的，而且不会变成家牛。”

猎手们乐此不疲地讲述着查理曼对付野牛的凶险故事。剑手克罗尔德说道：“蒙上帝保佑，我们的主人日渐魁梧。我敢说，他的腰带足足有八个指距[①]长。生气时，不仅他的眼睛会像红宝石一样通红，而且他的眉毛会像风暴云一样低沉着——光看他的模样就让人害怕！他力大无比，能一口气折弯三根铁钉，单手就能把像我这样拿着盾牌穿着无袖衣的人，从地上举到马背上。”

在靠近莱茵河的阿登高原，查理曼正带着猎犬群追逐一头雄鹿。猎手们愉快

① 指距，长度单位。一指距约等于九英寸。

地吹着号角。这时，查理曼看到了令他倾心的一幕：一位身段丰满的少女毫无羞涩与腼腆，任由她的头发随风飘动着，就像尼伯龙人[1]的宝藏一样金光闪闪。少女拉紧了缰绳让查理曼先行，大喊道："勇猛的国王，你骑得太快了！"

剑手克罗尔德告诉查理曼，这少女叫法斯特拉达，拥有莱茵兰贵族的血统，而她的领地和查理曼的猎区不相上下。

完成捕猎后，查理曼很晚才回家，发现希尔德加德王后没有出来恭迎他。希尔德加德王后没有像往常那样陪查理曼走到迪伦城堡门口，而是在别处忙活着。查理曼不由得想，希尔德加德王后变了许多，再也不是当初那个十三岁的少女了——那时的她姿态优雅，明眸善睐，深深地吸引着他。

由于想报复撒克逊人，查理曼一直待在莱茵河地区。

撒克逊人不仅违背了自己在帕德博恩许下的诺言，而且杀害了为他们洗礼的神父，将查理曼为救赎他们所付出的六年辛劳变成了泡影。像以前一样，查理曼收复了边界，虽然查理曼义愤填膺地想找出一支撒克逊军队报仇雪恨，但结果徒劳无获。查理曼同样遇见了很多手无寸铁的村民，而这些村民愿意当人质并且重新接受洗礼。

"背信弃义、鬼话连篇的乌合之众！"查理曼对骑士们咆哮道。

科尔比的圣阿代尔哈德表情异样地看着查理曼，说道："我认为他们肯定是受了魔鬼的指使。"

在一旁观察的安吉尔贝接着说道："我们一定要找到并且消灭掉在背后指使他们的力量——只有这样，仁慈的您才能让他们永远安宁。"

查理曼满腔怒火全部倾泻了出来。什么力量能驱使整个民族——不，应该是团结在一起的多个民族，大无畏地死在法兰克人的利剑之下，高颂自己的勇气，然后在另一个季节又像愚蠢的动物一样投降并且甘受惩罚？

"按常理说，应该是一个密谋反对您的首领，"安吉尔贝回答道，"我认为这位首领就是那个叫维茨金的家伙。如果事实果真如此，那么我们必须找到并且埋了他。"

---

① 尼伯龙人，日耳曼传奇中的矮人族。

“怎样才能找到他？”查理曼问道。

安吉尔贝建议通过花钱收买或用酷刑折磨的方式让一些撒克逊人带路找到维茨金。维茨金可能是位异教神父，一位装神弄鬼者，或者只是个阴谋家。

查理曼一边想着神秘的维茨金，一边想自己虽然屈尊求得了比利牛斯山脉一带的停战，但没有实现跨莱茵河的和平。查理曼的国家周围住着的都是异教徒，包括沿海的边界上的丹麦人，斯拉夫的文德人①，以及东部那些可怕的阿瓦尔骑手。由于害怕文明之火，异教徒们像狼一样守在一个圈里，蜷缩在黑夜中伺机行动——一旦火光熄灭，或文明人靠近时，异教徒们便会一哄而上，撕碎文明人。除了本能地冲上去残杀猎物，狼不会一起行动，而现在看来，狼群中有匹叫维茨金的狼指挥着其他狼的行动。

由于身体里流动着农民的血液，查理曼不仅到森林就好像到了家，而且非常理解动物的本能。

某天夜晚，在半梦半醒中，查理曼梦见自己回到了伊尔明苏尔神像所在的树林并且下令砍倒了神像树。然而，在查理曼的模糊的记忆中，树干倒在了地上，而树干上方的那个庞然大物纹丝未动，头及星辰，足入黄土，远眺着撒克逊荒野。查理曼迅速脱下睡袍，叫人送来点燃的蜡烛，从恍惚回到了现实。查理曼翻开桌上一本弥撒书，盯着书上的文字，虽然假装在复述着主祷文，但实际上是在寻找手指停留处的那句话的起始词，而这些词语无法解释伊尔明苏尔神像所在的树林的神秘。

另一天夜晚，查理曼步行离开了迪伦城堡，并且让随行的几个仆人扛着一桶酒。虽然寒冬的地面非常坚硬，但查理曼没有走大路，而是顺着纵横交错的动物足迹走进了一片小树林。借着星光，查理曼来到了吟游诗人的小屋。看到查理曼后，坐在炭火边打瞌睡的两位吟游诗人抱怨查理曼很多年都没来救济他们了。

这些吟游诗人如果不弹竖琴，那么看起来会和森林里其他长毛乞丐没什

① 文德人，斯拉夫部落集团的统称。5世纪，文德人已经定居于法兰克人及其他日耳曼民族统治区的东部边陲地带，即今德国东部。自6世纪起，法兰克人不时与文德人发生战争。9世纪初，即查理曼在位期间，法兰克人征服文德人并且强迫他们信仰基督教。

么两样。查理曼往这些吟游诗人手里放银币时，这些吟游诗人不再发牢骚，一边大口地喝着啤酒，一边不停地晃着舌头。查理曼夸赞这些吟游诗人能预见未来和灾难。

这些诡计多端的吟游诗人机灵地朝查理曼眨了眨眼，并且直到酒喝光了才回应他。查理曼让这些吟游诗人预言他何时才能战胜撒克逊人。这些吟游诗人舔了舔嘴唇，说他们挨了很久的饿。因此，查理曼向这些吟游诗人许诺次日早晨会送他们一块猪脊肉。

有个吟游诗人说他和查理曼一样更喜欢鹿肉，并且预言称，最后一个人牲的血在地上干掉时，查理曼会征服撒克逊人。

听完吟游诗人的话，查理曼变得非常愤怒——异教徒会宰杀牛或人类俘虏并且把牛或人类俘虏的血倒出来当作祭奠诸神的酒——毫无疑问，异教徒如果不这样做，那么已经成了基督教教徒和查理曼的臣民。查理曼反驳道："你说的我都知道了。我还知道一点，即直到首领被杀，撒克逊人才会投降。快告诉我在哪儿才可以找到维茨金——你回答这个问题后，我就不再问别的了。"由于没人吭声，查理曼又加了一句"我还会给你们鹿肉"。

查理曼不知道这些吟游诗人是没听说过维茨金还是为了得到鹿肉而卖关子。那个喝了更多酒的吟游诗人点了点头，脱口而出道："制造奇迹的国王陛下，在村子或大庄园里，你是找不到那个对手的。我认为你会在遥远的路的尽头，即天空和海水相交的地方找到维茨金——到时候，你只能看到他。"

听罢这番无稽之谈，查理曼握紧了拳头，准备打那个狡猾的吟游诗人。突然，查理曼停手并且大笑道："现在，我看到的是你们二人信口开河、谎话连篇的样子。"

查理曼不仅离开了这些吟游诗人，而且从未指望能找到海天相接的路之尽头。

据编年史记载，780年夏季，"查理曼将自己的手伸向了整个撒克逊人的领地"。

然而，使用武力不是查理曼的初衷——他只想找到维茨金的行踪。查理曼率军缓慢地穿过了危机四伏的荒野，并且像以前一样烧毁房屋、杀害或奴役俘虏、掠夺战利品、搜寻秘密抵抗力量。撒克逊人设下了埋伏——不仅成群的剑手从森林中蜂拥冲向查理曼燃起的篝火，而且飞刀和石块接二连三地从隐藏的机械中射向法兰克军队。查理曼认为撒克逊人再也不会因害怕他而投降了。

法兰克人希望能通过寻找敌人发现维茨金的行踪。查理曼和骑士们推断，维茨金一定已经撤退到了很远的避难所，要么混迹在丹麦人中，要么躲在波罗的海边缘的更野蛮的部落中。查理曼一直追踪，蹚过利珀河，穿过帕德博恩废墟，越过条顿堡林山[①]，来到了威悉河。如果维茨金真的在法兰克人前面，那么查理曼必须挺进波罗的海海岸。

由于不愿回头，查理曼沿河而上来到奥克溪，接着进入了北部平原地区。查理曼踏上了文明人从未曾涉足之地——罗马军队也没见过这些平原和沼泽地。与此同时，查理曼收到了斯特姆的死讯。送信人叫威尔利德，比较年

威尔利德

① 条顿堡林山，在今德国北部，位于北莱茵-西伐利亚州东北部的威悉山最西面的斜坡上。

轻，个头很高，是盎格鲁-撒克逊人，并且已经发誓要接任殉道者圣卜尼法斯的工作。查理曼备受鼓舞。大不列颠岛来的传教士，包括圣卜尼法斯和博学的爱尔兰人圣高隆邦，个个都这么有文化、这么虔诚！威尔利德走到查理曼的战马旁，说自己会在威悉河建立自己的教堂。

相比之下，查理曼的许多法兰克子民远没有威尔利德那样崇高的心灵。法兰克军队继续慢慢前行，进入了雾气缭绕的洪泛平原——这儿常常要用船来运输货车上的行李和物资。

接着，法兰克部队来到了斯拉夫人的领地。这些斯拉夫人都将头发编成了辫子，而神父认为他们是异教徒的占卜师。这些斯拉夫人没有向查理曼许过效忠誓言，而查理曼也没有与他们有过冲突。查理曼把这些斯拉夫男人抓来当人质，还下令部下可以杀死、抢劫或霸占斯拉夫女人。在这片遥远的土地上，查理曼的军队可以为所欲为。

斯拉夫人

随后，查理曼按照自己的想法继续率军北上、东行。迷雾给太阳蒙上了一层面纱，而怪事随之而来——仲夏的夜晚总闪着一道微弱的亮光。醒来往外看去时，查理曼总能看到侍从的铁头盔上的露珠闪闪发光，而漆黑的夜晚几乎与黎明同时到来。凭着以前和异教徒弗里西亚人睡在一起的经验，威尔利德告诉查理曼，在更北一点的地方，过了寒冷的海和斯堪的纳维亚[①]，也就是那块被称作“天涯海角”的陆地上，仲夏季节的白天有二十二小时，与其冬天黑夜的时间一样长。

查理曼曾学到过，北上就是“朝着黑暗”走，而南下往地中海方向就是“朝着光明”走——太阳肯定是围绕着地球南部的平原地区旋转！那么，眼下照着北方的怪异之光是怎么回事呢？威尔利德专心于向前来拜访查理曼的酋长们宣讲《圣经》，却没法回答查理曼的问题。波罗的海的蛮族部落的首领也没有说起任何关于维茨金的消息。

查理曼继续前进，奋力穿过随风移动的迷雾。查理曼好像对这片灰土地有种熟悉感——他似乎什么时候在这儿住过。科尔比的圣阿代尔哈德提醒查理曼，传说中，法兰克人曾在波罗的海海岸边安家。

接着，骑士们给查理曼带路时，又一件怪事发生了——一处沼泽水湾上冒出了一个龙头。这个龙头被刻在一艘长木船的船头上。这艘长木船陷入水草很深，导致人们几乎看不到水草下的水。这艘长木船上的船夫也下落不明。

查理曼下马尝了尝水。由于感觉水很咸，查理曼断定，他脚下的水与大海是相连的。查理曼记起了吟游诗人的话——他不仅应该一直寻找，直至海天相接的路之尽头，而且会身处迷雾中，看不见其他任何东西！

维茨金在龙舟中吗？

查理曼继续东行，来到了洪水泛滥的易北河，得知这里是撒克逊人领地的东部边界，而边界外的林中空地上住着尚未开化的斯拉夫人。

查理曼率军向易北河上游行进。撒克逊人被征服后，易北河成了法兰克王国的东部边界。

---

① 斯堪的纳维亚，即斯堪的纳维亚半岛，斯堪的纳维亚人居住之地，位于欧洲西北角。

夏末，查理曼踏上了归途，并且在路上一直想着那条龙舟。查理曼虽然认为那条龙舟肯定是一个标记，但说不清是什么标记。

安吉尔贝想了一会儿，哼唱了几句诗文。查理曼似懂非懂。听不懂拉丁语时，查理曼就会变得不开心。

“圣高隆邦赞美诗，”安吉尔贝小声哼着，“最正义的国王掌控大权的日子就在眼前。愤怒和复仇的日子；乌云和阴霾的日子……”

查理曼觉得，安吉尔贝好像在歌唱他来到撒克逊人遥远的边界的行为。

“……巨大的痛苦如雷鸣般压得人喘不过气来，让人再也得不到女人的爱情。世界上所有欲望终将结束，而人与人之间也会不再争斗。”

查理曼听出来了，安吉尔贝在歌唱圣高隆邦。

查理曼来到莱茵河走廊。莱茵河走廊险峰林立。灰色的河水从狭窄的崖缝间淌过。那座形状像龙首的山峰酷似德拉肯斯堡山脉[①]。最终，在莱茵河走廊，查理曼得到了维茨金的消息。

查理曼身处东部边界时，维茨金在西部发起了反抗。查理曼踏上归途时，一切又平息了。然而，在威悉河时，维茨金确实在查理曼前面。

因此，维茨金的秘密便有些明朗了。维茨金之前待在一个遥远的要塞，而间谍和信使会向他汇报法兰克人的行踪。在藏身处，维茨金发布命令，指挥撒克逊人袭击法兰克人或按兵不动。维茨金躲在暗处，让人向他汇报查理曼的一举一动。想把维茨金从他的堡垒中拉出来并非易事。

780年秋季，虽然撒克逊人看似已经屈服于查理曼的权力之下，但在维茨金被消灭前，查理曼都不会再相信撒克逊人想停战。

后来，由于形势所迫，查理曼似乎不得不留在莱茵河地区，并且因此从沃尔姆斯去了罗马过复活节。

编年史中记载了查理曼在780年于罗马的行动，但没有解释行动背后的原因。然而，虽然现有的史实只是碎片化的记载，但我们仍然可以通过从中拼凑出查理曼的行程来阐明查理曼的思想变化。

---

① 德拉肯斯堡山脉，又译龙山山脉，是非洲南部的主要山脉和南非高原边缘的大断崖的组成部分。

很明显，作为国王，查理曼开始了自己的愉悦之旅。查理曼只带着部分军队与希尔德加德王后，他的女儿吉塞拉，以及他的两个小儿子卡洛曼和路易。查理曼一行人悠然地骑着马来到帕维亚，参观了各个宫殿，并且享受了温水浴。查理曼虽然之前一直与教皇阿德里安一世在信件中客气地争论着，但看起来仍然更喜欢和和气气的生活。查理曼一直很在乎头衔——他已经擅自给罗马贵族的含义做了界定。

罗马贵族这一头衔可能只是早期的教皇的一个礼节性恩赐，却被查理曼理解为罗马人的保护者甚至临时的主宰者。因此，查理曼认为，历史上隶属意大利半岛的各地区，应当由他而不是教皇阿德里安一世来统治。

然而，教皇阿德里安一世几乎不可能同意让一个法兰克人去统治意大利。在给查理曼的信中，教皇阿德里安一世写道："最亲爱的孩子，我们请你记得，当年匆忙赶到圣彼得大教堂门口时的你不仅对我们特别友善，而且对我们说你不是来索要金银财宝和头衔的。你还说你和蒙上帝保佑的军队历尽艰辛只是为了坚持恢复圣彼得大教堂的权利，颂扬神圣的教堂并且确保我们的安全。"

然而，根据情报，查理曼获悉，不仅拉文纳等令人骄傲的城市，贝内文托，以及威尼斯诸岛等边远地区都拒绝向罗马教廷称臣，而且名义上教皇管辖的边界地区拥有更加坚定的敌对态度，是反抗罗马教廷的主体。

显然，正是基于这些边远地区的反抗，查理曼觉得身为罗马贵族的自己义不容辞。很有外交手腕的教皇阿德里安一世没有让步，回复道："我们会一直忠诚地维护你的尊贵地位……同样，由于已经征得你伟大的父亲——丕平国王的书面承诺和你的确认，你的保护者，即圣彼得的尊贵地位也绝对不容侵犯。"

教皇阿德里安一世还援引了当时著名的手稿"君士坦丁大帝①的赠礼"。虽然"君士坦丁大帝的赠礼"现在已经被认定是伪造的，但当时的人们都深信

① 君士坦丁大帝（272—331），即君士坦丁一世，罗马帝国皇帝。君士坦丁大帝在位时间为306年至337年。323年，君士坦丁大帝与东部皇帝决裂。324年，君士坦丁大帝统一罗马帝国并且成为罗马帝国唯一的统治者。330年，君士坦丁大帝迁都拜占庭并且将其改名为君士坦丁堡。

君士坦丁大帝的赠礼

不疑。在“君士坦丁大帝的赠礼”这份手稿中，君士坦丁大帝似乎承诺会将大量有争议的意大利领土赠予圣彼得大教堂及其领袖。

率直的查理曼不想跟教皇阿德里安一世玩这套客气的争论。因此，查理曼抱怨称有人禀报，许多基督教教徒被当作奴隶从罗马港卖到了撒拉森集市。实际上，查理曼是在暗示，罗马港是归他管的。

“如果我不同意，那么这种事情不可能会发生，”教皇阿德里安一世毫不客气地答复道，“事实是坏得透顶的希腊人在伦巴第人的海岸做着这种买卖。由于没有船和水手，我们根本没法抓人去卖……然而，我们得知，由于饿得受不了，有些伦巴第人不得不把家人当奴隶卖掉。另一些伦巴第人是自愿跑到希腊贩奴船上去的——为了活命，他们别无选择。”

这场饥荒饿死了很多北方人——当然，意大利也没能幸免于难。查理曼听说，村民们都离开了被地震摧毁的村庄。有人说道："法兰克人来了以后，灾难变得更加严重了。"

因此，查理曼只带着自己年幼的孩子及部分军队，想靠自己的强势去改变伦巴第和意大利的状况。查理曼踏遍整个伦巴第平原，为各个城市的政府解决争端并且颁布了法令。不同于北方的部落，意大利的发展似乎主要靠城市，而查理曼则证明了自己无须干涉城市生活就可以成为伦巴第人真正的国王。

781年，为了庆祝复活节，查理曼来到了罗马，而这也是查理曼时隔七年再次与教皇阿德里安一世见面。最终，查理曼的抱负实现了。

虽然我们无从知晓查理曼与教皇阿德里安一世会面的情况，但查理曼安排了各项仪式，并且虔诚地陪侍在教皇阿德里安一世身旁。查理曼带来了新的消息——法兰克王国的疆域又扩大了，而他击退了异教徒撒克逊人和斯拉夫人。

教皇阿德里安一世祈祷道："上帝保佑国王。看看吧，又一个最虔诚的基督教的君士坦丁大帝诞生了。"

教皇阿德里安一世站在泉边，给查理曼三岁的儿子取教名为路易。轮到四岁的卡洛曼时，不同寻常的事发生了——教皇阿德里安一世给卡洛曼取教名为丕平，而这意味着查理曼已经不会再考虑驼背丕平的继承权了。新的丕平，即丕平·卡洛曼是希尔德加德王后的儿子，将取代驼背丕平的位置。显然，由于经不起希尔德加德王后的再三请求，查理曼终于做出了巨大的让步。

接着，教皇阿德里安一世把阿基坦的王冠赐予了路易，任命他为阿基坦国王路易一世。随后，教皇阿德里安一世又把伦巴第国王的王冠赐给了丕平·卡洛曼。

正如阿基坦国王路易一世在阿基坦接受教育，伦巴第国王丕平·卡洛曼也要在意大利住几年并且跟着一位法兰克老师学习。然而，丕平·卡洛曼的法令将由查理曼颁布。不安分的罗马人有了名义上的统治者。查理曼成了罗马人的实际统治者。

教皇阿德里安一世欣然称自己和查理曼同为教父。然而，这种粗略的计划随时都有可能失败。此外，教皇阿德里安一世倾向查理曼而不是君士坦丁堡的目的是替罗马人找救兵。

后来，查理曼采用了一种令罗马人颇为惊讶的新仪式。海边来了几位不速之客，包括君士坦丁堡王宫的财务主管和内务总管。令人难以置信的是，这两位总管解释称自己此行的目的是请求查理曼答应将他的女儿许配给君士坦丁堡的高贵的伊琳娜皇后的儿子君士坦丁六世①。

伊琳娜皇后与君士坦丁六世

① 君士坦丁六世（771—802），拜占庭帝国皇帝，利奥四世与伊琳娜皇后之子。自780年加冕起至797年被废黜，君士坦丁六世虽然在皇位上待了十七年，但只有七年掌握着拜占庭帝国的实权。

由于君士坦丁六世是恺撒大帝的继承者，查理曼非常爽快地答应了。然而，查理曼似乎没有解释自己是如何让他八岁的女儿罗特鲁德攀上这门婚约的。

教皇阿德里安一世非常惊讶地看着查理曼与君士坦丁堡的官员交换信物。与两位总管同行的还有一位拜占庭人。这个拜占庭人叫伊莱沙，是位有礼貌的老宦官。伊莱沙跟着查理曼，负责教授罗特鲁德学习“希腊语言、写作和罗马王室的习俗”。

查理曼已经为罗特鲁德计划了卓越的人生，而教皇阿德里安一世虽然毫不犹豫地祝福了这桩婚约，但在某一刹那，可能会有一些悔恨，即不该在写给查理曼的信中援引“君士坦丁大帝的赠礼”。与此同时，罗马与君士坦丁堡之间的关系似乎也得到了改善。

教皇阿德里安一世和蔼地说道：“现在我是孩子们名副其实的教父了。”

莱茵河流域的区区的一个部落国王如何与遥远的君士坦丁堡的皇帝达成了共识？难道是某位法兰克商人帮查理曼去金角湾[①]送信了？我们无法知道具体的内情。

然而，为什么？查理曼为什么尝试做这么了不起的事情？西班牙的阿拉伯编年史中可能提供了一个线索，即当时的查理曼想“以联姻和停战的方式与穆斯林首领达成协议并且结为盟友”。

如果身处内陆的法兰克国王查理曼开始与外部世界沟通，即寻求与罗马和君士坦丁堡这两个文化中心更好的友谊，那么除了联姻和停战，他有没有采取别的手段？据781年的王宫年鉴记载，查理曼派了两名信使和教皇的使节一起找到巴伐利亚公爵塔西洛三世，提醒巴伐利亚公爵塔西洛三世很久以前曾向已故的矮子丕平及其儿子查理曼许过效忠之誓，并且要求巴伐利亚公爵塔西洛三世不仅要派人质，而且必须亲自去法兰克王宫。

查理曼不会忘记巴伐利亚公爵塔西洛三世的红色披风和他当年畏敌而逃的情景。强大的查理曼想用自己的方式实施贝尔特拉达王太后以前的做法，即

① 金角湾，土耳其城市伊斯坦布尔的一个天然峡湾，一个从马尔马拉海伸入欧洲大陆的细长水域。金角湾对昔日君士坦丁堡的防卫有着很大的作用，并且因此成为拜占庭帝国的海军基地，拜占庭帝国还在金角湾沿岸修建了城墙。此外，在古代，金角湾也是个重要的商业据点。

与其他优秀的亲王和君主结盟以维护和平——这样一来，孩子们即使将来无法统治西班牙，也有可能统治基督教国度。

或许是运气使然，或许是先见之明，当时的君士坦丁堡的大权已经落入伊琳娜皇后手中。伊琳娜皇后不仅是个非常杰出的女人和年幼的君士坦丁六世的母亲，而且由于试图在西方为自己的统治寻求支持，收到并且同意了查理曼的请求。

教皇阿德里安一世意识到，第一次与查理曼见面时，他确实有些欺负查理曼的无知，而现在轮到查理曼欺负他了。虽然教皇阿德里安一世已经表明贵族头衔不等于对罗马的统治权，但查理曼这位梅斯主教圣阿努尔夫的大个子后人安逸地住在已故的恺撒大帝的皇宫里，显然是在行使自己的王权。

执事保罗说道："他已经将罗马城置于自己的权杖之下了。"

思维敏捷的执事保罗是伦巴第人，精通希腊古典作品，曾待在气候温和的意大利南方，偏安于卡西诺山山顶的小室，专心致志地为令人惊艳的贝内文托公爵夫人阿德尔佩加写作。执事保罗去罗马找到查理曼，要求释放他被法兰

执事保罗

克人俘虏的兄弟。见到执事保罗后，率性的查理曼不仅答应了他的要求，而且让学识渊博的他答应留在莱茵河河畔的宫中教希腊语。查理曼觉得，执事保罗深谙文明生活的意义。

最终，查理曼带执事保罗一起离开了罗马。在音乐和飞扬的旗帜的陪同下，查理曼一行人一路向北，拜访了索拉克太山的修道院，查理曼的女儿吉塞拉在那儿接受了洗礼，后来，在混乱的佛罗伦萨观赏雕塑时，查理曼还处理了一些争端。

佛罗伦萨的雕塑让查理曼着迷的原因可能是他从中感受到了一种逝去的文明的奇迹。然而，在帕尔马，查理曼获得了此行最大的战利品。一位四十五岁的发着高烧的凯尔特人[1]从病床上起身向查理曼问好。这个人便是约克的阿尔昆。约克的阿尔昆虽然没有表现出敬意，但颇为幽默。约克的阿尔昆是一位来自大不列颠岛的朝圣者。回答查理曼的问话时，约克的阿尔昆一直满脸笑容。

“你为什么还没看到我就起来跟我打招呼？”

“因为在陛下还未到的地方，我就看到陛下来了。”

“此话怎讲？”

“我在水中看到了您的影子。”约克的阿尔昆指着院子里查理曼刚刚经过的池塘说道。

“我现在多半已经明白了，”查理曼饶有兴趣，又好奇地问道，“你怎么知道我是谁？”

“谁会独自走在其他所有人的前面？”

查理曼越发好奇，要了几杯酒，坐了下来，准备继续问问题。然而，高大却虚弱的约克的阿尔昆不乐意了，说自己只不过是个执事。约克的阿尔昆虽然发了烧，但仍然喜好清爽可口的白葡萄酒。虽然查理曼请求约克的阿尔昆去宫廷学校当老师，但约克的阿尔昆解释说自己有任务在身，不仅一定要把主教的大披肩穿回去，而且看不到英吉利海峡就无法生活。

---

① 凯尔特人，西欧最古老的土著居民，在罗马帝国时期与日耳曼人、斯拉夫人一起被罗马人并称为欧洲的三大蛮族。

来自大不列颠岛的朝圣者都会在英吉利海峡上岸。因此，将两座面朝英吉利海峡的修道院赐予约克的阿尔昆后，查理曼就带着他和执事保罗一起走了。

不一会儿，彬彬有礼的约克的阿尔昆就称查理曼为大卫了。查理曼觉得约克的阿尔昆就是他要找的老师。然而，约克的阿尔昆还没有意识到，他更重要的任务是教查理曼理解事物的意义，而不是在宫廷学校从事教学活动。

穿过阿尔卑斯山脉后，查理曼一行人来到了莱茵河上游。收获了新的伙伴后，查理曼非常开心，口授了一封充满爱意的信并且让执事保罗将其寄给教皇阿德里安一世——查理曼猜测，他离开后，教皇阿德里安一世可能会顾虑重重。

在回信中，教皇阿德里安一世否认自己有顾虑，写道："我已经收到你充满智慧的来信，甚是欣慰。在信中，你谈及你的事业是我们的，而我们的事业也是你的……我们相信这是所有人都终将明白的真理。"

顺利走过一段行程后，经过普吕姆修道院时，查理曼照例停下来去探望了贝尔特拉达王太后。年迈的贝尔特拉达王太后安心静修，而她的工作成效也不错。经历了几年大饥荒后，不仅粮食年年大丰收，而且贝尔特拉达王太后还为自己的修道院领地争取到了更多的沿河的优质土地，导致她也算是在普鲁姆统治着一个小王国。查理曼虽然分封了一些领地给贝尔特拉达王太后，但没给她别的财富。

圣诞节的雪期过后，查理曼烤着火，一边听着老师们讲故事，一边想起了心事，觉得自己实际上几乎没有什么天赋，而他的法兰克子民不仅人数不多，而且思想迟钝。在佛罗伦萨和帕尔马，查理曼发现了美和积极向上的思想。最后几年，在马不停蹄的奔波中，查理曼不仅意识到了自己的无能，而且意识到由于法兰克的疆域是模糊并且是靠一些人对身为国王的他许下效忠的誓言维系的，建立一个统一的帝国只能是徒劳。

教查理曼思考时，约克的阿尔昆说道："记忆就是思想回忆过去的能力。智力是理解当下的能力。远见是洞察未来的能力。"

在约克的阿尔昆这个如此睿智之人面前，查理曼非常谦卑，进行了反思，说他虽然一开始记忆力很好，但接二连三地吃了些苦头后，可能渐渐地也获得了一些智力。

由于抽不出白天的时间，查理曼利用自己夜晚醒着的时间，把写字本和笔放在枕头下，点燃蜡烛，尝试着让他笨拙的手指掌握写字的技巧。在夜晚，查理曼可以一心一意地练习，不会被打扰。

与此同时，由于书上的手写字母都连得很紧、相互交织、意思含糊，查理曼听讲非常认真。查理曼认为，如果眼睛可以清楚地看着字，而脑子可以清晰地记住听到的意思，那么学习会变得简单得多。

听着执事保罗和约克的阿尔昆讲述着绝妙的故事，查理曼感到无比自豪，不由得想起了他的祖先梅斯主教圣阿努尔夫。梅斯主教圣阿努尔夫虽然被人称为鹰狼，但曾是一位可靠勇敢的主教。梅斯主教圣阿努尔夫取得的成就肯定不只是在一条鱼的身体里重新找到那枚戒指，而可能是用一种卑微的方式带来了一个奇迹。

由于想给祖先一个新的荣耀，查理曼声称，早在达格伯特一世统治时期，梅斯主教圣阿努尔夫实际上就已备受人们尊重：

“我的祖先，即圣阿努尔夫放下了身为主教的尊严，准备进入荒地传教。当时，达格伯特一世哭着央求梅斯主教圣阿努尔夫不要离开。所有奥斯特拉西亚的百姓，以及梅斯的瘸子、盲人、孤儿、寡妇都来了，团团围在城门口，用可怜巴巴的声音哀求着梅斯主教圣阿努尔夫不要离开他们去荒地。然而，梅斯主教圣阿努尔夫温柔地提醒人们要相信荣耀的上帝。梅斯主教圣阿努尔夫表示，他即使变得跟拉撒路①一样痛苦，也会被天使们带入天堂。

“梅斯主教圣阿努尔夫准备出发去荒地一事导致人们陷入极度哀伤中时，上帝在梅斯显示了神迹。在梅斯主教圣阿努尔夫离开当晚，梅斯的仓库着了火。虽然所有人都跑去灭火，但火没有被扑灭。与此同时，骑兵正在门口等候着梅斯主教圣阿努尔夫离开。梅斯主教圣阿努尔夫说道：‘不，请把我带到发大火的地方去。’

---

① 拉撒路，《圣经·新约》中的玛丽与玛莎的弟弟，曾被耶稣救活。

"骑兵们照办了。梅斯主教圣阿努尔夫举起了自己那面有个大十字架的旗帜。所有人都跪下了。在火焰中，梅斯主教圣阿努尔夫将旗帜高高举起。火立刻灭了。因此，梅斯主教圣阿努尔夫和大家齐唱晨祷，并且在唱完后回到了床上睡觉，没有离开梅斯。"

由于看到不仅约克的阿尔昆面带笑容、彬彬有礼地听着自己的故事，而且孩子们也在壁炉边认真地听着，查理曼顿时满腔热血。查理曼激动地讲着故事，而他的声音里都带着笑。实际上，真正开心的只有查理曼自己一人——他的头脑跟孩子一样简单，并且没有意识到自己所讲的只是他自己想实现的事。

然而，查理曼知道，他不能创造奇迹。查理曼明白，他虽然为希尔德加德王后的孩子们争取了巨大的荣耀，但永远都不会成为伟大的国王。

一直跟随查理曼的部下都坐在火旁，向听众讲述查理曼如何荣耀地统治着罗马城。冬季受大雪限制无法通行时，朝圣者们会聚集在路边的客栈里，讲述着自己眼见伟大的查理曼路过时的情形。由于非常珍贵，羊皮纸被严禁靠近蜡烛，导致僧侣们只得借着墙上的炮眼里射进来的光线，在写字间里记下他们听来的关于查理曼的种种传说。此外，即使在查理曼只去过一次的阿基坦南部，说话斯文的普罗旺斯人和加斯科涅人也会打听查理曼可能在哪里。

第 5 章

约克的阿尔昆和思想复兴

约克的阿尔昆对着一只夜莺大发感慨。约克的阿尔昆一边观察这只夜莺，一边说道：“那么纤巧的褐色身躯内和那么细小的喉咙里却有着饱满的和声。整晚，这个小不点都在为我歌唱。在这个小不点身上看到了那么多优雅时，我瞬间觉得天使齐唱赞歌不停地歌颂上帝也算不上有多美妙了。”

看到报春的布谷鸟时，约克的阿尔昆也同样颇为惊讶。由于费尽心思地研究着啼叫的鸟儿，约克的阿尔昆自然而然地便会把鸟儿唱出的稀罕音乐归功为造物主的恩惠。约克的阿尔昆已到中年，身体虚弱，却从不伪装自己。约克的阿尔昆对鸟儿们的尊重出自本能，而他的诗句就是一篇长祷文。约克的阿尔昆感受到的这种生活之乐与亚西西的圣方济各①日后的领悟相差无几。

看到别人痛苦时，约克的阿尔昆常常昂着头，也不说客套的安慰话。那只夜莺成了陪伴约克的阿尔昆入寝的歌手，而约克的阿尔昆如果哪天没听到夜莺的歌声，那么会说道：“把你从那灌木丛中偷走的人嫉妒我的快乐。”

对于北方冬天的严寒，约克的阿尔昆则轻描淡写，不以为意，将其描绘成“一个狂欢的季节，而人们烤着火，安详入睡”。

约克的阿尔昆与查理曼有很多共同爱好——他们都喜欢喝酒，喜欢振奋

① 亚西西的圣方济各（1182—1226），天主教方济各会和方济女修会的创始人，是动物、商人、天主教教会运动及自然环境的守护圣人。

人心的谈话，还喜欢在牧场散步。约克的阿尔昆称希尔德加德王后为“甜蜜的王后”。

几乎从成为查理曼的老师那天起，约克的阿尔昆的思想就影响着法兰克的大小事务。

对大多数西方人来说，查理曼仍然只是国王——只是在某些方面与他父亲或者其他野蛮国度的君主不同。查理曼走起路来昂首阔步，总是穿着粗糙的弗里西亚短袍和长裤，被人们的笑话逗得哈哈大笑时会揪自己的耳朵，在人们犯错时则会鼓着鼻孔，气得眼睛冒火。虽然查理曼的疆土可能还没有扩展到他涉足之地，但如果他一露面，那么人们会有更多期盼。

伦巴第贵族出身的执事保罗很想念南方和卡西诺，会念叨着“国王陛下的安静势力”。

执事保罗觉得自己是俘虏，而约克的阿尔昆则认为教授精力充沛的查理曼是一大乐事。约克的阿尔昆虽然是位温和有礼的老师，但在精神上与自己的学生兼主人毫无相似之处。约克的阿尔昆非常固执，不愿意说莱茵兰地区的日耳曼方言，认为只有那些想祈祷并且不懂其他语言的人才可以说这种方言。相较于查理曼务实的思想，约克的阿尔昆更不喜欢凯尔特人的异想天开。此外，无论查理曼如何劝说，约克的阿尔昆都不愿意跟着法兰克军队一起行军，称由于身体虚弱，他不适合过马背上的生活。

“然而，你博览群书啊，”查理曼说，“身为女人的示巴女王①都能去所罗门王②身边——她是怎样做到的呢？”

“呵，示巴女王去了所罗门王的耶路撒冷并且为之震撼。然而，所罗门王和非利士人③待在一起时，示巴女王没跟着。”

虽然身材高大的查理曼永远有问不完的问题——他的好奇心就像个无底

① 示巴女王，《圣经·旧约》中的阿拉伯半岛的一位女王，在与所罗门王见面后变得非常仰慕他，遂与他相恋并且育有一子。

② 所罗门王，以色列王国的第三位国王，大卫王的儿子，被视为古以色列最伟大的国王。所罗门王的在位时间为公元前971年至公元前931年，

③ 非利士人，生活在爱琴海上的岛民，在以色列人重归迦南之前就已在迦南沿海地区定居。

示巴女王

洞，但约克的阿尔昆的回答通常都会令他十分满意。由于长期在夜间骑马，查理曼开始对星星的动向产生了兴趣。法兰克人没有指南针、时钟和地图，只能靠星星来辨认方向和把握时间。为什么所有的星星都围绕着北斗七星附近一个叫极的点旋转？为什么只有在罗马附近的地平线上才能看到天狼星？究竟是什么力量推动这些星星移动，又能保持既定的位置？

约克的阿尔昆解释称，在地球上方，造物主制造了好几重天空：第一层天空是人类呼吸的空气；空气上面的是水层、火层、神秘的月神和黄道带；

再往上是最远的星星，以及圣徒和天使居住的天空；最上面的是造物主居住的天空。

约克的阿尔昆开始给查理曼讲授天文学。在不知如何用科学解释时，约克的阿尔昆往往会顺口引用几句维吉尔或圣奥古斯丁的话。

虽然四十岁时，查理曼才开始上学，但他的热情丝毫不逊于小男孩。虽然由于约克的阿尔昆用词像马库斯·图利乌斯·西塞罗一样精确，查理曼不仅

马库斯·图利乌斯·西塞罗

在拉丁语方面进步神速，而且已经说得够流利了，但约克的阿尔昆仍然提醒他要注意正确用词，例如“Ara”是圣坛的意思，而“hara”是猪圈的意思——这两个词虽然发音相似，但不能混淆。

“虽然读错单词非常危险，”查理曼承认道，“但弄错意思更危险。”查理曼总爱细细品味莱茵兰地区字正腔圆的语言并且对其情有独钟。已故的恺撒大帝为什么要把炎热的那个月命名为“7月”——那不明明是干草月吗？此外，3月不用再跟罗马战神扯上关系了，应该是大斋月。同样，5月本来就应是欢乐月。

查理曼开始开心地为各个月重新取教名。根据自己的观察，查理曼说道：“由于拉丁文很差，我的臣民会用错词，导致他们不仅唱不好歌，而且不会祈祷。”

“你的臣民如果在祈祷时有正确的思想，那么用错了词又有什么关系呢？”

“当然有关系了。”

查理曼非常了解自己的法兰克子民——他们整天想的就是通奸、偷懒、争吵、杀人、喝酒等龌龊下流、贪图享乐之事。实际上，查理曼也好不到哪里去。

精力十分充沛的查理曼试图通过约克的阿尔昆的指导让法兰克人受到一些熏陶，变得不再懒懒散散或不思进取。

约克的阿尔昆不仅非常幽默，而且在查理曼心情急切的情况下，义无反顾地担负着教育一个陌生民族的艰巨任务。

宫廷学校把学问水平分为七级。约克的阿尔昆从英格兰收了一些徒弟来给孩子们教授前三级的语法、辩证法和修辞，顺带教些简单的数学，而他则和执事保罗、比萨的彼得一起负责后四级的几何、音乐、药学和天文学的教学。宫廷学校的教学地点起初是在沃尔姆斯、殷格翰和殖民地的王宫的房间。由于许多贵族和神父会跟着法兰克王室在外巡游，宫廷学校教学地点也常常会改在干草地上或酒窖里。

因此，法兰克人中开始流传一种说法，即由于对子民们不满意，查理曼便召集伦巴第和大不列颠岛的外国人来教育他们。这种说法渐渐演变成了牢骚与抱怨。

约克的阿尔昆的大部分思想都源自其他人，而其中最著名的就是他的灵魂导师——可敬的毕德[①]。此外，约克的阿尔昆还借鉴了萨摩斯的毕达哥拉斯[②]的

可敬的毕德

① 可敬的毕德（672—735），盎格鲁-撒克逊时期的历史学家、神学家和科学作家，被称为“英国历史之父”。

② 毕达哥拉斯（前570—前495），爱奥尼亚人，希腊哲学家。

毕达哥拉斯

方法，即让受过一些教育的学生就某一个问题与没受教育的孩子辩论，而他仅负责解释孩子们的困惑之处。

因此，约克的阿尔昆也乐于把回答问题变成谜语和玩笑，而有时他也会被这些问题难住。后来，在一节课上，丕平·卡洛曼一口气问了许多问题。约克的阿尔昆和丕平·卡洛曼二人的对话如下：

“空气是什么？”

“是生命之卫士。”

“生命是什么？”

“是善者之乐、恶者之痛、死者之期待。”

“死亡是什么？”

“是一段未知旅程，是生者之哀悼，亦是人愿之实现。”

“人是什么？”

“是一位旅者和歇息住处之主人……”

“月亮是什么？”

“是倾泻露珠者、黑夜之眼、风暴之前奏。”

“海是什么？”

“是无畏者之路、土地之界、江河之碗和雨水之源。”

最后，约克的阿尔昆出了一个谜语：“我看到死者带来了生者，而生者之呼吸吞噬了死者。”

丕平·卡洛曼说道：“那是因为树枝摩擦产生了火，而火吞噬了树枝。”

通过谜语和辩论，约克的阿尔昆激发了法兰克人的求知欲。然而，在亚里士多德[①]的物理学、克劳迪厄斯·托勒密[②]的地理学、尼西亚的喜帕恰斯[③]令人惊奇的星辰资料等实践科学方面，约克的阿尔昆并不比自己的学生懂得多。白色的月亮是最大的星星，高高悬挂在夜空中，神秘莫测，毫无疑问是按照神的意志移动的。在人类的末日，即太阳变得像包头布一样黑时，星星会如无花果树掉落的叶子一般从空中降落，而龙从海里爬上陆地时，月亮才会停止移动。

圣卜尼法斯不仅已经详细地描述了那一天，而且断言那一天不仅是上帝对人类的最后审判日，而且用不了多久就会到来。

---

① 亚里士多德（前384—前322），古希腊先哲，伟大的哲学家、科学家和教育家，堪称希腊哲学的集大成者。

② 克劳迪厄斯·托勒密（100—170），古罗马著名的天文学家、地理学家、占星学家和光学家。

③ 尼西亚的喜帕恰斯（约前190—前120），古希腊天文学家，曾准确地计算了黄道的倾角，发现并且估计了秋分点的岁差。

克劳迪厄斯·托勒密

教数学时，约克的阿尔昆不会要求学生们做大量的计算。学生们只学了罗马数字一到九——没有零也没有负数。学生们手里捏着笔，在蜡片上计算十四乘以任意一个数，如一千二百一十九，就能称得上是做一道难题了。当然，学生们也可以通过心算做数学题。

机灵的约克的阿尔昆和学生们使用的一些数学题非常经典，永远都不会过时，例如：

一段台阶共有一百级。第一级台阶上停了一只鸽子，而第二级台阶上停了二只鸽子。以此类推，第一百级台阶上停了一百只鸽子。那么这段台阶上总共停了多少只鸽子？解答时，我们只需记得两级台阶上共停着一百只鸽子，如第一级和第九十九级，第二级和第九十八级等。因此，我们会得到四十九个一百，而加上中间一级的五十和最后一级的一百就是所有的鸽子数——总共有五千零五十只鸽子。

由于几乎没有课本，学生们必须靠自己思考。很快，约克的阿尔昆编写出了一本简易语法书和一本弥撒书。抄写室的老练的僧侣们重新抄写了约克的阿尔昆编写的书并且将其传了出去。约克的阿尔昆也派人到他位于约克的书房取了几本可敬的毕德的历史书和一些维吉尔的作品。然而，对于大部分学习内容，法兰克人——无论是大人还是小孩，都是通过耳朵和大脑来学习的。

教学时，约克的阿尔昆等老师也没有图片。法兰克长期没有雕塑艺术，而教堂墙壁上的壁画的内容则仍然是尾巴分叉的恶魔在巨龙嘴里的地狱火焰中折磨犯罪者或是善良的天使领着受保佑的人们朝云端上的天堂飘去。此外，在教堂墙壁上的壁画中，犯罪者往往没穿衣服，而受保佑的人们则穿着长袍。

查理曼之前从罗马带回的书上有一些图片，包括善良的圣约翰在一只象征性的鹰的帮助下写福音书，以及圣彼得正被啼叫的公鸡吓得往后退的情景。书中解释称，因为公鸡啼叫了三次，所以人们在画面上会看到三只公鸡。查理曼命令艺术家们临摹这些零散的插图，而能干的雕刻家们则照着样子把这些插画刻在了木门和象牙匾上。此外，巧妇们照着样子把这些插图绣在了布旗或悬挂物上。

法兰克境内还有一些罗马艺术的遗迹——有些地方画着古罗马文明中的角斗士、孔雀和凯旋的战士。查理曼很喜欢讲述他在帕尔马和罗马城看到的所有情形，描述林林总总的安逸和优雅的场景，殉道士缓缓升入天堂的样子，以及耶利哥①的城墙倒下时，基督教教徒吹响小号的情景。

查理曼还会一点一点地给梅斯主教圣阿努尔夫的古老传说添砖加瓦。梅斯主教圣阿努尔夫似乎出身一个贵族家庭。听多了维吉尔描述的特洛伊人的冒险经历后，查理曼想起自己有位祖先的名字正是——至少非常接近安喀塞斯。因此，查理曼开始突发奇想，认为最初神秘出现在海边的法兰克人或许正是在埃涅阿斯的父亲安喀塞斯的带领下跋山涉水的特洛伊人。

起初，按照自己的想法解释法兰克人的起源时，查理曼仍然有点不自

① 耶利哥，《圣经》中记载的把守着迦南门户的城市，拥有高厚的城墙和高大壮健的守军，是古代的一个强大的堡垒。

查理曼与约克的阿尔昆

信。然而，由于是出自国王之口，这个故事传开了。约克的阿尔昆非常崇拜维吉尔，对查理曼的说法不同意也不反对，只是建议道："亲爱的朋友，最仁慈的国王陛下，不要往回看，用你的智慧放眼未来吧——未来在你手中。"

善于思考的约克的阿尔昆已经厌倦了大不列颠岛的那些忙于琐碎纷争的统治者，并且觉察到，查理曼如果得到很好的引导，那么可能会是一位强大的统治者。

然而，查理曼这位蒙昧的法兰克君主通过学习逐渐产生了新的想法。不仅优秀的文化与富丽堂皇似乎总是，而且痛失家园的特洛伊人也来自东方。执事保罗也是从东方来到罗马的。在东方的君士坦丁堡，人们依然可以见到所有辉煌的艺术。阿拉伯人将对身体和思想有益的珍贵物品从巴比伦和巴格达带了出来——要知道，巴比伦和巴格达有奇妙的大象，而他们的君主住的是黄金做成的宫殿。

查理曼让执事保罗给他读希腊历史，让身着奇异长袍的伊莱沙教罗特鲁德和其他孩子希腊语。向罗特鲁德致敬时，伊莱沙非常有礼貌，将整个身子都拜倒在垫子上，好像在找地上的蚂蚁。看到这一幕，孩子们觉得非常有趣。

研究了查理曼的习惯后，约克的阿尔昆成立了自己的宫廷学院。学院不仅读起来很好听，而且在法兰克是个新鲜事物。此外，约克的阿尔昆清楚地觉察到，查理曼也会要求使用学院一词。与其说这个学院是提供高等教育的，不如说是教育高等学生的——它的学生是查理曼的六个孩子，求知若渴的安吉尔贝等圣骑士，以及查理曼本人。

约克的阿尔昆虽然总是发烧，但没发烧时，会用善意又不失礼貌的玩笑引导宫廷学院这个家庭圈。约克的阿尔昆很快用上了查理曼赐予宫廷学院的成员们的昵称。安吉尔贝成了"年轻的荷马"，而约克的阿尔昆是"可怜的贺拉斯"。查理曼自称"由高于敌人的上帝抚养的大卫"。

把宫廷学校交给助手后，约克的阿尔昆开始亲自负责宫廷学院这个亲密的圈子。很快，约克的阿尔昆发现，在各种仪式上，法兰克人会放声歌唱，喝酒作乐，而他则要扮演司仪的角色。约克的阿尔昆用钟进行了演奏——许多小

查理曼与孩子们

银钟组合在一起可以发出如教堂大钟那样洪亮和悠扬的声音。此外，由于法兰克人无法维修圣德尼教堂的那个旧得已经破了的管风琴，查理曼坚持称自己必须从君士坦丁六世或伊琳娜皇后那要一个新的。

与此同时，查理曼十分享受自己的孩子在合唱荣耀颂歌时的嘹亮声音。当时，在查理曼的孩子中，查理和罗特鲁德当年冒着暴风雪去接斯蒂芬二世教皇时的查理曼年龄相仿，个子很高，相貌也十分突出。

查理曼下定决心："我要让儿子们像国王一样荣耀，成为优秀的骑手、旅者、猎手、泳者和知识丰富的大师，比其他男人更加博学。"

小时候的查理曼不仅没有头衔和尊严，而且没受过什么教育。由于会被女性的优雅触动，查理曼对女儿们有更多期望。查理曼的女儿们必须跟男孩子一起学习功课，学会纺纱织布等技能，会唱悦耳动听的歌，听得懂最精妙的诗歌。看到自己的女儿伯莎总是询问有关星星的问题时，查理曼便认为她应该学习天文学。听到罗特鲁德唱格列高利圣咏[1]的声音盖过其他人时，查理曼便认为她的使命就是美化歌声。

约克的阿尔昆把查理曼的这些女儿称为查理曼的鸽子。吉塞拉身材苗条，双眸明亮，被查理曼亲昵地称为德利娅。然而，对约克的阿尔昆而言，查理曼的女儿们的快乐来自健康的身体。查理曼的女儿们喜欢用丝带和西班牙珍珠打扮自己。伯莎的美丽的眸子总是追着有魅力的安吉尔贝转动。

因宫廷学院的教学工作而需要长时间待在壁炉旁时，约克的阿尔昆常常会感到疲惫不堪。此外，约克的阿尔昆还要给查理曼的藏书室抄书，管理宫廷学校，以及通过不断地给远方的修道院写信为其提供源源不断的宗教知识。

约克的阿尔昆想知道查理曼的大儿子驼背丕平不在王宫的原因。后来，约克的阿尔昆得知，驼背丕平身处森林里的普吕姆修道院，和贝尔特拉达王太后在一起。

约克的阿尔昆虽然总是被疲倦困扰，但从不抱怨，只觉得自己身体虚弱。约克的阿尔昆对查理曼的崇拜日益增长，逐步上升为爱戴之情。查理曼从不休息，发奋汲取知识的奥秘。查理曼努力地与文书长和御膳总管讨论各种国家大事，包括保存种子、开凿沟渠和建造教堂，以及用桥梁取代渡船等。每每当这类议事会结束后，查理曼就会冲进森林去打猎。

有一次，约克的阿尔昆碰巧看到查理曼和一些同伴在河里游泳时，仍边游边问同伴撒克逊人的法律是怎样形成的。

另一次，查理曼走进约克的阿尔昆的卧室，口授了一封满是怒气的给美因茨大主教的信。查理曼说道："在上帝的帮助下，你努力赢得人心，却根本不花心思去教你的神父如何读书。我感到很惊讶，即你身边的部下都处于无比黑暗的无知状态。虽然你会用自己的知识去启发他们，但由于没有获取新知识的能力，他们仍然一无所知……"

由于师从约克的阿尔昆学习，查理曼已经会说一口流利的拉丁语了。查理曼总是有许多问题：圣典文本最初是如何写成的？用的是哪种语言？不同的

① 格列高利圣咏，在公元6世纪末由教皇格列高利一世收集整理而成的天主教仪式音乐。

民族怎样有了不同的法律？罗马法律、古代音谱和格列高利圣咏是如何形成的？古罗马人是如何掌握其统治之下各民族的语言的？

此外，查理曼还要求词语的解释必须浅显易懂。

“你是说正义吗？你那样说是什么意思？”

“正义依赖于三方面，即尊重上帝、成文法及生命的价值。正义的最终目的是保护，而不是破坏。”

“破坏比保护容易多了。你认为什么是成文法？”

“通常，成文法是指一个民族的习俗，是他们遵循的一般习惯。”

“那么成文法可能会很邪恶——例如撒克逊人的人牲。因为成文法是民族的习俗，所以你就认为人牲是合法的？”

“不，人牲违反了更高的法则，即人人平等。”

“平等？”

“对。法官必须对所有人都一视同仁。换句话说，在公正的法律之下，所有人都享有同等权利。”

约克的阿尔昆虽然知道，在法兰克，贼会被砍去手臂，而杀人犯只要支付赔偿金便可以赎罪，但仍然敢说出上面的那番话。在当时的法兰克，财产高于生命，而地位高于正义。查理曼和他的父亲矮子丕平一样，没有在势力范围内施行统一的法律。因此，受法兰克人统治的撒克逊人、伦巴第人和巴伐利亚人等都是按自己原有的习俗来断案的。

当然，不同民族的习俗也各不相同：巴伐利亚人不需要为作证发誓；勃艮第的杀人犯会被处以死刑，而不是被判支付赔偿金；阿勒曼尼人规定，一条优种猎狗的价格是十二个银币——比逃跑的奴隶都要贵。与此同时，上述所有情形的具体审判程序都有所不同。

“谁能制定一部让所有人都能满意的法律？”

“你会发现圣典中就有这样的法律，”约克的阿尔昆笑着回答道，“你只需要用你的知识去启发他们——他们仍然一无所知，没有获取新知识的能力。”

约克的阿尔昆虽然由于十分了解查理曼，敢提出不同的意见，但非常讲究策略。不同民族的法律观念截然不同，而要制定一部统一公正的法律绝非易事，总会遇到这样或那样的问题。为了解决这些难题，查理曼采纳了约克的阿尔昆的建议，即去圣典中寻求答案。因此，读到关于使徒保罗的文字时，查理曼非常满足。使徒保罗不仅是出身高贵的罪人，而且从未忽视女人、迷信观念和寻找未知神等人类的世俗局限性。法兰克人与使徒保罗的那些教众非常相似。为何使徒保罗不辞辛劳地在莉迪娅家中为那些来到河边的人——包括被地震吓怕的监狱看守——进行洗礼？

读着关于使徒保罗的文字时，查理曼非常渴望自己也能有一位出色的女帮手——他拥有的如罗马宫殿般精致的房子，以及如圣玛丽亚大教堂般宽敞的教堂都濒临河畔，而普通百姓都会蜂拥而至来洗刷他们的罪过。

在晨祷前或学院成员在午饭后休憩的一个小时的休息时间中，约克的阿尔昆总是坐在自己的写字台旁给远方的朋友写信。

越来越多的使臣和旅者会给约克的阿尔昆带来一些小包裹。这些小包裹不仅被包得很仔细，而且被封得很严实。收到这些小包裹时，约克的阿尔昆都会异常激动，连珠炮似的问包裹是谁送的，送包裹的人近来可好等问题。

有一次，查理曼听到约克的阿尔昆在院子里说道："来了，来了！我总算等到了这封信。这封信比蜂蜜还甜，比闪耀的珠宝还珍贵。"约克的阿尔昆一动不动地站在院子里，抱着那封信，小心翼翼地撕开封口，如饥似渴地读着信里的文字。

每每满怀喜悦地读完类似的信件后，约克的阿尔昆会将大洋彼岸的林迪斯法恩①或遥远的阿奎莱亚②的近况告诉查理曼。查理曼毫不迟疑地采纳了以这种渠道获取新闻的服务。在野外骑行时，查理曼会让约克的阿尔昆向他详述莱茵兰的情况——特别是王室的情况。此外，查理曼还会请求教皇阿德里安一世向他传递罗马每周的新闻，而这些罗马新闻中也会夹杂着一些意大利的消息。

后来，查理曼设法从君士坦丁堡重新要了一架管风琴放在圣德尼教堂，

① 林迪斯法恩，即林迪斯法恩圣岛，又称圣岛，是一个潮汐岛，位于今英国诺森伯兰郡。
② 阿奎莱亚，今意大利乌迪内省的一个市镇，曾是罗马帝国的一部分。

阿奎莱亚

而工匠们又照此仿制了一些管风琴。因此，其他教堂也都有了管风琴。与此同时，查理曼还从东方学到了一种绝妙的空中送信的方式，即使用信鸽。而法兰克人很轻松地学会了这种简便又实用的送信方式。鸽子不仅翅膀结实，而且习惯回特定的家。鸽子可以被装在藤条笼子里从远方带来，飞出笼子后又会随着风飞回。这种方式的难点是需要找到一种能写上字又轻便的材料。此外，这种材料还必须适合系在信鸽的爪子上。因此，人们的首选是可以从非洲商贩那买到的白丝绵。

约克的阿尔昆与查理曼虽然相隔甚远，但仍然保持着这种大卫与“可怜的贺拉斯”之间的愉悦谈话。约克的阿尔昆出乎意料地肩负起了另一项责任，即担任查理曼的顾问，并且因此成了非正式的法兰克王国的大臣，而这也导致了他们二人都始料未及的后果。

由于一直都住在教堂或宫殿里，约克的阿尔昆只能靠想象了解远方的民族，而穿梭于大河大路之间的查理曼则非常关注靠辛勤耕种谋生的人们的实际需要。因此，约克的阿尔昆会建议哪些事该做，而查理曼知道哪些事能做。查理曼和约克的阿尔昆二人还是相当默契的。

由于年纪大了，查理曼的妹妹吉塞拉离开王宫并且成为谢勒的一座修道院的院长。查理曼的妹妹吉塞拉偶尔会造访王宫，而约克的阿尔昆会热情招待她。然而，健壮的查理曼觉得他的妹妹吉塞拉古板严肃、沉默寡言，带来了修道院的气氛，破坏了王宫的欢乐气氛。与此同时，查理曼虽然喜欢赐地给他的妹妹吉塞拉，但很少给她黄金。然而，心血来潮时，查理曼也会乐于帮助吉塞拉的服务上帝的事业。

让查理曼恼火的是，在没有任何理由的情况下，希尔德加德王后拒绝参加宫廷学院的欢乐的教学活动。希尔德加德王后不会用拉丁语表达任何事，也提不起兴致来回答关于星星的谜语，而她的女儿伯莎很快就猜中了答案。

查理曼抱怨希尔德加德王后不爱动脑，而约克的阿尔昆默默听完后，只是简单地说了句“这是上帝的选择”。约克的阿尔昆的这句话让查理曼想起了自己曾暗自叫好却不甚理解的使徒保罗的话，即“因为上帝选择了世上的愚蠢之物”。

783年的圣诞节，又生下一个女儿后，希尔德加德王后便开始卧床不起。查理曼去参加5月的田野议事会后，约克的阿尔昆让一名弟子写了一封信并且将其迅速送至查理曼手中。在信的开头，约克的阿尔昆告诉查理曼，绿色的草场长势喜人，而农田也耕得很不错。接着，约克的阿尔昆便告诉查理曼，“甜蜜的王后”已经驾崩。

为了安葬希尔德加德王后，查理曼把远征撒克逊人的行动推迟了很久。查理曼为希尔德加德王后选的墓地位于梅斯主教圣阿努尔夫的长方形基督教堂——这是梅斯最著名的教堂。查理曼下令碑石上的挽歌由执事保罗执笔，并且命令其务必用上“国王们的母亲”这个词。

逝世时年仅二十六岁的希尔德加德王后为查理曼生下了九个儿女，而其中有六个活了下来。希尔德加德王后逝世不久后，她最小的女儿也夭折了。随后，查理曼的母亲贝尔特拉达王太后也不幸与世长辞，被安葬在圣德尼教堂。

查理曼想起了一个个从自己身边离去的女人，而她们有的已经撒手人寰，有的隐世于修道院。查理曼问自己，被他赶走的弟媳格伯加王后到哪儿去了？伦巴第国王德西迪里厄斯的妻子安萨王后呢？查理曼甚至已经记不起伦巴第公主德西迪拉塔被安葬在哪儿了。

法兰克军队一直等待着查理曼。临行前，查理曼花钱请人永久为希尔德加德王后和贝尔特拉达王太后唱赞歌——无论白天还是黑夜，赞歌都不能停下来。

远征撒克逊人归来后，查理曼娶了法斯特拉达。法斯特拉达就是查理曼在打猎时于阿登高原邂逅的那位骄傲的少女。法斯特拉达王后长着一头在阳光下像火一样耀眼的金发，而她的双眼炽热含情，很快便俘获了查理曼的心。

783年夏季，查理曼与撒克逊人和维茨金进行了一场生死搏斗。

查理曼发现，虽然他贵为法兰克和伦巴第的国王、罗马贵族和撒克逊人的征服者，但他长达十一年的努力将败在撒克逊人这帮顽固不化的敌人手中。

查理曼曾试图惩罚撒克逊人，曾让他们信仰基督教，也曾大方地与他们停战言和——甚至曾像风车脱谷粒般把他们的土地翻了个遍。查理曼还曾建立村庄和教堂，让善良的传教士威尔利德负责教化撒克逊人。教皇阿德里安一世和约克的阿尔昆都称赞查理曼“征服了野蛮的异教种族并且让他们的心灵获得救赎”。然而，在过去的一年中，查理曼遭遇了新的灾难。

怎么会这样呢？

约克的阿尔昆没有告诉查理曼答案。那些葬身于龙塞斯瓦列斯之难的军队首领也没有告诉查理曼答案。查理曼独自面对一个神秘的民族，无法征服他们，反反复复地仔细回想着曾经那些不同寻常的经历。

撒克逊森林里出现了令人捉摸不透的骚乱，而查理曼以国王的身份快速赶到时，骚乱却消失了。查理曼在帕德博恩重建教堂并且召开了大会。为了给撒克逊酋长留下深刻的印象，查理曼召见了丹麦国王齐格弗里德和阿瓦尔可汗的使臣。

从某种意义上说，这次大会算不上不成功——大会结束后，不仅新的基督教村庄遭遇了袭击，而且传教士遭到了全面迫害。威尔利德逃出了森林，高喊着所有基督教教徒都难逃此劫。威尔利德虽然原本充满热情，但现在不得不逃往罗马寻求心灵的宁静，而他的传教士弟兄像被屠宰的动物一样，一个个倒在了血泊之中。

维茨金这个可恶的幕后黑手与撒克逊酋长住在远离帕德博恩的地方，却在他们的住所发布着命令。送信的间谍可能混进了丹麦人的队列中，号召撒克逊人反抗并且为古老的神灵报仇。

与此同时，统治着撒克逊人的领土的查理曼正带着法兰克军队北上平定易北河边界，看不到身后有战争的任何迹象。

查理曼又想到了自己的军队毫无戒备地在森林中的道路上行进的情景——四年前，这支军队作为主力爬上了龙塞斯瓦列斯山口。这支由总司令盖隆、宫廷内务总管阿达尔吉斯和沃德等勇敢的军官率领的军队正与在周围的高地上站岗的侦察兵一起横渡威悉河，必定已经疲惫不堪。

法兰克军队肯定看到了奔向威悉河上方桑塔尔山山脊的成群的撒克逊人。法兰克军队应该等一下欧坦伯爵蒂埃里四世召集的援军——他们虽然或许确实等了，但等到欧坦伯爵蒂埃里四世的号角声响起时便开始贸然猛冲。圣骑士们一马当先，而法兰克骑士紧随其后——他们人人都想第一个登上桑塔尔山，却发现撒克逊人早已埋伏在那儿。法兰克人努力逃命，而欧坦伯爵蒂埃里四世虽然救下了一些幸存者，但惨遭杀害。

因此，查理曼亲自挂帅。由于当时已是深秋，不仅草木皆枯，而且夜间的地面都起了霜冻。查理曼带着召集到的所有骑士返回了威悉河，沿河而上，一路追逐。撒克逊人逃入了松树林中的费尔登。在费尔登，查理曼抓获了四千多名撒克逊战士并且命令他们交出指挥桑塔尔山伏击战的首领和维茨金。然而，由于没人愿意背叛首领，查理曼便下令将这些撒克逊战士杀光。因此，四千多名撒克逊战士跪在河边，并且在一天之内就被杀得一个不剩……

从此，其他民族也开始了无声的抵抗。据王宫年鉴记载：“远至海滨的弗里西亚人都放弃了基督教信仰，又开始供奉起了他们原来的神灵。”

查理曼陷入沉思，渐渐相信自己以前的所作所为都错了。毁掉伊尔明苏尔神像的行为看似是一场胜利，实则不然，而查理曼虽然一直在执行自己的计划，但一无所获。与北方人一样，撒克逊人是日耳曼种族的幸存者，忠实地信仰着托尔[①]和巴尔德尔[②]。撒克逊人为什么不愿真心拥戴查理曼及其臣民身上的某种东西，却愿意和海边的丹麦人和北方人喝得酩酊大醉，甚至歃血为盟，结为兄弟呢？

查理曼虽然已经快要解开撒克逊人的奥秘了，但又想到，如果他像丹麦人或其他异教徒那样对待撒克逊人，那么撒克逊人或许会同他达成共识。

查理曼的算命先生，即那些吟游诗人们也不见了踪影，或许是在树林里结束了卑微的生命。然而，查理曼非常细致，一直下令一些年纪更大的抄写员记下听到的各种传说，想将祖先的各种传说以文字和歌曲的形式保留下来。与此同时，查理曼又开始阅读并且耐心地研习撒克逊人的法律文本。

撒克逊人的法律都是有关伤害的赔偿和惩罚的，例如“打伤一名贵族会被罚款三十枚银币”和“用剑划破了他人的上衣或盾牌会被罚款三十六枚银币作修补之用”等。此外，动机越偏向复仇，行为人需要付出的赔偿也越大，而杀害一个逃跑的奴隶只需要赔偿一小笔钱。查理曼如果要给撒克逊人颁布这种性质的法律，那么必须制定他们能理解的处罚方式。

因此，查理曼起草了《撒克逊领地法令》，清楚地解释了对各种违法行为的处罚。《撒克逊领地法令》的主要内容包括：策划反抗国王或不忠于国王及其基督教臣民的人会被处以死刑；教堂及其庇护权必须像以前的异教徒神庙一样受到尊重；禁止信仰泉神、树神和森林神；贵族、自由民和农奴如果拒绝给孩子洗礼，那么会分别被处以一百二十、六十和三十枚银币的罚金；四旬斋[③]期间不禁食的人可能会被处以死刑；有施行人牲、焚烧死者身体、武力闯入教堂、火烧教堂、在教堂行窃、拒绝接受洗礼、杀害主教或神父等行为的人均会被处以死刑；乞求宽恕的唯一方式就是向神父全部供认罪行并且彻底忏悔。

---

① 托尔，北欧神话中的雷神。

② 巴尔德尔，古斯堪的纳维亚传说中掌管光明的神。

③ 四旬斋，基督教教徒在每年复活节前用于进行斋戒和忏悔的日子，共计四十天。

托尔

巴尔德尔

这些法律条文会通过物质上和道德两个层面的规定来规范撒克逊人的行为——或者说，查理曼期望如此。然而《撒克逊领地法令》公布后不到一年，弗里西亚人和易北河河畔的撒克逊人就发动了叛乱。据王宫年鉴记载，查理曼率领法兰克人，“踏平了土地，摧毁了堡垒，洗劫了逃难的撒克逊人并且恣意烧杀”。

查理曼不懂，实际上，撒克逊人这些顽固的异教徒不是在反抗他，而是反抗被强加于他们的基督教。由于发现违反了《撒克逊领地法令》就是死路一条，撒克逊人决定用自己手中的剑奋起反抗。

在783年到785年间，查理曼没有离开撒克逊人的土地，并且让自己的儿子查理，即小查理，担任一支部队的首领。复活节和圣诞节时，法兰克人都在路边的军营里进行了庆祝。虽然查理曼把法斯特拉达王后和孩子们都叫到了埃尔斯堡的新家，但约克的阿尔昆不愿冒险前来。

如果查理曼没有把法斯特拉达王后带到埃尔斯堡，那么后果可能会没有那么严重。

在查理曼所处的年代，人都是人如其名——至少在莱茵兰地区是如此。贝尔特拉达和伯莎的意思是热情洋溢，而法斯特拉达则是毫不屈服的意思。换句话说，法斯特拉达王后是位强硬的女子。和贝尔特拉达王后一样，成为王后和强大君主的配偶后，法斯特拉达王后就变得十分高傲。

法斯特拉达王后是莱茵兰某位伯爵的女儿——可能是独生女，虽然长得不赖，但被惯坏了。跟着查理曼一起骑行时，法斯特拉达王后将王室成员和普通百姓都看作是自己的仆人，随意使唤，还下令女仆给她的长裙缝上绸缎和紫色丝绸。据王宫年鉴记载，法斯特拉达王后“骄傲自大、心狠手辣”。在查理曼身边的人中，法斯特拉达王后是唯一一个敢跟他对着干的。

可能和传说中的布伦希尔德[①]一样，法斯特拉达王后觉得自己因为把身体给了一个男人，所以有必要报仇，即让其他男人遭受痛苦。当然，作为莱茵河河畔的贵族女子，法斯特拉达王后也十分仇恨撒克逊人。听到费尔登的大屠杀

① 布伦希尔德，日耳曼中世纪长篇英雄赞歌《尼伯龙人之歌》中的女王。

布伦希尔德

的消息和所有撒克逊战士们都像待宰的牛一样跪着被杀死时，法斯特拉达王后竟然觉得刺激又兴奋。

查理曼把法斯特拉达王后带到埃尔斯堡的行为虽然可能让他享受到了妻子陪伴身边的幸福，但让被赶进木栅栏的卫戍部队和成群的撒克逊俘虏遭了殃。查理曼外出远征时，法斯特拉达王后自作主张，发动自己的武装侍卫攻打毫无防备的异教徒——对她而言，这比骑马追杀一头疲惫的公鹿更加刺激。

法斯特拉达王后的残忍手段也殃及了埃尔斯堡外的区域。法斯特拉达王后曾抓住一个机会羞辱了支持法兰克军队的图林根贵族，而这或许是因为她与图林根人有些嫌隙。有位图林根贵族许诺把女儿嫁给法兰克人，却不愿按约定送女儿上门，导致法斯特拉达王后借此小题大做。法斯特拉达王后威胁那位图林根贵族说，要么交出女儿，要么与查理曼为敌。

因此，一些图林根贵族开始密谋杀害查理曼。

一年后，查理曼带着家人和主力军队来到了撒克逊人的领地，而他的权力和生命都危在旦夕。从图林根人居住的山区到沿海地区都在酝酿着叛乱。布列塔尼人开始为了自身的利益反抗查理曼，而沿海地区的弗里西亚人则是为了自己信仰的神灵而战。

查理曼认为，撒克逊人必定伤透了心，并且因此要与他粗鲁又脆弱的统治同归于尽。

查理曼得依靠什么呢？圣骑士的中坚力量已经在桑塔尔山伏击战中消失了，而幸存者，即第二代图卢兹公爵盖洛内的威廉正守卫在比利牛斯山脉的边界。查理曼的亡妻希尔德加德王后的哥哥——巴伐利亚远征军总督文佐高的格罗尔德忠心耿耿，正在不远的莱茵河上游带兵进军巴伐利亚。查理曼觉得，巴伐利亚远征军总督文佐高的格罗尔德虽然与罗兰一样虔诚和执着，但由于以巴伐利亚公爵塔西洛三世为首的巴伐利亚人正在与阿瓦尔人结盟，无法提供有效的帮助。

更加偏北的沿海地区还有其他危险的敌人。易北河两岸的斯拉夫人正聚集在维茨金等人周围，而维茨金和他的助手阿比翁已向喜欢在船上作战的丹麦国王齐格弗里德承诺了巨大的荣耀和丰厚的奖励——前提是维茨金得进入河区摧毁法兰克军队。查理曼知道自己没有兵力可以对付龙船中的那些狂暴的战士。

查理曼明白自己是位失败的统治者——他没有组织有序的民族力量，仅由忠实于他的力量守卫他和反抗不忠实于他的力量。在其他征战中，查理曼都十分谨慎，只召集离敌人最近的民族，如让东法兰克人、图林根人、士瓦本人来对付撒克逊人，让阿基坦人和普罗旺斯人对付西班牙的摩尔人。而他这样做的目的一是一个夏天内不够从更远的地方召集武装力量，二是与敌人相近的战士自然更有热情去扩大他们的地盘。

然而，如今，虽然撒克逊人的邻居们纷纷起义造反，但查理曼不敢抽调布列塔尼、阿基坦或巴伐利亚前线的防守兵力来充实自己的主力军。在这个节骨眼上，边界无人防守会招致新的入侵，而在最关键的巴伐利亚前线，这种入侵也正在酝酿当中。与此同时，巴伐利亚公爵塔西洛三世和阿瓦尔可汗也注意到了查理曼的溃败。

虽然曾称赞查理曼为第二个君士坦丁大帝的教皇阿德里安一世也有一支象征性的部队，但实际上，这支部队的成员只有少数几个伯爵及其侍从。看来，查理曼只能依靠来自家乡莱茵兰的一两千名骑兵了，而这些骑兵都是桑塔尔山伏击战的幸存者。然而，这些莱茵兰人也逐渐心灰意冷，认为维茨金使用巫术战胜了查理曼。科尔比的圣阿代尔哈德等忠诚的顾问预感到，查理曼的不幸遭遇的祸根是两位妇人，即法斯特拉达王后和已故的伦巴第公主德西迪拉塔的妹妹——巴伐利亚公爵夫人柳特佩尔加。

如果查理曼遇害，那么法兰克人的脆弱霸权将随即崩溃，导致不仅西欧可能会像6世纪一样重新陷入部族战争频繁的乱局，而且新的教堂会在炮火中消失殆尽——没有人比精疲力竭的查理曼更清楚这一后果。查理曼对自己的能力或是眼前面临的危险程度已经不抱奢望。

因此，查理曼虽然十分沮丧，但仍然凭着伟大的国王的胆量采取了行动。从意识到危机的那一刻起，查理曼就放弃了一切原有计划和习惯，并且无论冬夏，都不再亲自带家人在撒克逊人中间活动或不停地作战。查理曼像取得了最后的胜利一样进入攻占的城市，重建了埃尔斯堡的教堂，恢复了帕德博恩的住宅区。查理曼还派信使火速赶往信息中心罗马，汇报了对撒克逊人的征服情况，并且敦促逃难的威尔利德回撒克逊执行任务。

威尔利德发现，查理曼的行踪遍及边界乡镇的栅栏和小屋，而查理曼身边挤满了边工作边唱赞美诗的僧侣。查理曼似乎肩负起了传教士的任务。威尔利德的热情如死灰复燃。

查理曼问威尔利德道："你之前想在哪儿修建自己的教堂？"

威尔利德想起了那次到雾气弥漫的海岸边的旅行，答道："在威悉河彼岸。然而，现在看来，我的想法已经不可能实现了。"

"一年后我们就可以实现这个目标——去威悉河彼岸。"

查理曼没有派圣骑士去征战，而是亲自扛旗上阵。在条顿堡林山的森林高地，查理曼遇见了一小撮兵力。查理曼没有选择撤退，而是率领着骑兵们发起了冲锋和攻击。虽然查理曼缺乏作战经验，但他的出现似乎稳定了军心，导致撒克逊人被赶下了高地。查理曼还在一个叫狭路的山谷里指挥了一场战斗，而在这场战斗中，撒克逊人再次得到了惨不忍睹的下场。除了上述两场战斗，查理曼再也没有亲自指挥过其他战斗。

终于，查理曼熬过了危机。严冬时，查理曼从埃尔斯堡派出了几队骑兵并且命令他们占据道路，掠夺村里贮藏的食物。由于饥荒和撒克逊人的储藏不足，查理曼下令从莱茵河地区运谷物到驻防区并且将供肉的畜群赶了过来。查理曼派了一支突袭军队为时年十二岁的小查理助威，以增加其自信。

由于山谷遭到洪水侵袭，查理曼无法沿威悉河行军。查理曼让小查理留了下来。查理曼向东绕行穿过哈茨山来到了北部的平原，率领主力军队跨过洪水泛滥的河川，咏唱着上帝赞美诗，迅速完成了突袭。遭到袭击时，敌人误以为是法兰克人的大部队挺进了森林。

查理曼骑马穿过水流湍急的河流，拖着行李车穿过泛洪的沼泽地到达了威悉河流域腹地，逐退了成群的斯拉夫人。查理曼告诉部下，他必须避免让撒克逊人成为崇拜恶魔的异教徒——这正是在桑塔尔山伏击战中丧生的士兵们当年的使命。

剑手克罗尔德对餐桌上的朋友说道："有一次，我们最荣耀的国王陛下遇上了一场大洪水——这场洪水大到连他的战马都吓得在水中畏缩不前。然而，我们的国王身材魁梧，比掮天的阿特拉斯[①]都高大。我们的国王从马上跳下来，拉着战马，游过了洪水。"

① 阿特拉斯，希腊神话中因背叛宙斯而被罚以肩顶天的巨神。

掮天的阿特拉斯

类似的传说不胫而走，传遍了撒克逊人的大小村落，而查理曼助长了这种传说的传播。另一个传说讲的是查理曼把两个撒克逊贵族剑手变成了他的私人侍卫的故事。

发现这两位剑手不是很想站在帐篷入口时，查理曼冒险提出了一个建议，即这两位剑手如果愿意，那么可以进帐篷伺候查理曼。这两位宣誓效忠查理曼的剑手表示愿意服从命令。

有一天晚上，帮查理曼取来了信件、酒和蜡烛后，这两位剑手立刻冲出查理曼的帐篷，来到外面的营地上并且拔出剑来一顿猛击。最终，这两位剑手跟那些倒在他们剑下的刺客同归于尽了。通过这种方式，这两位剑手用血洗净了自己身为仆人的卑贱名声。

当时，查理曼正尝试着通过改变撒克逊人的传统来赢得人心。无论真相如何，这件事都足以说明那些日子里的紧张局势。最终，查理曼获得了成功。

编年史没有解释查理曼是如何获得成功的。撒克逊人曾被击退到森林中的废墟里，而这一次，法兰克人没有进行屠杀，而是给撒克逊人提供了食物。查理曼似乎曾与撒克逊人住在一起。查理曼的做法不仅赢得了撒克逊人的爱戴，而且让撒克逊人平添了几分敬畏——只有赢得尊重的首领才能让尚武民族俯首称臣。在撒克逊人的山谷间，查理曼追袭撒克逊人，恩威并施，与当年起草《撒克逊领地法令》的那位莱茵河领主已经判若两人。同样显而易见的是，撒克逊人的首领维茨金一直藏在丹麦人那里。这一次，维茨金没有骗到不屈不挠的查理曼。

因此，查理曼展示了自己收服敌人的本领——在重建的帕德博恩，查理曼召开了大会并且欢迎撒克逊酋长来喝酒、吃肉和唱歌。帕德博恩的场景毫无违和感，仿佛查理曼一直就在那里执政。在这次大会上，神父们没有进行传教活动，而撒克逊人则只顾着狼吞虎咽。

盛宴结束后，查理曼虽然给撒克逊酋长讲清了一个简单的事实，即冲突结束了，但提出了交出维茨金及其助手阿比翁并且让他们接受洗礼的请求。

这一次，撒克逊酋长派人去请维茨金。藏身于易北河另一侧的维茨金要求法兰克人必须送去人质以保证他的安全。查理曼送去了几个人质，而已经失信于民的维茨金和阿比翁踏入了法兰克人的领地。维茨金和阿比翁没有任何随从保护，而一位叫阿尔温的信使将他们带到了阿蒂尼河河边。

据王宫年鉴记载：“在阿蒂尼河河边，维茨金、阿比翁和他们的同伴接受了洗礼。自此，整个撒克逊地区都向查理曼俯首称臣了。”

查理曼最大限度地利用了维茨金等人的这次洗礼——他扮作教父，主持了洗礼仪式，并且给维茨金取了个教名。此外，查理曼赠予维茨金一些黄金和绣花长袍作为洗礼的礼物。查理曼一时兴起，不仅用美食招待了维茨金和阿比翁，而且在他们返程时客气地护送了一程。

通过这些举措，查理曼摧毁了工于心计的维茨金对撒克逊人的掌控。由于在查理曼面前低声下气，维茨金再也不能命令撒克逊人进行武装斗争。维茨金重新成为一名无名小卒——人们甚至不知道他是何时去世的。

教皇阿德里安一世下令罗马人民祈祷、感恩三日以庆祝这一胜利。

撒克逊人臣服后，埃尔斯堡建起了一座如参天大树般耸立云霄的新教堂。据编年史记载，征服撒克逊人后，查理曼把目标转向了对付“图林根贵族中的密谋者”。查理曼一刻也没耽误，率领着法兰克军队穿过黑森平原并且占据了图林根山区的所有道路。

由于无法抵抗法兰克王国的强大兵力，密谋者们逃到了富尔达修道院避难。查理曼将密谋者们的家洗劫一空，并且让富尔达修道院院长将逃亡的密谋者们遣送至沃尔姆斯以便他们坦白罪行。

现代人如果能看到这些密谋者们认罪的情形，那么一定会大吃一惊。密谋者们一五一十地说出了真相，即他们不仅一致同意打算杀害查理曼，而且决心无论如何都要加入撒克逊人的叛乱队伍。在查理曼面前，法斯特拉达王后一直兴高采烈地数落着密谋者们的罪证。

一位密谋者，即哈德拉德伯爵说道：“如果我的人按照我的计划进行了行动，那么你永远都别想活着回莱茵河。”

听完密谋者们毫无隐瞒的供词后，查理曼赦免了他们。查理曼判所有密谋者必须去圣彼得墓地或其他著名的圣地发誓效忠于他和他的儿子们。

查理曼温和地处理这件事是出自本能的做法。查理曼体格强壮，并且因此面对弱小或不幸时往往会心生怜悯，而他的残忍常常来自内心无法抑制的愤怒，会造成类似费尔登的大屠杀的悲剧。查理曼虽然无法改变自己的身世，但已经具备了墨洛温王朝的早期君主们的所有优秀品质。根据上帝的旨意，墨洛温王朝的那些君主们成为本民族至高无上的统治者和负责解释上帝意愿的审判官。总之，君主们及其王权都是神圣不可侵犯的。

称呼查理曼为“仁慈的陛下”或“护佑平安的陛下”时，子民不是在说空话——他们的平安的确来自查理曼的仁慈。

此外，经历了长期的艰辛与磨难后，查理曼逐渐变成了他所处的那个时代最精明的谋略家。给维茨金进行洗礼和奖赏时，查理曼的收获远多于他在最艰苦的战役中所取得的。后来，一个手握利剑、战死沙场的维茨金成为传说中的英雄，激励着一代又一代稀里糊涂、异想天开的撒克逊人前赴后继。然而，实际上，维茨金的英勇传奇完全是编造的。虽然有人说这个维茨金就是威廉·泰尔[1]，把自己的生命奉献给了争取民族自由的事业，但真相并非如此。与此同时，查理曼一直在设法避开这种传说的危险性。然而，一件不幸的事情是，查理曼没有预见亲自传教的危险——虽然约克的阿尔昆提醒过他，但为时已晚。

即使是在对付“图林根贵族中的密谋者”一事上，查理曼也无法制止法斯特拉达王后的无理行为。显然，事情还没完全弄清楚时，法斯特拉达王后就已经为自己报了仇。据王宫年鉴记载：“三个图林根人失去了生命——他们用剑抵抗追捕，并且在杀了几个仆人后被砍身亡。”更糟糕的是，在去各个圣地的途中，有几个忏悔认罪的密谋者被带离大路弄瞎了双眼，而其他人则发现自己已经被放逐异乡——他们的家产自然归了查理曼和法斯特拉达王后。史书将密谋者们所受的迫害归咎于“法斯特拉达王后的骄横和残忍”。

与此同时，查理曼将部分兵力分派给了御膳总管奥杜尔夫。奥杜尔夫接替了罗兰成为布列塔尼远征军总督。786年，法兰克人征服了整个布列塔尼半岛，而当地居民停止了叛乱，重新向法兰克称臣并且缴纳税金。根据传说，这批憎恨着王权的布列塔尼人是为了逃避野蛮部落的侵略从大不列颠岛移居而来的。在莱茵河口上方的海岸边，弗里西亚的基督教教徒征服了弗里西亚的异教徒。因此，查理曼重新收复了西部边界，然而，在撒克逊森林遭遇的灾难险些让查理曼送掉了性命。

东部前线面临着危机，而查理曼一边整装待发，一边又迫不及待地回到

① 威廉·泰尔，瑞士民间传说中的民族英雄和猎手，曾领导瑞士人民反抗哈布斯堡王朝统治。

圣本笃

了莱茵河地区的宫殿和约克的阿尔昆的课堂。由于思乡心切，执事保罗恳请离开王宫，回到宁静的卡西诺山，住在“圣本笃[①]心爱的屋檐下”。查理曼虽然有些不情愿，但仍然同意了执事保罗的请求。查理曼同意执事保罗的请求的原因有二：第一，执事保罗打算写一部布道书以记录神父们说过的话；第二，执事保罗要给查理曼的朋友，即贝内文托公爵夫妇捎信——在即将到来的向东部前线的行军中，查理曼想得到教皇阿德里安一世和贝内文托公爵夫妇的配合。

与此同时，温和的约克的阿尔昆首次提出了一项与查理曼意见相左的政

① 圣本笃（480—547），本笃会及中世纪隐修制度的创始人。

治计划，却意外失败了。当时，约克的阿尔昆已成为整个法兰克王国的军师和“分发神圣经文之蜂蜜、古典名著之醇酒、语法之果和星辰之辉”的人。

约克的阿尔昆的热情让和他同样激情澎湃的查理曼非常开心。在埃尔斯堡的夜晚，查理曼在天文学方面取得了很大的进步。经过约克的阿尔昆的阐述，查理曼已经明白了日食和月食是怎么回事。约克的阿尔昆研读了小普林尼①的初级科学作品。通过学习和黄道十二宫图有关的知识，查理曼逐渐了解了太阳和月亮的运行轨迹，并且再次对那些经典的名字提出了质疑。

查理曼认为，围绕着北极星旋转的大熊座非但不像他以前猎捕的那些熊，反倒更像一辆四轮马车或农用货车。因此，查理曼将大熊座称为四轮马车座。

然而，在科学方面，查理曼做出的调整主要在于给不同的风命名。查理曼认为，虽然维吉尔等诗人提到了四种风，但这种分类是有问题的——罗马城的西风可能是“温柔的微风”，而莱茵河地区破坏力极强的西风绝对是海边刮

小普林尼（右二）与母亲（右三）

① 小普林尼（62—115），罗马帝国的元老和作家。

来的狂风。此外，如果风来自四面八方，至少应该有十二个方向。那么怎么可能只有四种风呢？按照十二宫图，天空被分成了十二个区，而来自天空的风一定有十二种。因此，查理曼不仅给十二种风一一命了名，将其依次称为北-西北风、西北-西风等，而且认为十二种风绕着天空旋转，有条不紊。航海家们将这些风向名称放入了新的指南针的盒子里。七个世纪后，海边的佛兰芒人[1]仍然沿用着加洛林王朝的风名。

查理曼强大的好奇心从最有趣的天空转向了大地。流浪民间诗人荷马双目失明，却根据自己的想象描绘了大地。维吉尔似乎非常了解农活，也多次提及地中海及其诸岛。然而，维吉尔的诗句总是以夸赞罗马人收尾——或许恺撒大帝赏赐了金臂环和角形杯给他，有意让他这样做。罗马人早已作古，正如路边破败废弃的高架渠一般，而耶稣是上帝真正的儿子——他的到来将罗马人的世界变得焕然一新。

由于只能完全理解自己权力范围内的、亲眼看到或亲耳听到的，大地的情况让查理曼困惑不已。此外，作为土生土长的森林人，查理曼相信大地万物都是造物主的杰作，各有用途——地上的枯树枝可用来点火并且作为燃料，而火焰又可煮熟动物的肉。查理曼继续努力想发现大地的产物的用途。查理曼相信非洲商贩的话，认为庞大的大象甚至能连根拔起树木或推倒石墙，并且渴望拥有一头大象来开拓林间道路。

然而，非洲是什么？约克的阿尔昆很少跟查理曼谈及大地的形状，讲得更多的是高高的天穹——这让查理曼有些恼火。约克的阿尔昆曾表示，非洲本是挪亚[2]的一个儿子的居住地，后来成为罗马人的粮仓。约克的阿尔昆没有说起非洲的形状，只是提到，由于无法在炙热的非洲沙漠中生存，人类只能在尼罗河流域定居，而尼罗河水一定是从东方某地的山中流出的。此外，每一天，与海中湿润的睡榻道别后，太阳都会冉冉升起。

---

① 佛兰芒人，主要居住在比利时北部的佛兰德地区，由弗里斯人、法兰克人、撒克逊人等古代日耳曼部落和凯尔特人融合而成。

② 挪亚，《圣经》中记载的人物。上帝选中挪亚一家作为新一代人类的种子保存下来，并且吩咐他们造一只方舟以应对大毁灭。

有一次，查理曼在拉特兰宫看到了一幅壁画，而这幅壁画的内容是刚刚被创造出来的大地。教皇阿德里安一世称这幅壁画为“舆图”或“世界的桌布”——虽然这两个称呼没什么意义，但教皇阿德里安一世解释称著名的宇宙学家科斯马斯·因迪科普琉斯泰斯①已经证明了大地的形状和桌子一样，而耶路撒冷在桌子的中心位置。

然而，查理曼清楚地记得，在拉特兰宫那幅壁画中，大地一望无际，向南一直延伸到了非洲海岸背面的埃塞俄比亚人的居住区，向东一直到巴比伦王国——或者说巴格达和波斯人居住区，向北一直到一片雾气弥漫的大海，而海边住着诺曼人或北方人。显然，查理曼曾经到过那片雾气弥漫的大海，而再往前就是北极星下方的寒冷之地和永恒的冰雪世界。

和渴望得到开路的大象一样，查理曼也想在自家墙上挂上一幅地图。查理曼认为，这幅地图应该被挂在法斯特拉达王后喜欢住的殷格翰王宫。查理曼还想到，他如果能有一艘龙舟——就像那天在迷雾中的那艘空木船——那么会从莱茵河驶向大海并且沿途从其他船只上获取战利品。当然，查理曼的想法的前提是他能与北方人和阿拉伯人达成休战协议——海面上随处可见北方人和阿拉伯人的舰队。查理曼忍不住向孩子们讲述了他期待的航行，即与圣骑士和剑手们带领着浩浩荡荡的船队一路驶向耶路撒冷。

查理曼解释道：“到了耶路撒冷，我们会住在锡安②，去伯利恒③仔细瞻仰安放着耶稣的摇篮的大洞穴。从此，我们将永享和平，不再外出征战。”除了伯莎，其他孩子都相信他们的父王会把他们带到耶路撒冷。伯莎笑而不语，把自己的想法藏在了心里。

查理曼曾因伯莎的事对约克的阿尔昆大发脾气。约克的阿尔昆从未把法兰克视为自己的家，急切地想去约克和林迪斯法恩的藏书室并且想从那借来最

---

① 科斯马斯·因迪科普琉斯泰斯，6世纪的希腊旅行家。在535年到547年间，科斯马斯·因迪科普琉斯泰斯周游并且经商于地中海、红海及波斯湾沿岸地区。后来，科斯马斯·因迪科普琉斯泰斯成为僧侣，将他的旅游经历与印象写成了《基督教的地志》。《基督教的地志》附有一幅最古老的世界地图，意图证实《圣经》中记载的世界。

② 锡安，犹太教圣典记载的耶和华的居住之地，也是耶和华立大卫为王的地方。

③ 伯利恒，耶稣和大卫王的降生地，基督教圣地。

拉特兰宫

精美的弥撒书替查理曼的藏书室抄写几册。约克的阿尔昆暗示说，在英吉利海峡对岸，他还可以找到开悟的爱尔兰人画的地图。然而，查理曼仍然不批准自己的老师，即约克的阿尔昆离开。

约克的阿尔昆非常勤勉，马上给麦西亚王国①的国王奥法②写信。麦西亚国王奥法是大不列颠岛的众多国王中最有名气的一位。约克的阿尔昆向麦西亚奥法国王详细描述了查理曼的慷慨和权威，想促成两位君主成为盟友或结下同志之谊。如果商贩们避开了在海上航行的北方人，那么羊毛、干鱼和圣书、珠宝等有用的货物便可以被从大不列颠岛运到法兰克。

奥法

① 麦西亚王国，英格兰七国时代的主要王国之一，由盎格鲁人在500年前后创立。麦西亚王国的统治范围大致和今米德兰地区相当。

② 奥法（?—796），英格兰七国时代的麦西亚王国的一位强有力的统治者，曾使英格兰南部在盎格鲁-撒克逊时期形成了前所未有的政治统一，还与欧洲大陆的统治者建立了联系。奥法的在位时间为757年至796年。

因此，麦西亚国王奥法同意与查理曼联姻，并且建议让他的一个儿子迎娶查理曼的女儿伯莎。然而，查理曼不乐意了，大声吼着说不仅伯莎年纪尚小，还不适宜谈婚论嫁，而且他无论如何都不会让女儿送上门去嫁给一位异乡的野蛮人。

约克的阿尔昆反驳道："然而，小鸽子总归是要嫁人的呀——她读书上学不就是为了找个好夫家吗？"

令人费解的是，约克的阿尔昆这两句简简单单的话让查理曼勃然大怒。查理曼命令约克的阿尔昆关注女孩们的思想，再也不要提及她们的婚事。此后，不仅大不列颠岛的羊毛收集者或渔民都不得在查理曼管辖的海岸登陆，而且查理曼还把伊莱沙从罗特鲁德身边打发走了，声称君士坦丁堡三室怠慢了他的女儿。实际上，君士坦丁堡王室对罗特鲁德一直非常关心，而查理曼的话可信度并不高。

虽然约克的阿尔昆不再提及与麦西亚王国联姻一事，认为查理曼不过是一时生气，但事实表明，查理曼是有意为之的。查理曼喜欢听女儿们唱歌，并且在行军时渴望看到她们跟在他身后的矫健身姿。因此，查理曼绝不会放弃自己独享的这份快乐。罗特鲁德和伯莎长大成人后，查理曼仍然不断以各种借口不让她们嫁人。

或许是因为女儿们能抚慰他身心的疲惫，或许是因为法斯特拉达王后不待见希尔德加德王后的女儿，查理曼让女儿们寸步不离地守在他身边。因此，有传闻说，查理曼过分溺爱女儿并且想享受视觉上的乱伦。

例如，圣骑士安吉尔贝成了女儿伯莎的保护者和老师，可以单独与伯莎散步。伯莎性格活泼，容貌姣好，正如当年她母亲希尔德加德王后一样，令这位圣骑士诗人非常着迷。

约克的阿尔昆说道："伯莎的确是一只迷人的鸽子，可惜头上戴着皇冠。"

"不，"安吉尔贝大喊道，"伯莎不能总是戴着皇冠，受国王的束缚。她不过是用来取悦他的一首美妙动听的歌曲，一处赏心悦目的美景，一只囿于囚笼的鸽子。"

安吉尔贝不仅不能向伯莎表白，而且不能再像以前那样心无旁骛地教伯莎弹琴咏曲了。安吉尔贝比科尔比的圣阿代尔哈德年纪大，深陷爱河，只能残忍地想象着，伯莎或许必须像她的姑姑吉塞拉一样保持贞洁。和希尔德加德王后一样，伯莎也是安吉尔贝必须效忠的人。

然而，伯莎毫不顾忌，不仅扮鬼脸逗安吉尔贝，而且会走到他前面倒退着跳舞。看到安吉尔贝愁眉苦脸、一声不吭时，伯莎会温柔地问道："你怎么了，亲爱的朋友？"接着，伯莎便会用自己年轻的双臂紧紧地抱住安吉尔贝。

几年后，查理曼让安吉尔贝作诗描述伯莎。安吉尔贝写道："伯莎像使女花环上的花儿一般耀眼，而在她美妙的歌声中、红润的脸蛋上、骄傲的步伐里，无处不折射着她的父王的高贵形象。"

查理曼对安吉尔贝的诗句非常满意。

第 6 章

东部边界的险情

786年年末，虽然查理曼想去解放东部边界，但在议事会上，圣骑士们都强烈反对查理曼的这个看似有些不可能实现的计划。希尔德加德王后的哥哥文佐高的格罗尔德是巴伐利亚远征军总督，指出骄傲的巴伐利亚公爵塔西洛三世不仅想让巴伐利亚山区独立，而且在受攻击后会立刻与强大的阿瓦尔人结盟。与此同时，巴伐利亚公爵塔西洛三世已经杀害了守护意大利边界的法兰克伯爵。

查理曼说道："巴伐利亚公爵塔西洛三世杀了我们的人，必须接受法兰克人的审判。"

查理曼不会原谅巴伐利亚公爵塔西洛三世之前畏敌而逃的罪行。查理曼刚刚在与撒克逊人的战斗中遭受重创，而巴伐利亚公爵塔西洛三世又和查理曼的敌人打得火热。在查理曼看来，巴伐利亚公爵塔西洛三世的行为又是一次无法原谅的背叛。

四周都是万丈深壑与河流湖泊的阿尔卑斯山脉巴伐利亚段从萨尔茨堡一直延伸至多瑙河上游的阿瓦尔人的势力范围，是一道天然屏障。虽然巴伐利亚远征军总督文佐高的格罗尔德一五一十地讲述了巴伐利亚公爵塔西洛三世如何躲在阿尔卑斯山脉后畏缩不前，但巴伐利亚公爵塔西洛三世已经成了一位强大的君主，不会轻易中计。

在信中，查理曼写道："巴伐利亚人的教堂里有我们的朋友。快给萨尔茨堡主教送上我们的问候，说我会在明年的圣诞节前拜访他。"

然而，圣骑士们意志坚定，对查理曼的提议反应冷淡——他们很清楚，查理曼只是嫉妒巴伐利亚人的富裕和骄傲，想得到他们的王宫。此外，巴伐利亚的阿吉洛尔芬家族①比新兴的梅斯主教圣阿努尔夫的家族更古老，而巴伐利亚公爵夫人柳特佩尔加是伦巴第公主德西迪拉塔的妹妹。法兰克与伦巴第的血仇会被真正的和平埋葬吗？

刚刚经历了与布列塔尼人的残酷战争的御膳总管兼布列塔尼远征军总督奥杜尔夫告诉查理曼，法兰克战士都不愿意这么快又骑上战马——为了战胜撒克逊人，他们付出了巨大代价，不仅无暇顾及田里的庄稼的播种和收割，而且虽然是幸存者，但失去了许多亲人和战马。

奥杜尔夫说道："最忠诚的人往往要承受最沉重的负担。养活一个打仗的步兵需要消耗三个农夫的劳动成果，而为一名武装骑兵提供全部装备需要花费一个农庄的产量。老老实实遵命从军的忠臣都成了颗粒无收的乞丐，而找借口留在家中的那些人反倒能有好收成。哎，留在家中的那些人也有足够的能力支付罚金。今年就不要再招募忠诚之士入伍了吧。"

"是一部分人保护其他人！"查理曼虽然气得满脸通红，但随即又沉默起来。

圣骑士们说得一点没错——查理曼再也经不起桑塔尔山伏击战那样的灾难了。

"要不我们只行军，不打仗，如何？"查理曼问道。

圣骑士们觉得查理曼好像是在给他们出约克的阿尔昆的大不列颠谜语。没人能回答查理曼的问题。离开议事桌时，御膳总管兼布列塔尼远征军总督奥杜尔夫痛苦地问巴伐利亚远征军总督文佐高的格罗尔德："万能的上帝会让阿瓦尔人不再发动战争或让巴伐利亚公爵塔西洛三世发生一些改变并且成为一名忠实的奴仆吗？快回答我，兄弟！"

查理曼不敢把他内心想法告诉圣骑士们——他仍然坚守着自己几年前的那个模糊念头，即在安全的边界内，聚集所有民族并且建成一个强大的基督教

① 阿吉洛尔芬家族，勃艮第地区的贵族家族。548年至555年期间，阿吉洛尔芬家族从勃艮第迁徙到了巴伐利亚，并且在不久后就取得了对巴伐利亚的控制权，成了巴伐利亚最强大的贵族家族。

民族。龙塞斯瓦列斯之难后，查理曼再没提起过基督教军队。弗里西亚的基督教教徒不仅仍然十分忠诚，而且反抗着他们的异教徒同胞，而这表明这些基督教教徒与莱茵兰贵族一样对查理曼忠心耿耿。

然而，贵族们绝不会承认这些基督教教徒的忠诚。面对现实，查理曼想到，法兰克人太少了，如果不靠吸纳其他民族来建立一个永生的基督教民族，那么会面临灭亡，而即使查理曼说出这个真相，贵族们也不会提供装备，离开家人，与他一起骑行远征。

查理曼意识到，他的想法也是矮子丕平生前的计划。

查理曼从他学到的新知识中得到了一些慰藉——圣奥古斯丁不是已经预言过，罗马帝国灭后，欧洲会迎来一个由上帝管辖的难民世界吗？征服撒克逊人后的和平日子里，机灵的教皇阿德里安一世不是召集了所有基督教领地上的人们去祈祷吗？

由于看到了一些希望，议事会结束后，查理曼派圣骑士们去莱茵兰地区招募法兰克人，而被招募的人不必作战，只需开展一次冬季的长途行军。随后，查理曼从阿勒曼尼人、图林根人、撒克逊人中招募了一些忠诚人士，在初夏于巴伐利亚远征军总督文佐高的格罗尔德守卫的巴伐利亚边界会合。

欺瞒了自己的军官后，查理曼准备利用巴伐利亚人的铁杆朋友，即教皇阿德里安一世来戏弄巴伐利亚公爵塔西洛三世。

查理曼派人给巴伐利亚公爵塔西洛三世下达了一道温和的命令，即让他到殷格翰王宫来面对畏敌逃跑、违背诺言的指控。巴伐利亚公爵塔西洛三世诡计多端，轻而易举就能想出该如何逃避指控。

由于严冬即将来临，查理曼没有等候巴伐利亚公爵塔西洛三世的回复，而是直接下令最忠诚的东法兰克贵族召集经验丰富的骑兵再次与他立刻出发。查理曼向贵族们许诺，这次远征不会打仗。

由于想起了当年行军跨越阿尔卑斯山脉的情形，最年长的骑兵都不相信查理曼的话。种种迹象都表明，巴伐利亚必有一场恶仗。然而，到了莱茵河上游时，查理曼突然命令骑兵们转向朝意大利的朱庇特山口行军。

看着骑兵们闷闷不乐的样子，查理曼大笑了起来，问道：“你们在路上看到什么可怕的情形了吗？”接着，查理曼又说道：“圣诞节时，你们会在百花争艳的佛罗伦萨享受盛宴并且在罗马得到身心的宁静。你们还会到美丽、富饶的贝内文托做客。”

查理曼的欢乐感染了骑手们并且驱除了他们的一些不祥预感。骑手们嘟嘟囔囔地说道：“还有这种宁静和欢乐呀？我们都没见识过哩。”

“这本来就是一桩美差。你们现在知道了吧。”

查理曼带着先锋队爬上了大雪覆盖的朱庇特山口，而他的家人和神职人员都没有跟上。骑兵们行军迅速，而他们后面没有吱呀吱呀、缓慢行驶的行李货车。年仅十岁的丕平·卡洛曼在查理曼的队伍当中。

这一次，查理曼没有让法斯特拉达王后与他同行。

正如查理曼所承诺的那样，骑兵们经帕维亚及时赶到了花园般的城市佛罗伦萨并且度过了圣诞节。在佛罗伦萨，查理曼冒险给约克的阿尔昆写了一封信，表示“我们正要去解决伦巴第的事”。

实际上，查理曼轻描淡写提到的“伦巴第的事”解决起来并不轻松。沿路都是北方叛乱的传闻，而意大利半岛上的反抗同样此起彼伏——一场暴风雨即将来临。在意大利南部，巴伐利亚人也发起了反抗。贝内文托人没有卷入战争，安全地住在萨勒诺①，在山头上建起了坚不可摧的城堡。

贝内文托拥有真正的地理优势——除了连绵的山岭和古老的海湾，贝内文托还有罗马人的游览胜地卡普阿②和山顶常年冒烟的维苏威火山③，并且与来自君士坦丁堡的船队、商贩和间谍联系密切。在贝内文托，罗马的一些休闲和文化，如双陆棋和赛跑，也得到了延续。

年迈的贝内文托公爵阿里克斯二世知道以前的礼节和把戏。贝内文托公爵阿里克斯二世是伦巴第人，并且把自己的领地变成了伦巴第人的自由的最后

① 萨勒诺，今意大利中南部的坎帕尼亚大区的萨莱诺省首府。

② 卡普阿，古城名，位于意大利南部、滨第勒尼安海和那不勒斯附近。

③ 维苏威火山，欧洲大陆上的一座活火山，位于意大利南部的那不勒斯湾的东海岸，也是世界最著名的火山之一，被称为“欧洲最危险的火山”。79年，维苏威火山的爆发摧毁了庞贝古城。

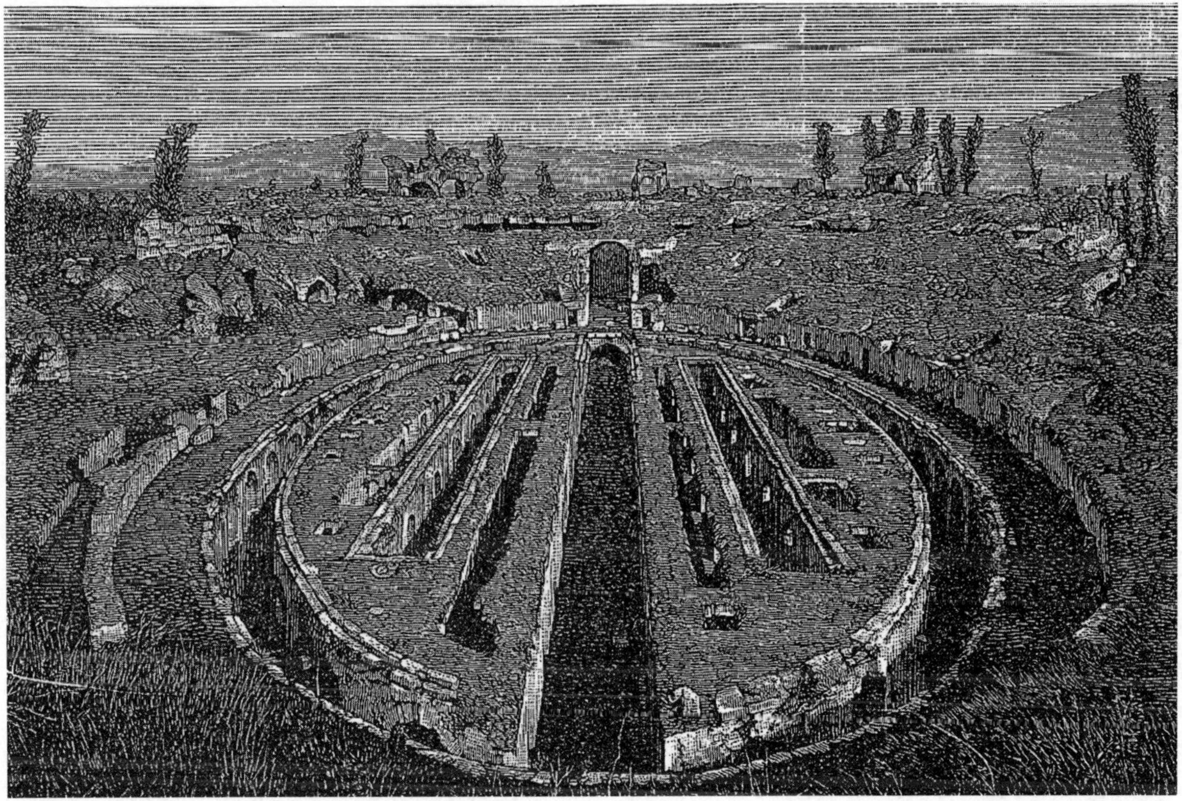

卡普阿的圆形剧场遗址

一处庇护所。贝内文托公爵阿里克斯二世长着须髯，十分挑剔。贝内文托公爵阿里克斯二世如果重回大海，向拜占庭船队开放港口，那么可以求助于海上势力，而这也是他正在下的一步棋，而在捎给查理曼的信中，教皇阿德里安一世已经提醒了查理曼这一点。教皇阿德里安一世还提到了贝内文托公爵阿里克斯二世夺取圣彼得的诸多修道院的经过，说贝内文托公爵阿里克斯二世正在召集兵力巩固萨勒诺和卡普阿的城墙，不仅按照拜占庭人的风格修剪头发胡须，而且从西西里岛的拜占庭将军那得到了一些金织长袍、一把剑和一根权杖。

大海也发出了警告——还记得伦巴第国王德西迪里厄斯的儿子阿迪吉斯吗？阿迪吉斯央求伊琳娜皇后给他一支船队和一支军队，并且打算袭击意大利，夺回拜占庭帝国的城市拉文纳，而如果此事发生，那么贝内文托公爵阿里克斯二世很快就会成为那不勒斯①的主人。

贝内文托公爵阿里克斯二世

① 那不勒斯，今意大利南部的第一大城市，那不勒斯省首府，是仅次于米兰和罗马的意大利第三大都会区，由古希腊人始建于公元前600年左右。

或许正是利用了这些消息，查理曼得以公开终止罗特鲁德与伊琳娜皇后的儿子的婚约。然而，实际上，查理曼早就打定主意要废除这门婚事——在他看来，贝内文托人向东罗马帝国寻求帮助的行为和当年巴伐利亚人寻求阿瓦尔人的帮助一样，目的都是想让他在征服撒克逊人的持久战中遭受重创。

反抗查理曼的还有伦巴第国王德西迪里厄斯的一个女儿，即踌躇满志的贝内文托公爵夫人阿德尔佩加。贝内文托公爵夫人阿德尔佩加不相信伦巴第人的事业会失败。查理曼没怎么在乎贝内文托公爵阿里克斯二世，却希望知道贝内文托公爵夫人阿德尔佩加的意志和勇气到底有多大。查理曼清楚地记得，贝内文托公爵夫人阿德尔佩加是执事保罗的赞助人，曾跟着他学习，而执事保罗承认她"可爱而坚定"。

查理曼骑马率领着武装军队，踏上了去罗马的路，并且想让他的部下们去朝拜圣徒们的墓地。我们无法知道，除了这稳步向前的行军，法兰克军队到底有没有发生其他事。在这次变幻莫测、充满阴谋诡计的行军中，充满了各种谣言。

显然，查理曼绕开了巴伐利亚。虽然敌人原本以为查理曼会在巴伐利亚出现，但查理曼出其不意地去了意大利。查理曼一直留心着巴伐利亚公爵塔西洛三世的消息。查理曼身后跟着一支引人注目的军队，却进行了一次和平的远征。

在罗马，教皇阿德里安一世拿着旗帜，焦虑不安地迎接了查理曼。教皇阿德里安一世请求查理曼立刻发动战争攻打他再也不想提及的伦巴第人以便能趁早攻下加埃塔①港口。教皇阿德里安一世提醒查理曼说，贝内文托公爵阿里克斯二世正在修筑防御工事，打算将萨勒诺建成海上桥头堡以便恢复伦巴第人对意大利的统治，而查理曼必须挺进萨勒诺。

然而，查理曼的目的似乎不是发动战争。贝内文托公爵阿里克斯二世的使臣带着黄金等贵重礼品迅速赶到了罗马，并且跟查理曼轻松地谈论着与他和他的儿子丕平·卡洛曼结盟的相关事宜。

① 加埃塔，今意大利中部的拉齐奥大区的拉蒂纳省的一个城市，位于伸向加埃塔湾的一个海岬上，存有罗马时代的旧城堡、大教堂等，在军事史上扮演过重要角色。

查理曼虽然接受了礼物，但没有相信使臣的承诺，而是把黄金分给了同行的部下们。查理曼继续行军，从圣彼得的墓地来到了卡西诺山上。查理曼拥抱了执事保罗，询问了他的近况，让原本安静的圣本笃回廊变得热闹了起来。查理曼对藏书室赞不绝口，还急切地问道是否可以在地平线上看到昴宿星。查理曼让执事保罗向贝内文托公爵阿里克斯二世问好并且说他有意去拜访贝内文托公爵阿里克斯二世。

离开卡西诺山后，查理曼继续前行，在繁华的卡普阿周围扎营，跨过了沃尔图诺河①。法兰克人没有洗劫卡普阿。然而，由于787年3月正是青黄不接之际，在卡普阿的城门外搭建营房的法兰克人去乡间掠夺了一些食物和草料。

查理曼听说，为了确保安全，贝内文托公爵阿里克斯二世已经离开贝内文托去了萨勒诺。此后，查理曼和贝内文托公爵阿里克斯二世二人通信不断，相互问候、交涉，而法兰克人则“像蝗虫一样”吃光了谷物和肉类。由于法兰克人的兵力太过强大，贝内文托公爵阿里克斯二世无法在战场上与其对抗。贝内文托公爵阿里克斯二世没有从巴伐利亚公爵塔西洛三世那里得到消息，也没有看到拜占庭舰队驶入港口，导致他为稳妥起见只能尽力防守修筑了一半的萨勒诺城墙。

出乎人们意料的是，查理曼和贝内文托公爵阿里克斯二世达成了协议。查理曼承诺他不仅不会越过沃尔图诺河，而且不要求贝内文托公爵阿里克斯二世下跪。查理曼将接受贝内文托公爵阿里克斯二世的效忠誓言和每年七千枚金币的供奉。然而，为了表示忠诚，贝内文托公爵阿里克斯二世必须和法兰克人一样剃掉须髯并且修整头发——贝内文托公爵夫人阿德尔佩加会怎样想呢？

为了确保万无一失，贝内文托公爵阿里克斯二世将交出他的儿子格里姆沃德和十二名贝内文托领主作为人质。执事保罗欣然接受了贝内文托公爵阿里克斯二世和查理曼达成的这项协议——执事保罗已经提醒过贝内文托公爵阿里克斯二世，劫掠他国时的法兰克人简直没有人性。实际上，为了阻止自己的骑兵掠夺卡普阿，查理曼煞费苦心。

① 沃尔图诺河，意大利中南部河流，发源于阿布鲁齐山，在那不勒斯西北注入第勒尼安海。

后来，伊琳娜皇后派来的两位高级使臣来到了卡普阿。行过繁缛的礼节后，两位高级使臣问查理曼是否仍有意将他的女儿罗特鲁德许配给年轻的皇帝君士坦丁六世。查理曼没有同意。

在安静下来的卡普阿，查理曼得到了一条他一直在等待的消息，即巴伐利亚公爵塔西洛三世已经回复了他的指控。然而，巴伐利亚公爵塔西洛三世没有单枪匹马离开巴伐利亚，而是派包括巴伐利亚主教萨尔茨堡的阿尔诺在内的两名主教去罗马求教皇阿德里安一世为他和查理曼的争执仲裁。巴伐利亚公爵塔西洛三世的做法十分精明——教皇阿德里安一世始终是把和平看得高于一切的。

萨尔茨堡的阿尔诺跪在教皇阿德里安一世面前

查理曼迅速带领军队北上，及时抵达罗马并且度过了复活节。查理曼给教皇阿德里安一世带去了两件礼物——一件是卡普阿城门的钥匙，而另一件是赋予教皇阿德里安一世对修道院的统治权。由于知道巴伐利亚主教萨尔茨堡的阿尔诺是有良知的人，查理曼对他十分温和友好。教皇阿德里安一世规劝查理曼要努力维系法兰克人和巴伐利亚人之间的和平，而查理曼回应道："那也正是我所希望的。"

查理曼表示巴伐利亚公爵塔西洛三世是他的部下，而他从未想过要和部下开战。接着，查理曼要求两位使臣替巴伐利亚公爵塔西洛三世签署效忠承诺书——就像以前的口头宣誓一样，巴伐利亚公爵塔西洛三世必须保证对查理曼及其儿子忠心不二。

然而，如果使臣签署效忠承诺书，那么巴伐利亚公爵塔西洛三世要向查理曼称臣。巴伐利亚主教萨尔茨堡的阿尔诺觉得，从良知上说，他不能签这个字。

"我们没有权力替我们的公爵大人签字。"巴伐利亚主教萨尔茨堡的阿尔诺说道。

查理曼马上请求教皇阿德里安一世公开宣判，即巴伐利亚公爵塔西洛三世如果拒绝承认自己曾经许下的效忠誓言，那么还算是无罪的吗？不仅教皇阿德里安一世不能判巴伐利亚公爵塔西洛三世无罪，而且巴伐利亚公爵塔西洛三世也不在场，无法辩驳。在骄傲的贝内文托人面前，查理曼非常谦卑，没有与其发生任何冲突，而将这一切都看在眼里的教皇阿德里安一世按照查理曼的意思义正词严地宣布了对巴伐利亚公爵塔西洛三世的判决：

"巴伐利亚公爵塔西洛三世如果拒绝承认自己曾许下的效忠誓言，那么会遭到咒逐。如果塔西洛公爵塔西洛三世不接受本教皇的裁决，那么法兰克国王查理曼及其军队无论对巴伐利亚公爵塔西洛三世及其同党犯下何种罪行——即便是烧杀抢掠——都将获得赦免和宽恕。"

拿到这道道德赦免令后，查理曼辞别了教皇阿德里安一世，而巴伐利亚主教萨尔茨堡的阿尔诺和另一位巴伐利亚使臣火速赶回了阿尔卑斯山脉。查理

科斯梅丁的圣玛丽亚教堂

曼没有马上执行教皇阿德里安一世的命令去对付巴伐利亚公爵塔西洛三世，而是率领部下和丕平·卡洛曼朝东北行军去了亚得里亚海[①]海岸和拉文纳。

在罗马，查理曼参观了教皇阿德里安一世重建的一些建筑，而其中最值得一提的是科斯梅丁的圣玛丽亚教堂和切因斯的圣彼得教堂。教皇阿德里安一世所用的石材都是大理石。科斯梅丁的圣玛丽亚教堂是罗马式教堂，装饰精美。圣彼得大教堂也比以往建得更为宏伟壮丽。查理曼希望自己在殷格翰或沃尔姆斯的王宫也能拥有这样的建筑。

驻守拉文纳的是弗留利公爵埃里克。弗留利公爵埃里克是位守卫天然山障的杰出战士。山的另一侧就是阿瓦尔人活动的区域。同驻拉文纳的还有维罗纳伯爵和其他法兰克人。查理曼命令弗留利公爵埃里克和维罗纳伯爵等人召集兵力迎接丕平·卡洛曼。因此，查理曼拥有了一支规模不大却能随时调遣的军队。

① 亚得里亚海，地中海一个大海湾，位于意大利与巴尔干半岛之间，通过奥特朗托海与爱奥尼亚海相通。

一件意料之外的事情发生了——查理曼被拉文纳这座昔日的王城迷住了。查理曼虽然以前压根没来过拉文纳，但对此处有一种莫名的熟悉感。

显然，什么巴伐利亚危机，什么格里姆沃德，什么贝内文托人承诺却不情愿交出人质——所有事全都被查理曼抛到九霄云外去了。在拉文纳倒塌的城墙间，查理曼像嗅觉灵敏的猎犬一样来回搜寻。西奥多里克大帝的圆形陵地上已经长满了青苔，而八角圆顶的圣维塔教堂里拼嵌着查士丁尼大帝[①]和西奥多

查士丁尼大帝

① 查士丁尼大帝（482—565），即查士丁尼一世。在统治期间，查士丁尼大帝整理罗马法，加强专制，发展商业，干预宗教，扶植文艺，征服西境，让他所处的时代变成了古典时期的东罗马帝国向希腊化的拜占庭帝国转型的重要过渡期。

西奥多拉皇后

拉皇后的各种画像。一位叫埃利亚·加拉·普拉西狄亚的陌生女子的墓地也让查理曼流连忘返。埃利亚·加拉·普拉西狄亚的墓室是紫色的，非常可爱。走进埃利亚·加拉·普拉西狄亚的墓室，放眼望去全是黄金，导致查理曼仿佛置身于金光闪闪的夜空。查理曼仔细审视着眼前的一切，将点点滴滴都藏入了脑海中。

查理曼将西奥多里克大帝的王宫选为住处。查理曼步行穿过庭院，来到圆顶的教堂并且坐在那里开始研究长长的石柱廊和墙面板。石柱廊的柱子是用多色调的大理石做成的，而墙面板则是采用闪耀的雪花石膏制成的。

每次踏入这业已废弃的西奥多里克大帝的王宫，查理曼都会从西奥多里克大帝的雕塑前经过。西奥多里克大帝是西哥特国王，曾统一并且牢牢掌控意大利。虽然西奥多里克大帝原本是个掠夺者，但查理曼眼前这尊壮观的铜像俨然是一位地位显赫的帝王，令查理曼记忆深刻。

同样让查理曼深受震撼的是，罗马城虽然拥有惊艳无比的风景和高耸入云的建筑，但仍然存在他难以理解的异教徒的作品，而拉文纳则是早期由基督教教徒创建的，留下了西奥多里克大帝和查士丁尼大帝等意志坚强的统治者的烙印，并且已经成了纪念他们的人生的丰碑。由于读过西奥多里克大帝和查士丁尼大帝的话——也有可能是听别人读的，查理曼很容易就能理解分裂的意大利所存在的种种问题。西奥多里克大帝和查士丁尼大帝虽然用的是不同的方式，但都一一解决了分裂带来的问题。随后，查理曼如饥似渴地查看了拉文纳的神父们的作品并且询问了他们的生活状况。

虽然在部下们眼里，拉文纳似乎狭小又潮湿，周围全是芦苇丛生的沼泽地，但查理曼让人用小船载着他穿过泥泞的沟渠来到了废弃的港口，又经由港口来到了亚得里亚海。亚得里亚海是通往东方的航道，而人们可以经此去威尼斯诸岛、伊斯特拉半岛和君士坦丁堡贸易区。

凭着识别乡村的敏锐目光，查理曼意识到了拉文纳为什么看起来那么熟悉——这条条航道，这片片沼泽，以及那绵延不断、一直伸向远处高山的葱葱平原与阿奎斯格拉纳姆是多么相似啊！

拉文纳和阿奎斯格拉纳姆之间的反差一定让查理曼印象深刻——拉文纳到处都是基督教的宫殿和教堂，而阿奎斯格拉纳姆只是零星点缀着几处客栈的荒地；拉文纳封存着不朽的功业，而阿奎斯格拉纳姆的绿色山谷保存的仅是罗马第六军团的废弃营房和查理曼那所狩猎小屋。

后来，查理曼向教皇阿德里安一世提出请求，想把这些大理石墙板、宫殿石柱甚至西奥多里克大帝的铜像搬去法兰克。任性的查理曼也没有考虑一下，装着那么多象征文明的庞大碎片翻越阿尔卑斯山脉是一项多么艰巨的任务。

与此同时，由于在拉文纳停留的时间已经很长，查理曼带领军队掉头迅速进入阿尔卑斯山脉，而丕平·卡洛曼、弗留利公爵埃里克和在弗留利招募的军队则被留了下来。

787年7月，查理曼回到了莱茵河地区并且在沃尔姆斯召开了一次议事会。神父们刚刚聚集在大厅里，查理曼便忍不住向他们讲述刚刚结束的漫长行军中的著名景观。据编年史记载："查理曼国王眉飞色舞，赞美着上帝的仁慈，向上帝和最优秀的子民讲述了这次行程中的各种见闻。"

显然，查理曼不仅用言语完全控制了顾问们的思想，而且断定巴伐利亚公爵塔西洛三世没有回复教皇阿德里安一世的要求。实际上，查理曼早已打好了算盘，只需信使马上把命令下达给弗留利公爵埃里克和巴伐利亚远征军总督文佐高的格罗尔德。巴伐利亚远征军总督文佐高的格罗尔德统领的军队由曾发动叛乱的图林根人和撒克逊人组成。查理曼的命令就是立刻进军巴伐利亚并且攻打萨尔茨堡。

查理曼又一次拉出他的法兰克战马，让战士登船并且驶向了莱茵河上游。不久，查理曼就到了莱希河①。随后，查理曼行军去了奥格斯堡②。还有两支军队会分别从南方和西北方进攻，想赶在秋季的暴风雨来临前拿下巴伐利亚的高山和山谷。

查理曼从三个方向发动了进攻。巴伐利亚公爵塔西洛三世及其夫人柳特佩尔加惊慌失色，根本无法召集兵力组织反抗，也来不及通知巴伐利亚军队做好应战准备。法兰克骑兵风驰电掣般地涌入了山谷，而步行前进的巴伐利亚战士根本无法封谷设障。由于已经从巴伐利亚主教萨尔茨堡的阿尔诺处得知了教皇阿德里安一世的命令，巴伐利亚的其他主教们不会反抗查理曼。

无论柳特佩尔加这位来自伦巴第的公爵夫人如何伤心，巴伐利亚公爵塔西洛三世都已经走投无路，只有向以谋略制胜的查理曼投降称臣。这一次，巴伐利亚公爵塔西洛三世毕恭毕敬，让几个手无寸铁的仆人拿着黄金和宝器等礼物。据编年史记载："他把自己的双手放进了国王陛下的手中，并且把从矮子丕平那儿得到的领地恭敬地还给了国王陛下。"

查理曼永远不会忘记，三十年前，在加斯科涅，正是巴伐利亚公爵塔西

① 莱希河，发源于今奥地利蒂罗尔州，在奥格斯堡北方注入多瑙河。

② 奥格斯堡，始建于公元前15年，位于今德国中南部。

洛三世撇下了年老体弱的矮子丕平。由于听说巴伐利亚公爵塔西洛三世有一根非常华丽的权杖，查理曼便问他是不是真的——附庸国的君主是不可以拥有权杖的。

巴伐利亚公爵塔西洛三世从礼物中抽出一根顶上是一个小皇冠的金权杖，不紧不慢地说道："我的兄弟，这是我让人替你做的。"

查理曼掉转马头，带着贝内文托公爵阿里克斯二世的供奉和巴伐利亚公爵塔西洛三世的昂贵礼物回到了莱茵河地区。为了犒劳跟着自己出生入死的军队，查理曼准备把这些礼物和供奉赏给战士们。在殷格翰王宫，法斯特拉达王后等候着查理曼。查理曼刚离开巴伐利亚，787年10月的暴风雨就来了。

随后，骑兵们各回各家，并且在沿路的客栈里留下了一句简短的评价，即"欢乐的不战而捷"。查理曼兑现了自己许下的诺言——法兰克军队只是进行了一场没有战争的长途行军。然而，最终，战士们没有得到查理曼赏给他们的黄金和战利品——法斯特拉达王后牢牢盯着这些东西。

圣诞节时，虽然部下们都还在庆祝着这次欢乐的不战而捷，但查理曼不打算整个冬天都沉浸在这种欢乐中。

查理曼深知自己这次是借助战马的速度才能让对他恨之入骨的表弟巴伐利亚公爵塔西洛三世被迫投降。巴伐利亚公爵塔西洛三世已经享受了三十年的独立，而不仅他的儿子等着继承他的事业，而且他的妻子柳特佩尔加誓死也不会向梅斯主教圣阿努尔夫家族的人下跪——最重要的是，巴伐利亚军队的实力依然强大。

睿智的查理曼很清楚，他和巴伐利亚公爵塔西洛三世之间的事情的关键不是谁拿着教皇阿德里安一世的命令，而是谁会统治巴伐利亚。送点黄金当礼品，动下嘴皮子重新发个誓，以及交十几个人质全是不得已的行为——巴伐利亚公爵塔西洛三世一定会武力反抗，而查理曼必定要对付另一个维茨金。

然而，巴伐利亚公爵塔西洛三世这位骄傲的巴伐利亚人会怎样反抗呢？查理曼认为，巴伐利亚公爵塔西洛三世一定会联合查理曼的克星，即阿瓦尔人。

由于很清楚这些情况，在整个冬季，查理曼都在有目的地写信。在信中，查理曼提及自己有责任保卫基督教人民的边界，反抗斯拉夫人和阿瓦尔人。查理曼问了约克的阿尔昆几个问题，包括扩展基督教世界的边界是不是法兰克人的任务，以及威尔利德是否正在威悉河对岸的不来梅为新教堂祝圣。约克的阿尔昆满心欢喜地给被称为“萨尔茨堡之鹰”的巴伐利亚主教萨尔茨堡的阿尔诺写信表示，查理曼想着要消灭“视上帝为敌的匈奴人”。实际上，巴伐利亚主教萨尔茨堡的阿尔诺在萨尔茨堡的住处距阿瓦尔人很近。

来自莱茵兰地区的朝圣者们都也传递着同样的信息，即查理曼想着要消灭“视上帝为敌的匈奴人”，而查理曼则安静地待在殷格翰王宫，虽然看似只是像往常一样打打猎，但实际上是在等着猎物跳进他设下的圈套。

一切都在查理曼的意料之中——由于拗不过妻子柳特佩尔加的牢骚和纠缠，巴伐利亚公爵塔西洛三世召集部下准备发动战争。多瑙河流域的阿瓦尔人也担心法兰克人会突然袭击，便派使臣去和巴伐利亚人商量对策。巴伐利亚公爵塔西洛三世请求阿瓦尔人帮忙防守巴伐利亚的山峰并且击退查理曼。

然而，巴伐利亚公爵塔西洛三世发现自己遭遇了意想不到的阻力，没有成为军队的首领。巴伐利亚的领主们不仅对查理曼印象深刻，而且与他也没有任何过节。此外，对查理曼效忠的承诺对巴伐利亚公爵塔西洛三世和巴伐利亚的领主们有着同样的约束力。因此，巴伐利亚的领主们不愿意违背自己的诺言。主教们同样不愿意违抗教皇阿德里安一世的意愿。巴伐利亚主教萨尔茨堡的阿尔诺虽然之前在罗马时忠诚地支持巴伐利亚公爵塔西洛三世，但现在大声反对与野蛮的异教徒、教堂的劫掠者阿瓦尔人结盟。

有些领主骑马沿莱茵河而下，把巴伐利亚的情况向查理曼和盘托出。查理曼立刻传唤巴伐利亚公爵塔西洛三世，让他参加788年6月的殷格翰王宫的大会回应叛乱和不忠的指控。

巴伐利亚公爵塔西洛三世别无选择——阿瓦尔人不会帮助一个被军队抛弃的君主。因此，在没有任何士兵陪同的情况下，巴伐利亚公爵塔西洛三世带着家人出席了殷格翰王宫的大会。

令巴伐利亚公爵塔西洛三世惊讶的是，他发现自己面对的是所有与会的法兰克、撒克逊、伦巴第和其他地区的贵族。在偌大的殷格翰王宫的大厅里，巴伐利亚公爵塔西洛三世听着自己的领主的大声指控。

查理曼没有指控巴伐利亚公爵塔西洛三世。实际上，趁巴伐利亚的领主们指控巴伐利亚公爵塔西洛三世时，查理曼已经从大厅出来，在人满为患的庭院里四处走动，与守候在此的伯爵和酋长谈论着收成、骏马和打猎等种种话题，唯独不谈巴伐利亚公爵塔西洛三世的事。查理曼俨然以一副主人的姿态招待着八方来客。

然而，在殷格翰王宫的大厅里，一位法兰克公爵道出了查理曼对巴伐利亚公爵塔西洛三世封存了三十年的不满："矮子丕平正欲行军抗敌时，你撇下他逃跑了。"

巴伐利亚公爵塔西洛三世明白查理曼一直对这件事耿耿于怀，也知道自己会受到大会的审判。

为自己辩护时，巴伐利亚公爵塔西洛三世傲慢又滔滔不绝地说了很多话，极力说明所有真相，即他不仅曾与查理曼的敌人同谋，而且曾想过要杀害查理曼。巴伐利亚公爵夫人柳特佩尔加也做了陈述。巴伐利亚公爵塔西洛三世承认自己已经违背了誓言，并且说明了理由。巴伐利亚公爵塔西洛三世说道："如果我有十个儿子全都当了人质，那么我也宁愿失去他们也不愿忍受那个誓言中的屈辱条款。我宁愿丢了自己的性命也不愿因受制于誓言而继续苟且。"这是一番大胆而又诚实的话，导致与会者们听后都十分满意，并且一致同意判处巴伐利亚公爵塔西洛三世死刑。虽然审判结果没有提及巴伐利亚公爵塔西洛三世的家人，但查理曼轻而易举就可以把同等的判决强加给巴伐利亚公爵塔西洛三世的妻儿。

然而，查理曼非但没有处死巴伐利亚公爵塔西洛三世或他的家人，反倒命令他们去一家修道院"用余生补偿，为自己赎罪"。巴伐利亚公爵塔西洛三世和他的儿子隐居遁世，而他的妻子柳特佩尔加则去当了修女。

查理曼总是令人捉摸不透。查理曼早就想好了要用仁慈的方式去回应骄傲的巴伐利亚公爵塔西洛三世的求死之心。为免受屈辱，巴伐利亚公爵塔西洛三世央求查理曼不要让他在大会上被削去长发。最终，查理曼同意了巴伐利亚公爵塔西洛三世到修道院后再削发的请求。

阿吉洛尔芬家族对巴伐利亚的统治到此便结束了，而查理曼搬进了雷根斯堡[①]。查理曼视察了自己的新领地，不仅侵占了巴伐利亚公爵塔西洛三世的家产，而且将他的党羽都流放去了异乡。此外，巴伐利亚主教萨尔茨堡的阿尔诺被任命为巴伐利亚大主教。

查理曼虽然除了有时要给陌生使臣留下好印象，很少穿着或拿着象征王权的衣物，但有时当众就座时，会拿着巴伐利亚公爵塔西洛三世那根华丽的权杖。几年后，查理曼让已经剃发为僧的巴伐利亚公爵塔西洛三世再次声明，他将巴伐利亚的一切都交给了查理曼，而查理曼就是他尊敬的主人和国王陛下。

与此同时，在意大利，查理曼不费吹灰之力又取得了一次更大的胜利，而剑手克罗尔德和老骑士们称其为“没流血或几乎没流血的胜利”。

787年至788年是最忙碌的时候——查理曼和骑兵们骑马走过了两千英里路。

787年8月26日，已经退位的贝内文托公爵阿里克斯二世离开了人世，而他坚守的和平也随他一起逝去了。贝内文托公爵夫人阿德尔佩加仗着女人的特权，无视家族对查理曼的承诺，开始公然联合反抗势力。贝内文托公爵夫人阿德尔佩加写信去法兰克，恳求查理曼释放作为人质的格里姆沃德回贝内文托。在这封充满母爱的信中，贝内文托公爵夫人阿德尔佩加指出，贝内文托的群龙无首的人民需要格里姆沃德归来。当时，查理曼正从莱茵河地区赶去巴伐利亚。

最终，拜占庭船队不仅出现在海岸边，而且带来了一支由阿迪吉斯率领的军队。阿迪吉斯是伦巴第国王德西迪里厄斯的儿子和贝内文托公爵夫人阿德尔佩加的兄弟。贝内文托公爵夫人阿德尔佩加再次央求法兰克人把格里姆沃德还给她。

① 雷根斯堡，位于多瑙河与雷根河的交汇处，历史悠久，自罗马时代开始便是多瑙河流域的重要城镇。

天使长圣米迦勒

警惕的教皇阿德里安一世写信恳求查理曼不要放了格里姆沃德。据教皇阿德里安一世透露，贝内文托公爵夫人阿德尔佩加已经去了天使长圣米迦勒[①]的圣陵朝圣，而拜占庭船队就在圣陵附近的塔兰托湾[②]。教皇阿德里安一世对查理曼说，贝内文托公爵夫人阿德尔佩加正在和阿迪吉斯、西西里的将军、伊琳娜皇后的军官密谋，想从“上帝的使徒和您的王权”那里夺走意大利南部。教皇阿德里安一世焦急万分，怒吼道：“别让格里姆沃德跑了！”

然而，查理曼没有听从教皇阿德里安一世的建议。

788年早春，给巴伐利亚大量去信时，查理曼让格里姆沃德待在他身旁。

① 米迦勒，《圣经》中的天使长，即天主身边的首席战士、天使军最高统帅，是基督教文化中“绝对正义”的化身。

② 塔兰托湾，爱奥尼亚海的一个海湾，位于圣玛丽亚迪莱乌卡角与科隆内角之间。

比丕平·卡洛曼稍微年长些的格里姆沃德与查理曼同桌进餐，一同骑马外出打猎，还一起参加了788年6月对巴伐利亚公爵塔西洛三世的审判。总之，查理曼像对亲生儿子一样待格里姆沃德。

后来，处理完巴伐利亚公爵塔西洛三世的事情后，查理曼释放了格里姆沃德。离别时，格里姆沃德许诺自己会履行封王的职责，继续忠于查理曼，不仅表示会在他的领地的钱币上铸上查理曼的头像，而且答应除了胡子，他的发须都会按法兰克人的样式打理——这似乎是查理曼的一种执念。格里姆沃德还许诺要拆掉萨勒诺新建的城墙，而拜占庭船队正是从萨勒诺入港的。

查理曼是在拿一个孩子的崇拜作赌。788年9月，以自由民的身份越过沃尔图诺河回到了家的格里姆沃德成为贝内文托公爵格里姆沃德三世，不仅得到了贵族们的热情欢迎和母亲的拥抱，而且知道了阿迪吉斯的计划。

南方的危险一触即发。很快，查理曼的使臣们感到不妙，并且因此在信中写道："我们发现贝内文托人对陛下并不忠诚。"

痛苦不堪的教皇阿德里安一世写信说道："在卡普阿，贝内文托公爵格里姆沃德三世当着你的使臣的面为自己庆祝，还说你下令让所有的人都服从他。那不勒斯的希腊贵族狂笑不已，很是鄙夷地说：'感谢上帝！让给法兰克人的所有许诺都随风而去吧'。"

收到教皇阿德里安一世的信后，身处巴伐利亚的查理曼仍然对新出现的危机无动于衷。或许查理曼是顾及执事保罗的友谊吧——执事保罗正待在贝内文托公爵格里姆沃德三世身边。

到了秋季后，不仅前线乌云密布，而且谣言开始满天飞。有传闻称拜占庭人已经登陆了亚得里亚海岸，导致法兰克使臣骑马逃命。

这些传闻中也夹杂着一些关于战争的消息。在秃鹫山①旁的沃尔图诺河沿岸，君士坦丁堡的皇家远征军惨遭失败，导致四千名战士和拜占庭指挥官遇难。阿迪吉斯虽然逃到了海边，但再也没有回到拜占庭。

在忠诚的斯波莱托公爵希尔德普兰和威尼吉斯率领的法兰克军队的帮助

① 秃鹫山，一座死火山，位于今意大利南部巴西利卡塔地区波滕扎市以北。

下，贝内文托公爵格里姆沃德三世大获全胜。为了坚持对法兰克国王的忠诚，贝内文托公爵格里姆沃德三世与自己的母亲，即阿德尔佩加分道扬镳。

从此，不仅阿迪吉斯销声匿迹，而且伦巴第人在意大利的事业不复存在。意大利成了查理曼的天下，并且将由他的儿子丕平·卡洛曼统治。贝内文托、博洛尼亚[①]、维罗纳等大城市大体上仍然采取自治，获得了相对稳定的独立。在随后的几个世纪里，这种独立造就了强大的佛罗伦萨和米兰，而后二者分别由美第奇家族和斯福尔扎家族统治。

查理曼当年的誓言又如何了，不是说要把大量领土归还教皇吗？实际上，查理曼没有遵守自己的誓言。查理曼虽然似乎已经决定把大量教堂财产赏

美第奇家族的徽章

① 博洛尼亚，今意大利北部的历史文化名城，位于波河平原南缘、亚平宁山脉北麓，建立于公元前534年。

斯福尔扎家族的徽章

给使徒贵族，但或许是因为意识到教皇在那种暴力时代中没有能力来守住大量领土，所以不愿意交出世俗统治权。无论如何，查理曼都用武力掌控着每一寸领土。

教皇阿德里安一世渐渐老去，虽然依然执着地抗议着，要求查理曼不得违背誓言或让“圣彼得的遗产”受到损失，但同样十分感激查理曼的保护和恩惠。

在秃鹫山胜利后的几个月里，教皇阿德里安一世一直很感激查理曼。与此同时，东部的不被承认的统治者，即阿瓦尔人，从他们多瑙河畔的要塞冒出来并且发动了残忍的攻击。

阿瓦尔可汗一直在观望，并且在看到基督教领土上发生了骚乱时，立刻抓住这一有利时机突然发动了袭击。阿瓦尔可汗的骑兵小心翼翼地探着路，经巴伐利亚高地穿过阿尔卑斯山脉卡林西亚段，朝着富饶的波河河谷方向前进。

在多瑙河上游，巴伐利亚远征军总督文佐高的格罗尔德击退了入侵者，而经验丰富的弗留利公爵埃里克召集兵力分别从城堡、教堂和山口击退了敌人。由于面临着被阿瓦尔人攻击的危险，基督教的各支部队实现了友善的通力合作。

查理曼虽然不可能预料到阿瓦尔人行动的时间，但已经在各处边界都做好了充分的准备。通过引人注目的行军和战斗，查理曼已经把喜欢叛乱的巴伐利亚人和贝内文托人变成了盟友并且依靠他们挫败了拜占庭人的海上攻势和游牧民族的陆地攻势。当年，任性的“渣儿”意气用事，一气之下赶走了他的新娘，即伦巴第公主德西迪拉塔，并且因此与伦巴第人结下了梁子。如今，查理曼和曾经的自己已经判若两人，成了睿智的政治家。当年，即首次在塞尼峰越过阿尔卑斯山脉时，查理曼因无知而犯下大错，在龙塞斯瓦列斯丧失了他的精锐部队。如今，查理曼已经通过某种方式学会了不战而屈人之兵这一最难的兵法。

查理曼努力地训练着小查理，想让他率领军队。

一年又将过去，而查理曼传话给巴伐利亚大主教萨尔茨堡的阿尔诺和远方边界的守卫者，表示会亲自去保护他们并且攻打斯拉夫人、波希米亚人和阿瓦尔人这些异教徒。查理曼想说到做到。

查理曼有着农夫似的与生俱来的毅力，正在逐步开拓新的疆土。在查理曼心里，他的疆土虽然在大地上，但应该变得和圣奥古斯丁描述的上帝之城一样，而他的臣民们——无论是布列塔尼人、图林根人还是撒克逊人，都应该虔诚又忠诚。

“你的臣民们，”约克的阿尔昆也承认道，“是基督教人民。”

查理曼心中的那个未来的民族应当有宽阔的边界，而这个边界应该延伸到遥远的冰冻之海的边缘，直到亚得里亚海之外的未知东方世界。因此，查理曼要做的第一步是扩张到阿瓦尔人的领地之外。在雷根斯堡，查理曼策划了挺进东部的计划。

然而，788年年末，查理曼去了别处庆祝圣诞节。法斯特拉达王后已经在华丽的殷格翰王宫定居了。查理曼过家门而不入，从莱茵河乘船顺风而下去了阿奎斯格拉纳姆。

到了位于岔路口的阿奎斯格拉纳姆的山谷后，查理曼去温暖的硫黄温泉中游泳，去森林里猎野猪，唱着圣歌摆盛宴庆祝耶稣诞生。查理曼的行为令圣骑士和宫廷学院的成员们非常惊讶——自矮子丕平逝世后，查理曼已经有二十年没有在阿奎斯格拉纳姆庆祝圣诞节了。

阿奎斯格拉纳姆的山谷上面是一座风景怡人的小山。在这座小山的山坡上，查理曼可以远眺簇成一团的村庄和罗马帝国的废墟。午后的太阳把山坡晒得暖暖的，而查理曼四处逛了逛，挑了一处颇似帕维亚的地方作为宫殿地址。查理曼想着，宫殿的长廊将连着一座供奉圣母玛丽亚的小教堂，而这座小教堂的外形看起来一定要像拉文纳的圣维塔教堂。

查理曼一边想着让谁来建这座教堂，一边欣赏着村中的少女们的明眸善睐。村中的少女们虽然热情洋溢，笑声不断，但都满怀着对查理曼的敬畏，不像傲慢苛刻的法斯特拉达王后。在查理曼眼里，阿奎斯格拉纳姆的山谷似乎是建造新城市的理想选择。

教皇阿德里安一世的一封信令查理曼高兴地大喊道："来了，终于来了！比蜜还甜。"

在信中，教皇阿德里安一世写道："我已经收到了你的来信。这是一封明亮而又甜蜜的信。在信中，你提出想让我们将拉文纳的一些大理石与铺筑路面和教堂墙壁的马赛克石块赠予你。我们很乐意满足你的愿望——在你的努力下，圣彼得大教堂每天都在享受着你的恩惠。"

因此，查理曼只需要再得到一个人为他的都城设计建筑。当然，城墙的材料必须赛过罗马的粉饰灰泥或法兰克的木头茅草。

后来，一位老兵向圣迦尔修道院的编年史撰写者讲述了查理曼如何如愿以偿地修建了这些建筑。圣迦尔修道院的编年史撰写者记录道："我们伟大的国王陛下非常有创意，对他的部下说道：'今天，我们不应该再被人指责四处游荡。因此，我们不妨为自己建造一些纪念物吧。我们要快点建一座用于服务上帝的小祈祷室。’国王陛下的话音刚落，他的部下们立刻分头行动，搜集石灰、石头、木头和涂料，征集会使用这些材料的手艺人。那天在士兵和贵族的帮助下，国王陛下和他的部下全力以赴，建成了一座教堂。这座教堂非常精美，拥有用回纹装饰的天花板和有壁画装饰的墙面。见过这座教堂的人都不相信建成它只花了一天的时间，都认为要花一年时间。”

第7章

阿瓦尔人的宝藏

查理曼和他的法兰克子民之间的关系出现了一些裂痕。查理曼虽然已经设法减轻了异教徒边界的野蛮状态，但发现自己对法兰克人的野蛮本性无能为力。查理曼步步为营，招降了意大利人和巴伐利亚人，却用粗暴的手段对待自己的法兰克子民。

因此，法斯特拉达王后受到了指责。法兰克人说道："我们的国王向来都是仁慈的，现在变得这么残忍苛刻一定是受了她的影响。"因为法斯特拉达王后不仅可以违背查理曼的意愿，而且能将自己的意愿强加于他，所以法兰克人的说法可能是正确的。然而，造成接下来几年叛乱的原因不是法斯特拉达王后的性格，而是查理曼无法统治日益扩大的疆土——尤其是那些他无法亲临统治的疆土。

裂痕首先出现在莱茵兰地区。面对颗粒无收的田地，回到家里的战士们不免牢骚满腹。与此同时，那些躲过了征兵令的人却粮食满仓，牲畜成群。此外，和早年的伦巴第大捷不同，这次跨越阿尔卑斯山脉的收获甚少——巴伐利亚公爵塔西洛三世和贝内文托公爵阿里克斯二世的金银财宝非但没有被分发给战士们，反倒都成了查理曼送给法斯特拉达王后的礼品。

789年，闲不住的查理曼又召集军队跨越易北河去劫掠斯拉夫人，而当地贫穷的村庄让法兰克战士们再次一无所获。因此，许多战士守着农田，不是称病就是哭穷。有些人还躲进了人迹罕至的森林，或靠打猎填饱肚子，或靠抢劫珠宝谋生，导致流浪人口与日俱增。

查理曼给这些逃兵定罪为擅自离军并且判处他们死刑。问题的关键在于如何抓住这些逃兵。在法兰克境内，掌控军队的公爵、负责行政管理的伯爵、教区主教、大小教堂和修道院的负责人各自为政，导致森林里的荒野成了颇受欢迎的避难所。查理曼努力想将这些荒野改造成文明之地。边远的村庄虽然是由神父或官员们管理的，但同样可能会被无人管束的剑手或农夫占领——尤其是神父或官员们收了礼物后。

法兰克还保留着一个不成文的部落习俗，即士兵是自由人，而自由人不能被雇用或强迫从事体力劳动，而是可以像贵族一样馈赠或接受礼物，只有在完全自愿的情况下才会劳动。

对这种普遍的懒散和恶劣行为，查理曼非常生气，颁布法令要求“公爵和百户官员必须坚守正义底线，启用可以信任的代理人，不仅不得镇压贫困者，而且要严惩盗贼、杀人者、好色者……获授权者应当明察秋毫，秉公执法，不得考虑礼品、奉承和个人因素”。

查理曼非常清楚一点，即个人因素才是问题的关键。士兵们习惯携带武器，而把他们的武器拿走则相当于一种人格侮辱。然而，在喝醉、受到冒犯或感到愤怒时，尤其是从战场归来后，士兵们经常会使用武器。被指控犯下血案时，法兰克人会请求支付赔偿金，而贵族会要求由自己的同僚来审判他。虽然图林根贵族可能会通过与法斯特拉达王后攀亲来逃过审判，但农夫可能会因偷盗而被钉在十字架上处死。虽然约克的阿尔昆建议查理曼按《圣经》执法，但查理曼仍然无法有效解决这一地方性的法律难题。罪犯可以诉诸上帝的意愿，要求接受火、水或沸腾的沥青的考验。

这种因人而异的法律虽然非常邪恶，但实际上是查理曼的祖先们制定的。因此，查理曼只能竭尽全力与这种不公平的法律对抗。如果《圣经》上的话语不能惩治这种邪恶，那么这些话语的含义或许可以奏效。基督教教徒要把使徒保罗及其他使徒的语句的含义奉为法律并且终生恪守。

当然，查理曼掌握着终审权，而如果他无法到场——他常离犯罪或争端发生的地方很远，那么终审权会由宫廷伯爵代为行使。然而，查理曼已经掌握了一个原始的方法，即让使臣或发言人在别处代表他并且解释他的意愿就等同于真正执行了他的命令。

查理曼打算派出新的使臣去行使更大的权力以实现统治臣民的目的。这些新使臣就是"以国王的名义说话并且执行上帝的意愿和国王的命令"的钦差。查理曼的这种措辞不是出于虚荣心——他认为受上帝恩典的国王是背负着执行上帝意愿的统治者。这种措辞虽然后来被指另有他意——实际上，一些史学家们称，"奉上帝旨意"表明查理曼是法兰西的第一位国王或德意志的第一位皇帝。然而，在查理曼的时代，头衔仅仅意味着重大的责任。查理曼任命了钦差，表示"希望钦差们以我的名义示范什么是我要求的正确行为"。实际上，这些钦差就是总督。

由于不能接受礼物，这些钦差无法按人情世故，而是必须通过法律处理事务。这些钦差不仅要执行上帝的意愿，而且要亲自向查理曼本人汇报。因为神职人员和世俗教徒之间总会爆发激烈的争吵，所以查理曼通常会让两名钦差，即一名公爵和一名主教，一起上路。

总之，这些钦差将帮助查理曼维护和平，而"任何破坏和平者都将被捉拿归案"。钦差不仅要强制公爵和高级教士去帮助"国王的穷人"，而且有权处罚犯错的地方统治者。这些钦差规定："每逢周日和宗教节日，每个人都要去聆听上帝的话……伯爵必须主持春秋两个季节的特别法庭，不得离职去打猎或从事其他娱乐活动……醉酒者不得进入法庭。"

然而，这种代理王权的大胆尝试没有让查理曼如愿以偿，仍然取决于难以预料的个人因素，即钦差是否有足够的正义感拒绝收受礼品。因此，在那个多事之秋，向查理曼汇报时，钦差们说的往往都是官员们是否忠诚。

实际上，在某种意义上，钦差变成了安全警察，而查理曼也需要这样的角色。

即使在大旱前，时局同样非常艰难。查理曼如果还没完全弄清楚形势，那么至少也可能开始意识到，由于此前非常闭塞，他统治下的新生的西方王国几乎与外界完全隔绝。在袭击萨拉戈萨、贝内文托和波罗的海沿岸的过程中，查理曼看到了商人的篷车车队和海运货船。虽然法兰克王国日益增大，但各地仍然遍布着北方人和阿拉伯人的船队。北方人和阿拉伯人的船队有时会做买卖，有时则到处劫掠。此外，查理曼也没有铸造像西班牙第纳尔或拜占庭苏勒德斯那样的金币。

查理曼努力济贫扶困，是一位贤明有才的君主。教皇阿德里安一世虽然写信感谢了查理曼赠送的“可用的马匹”，但同时希望他能提供更好的礼物和送些锡用于修补圣彼得大教堂的屋顶。查理曼倾其所有，将锡全部捐给了圣彼得大教堂。

为了推行自己的货币制度，查理曼废止了外国货币和金币的流通，增加了法兰克银币的分量，并且尝试制定重量和度量标准。

虽然查理曼减少了外国商人的道路通行费，可外国商人既很少会冒险去多瑙河上游地区，也不会贸然从威尼斯诸岛出发。根据谣传，丝绸、香料、玻璃和东方的许多奇珍异宝都是经海路被输入威尼斯的。外国商人对法兰克的银子、木材和粗糙的羊毛布不感兴趣，而查理曼曾为此发过脾气，赶跑了大不列颠商贩。

少量流入法兰克的进口物品都是奢侈品，无法给乡村经济带来影响。

实际上，查理曼的各种举措只是一种想让臣民们能填饱肚子并且扛着武器上战场的权宜之计。仔细审察加洛林王朝的大印玺时，查理曼惊奇地发现，大印玺上的宝石凹雕竟然是奥勒利安①和塞拉皮斯②。

与法斯特拉达王后在一起时，查理曼会莫名其妙地觉得自己失去了许多东西——希尔德加德王后在世时，他从未有过这种感觉。由于宫廷内务总管梅金弗里德十分勤劳，查理曼的庄园收成见长。有人提议庄园也可以满足其他宫

---

① 奥勒利安（214—275），罗马皇帝。奥勒利安的在位时间为270年到275年。在统治期间，奥勒利安收复了罗马帝国曾经失去的三分之二的疆域，并且使分裂五十年的罗马帝国再次恢复了统一。

② 塞拉皮斯，古埃及神灵，被当作是来生与肥沃生产力之神，同时也是医生与烦恼解决者。塞拉皮斯从未获得太多埃及人的崇拜。塞拉皮斯的崇拜地在亚历山大。

塞拉皮斯

廷权贵的需要时，查理曼表示不能这样做，说道："庄园服务的是国王，而不是其他任何人。"

在查理曼所处的时代，没有哪位君主像他那样坚定地固守自己的特权，而他的部下们非但不反对他的特权，反倒因此变得更崇拜他了。然而，法兰克领主们开始不满查理曼发放的俸禄，即用于维持生计的耕地。一位莱茵兰贵族如果会从"已征服的"撒克逊领地获赐一个村庄、一座教堂和几个农场，并且有义务维护和平、抓捕逃犯和向国王及教堂缴纳什一税，那么当然会利用职权之便敛财。因此，这位莱茵兰贵族会侵占更多的溪流和森林。不久后，这位莱茵兰贵族会把溪流和森林当成自己的并且遗赠给他的儿子们。然而，查理曼会坚持认为，这位莱茵兰贵族用侵占的方式得来的资产仍然是他发放的俸禄，应当被赐予这位贵族的继任者。

当时的查理曼还没有预见到向地方贵族授予土地资产的后果。领主们的士兵和农民虽然都已经发誓会效忠于查理曼及其儿子，但另一方面，要从领主处得到生活必需品，如碾谷的磨盘，来年播种的种子，以及耕地的牲口等。更重要的是，领主会保护士兵和农民免受邻人或林中饥饿群体的袭击。因此，士兵和农民也必须向领主们效忠。领主正好是勇猛作战的首领或农庄离莱茵河较远时，士兵和农民便觉得自己对领主的依赖远比对国王的依赖大——他们不仅说着希腊语，而且远在罗马城或雷根斯堡，和国王不曾谋面。

由于很了解臣民，查理曼可能已意识到了这种分散的忠诚的危险。因此，以这样或那样的借口逃避向查理曼宣誓效忠的人都会被追捕或流放。与此同时，查理曼不停地外出巡游，从英吉利海峡的博诺尼亚来到卡西诺山，穿行于城镇和边界之间，与臣民们亲切交谈。然而，由于不可能把所有的新领地都走一遍，查理曼不得不越来越依赖钦差和少数几个像巴伐利亚远征军总督文佐高的格罗尔德和弗留利公爵埃里克那样忠诚的地方首领。据说，这几个首领有着“非凡的战斗力和昂扬的精神”。

然而，没有什么能代替查理曼驾到。查理曼如果驾临某地，那么必定是快乐无比又严厉苛刻，会高调督促，使事情进展得更好。查理曼已经多年没有亲临阿基坦了，导致那里的情况有些不妙。一方面，阿基坦国王路易一世还是个孩子，另一方面，第二代图卢兹公爵盖洛内的威廉虽然很能干，但对付比利牛斯山脉背面的摩尔人时，遇到的困难也与日俱增。

在基督教民族的一场大会中，查理曼遇到了新的麻烦。

790年，一件前所未闻的事情发生了。

790年夏季，查理曼没有出远门。

790年秋季，查理曼在古老的沃尔姆斯的葡萄园召开了一场大会。沃尔姆斯在莱茵河上游很远处，接近巴伐利亚。实际上，沃尔姆斯的这场大会的规模非常大，而在田野，法兰克世俗贵族和神职贵族也举行了一些会议。

摩尔人

年龄稍长的法兰克人不喜欢看到伦巴第人、巴伐利亚人和撒克逊人——这些外乡人到来时，查理曼像对待本地人一样非常客气地迎接他们。在法兰克人眼里，法兰克的国家大会已经变成了奇怪的民族大杂烩。这些外乡人各自说着自己的语言，急于提出自己的诉求，想引起查理曼的注意或得到奖赏，而查理曼本应该先听法兰克贵族的诉求。因此，法兰克人试图另行集会以便互相帮助。

科尔比的圣阿代尔哈德写道："没有陌生人参与法兰克人的集会。然而，国王知道了法兰克人商议的结果。凭着上帝赐予的智慧，法兰克人做出了一个人人都遵守的决定。”在手稿中，兰斯[①]大主教安克马尔记下了科尔比的圣阿代尔哈德的话。

因此，查理曼没有干涉法兰克贵族们的争辩，而是等他们讨论完后才发话。所有人都听查理曼的话。

“当他们背着国王讨论时，国王来到了人群中接受礼物，向最著名的人问好。实际上，查理曼专挑见得少的人问好。查理曼有礼貌地向长者表达敬意，和年轻人谈笑风生，像极了一位神职人员……

兰斯大主教安克马尔

① 兰斯，今法国东北部城市，即香槟–阿登大区的马恩省的一个市镇，是法国著名的宗教文化中心，被称为“王者之城”。自11世纪起，法国国王都必须到兰斯这个“加冕之都”受冕登基。

“国王向世俗贵族和神职贵族提议了他们应该讨论的事项。如果贵族们希望，那么国王会一直同他们一起讨论。

“国王还有一个习惯，即让每个人都向他汇报自己来自哪里——每两届大会期间，所有人都应按要求调查周边地区的近况，而这种做法有利于查理曼从外族人、本地居民、敌人和朋友处了解情况，并且有时还有助于寻求代理帮忙而无须过于担心信息来源。

“国王希望知道王国的每个角落的人是否安心和是否有叛乱发生，试图了解叛乱的苗头，想知道依然独立的民族是否正在通过攻击威胁着法兰克。查理曼如果发现了叛乱的苗头，那么会再三盘问原因。”

因此，像往常一样，查理曼不仅扮演着富有魅力的主人角色，而且收集到了最新的情报。通常，一直等各种议事会结束后，查理曼才会公布自己的决定。大会的公证员记下了大会的决定并且称其为“大议会和国王的决定”，而这一措辞毫无讽刺之意。

790年秋季，由于觉察到了法兰克腹地弥漫着焦躁不安的情绪，查理曼一直在思考着部下的效忠问题。查理曼想召集所有武装力量，趁阿瓦尔人这些东部的异教徒还没来得及再次攻击巴伐利亚或意大利时率先攻击他们。与此同时，钦差们正沿着边界积极地与阿瓦尔人们协商边界问题，而这种做法的目的一是试探阿瓦尔可汗是否赞成和平解决问题，二是有意让阿瓦尔人误以为法兰克人想争取和平途径。

和这些异教游牧民族耍花招是非常冒险的行为。查理曼意识到，对付阿瓦尔人时，他需要得到伦巴第人、巴伐利亚人和图林根人的全力支持。因此，在790年的大会上，查理曼知道了哪些人是他真正可以信赖的忠臣和他应该召集哪种兵力。

查理曼需要的不仅仅是法兰克人的力量。

艾因哈德写道：“他喜欢外族人。即使外族人是三五成群、闹哄哄地来到法兰克和王宫的，他也会费尽心思地去保护他们。”

由于身材矮小，是从富尔达修道院来的僧侣，并且成天忙着替大学者们

艾因哈德

拿笔或搬酒，艾因哈德已经成为王宫众人嘲笑的对象。有人说艾因哈德“像只蚂蚁”。约克的阿尔昆虽然为艾因哈德取教名为那达勒斯，即矮人，但温和地补充说艾因哈德的小身子里蕴藏着高尚的精神。由于擅长制造金属物品，年方十九的艾因哈德也得了个“比撒列”[①]的雅号。

年轻的艾因哈德欣然接受了他所有的名字，并且将他的抱负深藏心底。艾因哈德想像约克的阿尔昆一样写作，而查理曼是他崇拜的英雄人物。在艾因哈德这位目光敏锐的学者眼中，查理曼这位梅斯主教圣阿努尔夫的大个子后代不仅是威严的国王，而且是一位极具魅力的人，没有任何不良嗜好。

若干年后，艾因哈德用笔描述了查理曼，而我们也可以借此一窥查理曼精力充沛时的模样：

① 比撒列，《出埃及记》中负责修建放置上帝与以色列人所立契约的柜子的大艺术家。

“查理曼身材魁梧、体格健壮。查理曼的头的上半部分呈圆形，而他的眼睛不仅很大，而且炯炯有神。查理曼的鼻子有点长。查理曼发色很淡，而他的脸上总是带着开心的笑容。虽然查理曼的脖子有点粗短，但无论是站着还是坐着，他的神情都非常庄严高贵。步伐坚定的查理曼举手投足都很有男人的气概。查理曼的声音清晰却不浑厚，与他的大个头反差较大……

“通常，查理曼会根据自己的喜好生活，不听医生的建议。查理曼很不喜欢让他戒掉吃烤肉并且改吃煮熟的肉的医生。烤肉可是查理曼的最爱！

“查理曼虽然不轻易绝食，常常抱怨说斋戒对他的身体伤害很大，但保持着节制的饮食。对于喝酒，查理曼更加节制——他不仅厌恶醉醺醺的样子，而且尤其不喜欢和家人喝醉酒。每次用餐，查理曼只允许自己喝最多三杯酒。查理曼喜欢吃猎人们带给他的滴着油的吱吱作响的烤肉。在用餐时，查理曼喜欢听音乐，也喜欢听人给他大声朗读古代的故事和英雄事迹。查理曼很喜欢圣奥古斯丁的书，特别是那本《上帝之城》。

“夏季的午饭后，查理曼会吃些水果，小酌一杯酒，并且宽衣解带休息两三个小时。夜晚时，查理曼总是醒，要起床四五次。查理曼会边穿衣边听朋友们说话。然而，如果宫廷伯爵告诉查理曼有案子需要审判，那么查理曼会立刻吩咐把当事人带进来并且做出判决。无论身居何处，查理曼都会判案。”

对勤奋好学的艾因哈德来说，做某事时的查理曼依然能像坐在审判席上一样去处理其他事和答复其他人这一情况实在是太不可思议了。

“查理曼天生说话快，表达清晰。查理曼能说会道，可能当过老师。查理曼非常尊重教过他的人。查理曼跟着最优秀的学者约克的阿尔昆刻苦学习修辞和天文学，学会了应用所学的知识来观察、推测和研究星体运动。查理曼也尝试着书写，常常在床头枕下放着记事本和空白的纸张以便能在闲暇时练习写字。然而，由于起步太晚，查理曼最终没能在写作方面有所建树……

“查理曼常常穿着法兰克服饰。夏季时，查理曼会贴身穿着亚麻衫和亚麻裤，并且会再套件丝边短上衣。与此同时，绑腿带子被系得很紧。冬季时，查理曼会穿一件水獭皮或貂皮紧身上衣，不让脖子露出来。查理曼还会披一件蓝色披风，佩一把剑柄上镶着金的剑。只有在盛大的节日或迎接陌生的使者时，查理曼才会佩带镶珠宝的剑。每逢需要隆重庆祝的宗教节日，查理曼都会穿着绣花衣服，用金搭扣扣紧披风，戴着黄金和珠宝制成的王冠。”

手握宝剑的查理曼

艾因哈德服侍自己的英雄国王查理曼时，沃尔姆斯的王宫里出现了另一名矮人。离开了普吕姆修道院的驼背丕平来到与他格格不入的宫殿，看到了满头金发的法斯特拉达王后正指挥着众多侍女伺候她穿衣打扮，而衣着华丽、珠光宝气的法斯特拉达王后看起来比当年的赫罗特鲁德富贵多了。

实际上，由于驼背丕平的同父异母的兄弟都在远方的领土上管理着他们的宫廷，沃尔姆斯的王宫里挤满了女人。虽然小查理已经成为卢瓦尔河河畔的曼恩[①]公爵，但实际上，查理曼认为小查理无法成为一个合格的首领。

晚祷结束后，查理曼让圣骑士们退下，而女人们来到了王宫的草坪上。这些女人叽叽喳喳地围在查理曼身旁，就像围着一罐蜜的一群苍蝇。这些女人都穿着华贵的新衣服，十分耀眼，表现得不仅似乎都被查理曼授封了爵位，而且穿得那般华丽也是为了让他开心。

查理曼坐在长凳上，悠闲自在。长凳下铺着织毯，而织毯上织着字间用十字架隔开的查理曼的名字。查理曼永远听不腻这些女人的琴声和尖叫声。这些女人很清楚自己的雍容华贵，个个都骄傲得像只孔雀，任由她们身后拖着的长裙扫过湿漉漉的草地。罗特鲁德用一根紫发带把自己稻草似的头发绑在了一起，并且在脖子上戴了条金项链。

驼背丕平注视着，倾听着。虽然驼背丕平可能会被误认为是一位等候召唤的小侍从，但实际上，他的年龄比希尔德加德王后的那些女儿们大得多。驼背丕平注意到，伯莎躲在石柱廊的阴影处，与神父安吉尔贝手拉着手。夜露落下时，伯莎往自己白皙的双肩上罩了一件白鼬皮披肩，而她头饰上的金子和腰带上的金片在烛光的照耀下闪闪发光。

听到查理曼的呼唤后，伯莎上前和着竖琴声唱起了一首歌：“跨过高山/穿过山谷的阴面/他们来了，疲惫的旅行者们带着手稿、拄着拐杖，他们来了/到山那边寻求和平/在基督的和平的山谷中。”这首歌的歌词是安吉尔贝写的，伯莎不仅记得很牢，而且唱得悦耳动听。伯莎唱歌时，查理曼用手重重地打着拍子——这是他惬意的休息时间。

---

① 曼恩，应为今曼恩-卢瓦尔省，地处法国中东部的卢瓦尔河流域。

驼背丕平缩在角落里，窥视着这些华丽的女子。驼背丕平看到，去送水果时，一个高挑的侍女偷偷地吻了一下查理曼的手，而查理曼则用手抚摸着侍女的腿。

这些女人非常放荡，嬉笑着挤在查理曼身旁。查理曼张开手给这些女人分发嵌银的宝石。驼背丕平虽然想知道法斯特拉达王后是否注意到了这些荒唐行为，但看不到她的脸。

法斯特拉达王后卧室里的小孩都是头发里夹杂着少量金色的女孩。驼背丕平认为，虽然法斯特拉达王后可能像黄金一样光彩夺目，但她的灵魂和普吕姆修道院的小房间里粗糙的石头一样坚硬。驼背丕平想知道，用一块石头砸向法斯特拉达王后的脑袋能否让她毙命？

到了做弥撒的时间后，驼背丕平跪在王宫的祈祷室的墙边，听到神父祈祷道："为国王查理曼，为他的儿子丕平和查理，为伦巴第国王丕平·卡洛曼和阿基坦国王路易一世，为法斯特拉达王后——"

在神父的祈祷词中，驼背丕平的名字在法斯特拉达王后之前。然而，已经成人的驼背丕平没有其他头衔，徒有祈祷词中的一个名字。驼背丕平虽然没有力气把一块石头砸向法斯特拉达王后骄傲的头颅，但收获了许多给他忠告的新朋友。这些新朋友找到驼背丕平，和他一起喝酒，很有礼貌地听命于他，表现得好像他曾从查理曼那里得到过宠爱和荣耀。这些新朋友还提醒驼背丕平不要说法斯特拉达王后的坏话。

这些新朋友们小声告诉驼背丕平道："有个叫霍斯特雷克的人声称，克里姆希尔特[①]虽然十分残暴，但仍然没有像法斯特拉达王后那样想急切地想看勇士们牺牲的血腥场面。法斯特拉达王后用恶毒的语言杀死了图林根贵族。女密探将霍斯特雷克的话告诉了法斯特拉达王后。然而，法斯特拉达王后向霍斯特雷克表示了极大的友好，并且把侍女准备的蛋糕送给了他。霍斯特雷克生病

① 克里姆希尔特，《尼伯龙根之歌》中替夫报仇的勃艮第王国的公主。为了报仇，克里姆希尔特不惜远嫁匈奴。邀请勃艮第亲戚来参加匈奴人的节日庆典时，克里姆希尔特挑起血战，杀害了密谋害死她前夫的人。最终，克里姆希尔特的勃艮第亲戚都没有生还，而克里姆希尔特也倒在了血泊中。

克里姆希尔特（右一）

时，法斯特拉达王后也显得很难过，曾去探望他，并且发誓说会让自己的医生来照顾他。医生到达后，霍斯特雷克来不及忏悔就撒手人寰。这是真的。我的阁下，请您千万不要说法斯特拉达王后的坏话。”

驼背丕平不知这些新朋友们的话是不是真的。这些新朋友们把驼背丕平带到了一位领主的桌前。这位领主让驼背丕平坐在一个荣耀的高位上，吩咐屋里的侍女拿酒。驼背丕平周围坐着高官权贵。这些高官权贵都是哈德拉德伯爵的图林根人同伴和曾宣誓向巴伐利亚公爵塔西洛三世效忠的巴伐利亚贵族。这些高官权贵给驼背丕平敬酒，不仅尊他为查理曼的大儿子和王位的继承人，而且声称，如果上帝下旨，让查理曼在征服阿瓦尔人的行军中驾崩，那么从继承权上说，驼背丕平应该统治法兰克王国。

亚比米勒举起石头

驼背丕平希望能用石头把法斯特拉达王后砸个稀巴烂。

一位巴伐利亚神父说道："《圣经》中讲述了基甸[①]的庶出子亚比米勒用一块石头杀死了他的父亲和七十个兄弟。"

另一个人补充道："如今，我痛心地得知，宫廷中的女人声称阁下高贵的母亲，即赫罗特鲁德王后只是你父亲的小妾，而非明媒正娶的妻子。"

驼背丕平把怒气全部都撒在了法斯特拉达王后和宫廷中的女人身上，丝毫不怪罪他的父亲。

有人说道："只要查理曼活着，法斯特拉达王后就能为所欲为。"

① 基甸，《圣经·旧约》中的一名希伯来法官，带领以色列人战胜了他们的米甸压迫者。

还有人说道："吉迪恩驾崩后，亚比米勒荣耀地登上了王权的宝座。"

这场盛宴和交谈给驼背丕平留下了深刻的印象。如果驼背丕平一直待在普吕姆修道院，那么他的下场可能会好得多。驼背丕平发现他虽然已经长大成人，但在查理曼的王宫里成了一个陌生人。另一方面，由于能言善辩，艾因哈德受到了查理曼的器重。查理曼正在一心一意地招贤纳士、积蓄力量，准备攻打阿瓦尔人。约克的阿尔昆虽然会坐下来和颜悦色地和驼背丕平交谈，但不在宫中——他用清晰漂亮的字迹为查理曼完成了一部弥撒书，导致查理曼非常高兴并且批准了他告假去大不列颠岛。

驼背丕平的新朋友们对他非常友好，聚在他周围谋划着，并且将手里拿着石头作为请求会面的标志。

新朋友们给驼背丕平教如何通过装病免遭法斯特拉达王后的折磨——只有独自躺在河边的客栈里，法斯特拉达王后才不会留意他。新朋友们会去客栈里看望驼背丕平，给他带去王室的礼物，并且向他保证他很快就能获得应有的尊重。

查理曼即将出发去雷根斯堡招募军队。驼背丕平的新朋友们声称，虽然查理曼如果冒险进入阿瓦尔人的地盘，那么会遭遇不测甚至丢掉性命，但和在埃尔斯堡一样，法斯特拉达王后肯定不会跟着查理曼远征，而她的残忍和傲慢必定会激怒很多大胆的贵族。驼背丕平的新朋友们认为，贵族们奋起反抗时，驼背丕平可以夺取王位——他是查理曼最高贵的儿子。

由于已经很多年没有受到关注了，驼背丕平非常喜欢看到这些陌生的贵族跪在他床前的样子。

艾因哈德写道："为了攻打阿瓦尔人，国王以最昂扬的斗志做了最充分的准备。"

查理曼试图领导一支基督教军队远征危险的异教徒。在雷根斯堡，查理曼声称自己已经下定决心"要让阿瓦尔人解释自己对神圣的教堂和基督教人民所犯下的罪行"。

在法兰克人眼里，阿瓦尔人这个神秘的游牧民族似乎就是匈奴人——他

匈奴王阿提拉

们从未知的东方地区游荡过来，并且在匈奴王阿提拉[①]的领地的瓦砾堆上定居下来。此外，这些矮胖骑士的脸庞又宽又瘦，将头发编成了辫子放在耳后，看上去正像是分散各地的匈奴人的血亲兄弟。游牧民族强行穿过干草原上的草地公路，沿路驱赶其他民族，带着他们的牲口在基督教传教士未曾涉足的匈牙利的堡垒里安顿下来。

匈奴人的可汗统治着一个隐藏在森林之中的城市，而巴伐利亚大主教萨

① 阿提拉（406—453），古代亚欧大陆上的匈奴人的领袖和皇帝，被欧洲人称为“上帝之鞭”，曾率军两次入侵巴尔干半岛，包围君士坦丁堡。

尔茨堡的阿尔诺说这个城市叫圈城，被埋着死去的人的土堆包围着。没有人能听懂匈奴人说话。这些匈奴人是第一批到达欧洲的东方游牧部落。

然而，剑手克罗尔德和骑兵们知道很多关于圈城的传闻。有人说："圈城的面积广阔，大概有从图尔到康士坦茨湖之间的土地那么大。圈城的城墙很高，由巨大的橡木和紫杉木建成，还用了石块和黏土加固。在城墙内，百姓们住得离彼此很近，站在自家门口就可以跟隔壁的邻居打招呼。因此，可汗的号角声从宽大的木头王宫里传出来时，圈城内的二十个联盟都能听到这种召唤声，而男人们会相互转告，'拿起武器，准备战斗'。"

法兰克人虽然没有见过圈城，但不仅很清楚它的模样，而且听说城内有很多宝贝。虽然古时候的哥特人洗劫了伦巴第，而汪达尔人也曾在罗马搜出了许多隐藏的财富，但那些都已经是过去时了——两百年来，阿瓦尔人袭击了所有的基督教国家的边界。除了替所有阿瓦尔战俘收集赎金，阿瓦尔人还将从教堂夺走的大量珍贵的器皿献给了君士坦丁堡的皇帝们。

法兰克人认为，阿瓦尔人的宝藏的规模一定比尼伯龙人囤积的宝藏还要大。尼伯龙人的宝藏由莱茵河畔聪明伶俐的姑娘们看护着。实际上，士兵们谈论得越多，阿瓦尔人的宝藏就变得越像尼伯龙人的金库。

查理曼从未否认有关宝藏的传闻。许多粗鄙的领主、剑手和乡村枪兵都要跟着查理曼寻找阿瓦尔人的宝藏。然而，因为阿瓦尔人骑马行进就像风暴一样，不知疲倦、凶猛残忍，导致农夫根本不是他们的对手，所以除了山里的巴伐利亚人，查理曼只招募符合标准的骑手。

查理曼的招募令传得很远，甚至一直传到了阿基坦国王路易一世及其部下那里。查理曼很快就会后悔自己如此大张旗鼓的行动。790年的整个夏季，到处都是查理曼的兵团。和在巴伐利亚一样，查理曼决定派三支兵力强大的部队对付隐蔽的阿瓦尔骑手。第一支部队是由伦巴第人和意大利人组成、由弗留利公爵埃里克和伦巴第国王丕平·卡洛曼率领的，会北上穿过阿尔卑斯山脉卡林西亚段去多瑙河地区。

查理曼率领莱茵兰人沿多瑙河右岸行军。还有一支部队是由撒克逊人、图林根人和弗里西亚人组成、由欧坦伯爵蒂埃里四世和宫廷内务总管梅金弗里德率领，将沿多瑙河左岸行军。

此外，巴伐利亚远征军总督文佐高的格罗尔德和巴伐利亚人坐在一队装满物资的小船中。在河畔的旅馆与多瑙河交接处，三支部队逗留了三天，唱祷文，请求上帝帮忙“保佑军队，惩罚阿瓦尔人”。

在森林和城墙间，宽阔的河流蜿蜒曲折地通向阿瓦尔人所在的山谷。法兰克人沿河而下，虽然没有找到大路，但仍然沿着河边小径稳步前进。与此同时，巴伐利亚远征军总督文佐高的格罗尔德的小型船队和河两岸的分队都保持着联系。法兰克军队来到乡村，发现了一些零零散散的人和狗。为了加快行军速度，法兰克人不仅放火烧了村子，而且见人就杀。

所有的牛和马似乎都从山上的牧场消失了。一场秋雨过后，法兰克军队虽然突然看到了纵横交错的足迹，但没有发现异教徒骑士的其他痕迹。查理曼想起了当年法兰克军队通过龙塞斯瓦列斯山口的情形——那里看似空无一人，而第二代图卢兹公爵盖洛内的威廉当时就认为这种现象不是什么好兆头。

到了维也纳林山脉[①]支脉与河面相连处后，骑士护卫听到了号角的响声。弗留利公爵埃里克和伦巴第国王丕平·卡洛曼率领的伦巴第人在林间穿行并且大声叫喊着。和查理曼率领的部队打招呼时，伦巴第人忧心忡忡。法兰克人发现了一些壁垒——一些被砍倒的树和建在土坡上的沟壕。由于这个地方有股陈腐动物的气味，法兰克军队认为阿瓦尔人之前一定在这停留了一会，接着又带着牲畜往东去了。

法兰克军队沿河追赶，迅速穿过了废弃的聚居地。法兰克军队还经过了一个湖面上有许多空荡荡的船只的大湖。790年10月，寒气来袭时，法兰克军队仍然没有追上阿瓦尔人。

到了拉布河河边后，在漫天雾气中，查理曼命令军队扎营。通过一场战斗，伦巴第人抓获了一些俘虏并且得到了一些战利品。运气似乎特别“青睐”

① 维也纳林山脉，泛指阿尔卑斯山脉尽头，是今维也纳市区向北、西、南方向延伸的一大片绿色山丘地带。

法兰克军队——或许是由于当地人投了毒，在法兰克人的军营中，一种传染病开始在马群中传播，导致病死的战马一天比一天多，而到了最后，只有十分之一的马活了下来。

冬季到来后，查理曼眼看着战马大批大批倒下，只能下令返回法兰克。一部分军队掉头南下，而另一部分则北上穿过波希米亚。战士们平安返家，而编年史中记载道："为如此伟大的胜利赞美上帝。"

然而，这并不是胜利——游牧部落带着牲口逃到了东部平原并且建立了另一个圈城。圈城十分隐蔽，而查理曼想要的那个宝藏仍然没有被找到。

查理曼骑马的雕像

查理曼已完成了一件大事，即挺进阿瓦尔人的领地。查理曼的基督教军队不仅已经驱走了基督教教徒以往对异教徒的恐惧，而且结束了异教徒不可战胜的神话。

在路上，查理曼给法斯特拉达王后写了信。查理曼写道："见信好，亲爱的。感谢上帝，我平安无事。我很高兴地得知，我的爱子丕平·卡洛曼已经抓到了一些匈奴战俘并且得到了一些战利品——匈奴人被他吓得落荒而逃。现在，我们正在举行一场庄严的连祷仪式以感谢我们平安归来。神父让我们斋戒，即不喝酒也不吃肉。大家正在为教堂捐赠银币或碎银——有什么捐什么。对圣咏足够熟悉的每个神父都唱了五十首赞美诗。接着，神父们列队光脚前进。

"现在，我希望你和家里的神父商量一下，举行一场同样的仪式。然而，请你认真和细致点，量力而行。由于一直没收到你的来信，我很担心。请告诉我你们的开支情况及其他你想让我知道的事情。"

如果说查理曼对自己的王后没了爱情，那么至少还存在一些亲情。显然，查理曼一直没有雷根斯堡的消息。查理曼在信中表示，在这次穿越曾经的罗马帝国边境的撤退中，他带了许多病人。由于大多数战马都死了，查理曼的部下们被迫扛着行李，艰难地徒步穿过寒冬时节的山谷。法兰克人几乎没得到什么战利品。

由于没有雨雪，森林里的野兽也被迫向远方有水源的地方迁徙。旱情没有好转，导致沿路都弥漫着灌木丛烧焦的烟味。到了夜晚后，法兰克人周围的高山上都闪烁着火苗。

在雷根斯堡，法斯特拉达王后虽然迎接了查理曼，但不开心地表示驼背丕平的到来不是什么好兆头。驼背丕平像幽灵一样行动，躲在河边，总是跟夜伏者一同出没。此外，没有完全信仰基督教的巴伐利亚人又开始通过把奴隶的血洒在干枯的庄稼地里来祈雨。

随后，查理曼得知，在他于外征战的这段时间里，比利牛斯山脉遭遇了不幸。细致却多病的阿基坦国王路易一世带着阿基坦贵族来见查理曼。此前，阿基坦军队曾奉查理曼之命向东行军，而由于不需要他们，查理曼便让他们在雷根斯堡等待。阿基坦国王路易一世告诉查理曼，阿基坦遭到了屠杀和劫掠。

查理曼与第一代科尔多瓦埃米尔阿卜杜勒-拉赫曼一世商定的十年停战协议已经到期。第一代科尔多瓦埃米尔阿卜杜勒-拉赫曼一世驾崩后，第二代科尔多瓦埃米尔希沙姆一世召集了摩尔人的军队并且准备发动一场战争。趁查理曼东征的间隙，穆斯林越过比利牛斯山脉，一路横扫到纳博纳[①]，洗劫教堂并且奴役村民。

第二代科尔多瓦埃米尔希沙姆一世

① 纳博纳，今法国南部的一个市镇，位于朗格多克-鲁西永大区的奥德省，在公元前118年由高卢人建立。

在纳博纳的城门前，虽然第二代图卢兹公爵盖洛内的威廉顽强地进行着抵抗，但他的部下都是些徒步行军并且装备粗鄙的老人、小孩和农夫，甚至拿镰刀当武器。这些老人、小孩和农夫根本不是穆斯林骑兵的对手。第二代图卢兹公爵盖洛内的威廉虽然坚持抵抗，但只能眼看着部下们惨遭杀戮和纳博纳被劫掠。在卡尔卡松[①]的城门前，第二代图卢兹公爵盖洛内的威廉杀死了穆斯林军队的指挥官，击退了进攻者。阿基坦人民在为逝者哀悼时，阿基坦军队却因要听从查理曼的命令而在雷根斯堡无所事事。

查理曼承担了这次灾难的责任，说道："这都是我的错，不能怪其他任何人。"查理曼命令阿基坦军队迅速返回边界。第二代图卢兹公爵盖洛内的威廉单枪匹马就击退了敌人的攻击，而查理曼因此称赞了他。

那天夜晚，在睡榻边解下那把金柄剑后，查理曼便再也没有佩带它去指挥军队。由于查理曼的过错，数以千计的基督教教徒不幸遇难。因此，查理曼只能把军队的指挥权交给他的战斗大师们，如英勇的第二代图卢兹公爵盖洛内的威廉、优秀的巴伐利亚远征军总督文佐高的格罗尔德和睿智的弗留利公爵埃里克。查理曼点着蜡烛，许久未眠。查理曼翻开约克的阿尔昆的弥撒书，找出了祷文，非常想念远在大不列颠岛的约克的阿尔昆。

有一晚，查理曼一直醒着，等着起床唱赞美诗。因为时节已是深冬，所以查理曼等待了很久后，黑夜才渐渐褪去。沙漏无法告诉查理曼过了多少个时辰。这时，查理曼听到前厅传来了女子的嬉笑和喧闹声。

查理曼走到帘子旁，发现法斯特拉达王后的一群侍女正在穿衣，推推搡搡，甚至没有梳好她们的头发。查理曼问道："你们在吵什么？"

侍女们把裙子的褶皱塞进嘴里，止住笑声，大叫着说，有个身上有伤、满口胡话、没穿外套的男人想闯进来。

"他说了些什么胡话？"

"他说要找陛下您。然而，他只穿着内衣内裤，全身发抖……"

① 卡尔卡松，今法国南部城市，奥德省首府。卡尔卡松旧城是一个中世纪的要塞城市，隔比利牛斯山脉与西班牙相望。

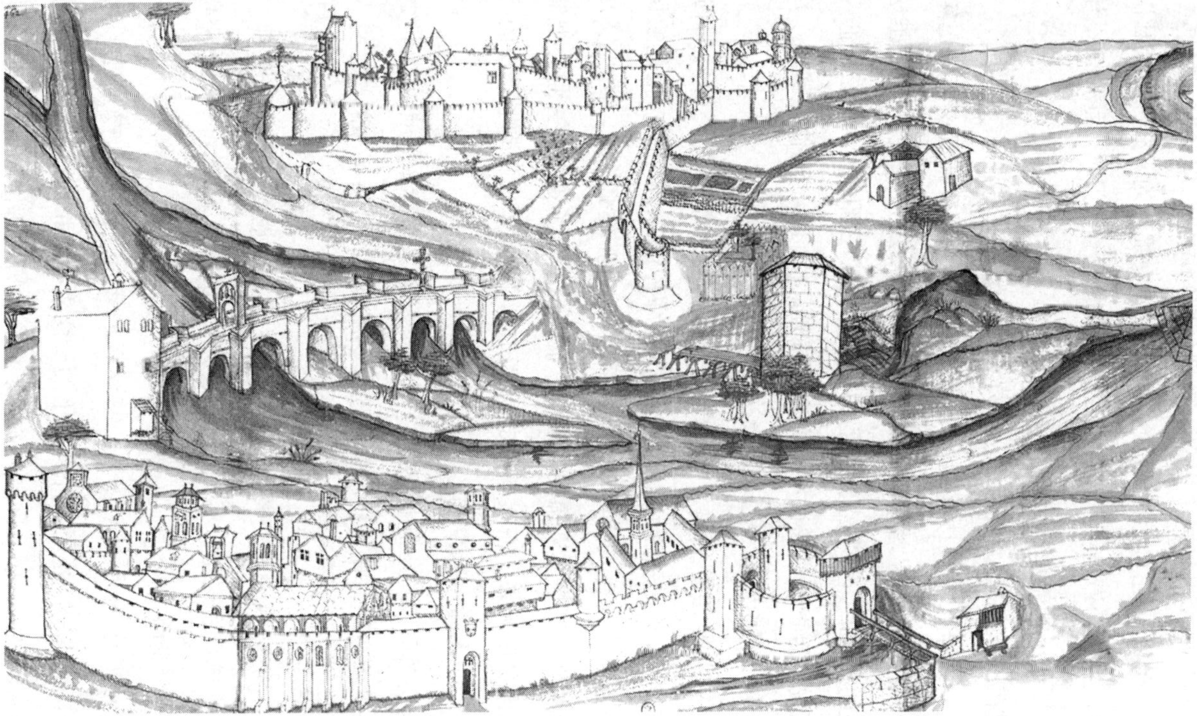

卡尔卡松

“让他进来。你们先退下。”

由于想起自己也只穿了内衣，查理曼回到床边的烛台前。与此同时，一个气喘吁吁的壮汉走了进来，而他的特征跟侍女描述的一样。这个壮汉被冻得瑟瑟发抖，扑通一声跪下了，哭着说道：“过每一扇门时，他们都不让我进来拜见陛下您……开始是侍卫……”

“现在,你进来了。喝点酒，好好说话。”

因此，这个壮汉一边喝酒，一边说了起来。这个壮汉操着伦巴第口音，声称他叫法杜尔夫，是教堂里的贫穷的执事。据法杜尔夫说，他去圣坛边点燃晨祷仪式的蜡烛时，一些手持武器的密谋者们正在黑暗中于圣坛边低声交谈。密谋者们说，等查理曼像往常一样来晨祷时，他们会砍下他的脑袋，并且通过假装喝醉来让这场谋杀看起来像一次意外。

法杜尔夫听到了全部计划——密谋者们一直在相互提醒要如何假装争吵。虽然法杜尔夫躲在圣坛后面，但密谋者们仍然发现了他，把他的长袍扒了下来，并且要他发誓安静地躺在原地。然而，躺在那儿时，法杜尔夫又冷又怕，全身发抖。法杜尔夫想到，密谋者们可能会杀了查理曼并且会把他当成猪一样用串肉叉串起来。密谋者们走到门口时，法杜尔夫爬到了圣坛的另一头并且听出了一些人的声音。

查理曼派王宫侍卫包围教堂，叫醒宫廷内务总管梅金弗里德和御膳总管兼布列塔尼远征军总督奥杜尔夫并且命令在黎明时分将可靠的法兰克人安插到每一条街道。

密谋者们被抓获时，整个计划都明了了——他们打算杀害查理曼和他的儿子，在事成之后扶驼背丕平继承王位。经过数周的追捕，埃尔斯堡和帕维亚的所有密谋者们全部落网。

在雷根斯堡的领主大会上，密谋者们接受公审并且被判处了死刑。然而，后来，查理曼产生了对驼背丕平的怜悯之心。驼背丕平被送回了普吕姆修道院的小房间“待一段时间”，并且从此在花园中劳作，孤独地度过了余生。

征求上帝的意愿并且经历了考验后，有些被告洗清了罪名。还有几个被告获得了查理曼的宽恕，被流放他乡。剩下的那些密谋者有的被绳索绞死，有的被剑刺死，有的被弄瞎。

法斯特拉达王后虽然不能参加公审，但仍然迫不及待地打听了不忠的部下被处死的细节。查理曼虽然想起了法斯特拉达早就知道驼背丕平会给王宫带来厄运，但无法确定她知道密谋的多少内幕。虽然法兰克王国日益强大，但雄心勃勃的法斯特拉达王后年幼的女儿们无法继承王权的任何部分。

为了答谢营救自己的法杜尔夫，查理曼去了教堂并且看了法杜尔夫藏身的圣坛。虽然圣坛上的烛台非常普通，但圣坛上还有一只精美的圣餐杯。查理曼决定将圣坛上放着的圣餐杯赠给法杜尔夫，并且将自己的一只圣餐杯赠给了教堂。查理曼拿起圣坛上放着的圣餐杯，仔细观赏着，发现可爱的嵌饰图案下面有几个字："强有力的领导者塔西洛。"

原来这只比查理曼的任何圣餐杯都要精致的圣餐杯是"强有力的领导者塔西洛"所赠。查理曼闷闷不乐地把圣坛上放着的圣餐杯放回原处，去宫廷内务总管梅金弗旦德的箱子里找了些礼物赐给了法杜尔夫。查理曼一直关注着法杜尔夫这位诚实的执事，并且后来任命他为圣德尼修道院院长。实际上，查理曼从来不会忘记效忠自己的外乡人。

与此同时，法斯特拉达王后关于厄运的预言似乎正降临法兰克。土地晒得焦干，而春季播下的种子没有发芽，导致饥荒从南爆发并且波及了勃艮第。查理曼提醒修道院院长和伯爵们用牛车装好粮食，戒备森严地运往南方。然而，祸不单行——贝内文托的边界处又起了冲突。

792年，各种磨难接踵而至。据编年史记载："撒克逊人展示了自己多年来深藏于心的秘密——他们又重新信仰起被他们抛弃的宗教，正如狗会从自己的呕吐物中觅食一样。撒克逊人再次摒弃了基督教，开始向赐予他们极大恩惠的上帝和国王撒谎。撒克逊人加入了外族的异教徒团伙。撒克逊人烧毁他们的教堂，抓捕甚至杀害他们的神父，再次开始全心全意地供奉神像。"

易北河外围的斯拉夫人拿起了武器，而海边的弗里西亚人也发动了叛乱。

约伯

在查理曼看来，似乎和对待约伯[1]一样，上帝也给法兰克人送来了许多磨难。不仅饥荒在缓慢地扩散，而且动乱也在不断地蔓延，导致查理曼只能竭尽全力与之抗衡。当庄园和修道院已经没有粮食可以送往灾区时，查理曼下令官员们散发银币，直到迎来下一年的丰收季。此外，查理曼还限定了面包的价格。由于意识到交通不便，查理曼下令快速修建跨河木桥。

乘船出行时，由于注意到了处于新占领的高原地区的莱茵河与多瑙河上游之间的间隙很窄，查理曼下令那里的农民挖沟渠把这条大河连接起来。查理曼不断地催促约克的阿尔昆返回法兰克——离开了约克的阿尔昆的辅佐，查理

① 约伯，《圣经·旧约》中的犹太爱国者，经受住了上帝的考验并且一直维持着对上帝的信仰。

曼觉得自己的努力总是受阻。与此同时，法斯特拉达王后没有希尔德加德王后当年的能力，无法帮查理曼渡过饥荒的难关。

约克的阿尔昆表示自己不愿意离开大不列颠岛时，查理曼一再劝他，并且表示会将有最精美的书的图尔的圣马丁教堂赐予他。在信中，查理曼表示，和心情沮丧的自己一样，圣马丁教堂也非常需要约克的阿尔昆。

温和的约克的阿尔昆对家乡的人说道："像我这样的人是无法拒绝他这样的朋友的。"

即使是在深爱着的约克，约克的阿尔昆也总是怀念在法兰克的宫廷学院的夜晚的欢乐时光：他们开怀畅饮，在浓浓的酒香中观察着星空。在回信中，约克的阿尔昆写道："我们这儿的酒都被喝光了。现在，我们的肚子里只有泛酸的啤酒泡沫。那么，请为我们干杯吧，也祝你们的生活快乐起来。然而，为了我的身体，善良的学者们，请送两车清澈的上等葡萄酒来——至少也要一车！"

约克的阿尔昆弓着背出现在沃尔姆斯时，查理曼下令欢庆一夜。由于重新迎回了自己的朋友，查理曼再也不需要让抄写员代记他心中的疑问了。

约克的阿尔昆带来了许多礼物，包括珍贵的书籍、一份世界地图和麦西亚国王奥法的友谊。这位敏锐的学者认为，日渐强大的法兰克人可以保护并且接济贫穷的麦西亚国王奥法。由于听说从海上来的北方人胡作非为，企图破坏林迪斯法恩宁静的教堂和修道院，约克的阿尔昆越发急切地想要实现查理曼和麦西亚国王奥法的联盟。"自从在大不列颠岛定居以来，我们从未见过如此恐怖的异教徒。我们认为，异教徒的船队的进攻可能会是无休止的。你想想——光想想神圣的卡斯伯特教堂到处溅满了神父的血迹的情形吧，想想这个荣耀的地方会被异教徒糟蹋成什么样子！"

约克的阿尔昆痛心不已，大声控诉着大不列颠贵族的罪行："他们乱伦、通奸，而这样胡来的坏习惯怎能不给我们带来这前所未闻的厄运！"

正处于水深火热中的查理曼想知道天罚是不是针对大不列颠贵族的罪行的。约克的阿尔昆十分悲痛，坚信天罚终将降临——他看到血雨落在约克的圣彼得教堂的屋顶上，而这正是灾难的征兆。约克的阿尔昆认为，大不列颠贵族奢靡华丽的装扮和夸张招摇的发型都是对上帝的嘲笑。约克的阿尔昆说道："大不列颠贵族得过且过，想的尽是挥霍腐败的生活，而与此同时，其他人则被活活冻死。有个富豪，紫袍加身，沉迷于吃喝玩乐，而一个穷人则饿死在了这个富豪家门口！"

查理曼谦卑地听着约克的阿尔昆的话。由于没有受过良好的教育，查理曼无法理解约克的阿尔昆的解释，只能直观明了地看到当前要做的事情，即跨河修桥、抓牲畜去拉货车和分享囤积的粮食。约克的阿尔昆从查理曼身上看到了作为基督教教徒保护者的力量，并且认为只有查理曼才可以帮助大不列颠岛的教堂。

查理曼忘了自己已经按需求安排了大量牛去拉雪橇了——这些雪橇要把拉文纳的大理石从阿尔卑斯山脉运到阿奎斯格拉纳姆的新教堂的地基处。或许，查理曼也忘了宫廷内务总管梅金弗里德每天都会宰杀许多牛羊为王宫内成群的食客提供四道肉菜。查理曼已经下定决心，不仅要修建最大的教堂，而且不能不给挤进王宫大门的成群朝圣者和流浪汉提供食物。

然而，查理曼想知道，有没有什么明显的迹象会表明上帝是否认可他的行为——约克的阿尔昆或许知道答案。

查理曼问道："你已经说出了上帝对大不列颠人感到气愤的神迹。如果上帝认可我，那么又会有什么迹象呢？"

约克的阿尔昆轻轻地摇了摇头，说道："虽然我不能说出来，但你会知道的。"

"此话怎讲？"

"从前有个人试图在自己周围的土地上找到上帝。这个人四处寻觅，却只看见大海之水、无底深渊、四腿走兽、空中飞禽和成群的爬行物。由于没有发现上帝的迹象，这个人朝四周万物大喊道：'跟我讲讲关于上帝的事情吧。'万物异口同声道：'上帝创造了我们！'"

饥荒从南方一直蔓延至北方的河谷与森林地区。查理曼立典范，颁法令，努力与饥荒抗争。大批家庭离开村子来到了查理曼的庄园。查理曼下令给

以利亚

难民吃猎物和贮藏的奶酪，并且骑着马在他们中间穿行，大声安慰他们，要他们相信上帝不会让自己的子民挨饿。查理曼始终保持着快乐的神情，不停地对着他们大喊道："想一想，上帝如果创造了你们，那么必定会用乌鸦的翅膀把食物送来——就和他对待以利亚[①]的方式一样。"

看起来，魔鬼撒旦似乎潜入了法兰克。武装团伙侵入民宅强抢食物，导致查理曼发布了一道前所未闻的法令，即士兵不得携带武器，必须将武器上交并且统一存放在武器库。此外，任何武器都不得被带出法兰克边界卖给异乡人或异教徒。

边界再次陷入了骚乱。查理曼号召总督们要加倍努力，划定每个区域的边界，如西班牙界、布列塔尼界、丹麦界、易北河界、大东方界等，让每个区域看上去都像一个国家。查理曼不再冒险去那些地方了，而是给第二代图卢兹公爵盖洛内的威廉、御膳总管兼布列塔尼远征军总督奥杜尔夫、巴伐利亚远征

① 以利亚，《圣经》中的重要先知，生活在公元前9世纪。以利亚按神的旨意审判以色列、施行神迹，同时被以色列王室逼迫。

军总督文佐高的格罗尔德和弗留利公爵埃里克等边界总督派去了武装应征兵。实际上，这些总督比查理曼更能胜任保护边界的工作。

查理曼一边称赞这些部下，一边跟他们讲艾斯黑尔的故事："我如果有了像艾斯黑尔一样的贵族可以替我去，那么便不必亲自去征服异教徒了。"

实际上，没有人见过艾斯黑尔。虽然艾斯黑尔可能只是查理曼虚构的一个人物，但这丝毫不影响这个英雄人物的名声。据说，艾斯黑尔不仅会在布满泡沫的河中游泳，而且强行穿过了结冰的山洪。艾斯黑尔就是一支军队，并且是一支可怕的军队。查理曼说道："艾斯黑尔就像割干草一样击溃了波希米亚人、斯拉夫人和阿瓦尔人。艾斯黑尔把敌人们叉在长矛上，就像把一只只鸟儿串在烤叉上似的。艾斯黑尔又是怎样对付维尼迪人的呢？哎，你们这些缩在家里的懒汉都应该听他讲讲维尼迪人的故事！艾斯黑尔归来时，他的长矛上捆着七八个维尼迪人。艾斯黑尔说道：'我听烦了他们的尖叫。我凭什么跟这种小蝌蚪费劲啊？我和国王陛下应该不会沦落到那种地步，即要劳烦自己去跟小蝌蚪计较。'"

查理曼派自己的儿子，即小查理跟随有经验的指挥官去对付撒克逊人。查理曼说道："你要俘获那些大户人家，并且要比以往俘获的更多，将他们作为维护和平的人质。"

与此同时，阿瓦尔人重新回到了多瑙河河谷。阿瓦尔人非常谨慎，派了一些使者打探法兰克人的动静，看看查理曼在想什么。由于一直都靠着掠夺财富在东方过着锦衣玉食的日子，阿瓦尔人早就已经丧失了当年的凶猛和野性。查理曼设宴款待使者们，拿出一些黄金塞进他们怀里。查理曼还把使者们灌醉，给他们洗礼，恭敬地把他们送走，给他们留下了深刻的印象。查理曼往阿瓦尔使者们身上植入了一种细胞，一种支持非凡的基督教国王统治的细胞。正如巴伐利亚人一样，一股支持查理曼的势力及时在阿瓦尔人中成长了起来。

"他们会得到上帝的恩典。"查理曼预言道，并且把改变阿瓦尔人的信仰的任务交给了巴伐利亚大主教萨尔茨堡的阿尔诺。

在给巴伐利亚大主教萨尔茨堡的阿尔诺的信中，约克的阿尔昆写道："如果上帝的恩典偏向他们的国度，那么谁又敢拒绝让他们获得救赎的神职呢？"

查理曼也加强了巴伐利亚远征军总督文佐高的格罗尔德的实力，开始通过修建横跨多瑙河上游的大桥为骑兵奔赴阿瓦尔人的地盘开辟新路。

在危机不断的这些年里，查理曼的钦差们也马不停蹄。钦差们必须执行查理曼的意志，不能有别的想法，否则便是死路一条，因此，钦差们会对着放鹰逐犬的修道院院长和嗜酒成性的领主们大喊“服从命令”。有时，钦差们会代替查理曼行使权力，命令道：“改掉你们卑劣的行径，脱下你们华丽的服饰！挨饿者就在门口，你们难道还要大吃大喝吗？”

贵族们效仿巴斯克人，穿着崭新华丽的精美条纹短斗篷时，钦差们便会传达查理曼的原话：“这些小擦嘴布有什么用？睡觉时不能当被子盖，骑马时也不能遮风挡雨。”

骑马时，查理曼会穿着褪色的蓝羊毛披风，而他后面跟着被武装护卫的女儿。晚祷时，查理曼的女儿们如瓦尔基里[①]般悦耳的声音会盖过了身为国王

瓦尔基里

① 瓦尔基里，日耳曼神话《尼伯龙人之歌》中的众神之王奥丁的侍女们，不仅是神灵，而且是身披闪亮盔甲，骑着骏马在天空中飞行的武神。

的他的声音。骑行经过满目疮痍的领土时，查理曼虽然内心沮丧，但始终面带笑容，给疲惫不堪的臣民鼓劲。

查理曼告诉臣民，苦难结束后，上帝会保佑他们的土地。在泉水的滋润下，阿奎斯格拉纳姆的庄稼郁郁葱葱，长势喜人。查理曼大喜道："这就是上帝仁慈的见证！"

看到阿奎斯格拉纳姆的教堂的墙慢慢被建起，查理曼说，这座教堂供奉的不是圣马丁或梅斯主教圣阿努尔夫，而是最仁慈的圣母玛丽亚，而这座玛丽亚教堂将在感恩之中建成。

查理曼的驾到给大家带来了宽慰，而同时，他对美好未来的详细规划也让大家的信念更加坚定了。毫无疑问，人类总是对未来满怀希望。在那个紧张的时刻，查理曼成了希望的化身和众人对未来的寄托。

由于觉得自己身负重任，查理曼直面困难。从某种程度上说，查理曼不再是那个为炫耀权力而率领队伍穿过空荡荡的阿瓦尔人的领地的人了。查理曼虽然没有伟大国王的能力，但扮演着伟大国王的角色。

查理曼第一次意识到，他的正确位置应该是所有事情的中心。居于各方交流的中心能让查理曼与各处边界保持联络，派官员对边远地区的危机进行补救，而早年的他只想亲力亲为——为了成功征服伦巴第，查理曼在撒克逊人的领地上遭遇惨败；他刚脱离阿瓦尔人，比利牛斯山脉沿线就失守了。

由于非常执着，查理曼一旦有什么想法，就想确认其结果。刚刚想到了集权管理的好处，查理曼就决定要选定一座中心城市——法兰克也会有一个罗马城。

当时，法兰克的地理中心可能是"银城"斯特拉斯堡[①]或日内瓦。然而，或许是喜欢温泉池和狩猎区，或许是不愿意离开家乡，查理曼仍然选择将中心城市建在阿奎斯格拉纳姆。无论出于什么原因，定都阿奎斯格拉纳姆都是一个不错的决定，因此，阿奎斯格拉纳姆成了法兰克王国都城。因此，我们如今更加熟悉的艾克斯和亚琛出现了。

---

① 斯特拉斯堡，今法国东北部城市，也是法国第七大城市和最大的边境城市。历史上，斯特拉斯堡处于多个民族活动范围的重合地带。从最初的凯尔特人，再到高卢人、日耳曼人，以及后来的法兰克人，都在斯特拉斯堡留下了足迹。

为了装扮法兰克王国的新都城，查理曼征得教皇阿德里安一世的许可，从拉文纳搬来了又大又重的西奥多里克大帝的铜像。据794年的王宫年鉴记载："国王回到了叫阿奎斯的王宫，并且在那里庆祝了耶稣的诞生和复活节。"

794年的王宫年鉴还记载了法斯特拉达王后的去世。法斯特拉达王后被风光大葬于美因茨的圣奥尔本斯教堂。由于法斯特拉达王后惹了太多是非，查理曼没有把她葬在圣阿努尔夫教堂的希尔德加德王后身旁。法斯特拉达王后的墓志铭是奥尔良[①]的狄奥多夫写的，只有几句淡淡的称赞。对这位工于心计的王后的去世，法兰克人非但没有悲痛，反倒有一种如释重负的感觉。

查理曼没有让第二个人操控自己。查理曼娶了单纯的柳特加尔德。柳特加尔德和查理曼的女儿罗特鲁德年龄相仿，可能是查理曼的情人，而安吉尔贝按要求对她进行悉心教导，让她学会了熟练阅读。柳特加尔德王后性情温和，深得约克的阿尔昆喜爱。约克的阿尔昆称柳特加尔德王后为"忠于上帝的女子"。

查理曼或许从柳特加尔德王后身上看到了温顺的希尔德加德王后的影子。柳特加尔德王后成长于查理曼的家乡——莱茵河河畔，生来温顺，而查理曼似乎本能地想要回归自己的生命源泉。

从792年到795年这混乱的几年中，查理曼殚精竭虑，没有去征服新领地，而是忙着在法兰克守护他获得的遗产和责任。查理曼回到了法兰克人的身边，无视"外族人"的要求。艾克斯位于一个山谷中，与世隔绝，满是吟游诗人、祖辈庄园和林中狩猎的回忆。查理曼心怀感激地保护着法兰克王国，却无福在艾克斯尽情享受。

查理曼已经惊动了一些势力，而这些势力会逼着他再次离开位于莱茵-默兹河流域的住所。各个区域的总督恢复了边界的和平。虽然撒克逊人不再与阿瓦尔人联合，但从阿瓦尔人的领土上传来了惊人的消息。

伦巴第国王丕平·卡洛曼率军打回了多瑙河地区。巴伐利亚军队跨过新

① 奥尔良，今法国中央大区首府，位于巴黎以南大约一百二十公里，是一座历史悠久的城市。奥尔良所处的卢瓦尔河谷是法兰西皇室之源。在墨洛温王朝时期，奥尔良曾一度成为法兰西首都。

建的桥梁，加入了伦巴第军队。阿瓦尔人发生了内讧，杀死了自己的可汗。阿瓦尔人中主张抵抗的领主也被消灭了。巴伐利亚大主教萨尔茨堡的阿尔诺率领众神父发誓要做第一批使徒们做过的事业，即去“教导未受教导的人们，然后再改变他们的宗教信仰”。

与此同时，凶残的塞尔维亚人和克罗地亚人也在侵扰着日渐衰落的阿瓦尔人。阿瓦尔人发生内讧后，弗留利公爵埃里克带着军队越过了蒂萨河，到达了查理曼不曾涉足的匈牙利平原外的高地。一位斯拉夫酋长给弗留利公爵埃里克指明了通向隐蔽的圈城的路。

弗留利公爵埃里克闯入了圈城，占有了阿瓦尔人的宝藏。

阿瓦尔人投降了。弗留利公爵埃里克用十五辆由四头牛拉着的车把阿瓦尔人的宝藏运到了查理曼面前。

这个消息给基督教世界的中心艾克斯带来了前所未有的轰动。约克的阿尔昆异常欣喜，称赞弗留利公爵埃里克“英勇无畏、兵力强大，战胜了上帝的敌人”，并且认为这个胜利要归功于查理曼的智慧和力量。约克的阿尔昆说道：“虽然匈奴人凶残无畏，向来让人闻风丧胆，但千真万确，基督仍然让他们拜倒在您的士兵们跟前了。”

奥尔良的狄奥多夫兴奋地写道：“编着辫子的匈奴人来到了基督身边——他们虽然曾经是那么凶残，但如今也改变了信仰。”

坚定的巴伐利亚大主教萨尔茨堡的阿尔诺把传教的使者派到了“比拉布河还远的巴拉顿湖[①]周围，一直到与多瑙河相连的德拉瓦河[②]流域”。

在基督教教徒们看来，轻松打败这些最危险的异教徒就是上帝显灵的表现。

查理曼发现，他虽然没有指导这场战争，但同样被拥戴为胜利者，成为公认的基督教军队的创建者，实现了他多年来未能实现的愿望。

更令人不可思议的是，谁也不曾想到，阿瓦尔人的宝藏竟然如此丰富。艾因哈德惊叹不已，说道：“在人们的记忆中，法兰克人从未掠夺到过这么一

① 巴拉顿湖，亦被称为“匈牙利海”，是中欧最大的湖泊，位于多瑙河流域的巴空尼山东麓。

② 德拉瓦河，多瑙河右岸的主要支流，流经中南欧，全长七百四十九公里。

战斗中的匈奴人

大笔战利品——阿瓦尔人居然有这么多的金银财宝。有些黄金和白银是在可汗的王宫中找到的，另有一些是在战营中发现的。这些金银财宝一定是匈奴人多年的积蓄。”

艾因哈德的推断是正确的。和匈奴王阿提拉麾下的匈奴人一样，两百多年来，东方的游牧部落囤积了许多搜集到的宝贝，包括教堂的精美器皿和金条、为赎身而支付的黄金和大量受贿而来的物品。弗留利公爵埃里克的牛车倒出了黄金杯子、波斯锦缎、镶有珍珠的拜占庭丝绸、镶珠宝的武器、翡翠雕刻品、蓝宝石、被遗忘的王冠和权杖，以及金布挂锦等许多宝贝。

阿瓦尔人的宝藏中有许多珍宝。艾克斯的金匠和金属工匠们，甚至查理曼都从没有见过这些珍宝。这些工艺精湛的东方珍宝都非常罕见，并且引起了查理曼的关注。查理曼吩咐王宫的巧匠试着仿制这些珍宝。得到这笔宝藏后，查理曼立刻为自己的新教堂找到了绝妙的装饰物。

查理曼一改法斯特拉达王后在世时的做法，慷慨地分发了丰富的诊宝。查理曼用这些珍宝奖励了弗留利公爵埃里克的部下和所有忠诚之士，填满了教堂中空空如也的财宝箱，装饰了从雷根斯堡到图卢兹沿途的教堂中的圣坛。更令约克的阿尔昆开心的是，这些珍宝还漂洋过海去了大不列颠岛——为了表示友好，查理曼给麦西亚国王奥法送去了一把镶有珠宝的剑作为馈赠。

柳特加尔德王后还往查理曼的馈赠中加入了自己的礼物。在给阿奎莱亚主教保林的信中，约克的阿尔昆写道："虔诚的王后送给你两个金臂章并且请你为她祈祷。"

查理曼也从阿瓦尔人的宝藏中留出了合适的礼物给自己的拥护者兼批评者，即圣彼得大教堂的教皇阿德里安一世。后来，听说年迈的教皇阿德里安一世逝世后，查理曼含泪给继任的教皇利奥三世写了一封信以悼念"甜蜜的合作教父"。

聪明教皇阿德里安一世和直率的查理曼虽然有诸多分歧，但同时维系着不同寻常的关系，一直相互支持、同甘共苦。没有教皇阿德里安一世，罗马将是不堪设想的另一番景象。

与此同时，查理曼也失去了约克的阿尔昆的陪伴。由于王宫这些年一直在无休止地举行各种欢庆活动，约克的阿尔昆觉得自己再也无法忍受，请求离

教皇利奥三世

职去图尔的圣马丁教堂。由于知道可以继续保持通信来往，查理曼答应了约克的阿尔昆的请求。

住在尚未建成的艾克斯王宫的查理曼可以步行穿过院子去玛丽亚教堂的侧门处，并且通常可以发现在此等候他的人群。查理曼登上楼座时，来自远方的人们会蜂拥而至，挤在楼座下方的空地上表达诉求。

这些人是基督教人民，是查理曼的新臣民。然而，现实中的查理曼是什么人呢？

经过深思熟虑，查理曼给教皇利奥三世写了一封信。查理曼写道："我与你尊敬的前任曾签订过一个合作协议……在上帝的帮助下，我们有义务对外用武器保护基督教会，抵御异教徒的攻击和不忠教徒的破坏，对内用我们共同的宗教信仰使基督教更加强大。最神圣的教皇，你的义务是帮助我们的战事，即像摩西[①]一样举手祈祷，以便……无论在哪里，基督教人民都可以取得胜利，打败亵渎上帝圣名的敌人。"

摩西（右）

① 摩西，《圣经》中的古代犹太人的领袖。

在字里行间，查理曼毫无身为国王的威严架子，只表达自己承担了一份伟大的责任和义务，呼吁在西欧建立一个新的统治模式以实现圣奥古斯丁关于上帝之城的预言。

虽然要实现上帝之城这一愿景非常困难，但查理曼立刻全力以赴、精神饱满地行动了起来。

第8章

加冕称帝

起初，查理曼发现自己没有得到神职人员的帮助。查理曼如果得不到神父们的鼎力相助，那么会无法影响广大的臣民。

法兰克人的祖先都擅长使用斧子。对法兰克人的祖先而言，宽刃斧子很好用，不仅可以用来和敌人战斗，而且可以用来开辟林间道路。和同宗亲戚，即丹麦人和挪威人一样，春天融雪后、秋霜到来前，法兰克人的祖先能把一片森林变成一片耕地，还能建一所屋顶有烟洞的结实的房子。

当然，法兰克人的祖先会住得靠近交通便利的公路，寻找河边的肥沃土壤，把水中的鱼用盐腌制晒干作为为冬天贮藏的食物。在斧头的帮助下，法兰克人的祖先会轻而易举地造出各种干兽皮小船。法兰克人的祖先能从古罗马的废墟中找到砖块、铁制的连接板或铅管，会腾出地方饲养牛、猪和看家狗。富裕点的法兰克人的祖先家里还有马厩。此外，法兰克人的祖先会有煮食用的罐子和烤肉叉，以及手工砍制的桌子或床。在法兰克人的祖先的家庭中，妻子如果比较聪明，那么会织各种壁挂和白亚麻，而丈夫如果手艺不错，那么会在床架或椅背上刻上“十”字、“卐”字或带光晕的圣徒的图案。

然而，在查理曼所处的时代，法兰克人仍然过着自给自足的生活，常常喜欢独立的农庄。法兰克人的农庄周围是与别家毫无干系的小河和橡树林。法兰克自由民常常愿意和家人走到几里外的邻村，在集市上或某个圣徒的节日里喝一喝麦芽酒，给妻子买个披风扣环或带她出去交流。典型的法兰克人逐渐失去了战士的特点，慢慢转变成了农夫、村民，而不是氏族成员。然而，法兰克人依然十分执着地坚守着自己那些不可剥夺的权利，即在诉讼中为自己申辩，过量饮酒，以及为儿子留下财产的权利。对崇尚独立的法兰克人而言，城市生活似乎是一种心甘情愿的囚禁。法兰克人不明白国家公民意味着什么。虽然不仅殖民地还残留着罗马帝国破旧的高架渠遗迹，而且那些优质建筑石块被运到了圣卜尼法斯钟爱的富尔达修道院，但在法兰克人眼里，罗马帝国只不过是诸如贝奥武夫的英雄事迹之类的传说。

对法兰克的领主、农夫和农奴而言，教堂和修道院已经不仅成了一切谎言、科学和救赎的药房，而且取代了他们对沃旦的崇拜。然而，这种取代是不完全的，即不是存在于每个地方。以前，在法兰克人眼里，沃旦是从瓦尔哈拉殿堂找到的、通向死后世界的桥梁。此外，百户村法庭的官员通过颁布法令解决冲突，而村里的神父则通过触摸圣骨治疗疾病，通过洗礼赋予婴儿灵魂。教区学校甚至可以教地主的儿子和庶务修士如何制作金属物品——艾因哈德正是在富尔达修道院学会了这些手艺——如何酿酒、塑造字体或吟诵主祷文。在和法兰克福一样有上千居民的大城市里，学校还可以改善聪明的学生的阅读能力并且改良驱除妖魔的方法。

如果某个教堂有一套完整的手抄经书——这种情况非常少见，那么被装订好后，这些珍贵的书页虽然往往会被热情地用精美的漆皮或镶了珠宝的光滑木头包装好，原封不动地放在圣坛上，受到应有的敬重，但不会供人阅读。大声诵读赞美诗时，剃了发的神父们往往只会复述他记得的内容，而不是念出他在那些相互交织的字母中看到的语句。在世俗贵族中，很少有人会写自己的名字。查理曼的签名方式仍然是在字母“K”和“R”中间画一个大大的十字。在当时的法兰克，战斗英雄不需要受教育，而在闲暇时，成功的农夫要么酿酒，要么看女孩跳舞。

我们这些后人可以看到，查理曼虽然试图恢复法兰克人的思想，但明显未能如愿。查理曼的子女数量不断增多，包括法斯特拉达王后所生的几个长着亚麻色头发的女儿和私生女鲁德哈德。除了国王的子女和艾因哈德等徒弟，宫

欧几里得

廷学校和宫廷学院还要给少数几个年轻人教欧几里得[①]的神秘学说和希波克拉底[②]的治疗术。在其他地方，像约克的阿尔昆和巴伐利亚大主教萨尔茨堡的阿尔诺这样被选中的寥寥数人则纯粹是靠个性力量得到了精神启迪。然而，查理曼不承认这种失败。

---

① 欧几里得（前330—前275），出生于雅典，是古希腊数学家和欧氏几何学的开创者。欧几里得以其所著的《几何原本》闻名于世。

② 希波克拉底（前460—前370），出生于小亚细亚科斯岛，是古希腊伯里克利时代的医师和西方医学奠基人，被尊为“医学之父”。希波克拉底提出的“体液学说”及其他医学观点对西方医学的发展影响巨大。希波克拉底制定了西医的医道规范，即《希波克拉底誓言》。

由于无法接触要依靠他的广大臣民，查理曼下令各个教堂的神职人员代替他去接触百姓，要求神职人员“去布道，否则就放弃圣职”。

圣迦尔修道院的编年史撰写者似乎不喜欢主教，曾记录道：“有位主教家里的大厅铺着地毯，而墙上挂着壁挂。这位主教的椅子上放着垫子，而他穿的是珍贵的紫色丝绸衣，吃的是厨师制作出来的、摆放在金盘上的精美糕点和香肠。有一次，最虔诚的国王查理曼命令法兰克王国境内所有主教都必须在某一特定日期前去教堂正厅布道，否则就要被撤除圣职。因此，上文提到的这位主教吓了一跳——他不学无术，只知道贪吃，担心自己会失去安逸舒适的生活。

“那日的《圣经》选读过后，这位主教爬进了讲坛，似乎准备向人们讲道。熙熙攘攘的人们都十分好奇，纷纷仰着头，想看看会发生什么稀罕的事情。有一个可怜的红头发的家伙因怕人看到他的红头发而用布盖着头。这时，这位主教看到了红头发的家伙，吩咐看门人道：‘把那个遮住头、站在教堂门口的家伙给我叫过来。’

“守门人抓住了这个可怜的红头发的家伙。红头发的家伙挣扎着，担心可怕的主教会因以不该戴着东西站在上帝的屋子里为由让他交一大笔罚金。然而，那位主教站在高处，弯着身子，先是对着人群大喊，继而又对着这个红头发的家伙大喊——这样就算是开始了他的布道。这位主教喊道：‘让他到这来！别让他溜了！无论愿不愿意，混蛋家伙，你都要过来！来，走近点。’这位主教一把抓下红头发的家伙的头巾，对着人群大喊道：‘快看，大家快看这！这个乡巴佬长着一头红毛！’接着，这位主教匆忙回到圣坛前开始工作——或者应该说假装开始工作。

“查理曼虽然知道这位主教不学无术，但由于得知他服从了命令并且已经努力开口说话了，没有撤去他的主教职务。”

情急之下，查理曼临时想出了一些巧妙的方法来促进法兰克人的学习。收到来自君士坦丁堡的新管风琴后，查理曼让人把它拆开再仿制。因此，在教堂中，“牛皮的吼叫声穿过了黄铜管，发出了隆隆的雷声和铙钹的叮当声”。

查理曼要求王宫唱诗班“真实地唱出赞美上帝的话”并且和他们合唱。

“福音书要抄清楚些——不要让慵懒的年轻人抄，要让仔细的年长者来抄写。”查理曼对修道院的缮写室的抄写员说道。虽然《圣经》这种篇幅较长的大部头可能寥寥无几、非常珍贵，但福音书，尤其是使徒保罗的箴言，是每个人都要听的。在图尔的圣马丁教堂，约克的阿尔昆等人通宵达旦地工作，把福音书传遍了法兰克王国境内的所有教堂。

查理曼的训诫像鞭子的抽打声。查理曼反对修道院和修女院举行各类娱乐活动和世俗活动——难道他没有同样的爱好吗？此外，查理曼的规定还包括：修道院院长和修女院院长不得豢养猎犬、猎鹰或玩杂耍者；修女院院长不得写或寄情书；僧侣不得违背使命贪求污秽的金钱。

查理曼承认，虽然人会犯错，但总是犯错的人就是恶魔。查理曼虽然信仰最基本的原则，但不理解柏拉图的思想或哲学家们的概念。

查理曼怒斥神职人员道：“布道时，你们要讲清楚一个事实，即不虔诚之人会被恶魔扔进大火焚烧，而正义之人将与基督一起永生。”

然而，神职人员没有做到查理曼的要求，只是咕哝些口号、经文片段或突然忏悔几声。许多神职人员都是世俗贵族的儿子，靠神职谋生，思想狭隘，无法领会生命的奥秘及浩瀚的神圣力量，而意识到这一点后，查理曼下令将布道内容画在所有教堂的墙上，让来访者亲眼看到深红色的地狱之火和天堂里欢乐的白色和金色。

查理曼也会布道，经常穿行于教堂和市场之间，到处向人传播《圣经》，而他的受众上至王侯，下至百姓。虽然经书是好的，但救赎不是只来自经书，还来自信仰——信仰足够虔诚便可得到救赎。后来，传播福音时，再也没有神父能像查理曼那样苦口婆心地劝导人们或动辄便愤怒不已。

“我们的主，即耶稣基督将是永远的主宰者。我，查理曼，蒙受上帝的仁慈和恩惠，是法兰克王国和神圣的教会的捍卫者，以我们永恒的主的名义向所有代表教会虔诚或世俗权力的制度致以问候并且维护其和平……”

查理曼奔走于黑暗的领土上，对着胆怯又满怀期望的群众高声呼喊，宣扬救赎的思想。

这就是查理曼-查理曼大帝悖论。查理曼没什么文化，十分残暴，喜欢捉弄朋友，看到心仪的陌生女子便会将其占为己有，千方百计要征服反对他的人，甚至会在斋戒日等到天黑后大口吃肉。这是猎捕野猪的查理曼，梅斯主教圣阿努尔夫的后代。铁锤查理没有查理曼强大，而矮子丕平则不及查理曼狡诈。

然而，与此同时，查理曼尊重父母，从不辱骂他人，大方施舍自己的财产，捍卫“上帝的穷人”，对自己治下的所有臣民都富有责任感。这是成为神话的查理曼。

造成查理曼的这种双重人格的原因似乎很简单——虽然他的受教育程度有限，但他相信宗教经典里的每一个字。读使徒保罗的《以非所书》[①]时，查理曼刚读到开头的“保罗奉上帝旨意成为耶稣基督的使徒”几个字，便相信自己成为国王同样是上帝的旨意。因此，查理曼不仅觉得身为法兰克教会的领导者，他有义务去布道，而且认为身为国王，他应该是首席布道者。在所谓的《加洛林王朝之书》卷首，查理曼明白无误地表达了一个观点，即“奉上帝的旨意，我们的王国开始了统治。在教会的怀抱中，在基督的帮助下，我们一定会竭尽全力捍卫并且赞美教会，成为名副其实的上帝指定的优秀虔诚的仆人”。

查理曼说出这番话不是因为虔诚或单纯的责任感，而其他君主——无论是野蛮的西奥多里克大帝，还是文明的罗马皇帝马可·奥勒留[②]，都是受到了这两方面的动机的驱使。后来，阿基坦国王路易一世也因自己受到查理曼的影响而做出的各种虔诚举动而被称尊称为虔诚者路易。然而，实际上，查理曼和上述君主都不一样。

查理曼尝试执行《圣经》的命令，不仅要“竭尽全力”，而且必须把“在上帝的土地上有所收获”看得高于其他一切需求。

因此，查理曼这位农夫出身的君主深入了解周围的臣民，在相对太平的

---

① 《以非所书》，《圣经·新约》中的一卷，是使徒保罗写给以非所人的书信。

② 马可·奥勒留（121—180），罗马帝国的五贤帝时代的最后一位皇帝，拥有恺撒称号，同时是著名的思想家，著有《沉思录》。马可·奥勒留的在位时间为161年至180年。

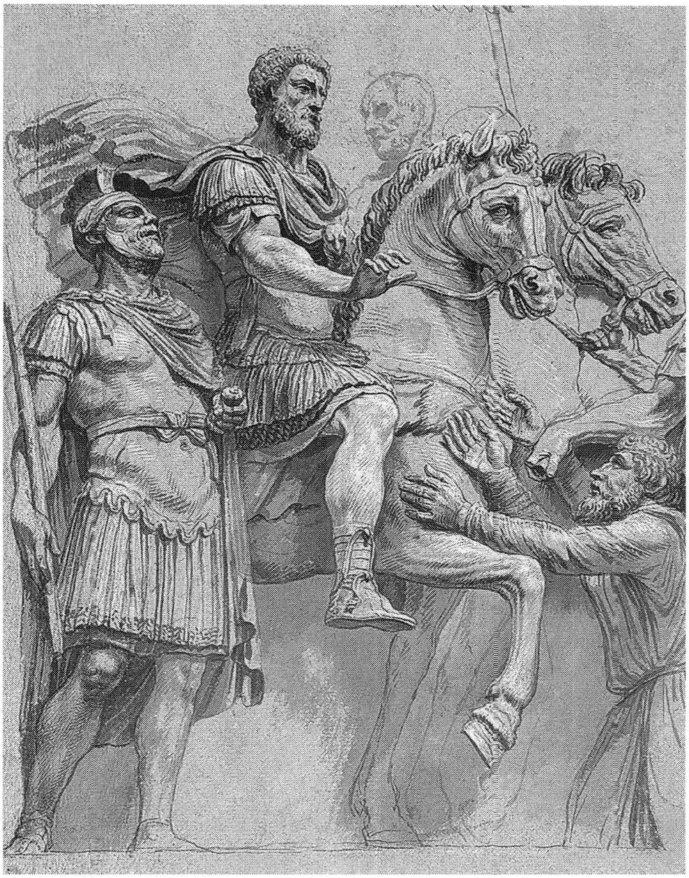

罗马皇帝马可·奥勒留

年代里很少给他们恩赐。查理曼把人性看成一个整体，认为虽然他也是众多沮丧者中的一员，但有义务消除沮丧。

虽然从形势更复杂的后几年来看，我们意识到查理曼的努力是无法实现的，但他认为，如果基督帮助他，那么消除沮丧这项工作不是不可能实现的，而是必须找到切实可行的方法。

和小时候遇到麻烦就去骑马一样，查理曼骑着马往来于教堂之间，倾听着新管风琴的鸣响和祈祷。查理曼直到深夜才用餐，并且破晓时就开始晨祷。晨祷是一种传播福音的方式，而相关工作消耗了约克的阿尔昆的大量精力。约

圣哲罗姆

克的阿尔昆充满希望地表示，抄写大有裨益——尤其是抄写那些如圣奥古斯丁和圣哲罗姆[①]等博学者的作品。

根据传说，查理曼脱口而出道："如果我有十二位和他们一样博学睿智的神父该多好啊！"

约克的阿尔昆生气地喊道："创造天地的上帝有两位这样的人就满意了，而你居然张口要十二位！"

由于一位阿瓦尔王子来归顺胜利的基督教教徒并且接受了洗礼——这表

① 圣哲罗姆（约340—420），古代西方教会中最伟大的《圣经》学者，在早期的拉丁教会中列于四位西方教会圣师之列。

明阿瓦尔人意识到了要屈服就要接受洗礼，查理曼变得心满意足。查理曼以教父的身份参加了洗礼仪式。在查理曼所处的时代，作为一种精神支持，教父要承担的责任比现在多得多。查理曼还大方地用阿瓦尔人的黄金奖赏了这位新信仰的阿瓦尔教徒。

约克的阿尔昆虽然开始对查理曼这种大规模强行改变异教徒的宗教信仰的做法有了顾虑，但没有质疑查理曼通过战争征服非基督教教徒的权利。然而，查理曼质疑了自己的这项权利，导致他在行使执这项权利时非常谨慎。根据查理曼试图实施的教会法规，通过发动战争获取领土或扩大权力的行为是有罪的——耶稣基督只祝福和平，不保佑战争。此外，又有谁能想象基督会在大肆屠杀的战场上再次回到人间呢？

或许是坚信耶稣基督只祝福和平，或许是出于本能的策略，查理曼率领武装部队外出的目的不是参战，而是——如果是可能的——避开战争。对付伦巴第的基督教教徒时，查理曼有充分的理由，认为自己的目的是帮助教皇；对付虔诚的巴伐利亚人时，查理曼仍然设法得到了教皇阿德里安一世的命令，即巴伐利亚人违抗查理曼的意志便是有罪。在西班牙人和阿瓦尔人等异教徒控制的地区，查理曼计划着躲避寻常的战事，而在龙塞斯瓦列斯之难、桑塔尔山伏击战和纳博纳战役发生时，查理曼虽然没有亲临阵地，但都承担了自己的责任。艾因哈德和圣迦尔修道院的编年史撰写者都指出，查理曼去臣属地的卓越行军都是“无血——或几乎无血的”。

许多评论家，包括拿破仑一世，都曾极力称赞并且对查理曼的军事才能自叹弗如。在不战而胜的众多例子中，查理曼显示了无与伦比的能力，而根据他所处的时代的评价标准，他确实没有越权。

然而，由于规劝策略在伊尔明苏尔神像的信徒面前无法奏效，查理曼用残忍的手段对付了撒克逊人。

约克的阿尔昆的顾虑不是来自查理曼的战争，而是来自查理曼的传教工作。约克的阿尔昆揭开了撒克逊人负隅顽抗的谜底。当初，和战士们一起行军的神父在河边给一个无辜的人进行了洗礼，不仅立刻要求他学习基督教教徒的行为，而且用遭天谴的威胁要他支付什一税，而所有这一切可能正是导致撒克逊人重新转向崇拜树神的真正原因。如果查理曼继续坚持上述做法，那么阿瓦尔人又会做何反应呢？

约克的阿尔昆非常焦虑，给向阿瓦尔人传教的传教士们的领导，即敬爱的巴伐利亚大主教萨尔茨堡的阿尔诺写了一封信。在信中，约克的阿尔昆写道："现在，请你们只宣扬正义，不要征收什一税。新生的信仰还没有成长到足够强大吃下固体食物，需要使徒友善的乳汁呵护。有人告诉我，什一税的缴纳颠覆了撒克逊人对基督的信仰。因此，我们最好让信仰战胜什一税。我们为什么要给无辜者的脖子上轭呢？我们和弟兄们不是都无法忍受吗？"

给巴伐利亚大主教萨尔茨堡的阿尔诺写信是约克的阿尔昆要做的第一件事。接下来，约克的阿尔昆要劝诫坚定的查理曼。起初，约克的阿尔昆试图通过宫廷内务总管梅金弗里德转达他的激烈言辞来达到目的，即让撒克逊的神职人员注意收钱的方式，不要太急于征收什一税、惩罚错误或强行要求未受启迪的撒克逊人去做无法做到的事。约克的阿尔昆说道："要真正让他们了解到，使徒是启示者而非偷窃者。"

然而，约克的阿尔昆的话没有造成任何影响。因此，约克的阿尔昆决定直接劝诫查理曼。这一次，约克的阿尔昆非常谨慎。起初，约克的阿尔昆描述了一幅欢乐的场景，而其大意是在最后审判日，成群的撒克逊人跟着"最快乐的国王"走向基督的宝座——这是一种非常精明的吸引福音传道者的内心的方式。接着，约克的阿尔昆指出，虽然查理曼不辞辛劳，甘于奉献，但他选中的撒克逊人似乎没有被上帝选中。约克的阿尔昆指出："请您给这些已经被征服的人们派去新老师，让新老师把他们当宝宝一样用乳汁来喂养。什一税虽然可能是好的，但和灵魂和信仰相比，没有那么重要。请您记住圣奥古斯丁是怎么教我们的——先教导一个人，把他带到信仰跟前，然后——也只能是然后，再让他接受洗礼。"

然而，查理曼对约克的阿尔昆的建议不以为然，依旧在撒克逊推行自己的统治方式。约克的阿尔昆痛苦万分，又给巴伐利亚大主教萨尔茨堡的阿尔诺

一个传教士在撒克逊人中传教

去了一封信。在信中，约克的阿尔昆写道：“没有信仰的洗礼能得到什么？你虽然可以强迫一个人去洗礼，但无法强迫他改变信仰。”

然而，经过二十四年的努力，查理曼仍然执意强迫撒克逊人信仰基督教。查理曼充满怒气的一意孤行与撒克逊人的反抗意志不相上下。撒克逊人为独立而战时，查理曼猛烈抨击“撒克逊人没有信仰”；查理曼构想建立基督教团体时，撒克逊人又不当基督教教徒了；查理曼试图重新建立铁锤查理当年的霸权时，撒克逊人在莱茵河对岸用武力反抗他。正如查理曼看到的那样，撒克逊人甚至与异教徒，即斯拉夫人和阿瓦尔人结成了联盟。

不可避免的事情还是发生了——794年至798年，查理曼率军重新踏上了撒克逊人的领土上的熟悉的道路，再次收复了帕德博恩，再次在威悉河河畔过冬，直到小查理的军队在波罗的海海岸取得了突破。

这一次，查理曼尝试了另一种权宜之计。查理曼先在村庄里选了三分之一的男人当人质，接着又把几百户人家从森林里赶了出来并且让他们去莱茵河和卢瓦尔河之间的河谷定居。由于无法让撒克逊人屈服，查理曼开始让他们移民。

无论在哪里失败，查理曼都会努力与失败抗衡，寻求扭转形势和取得胜利。查理曼的臣民们说，从来没有人能在“水流湍急、泛着泡沫”的莱茵河上建桥，而在美因茨修的桥被洪水冲走后，查理曼将装满石头的驳船逆流沉入水中，推倒木墩，用石造部分与两岸固定，在莱茵河上架起了桥。

法兰克人不擅长建筑。查理曼把拉文纳的圣维塔教堂的图纸交给了法兰克的奥多师傅。圣维塔教堂是一座规模很小、平面呈八边形的供奉查士丁尼大帝的教堂。虽然奥多师傅没有建成另一座圣维塔教堂，但艾克斯立起了一座绝妙的玛丽亚教堂。据老战士们透露，收到查理曼的命令的当天，直到天黑前，玛丽亚教堂几乎都没开始动工。然而，四年后，而不是四代后，在查理曼的督促下，玛丽亚教堂终于建成了。玛丽亚教堂的墙板都是金银材质，而墙上画着著名的壁画。许多从弗里西亚的沼泽区和其他圣地赶来的人都对玛丽亚教堂赞叹不已。

虽然没有法兰克人会制作雕塑，但在玛丽亚教堂和王宫之间矗立着一尊明亮耀眼的黄铜雕塑——哥特人西奥多里克大帝骑着马，栩栩如生。

传教士从艾克斯出发，跨过易北河及附近的斯拉夫人的领地，去了索布人，即塞尔维亚人，和克罗地亚人的荒凉的领地上。

在遥远的意大利南部，贝内文托公爵格里姆沃德三世娶了一位拜占庭公主，宣称自己“一直以来都是自由民”。为了弥补贝内文托公爵格里姆沃德三世的损失，查理曼把出色的安吉尔贝派给了他。

在西部，由于比利牛斯山脉落入了穆斯林的手中，查理曼给勇敢的第二代图卢兹公爵盖洛内的威廉派去了一些强壮的部下。这些部下坚韧不拔，逐步帮查理曼赢回了城镇和要塞。

在遥远的东部，由于阿瓦尔人抵触巴伐利亚大主教萨尔茨堡的阿尔诺的传教工作，弗留利公爵埃里克去征服了阿瓦尔人并且让阿瓦尔可汗接受了洗礼。与此同时，阿瓦尔人的首长们都去世或者迁移去了干草原地区。

因此，查理曼成了对整个西方社会都很有影响力的人。信使把查理曼的命令一直带到了远在达尔马提亚①的教堂。查理曼的臣民们满怀希望地聚集在教堂中。

查理曼是什么身份呢？

在查理曼身旁效犬马之劳的圣骑士几乎不会问这个问题——他们花时间做和想做的只不过是执行查理曼的意愿。然而，巴伐利亚大主教萨尔茨堡的阿尔诺虽然一心向阿瓦尔人传教，但在不停地问着这个问题。隐居圣马丁教堂的约克的阿尔昆有同样的问题。约克的阿尔昆一直疾病缠身，觉得自己的生命即将走向尽头。图尔远离法兰克，毗邻古老并且留着罗马帝国的记忆的高卢南部。约克的阿尔昆从未停止过思考，用书信与法兰克日新月异的人和事保持着联系。约克的阿尔昆虽然不再是查理曼的导师，但仍然是他的非官方大臣。

约克的阿尔昆依然幽默如故，然而，由于可以用来赎罪的时间已经不多，约克的阿尔昆的很多观念都在逐渐改变。约克的阿尔昆虽然以前总喜欢引用维吉尔的诗句，但现在对阅读“异教诗篇”颇有微词。虽然安吉尔贝非常喜欢戏剧，但王宫颁布了戏剧禁令——圣奥古斯丁说过，戏剧是恶魔撒旦的发明，而约克的阿尔昆一想到安吉尔贝的沮丧模样就想笑。

令约克的阿尔昆感到心烦的是，查理曼对盎格鲁-撒克逊人的国王们的需求不闻不问。诺森布里亚人杀死了自己统治者时，查理曼惊呼道：“一群没有信仰的人！”此外，查理曼越来越热衷于巩固故土的教会的力量。查理曼只简单地称自己为法兰克国王，而非伦巴第国王或罗马贵族。当然，在公众眼里，虽然丕平·卡洛曼是伦巴第国王，但查理曼通过钦差实现了对伦巴第的统治。如果查理曼驾崩，那么西方世界会怎样？更重要的是，教皇又将何去何从？

偶尔不写信时，约克的阿尔昆会让自己隐隐作痛的脑袋在宁静的夜晚中稍事休息，而与此同时，约克的阿尔昆也会思考一个问题，即查理曼虽然拥有越

① 达尔马提亚，包括亚得里亚海沿岸的达尔马提亚群岛和附近的一千余个小岛。

来越大、超过了西方的任何一位国王的权力，但没有任何匹配的头衔。查理曼已经是叱咤风云的人物，而不是只统领着区区一个粗鄙的法兰克民族的君主。

查理曼究竟是什么身份呢？

毫无疑问，查理曼是皇帝。为什么不可以呢？如果大不列颠岛和西西里岛都被查理曼征服，那么他统治的领土将超过西方历史上的任何一位罗马皇帝。当然，西班牙虽然不在查理曼的统治范围内，但仍然有被征服的可能性。恺撒大帝加冕称帝时，他的统治范围还没有查理曼大。

由于没有听说过西方还有其他帝国，约克的阿尔昆只能参照罗马帝国来思考这个问题。此外，当时，东方还有位叫伊琳娜的女人占着拜占庭帝国的继承人资格和君士坦丁堡的皇帝的宝座。伊琳娜皇后已经弄瞎了她的儿子君士坦丁六世，开始独揽大权。

然而，约克的阿尔昆知道，查理曼不仅没有那样的皇帝梦，而且只认为自己跟大卫一样，是按上帝的意愿而被指定为国王的。查理曼相信圣奥古斯丁的预言，即罗马帝国灭亡后，世界定会迎来神秘的上帝之城。约克的阿尔昆还知道，人们对查理曼认定的事，虽然不能说绝对不能，但至少也不能轻易反对。

约克的阿尔昆虽然意识到他必须找到，但无法想出答案。因此，约克的阿尔昆写信给几个信得过的朋友，向他们寻求答案。

然而，寻求答案时，约克的阿尔昆不能提及查理曼。

一项工作给查理曼带来了困难——虽然由于巴伐利亚高高的山谷把多瑙河上游和莱茵河隔开了，查理曼下令在山谷中挖一条沟渠联通两条河，但工程的进展不尽如人意。

艾因哈德说道："无论身处何地、对什么事，查理曼都会亲力亲为。"查理曼沿着阿尔特米尔河向上航行，直到小船队能驶向那个难对付的山谷。时值休耕的6月，地已犁过而未播种——查理曼认为这是个好兆头。

查理曼一行人继续骑马前进，穿越雪原的洪水，在丛林中猎捕野猪，在帐篷下大快朵颐。细心的宫廷内务总管梅金弗里德带着文件，而严谨的御膳总管兼布列塔尼远征军总督奥杜尔夫盯着食物被装进货车以便节约可食用的野猪肉。年轻娇弱的柳特加尔德王后对雨水满不在乎，说太阳会保佑来到山里的所有人。查理曼骑马上山，想去找出并且赶走干扰挖渠的祸害。查理曼的女儿们的清亮嗓音为气氛增添了几分欢乐。

虽然法斯特拉达王后的孩子被留在了法兰克人的城市，但鲁德哈德牢牢跟着年轻苗条的伯莎，努力效仿着大女孩做的事。

伯莎已是年过二十的成熟女人，带着与安吉尔贝生的两个孩子。罗特鲁德虽然和伯莎一样，即没有结婚，但同样带着一个孩子。

查理曼没有用任何话或眼神表明自己不喜欢这些捣蛋的孙辈，而是满含关爱地看着女儿们给孩子哺乳。感到饥饿时，查理曼的这些小外孙们会放声大哭。用晚餐时，查理曼的女儿们会穿着蓝色绸缎长袍为查理曼倒酒。蒙上帝恩宠，查理曼的家庭日渐庞大。

提到查理曼的女儿们时，艾因哈德说道：“由于非常享受女儿们的陪伴，查理曼无法忍受与她们分开。”

盛宴举行于正午时分。查理曼的年龄较大的女儿们会在脖子上和手臂上戴上花环，给查理曼搬去一盘盘草莓、梨子、樱桃和早熟葡萄。虽然没人让鲁德哈德拿什么东西，但在角落里，鲁德哈德放了一个花环，并且会在竖琴和铙钹奏出音乐时装模作样地跳起舞来。

在这欢乐的气氛中，只有一个人注意到了鲁德哈德偷偷摸摸的舞步。这个人就是能言善辩、皮肤被晒得黝黑的大诗人奥尔良的狄奥多夫。奥尔良的狄奥多夫是西班牙山区的神父。从纳博纳逃出来时，奥尔良的狄奥多夫还带着一个女儿。除了自称是哥特人，奥尔良的狄奥多夫没有透露其他任何信息。奥尔良的狄奥多夫生气时比斯特姆更严肃，喝起酒来比谁都快。约克的阿尔昆亲切地称奥尔良的狄奥多夫为葡萄园的教皇。查理曼收留了奥尔良的狄奥多夫，不仅赋予了他职责，而且让他作诗。

与创作《雅歌》[①]的所罗门王和路上成群的朝圣者一样，奥尔良的狄奥多

① 《雅歌》，《圣经·旧约》中的一卷书，共八章。《雅歌》中记载了所罗门王与书拉密女的爱情，预表着基督与教会的关系，具有重要意义。

夫唱着自己写的诗。只有查理曼的秘书埃尔坎巴尔德和无趣的艾因哈德才会在羊皮纸上用痛苦的诗句记载着历史。每每酒足饭饱后，奥尔良的狄奥多夫便会放声歌唱。虽然奥尔良的狄奥多夫的歌声会在宫中回荡，但一位因喝醉了酒而不能听歌的领主遭了殃——奥尔良的狄奥多夫会对着这个瞌睡的醉酒者唱歌，直到所有人都笑起来。可怜的醉酒者惊醒，蹒跚着从大厅里走了出来。

奥尔良的狄奥多夫还捕捉到了阿拉伯诗人的嘲讽，体会到了奥维德的机智。奥尔良的狄奥多夫会对着法兰克贵族大叫道：“请聆听鸟鸣声！请聆听乌鸦如何用聒噪的尖叫声淹没悠扬的乐曲；留意喜鹊如何因模仿出了人类的声音而沾沾自喜；注意骄傲的孔雀想说话时如何尖叫！听鸟儿的声音！聆听你的内心！”

由于注意到朝圣和赎罪后的有些人变得沾沾自喜，奥尔良的狄奥多夫对他们说道：“靠双腿走路无法到达天堂。”

看着鲁德哈德一个人在跳舞时，奥尔良的狄奥多夫意识到，安静时，孩子们必定很痛苦，而大方的查理曼如果不再仁慈，那么会很残忍。查理曼控制着身边的人，偶尔会给大家带来伤害，偶尔也给大家疗伤。虽然查理曼的天性召唤着他成为主宰者，但他适合去统治那么多人吗？

奥尔良的狄奥多夫不会成为牺牲品。奥尔良的狄奥多夫的弟兄们曾被驱逐，导致奥尔良的狄奥多夫不得不风餐露宿。因此，奥尔良的狄奥多夫早期的赞美诗更像无助的哀号。然而，相比查理曼身边的其他人——甚至是机智的安吉尔贝，奥尔良的狄奥多夫的想象力更丰富。

在查理曼的帐篷中，约克的阿尔昆的徒弟弗里迪斯正在给学生讲神奇的数字，以及日食和月食现象。女孩们都在帐篷中，并且即使没听讲时，也保持着安静。鲁德哈德待在其他女孩身后的拉高帐篷的绳子边。弗里迪斯看着鲁德哈德，挥手示意她走开。

奥尔良的狄奥多夫大发雷霆，咆哮道：“苏格兰酒鬼！不得禁止孩子听课！”

“我上课时，这个孩子表现得非常不耐烦。”

“那你就注意要让她高兴。你上课是为了让自己听得高兴，还是为了让别人听懂？”

由于不知如何作答，弗里迪斯从此不再把孩子们赶走。大家让奥尔良的狄奥多夫和弗里迪斯交朋友。然而，奥尔良的狄奥多夫不乐意了，说道：“狗会抚养兔子时，我就会跟苏格兰人交朋友。”

虽然查理曼不断催促，但两千步长、百步宽的沟渠仍然无法加深。水渗了进来，导致整个沟渠变成了一摊烂泥。人们陷入了这个叫里德的泥潭中。

成千上万的人挖的挖，铲的铲，拼命想把泥浆弄干净。查理曼下令通过修建堤坝把沟渠分成几段。然而，每次夜晚降临时，山谷又会变成泥潭。此外，在黑夜里，可怕的呻吟声和喘息声在这片被诅咒的土地上回荡着，而整个泥潭都会散发出一股恶臭。

与剑手克罗尔德一起用餐的人认为，难缠的恶魔已在里德扎根，要反抗基督教国王查理曼。

对这种闲言碎语，剑手克罗尔德说道：“你们这群只配去杀苍蝇的家伙也配说看到恶魔在反抗？从现在起，我要证明我看到的事实。在最黑暗的时辰里，不是恶魔，而是撒旦在邪恶的沼泽边与我们最荣耀的国王作对。我们的国王只带了剑——他将大刀和长矛都留在了帐篷里。国王刚抽出那把上好的铁铸宝剑，举起带十字架的剑柄时，撒旦便开始尖叫，发出了呻吟，而那就是你们听到的声音。接着，国王将剑刃刺进了撒旦的腹部正中，同时召唤着勇敢的天使长圣米迦勒。现在，你们会闻到恶臭、听到怪叫的原因是撒旦的残骸在这泥潭中不断翻滚。”

由于无法对付泥潭，大家似乎认为剑手克罗尔德的话是真的。

雨水过后，洪水冲走了堵水的堤坝。由于意识到自己亲临现场也没起作用，查理曼一时气愤不已，去了之前筑堤坝的小山。当时，除了鲁德哈德，无人敢跟着查理曼。由于知道查理曼生气时想一个人待着，奥尔良的狄奥多夫放心不下，便跟着鲁德哈德。

奥尔良的狄奥多夫看见，查理曼和鲁德哈德冒着风雨出去了。查理曼靠在一块大石头上休息，将头埋进双手，而鲁德哈德则在慢慢地靠近他。在没有音乐的情况下，鲁德哈德扯着自己的裙子跳起了舞。查理曼注意到了鲁德哈德。因此，奥尔良的狄奥多夫没有再跟上去。

看到鲁德哈德后，查理曼把她抱了起来，放在自己的膝上。查理曼拉过自己的披风包着鲁德哈德以免她被淋湿。与此同时，查理曼看到了奥尔良的狄奥多夫。

“奥尔良的狄奥多夫，”查理曼说道，“我很惭愧——在这么可怕的时刻，鲁德哈德仍然想着用她充满爱意的舞蹈给我带来安慰。”

查理曼回到了帐篷中，下令次日起程回莱茵河。由于雨季到来，挖建沟渠的工程结束了。

后来，查理曼不仅再也没有去过里德，而且放弃了挖建沟渠。萨尔茨堡的编年史撰写者写道：“那是无用的工程。没有任何远见卓识和智慧可以战胜上帝的意愿。”

然而，据传，奥尔良的狄奥多夫也曾说道：“感谢上帝保佑！虽然我如此卑微，但上帝将查理曼这样的国王赐予了我。”查理曼将奥尔良的狄奥多夫封为奥尔良主教。奥尔良主教狄奥多夫将“教授唱歌和写诗”的学校带进了奥尔良的村庄，令人们惊讶不已。

另一件比在里德挖建沟渠更大的失败击败了查理曼。在那段紧张的日子里，查理曼虽然试图将自己的责权限定在以艾克斯为中心的法兰克王国境内，但发现自己无法做到——向他申诉的人太多了。当然，虽然查理曼可以拒绝人们的申诉，但那种做法不符合他的性格。

为了执行大众保护者的新使命，查理曼被迫离开了艾克斯。为了恢复撒克逊人的领地的秩序，查理曼带着王宫人员一起搬到了威悉河流域并且废除了法典中最严厉的处罚。这部法典是查理曼之前颁布的，曾令撒克逊人恨之入骨。查理曼还密切关注村庄的迁徙，并且自此总是光顾这些聚居区，跨过易北河在斯拉夫人之间活动。查理曼的举动令约克的阿尔昆焦虑不安。

王宫年鉴记载了797年到798年的来自远方的使团觐见查理曼的情形。一位巴塞罗那的阿拉伯贵族给查理曼带来了打开巴塞罗那的海港的钥匙。这位阿拉伯人叫阿卜杜拉，是伟大的第一代科尔多瓦埃米尔阿卜杜勒-拉赫曼一世的儿子，被流放在外，想与查理曼交朋友。阿卜杜拉告诉了查理曼一些巴格达的奇闻逸事，声称那里的狮子的吼叫声像管风琴一样洪亮。查理曼派了几位大使去巴格达，想得到一头大象。

阿斯图里亚斯人和加斯科涅人的国王阿方斯从比利牛斯山脉西部赶来，把自己在里斯本得到的俘虏和战利品进贡给了查理曼。这些基督教徒虽然起初都是反抗法兰克人的，但现在甘愿在胜利的查理曼面前俯首称臣。

加斯科涅人的国王阿方斯

西西里岛的贵族也通过信件向查理曼表达了敬意。此外，君士坦丁堡的伊琳娜皇后也让君士坦丁堡大主教迈克尔带来了问候。伊琳娜皇后只声称自己即将登上拜占庭帝国的皇位，对将其子君士坦丁六世弄瞎并且囚禁一事只字未提。

各个修道院也乞求得到查理曼的支持。查理曼命令戴头罩的僧侣下田干活以获取更好的收成。虽然修道院是获得新生的要道，但僧侣们远离尘嚣，不问世事，逃避了对他人的责任。除了巴伐利亚大主教萨尔茨堡的阿尔诺，查理曼问了其他许多神父道："你是愿意把自己关在一个安全的监狱里，还是愿意去改变丹麦国王齐格弗里德的信仰？"

约克的阿尔昆、安吉尔贝和科尔比的圣阿代尔哈德都待在各自的修道院或教堂里，导致查理曼开始有些不满。

一位宫廷学院以前的学生从日渐破败的阿奎莱亚来到了查理曼面前。这个学生就是阿奎莱亚主教保林。柳特加尔德王后曾经给阿奎莱亚主教保林送过金臂章。约克的阿尔昆说道："我们不应该去石蜡记事本上，而应该去我们心里找他的名字。"阿奎莱亚主教保林面对着阿奎莱亚的废墟痛心不已，日久成疾——要知道，阿奎莱亚可是罗马帝国仅存的辉煌之一，却惨遭匈奴人的蹂躏。阿奎莱亚主教保林哭诉道："一座王侯之城沦为了一间可怜的破屋，而破败的教堂荆棘丛生。强盗们撬开墓地，抢走了大理石，导致逝者无法安息。"

查理曼能怎样帮助阿奎莱亚这座鬼城呢？阿奎莱亚主教保林是弗留利公爵埃里克的神父，深得查理曼的敬重和爱戴。

"什么人住在那里？"查理曼问道。

"幸存者们在格拉多①和威尼斯环礁湖的那片海岛上找到了避难地，已经走了。现在，到教堂来的人都是挨饿者和海边的乞讨者。"

"去建一座客栈收留去东方的旅行者。"

由于意识到流动人口也需要敞开的大门和分到土地，查理曼试图让每个教区都像对待客人一样招待旅行者。查理曼赏了一些银子给阿奎莱亚主教保林，同时还给他封了一个尊贵的头衔——阿奎莱亚大主教。

---

① 格拉多，今意大利戈里齐亚省的一个小镇。

阿基坦国王路易一世带着自己的新娘从图卢兹赶到了查理曼面前。阿基坦国王路易一世太穷了，甚至没有礼物送给自己的新婚妻子。在繁华的普罗旺斯和富饶的加斯科涅，不仅什一税的征收者欺瞒偷盗，而且巡视的法官们也拿自己的裁决权做交易。查理曼无法亲临阿基坦，而阿基坦国王路易一世虽然会很认真地思考人生，但对官员的这种贿赂行为无能为力。

通常，遇到这种情况时，查理曼会派精明正直的下属代他去处理事务。因此，查理曼委任奥尔良主教狄奥多夫为钦差去处置涉事官员，并且吩咐他“不要接受礼物，认真听每个人申诉，记得向我汇报你的发现”。

向查理曼汇报时，奥尔良主教狄奥多夫写了一首尖刻的诗，即《致法官》，一五一十地描述了法官们的卑劣行径，指出凡他所到之处，在受理案件前，当事人都会带着礼品来贿赂他。

“有个人给我带来了东方的宝石，想强占邻人的土地。另一个人给我奉上了印有阿拉伯文字的金币，想我把他心仪的房子判给他。

“还有一个人派了自己的仆人来。仆人展示了一个精致的足银花瓶，而花瓶四周刻着图案非常清晰的愤怒的赫拉克勒斯[①]——你甚至可以看到赫拉克勒斯的敌人脸上冒出的烟，以及赫拉克勒斯把牛赶出洞穴的情形。你还可以清楚地看到尾巴被拉住的牛的恐慌。由于想更改很多人的各种证件和资料，这个人说要把这个美丽的花瓶送给我。”

奥尔良主教狄奥多夫只收下了村民送的一些苹果或一只美味的鸡。在《致法官》中，奥尔良主教狄奥多夫嘲笑了法官们，说他们大清早就起来受贿，之后却一直睡到中午。奥尔良主教狄奥多夫还说，法官们中午从长凳上爬起来填饱肚子的目的是在下午办案时接着睡。奥尔良主教狄奥多夫告诉查理曼，法官们会仔细聆听有权势的人发言，在贫穷百姓申辩时就装聋作哑。

奥尔良主教狄奥多夫所到之处，钦差又重新赢得了人们的尊重。在广大的区域内，一些忠诚的部下让人们感受到了查理曼的影响力。

---

① 赫拉克勒斯，希腊神话中的宙斯与阿尔克墨涅之子。赫拉因嫉妒而故意刁难赫拉克勒斯，让他完成十二项任务，而赫拉克勒斯最终全部完成了任务，被升为武仙座。

在圣德尼修道院，心存感激的伦巴第人法杜尔夫正在建一个旅社宫殿以“欢迎国王驾到”；在萨尔茨堡，巴伐利亚大主教萨尔茨堡的阿尔诺正在引导布道者们，让他们的举止和使徒一样，而不是和收税官一样；在图尔，约克的阿尔昆不分昼夜地辛勤工作，收集并且比较圣哲罗姆的手稿以便能交给查理曼一部清晰、崭新的《圣经》；在鬼城阿奎莱亚，阿奎莱亚大主教保林让旅行者们留下来成为市民。

然而，上述这些人不辞辛劳地工作时，另外一些人开始思考约克的阿尔昆的问题了——可能约克的阿尔昆曾向他们提及这一问题。查理曼的身份如果已经远不止国王了，那么到底是什么？

大家很快就有了答案：查理曼是全新的基督教帝国的首领。

许多事情都起源于未知的东方。同样，给查理曼这位法兰克国王助力的人也来自东方。使徒保罗布道时，最早开始念经文的是亚洲附近的人。圣本笃的隐修制度来自埃及的沙漠中的隐士的生活方式。西方法律是在东方的《查士丁尼法典》[①]的基础上形成的。此外，君士坦丁大帝的城市依然保留着罗马帝国的遗产。

然而，西方的大海和海岸什么也没有带来——那里的森林居民和海盗民族根本没创造什么。甚至西方最优秀的灵魂，包括可敬的费德、圣高隆邦及他们的弟兄们，虽然有幸得以在君士坦丁堡到爱尔兰的海岸这条海上贸易路线上往返学习，但仍然创造甚少。贿赂奥尔良主教狄奥多夫的物品、阿瓦尔人的稀世宝藏都是东方人的作品。

人类社会的大动荡都发生在东方的土地上，像浪潮一般一波波地涌向西方的土地，最终在绵延不断的森林中形成涟漪。

7世纪中叶，一场反抗富裕却停滞不前的拜占庭帝国和波斯萨珊王朝[②]叛乱爆发了。当时，伊斯兰教的先知穆罕默德已经将一种新的信仰带到了耶路撒

① 《查士丁尼法典》，罗马法的集大成者，又被称为《民法大全》或《国法大全》，是东罗马帝国皇帝查士丁尼一世下令编纂的一部汇编式法典。

② 波斯萨珊王朝，又被称为波斯第二帝国，是最后一个前伊斯兰时期的波斯帝国，建立于224年，倾覆于651年。

冷以外的沙漠地区，而改信伊斯兰教的浪潮和征服之剑席卷了非洲海岸，推动着对立思潮穿过地中海并且冲刷了比利牛斯山脉的各个要塞。在查理曼所处的时代，第二代图卢兹公爵盖洛内的威廉仍然在比利牛斯山脉的要塞进行着基督教教徒攻打非基督教教徒的战争。然而，在东方，只信仰上帝的苦行者原本信仰的是先知穆罕默德。苦行者的精神信念之火——不仅祈祷不需要神父，而且信仰不需要教堂和资格——已经吸引了和他们有同感的东方的基督教派。结果，这些东方的基督教教派发起了叛乱，想摆脱君士坦丁堡的等级制度。苦行者可以在基督教的荒漠安身，并且在安纳托利亚[①]的干涸的平原地带奋起反抗，打破教堂的塑像，扯下教士袍，毁坏壁画——苦行者认为那些壁画在嘲笑他们的个人信仰。

这场塑像破坏者、偶像破坏者与塑像热爱者、偶像崇拜者之间的冲突持续了很久。伊琳娜皇后恢复了教堂的神像，而这种做法可能是出于信仰，而非她本人的政策。

引发这场争论的不是无聊的、暂时的，而是像世界一样宽广、像每个信徒的灵魂一样特别的问题。谁能回答这样的问题，即在圣母玛丽亚的雕像前祈祷时，难道你面对的不是一个神像而是上帝？

怨恨越积越多，导致偶像破坏者和偶像崇拜者采用了囚禁、致盲甚至杀戮等各种手段。直到787年，在尼西亚[②]人和伊琳娜皇后的授权下，第七届世界教会理事会做出了答复，指出“象征……是看得见的，可以合法地出现在祭服、器皿、墙壁和道路上，以便能让人们想起它们真正代表的是什么”。

第七届世界教会理事会宣布，那些神像虽然不仅应受到尊重，而且甚至应该被供上蜡炬和香，但不得受人崇拜——人只能崇拜上帝。

这股争执的浪潮冲向了罗马。教皇阿德里安一世认可了第七届世界教会理事会的答复，并且为恢复了教堂的神像的伊琳娜皇后祈福。虽然圣彼得大教

① 安纳托利亚，又名小亚细亚或西亚美尼亚，是亚洲西南部的一个半岛，北临黑海，西临爱琴海，南濒地中海，东接亚美尼亚高原。

② 尼西亚，即伊兹尼克，是今土耳其布尔萨省的一座城市，位于伊兹尼克湖东岸、伊斯坦布尔东南方约九十公里处。

堂的仪式和着装不及东正教教堂那般繁缛，但教皇阿德里安一世和天主教徒们仍然守护着圣像及路边神龛里的十字架。

这股争执的浪潮又从罗马流向了法兰克王宫。法兰克教堂虽然非常粗陋，没有雕像——没有法兰克工匠会这门手艺，但有粗糙的壁画和诸如圣马丁的披风之类的珍贵圣物。因此，舆论的矛头直指查理曼："在墙上描绘天堂的辉煌是否正确？圣骨或圣物是否有治疗功能？"

查理曼语气坚定，给出了肯定的答复，并且补充道："禁止破坏神像。"

如果后来没有发生那件不幸的事，那么法兰克教堂的问题可能就这样解决了。这种不幸的事虽然在今天看来似乎是不可能发生的，但在那个随意交流的年代实在可谓稀松平常。事情的起因是有个负责翻译的罗马人或法兰克福人弄错了一个词，把"尊敬"当成 "崇拜"写给了查理曼及其神职人员，导致法兰克人以为第七届世界教会理事会和教皇阿德里安一世下令要崇拜所有的象征。查理曼火冒三丈，说道："这岂不是回到了异教徒信仰吗？路边的木头十字架能像全能的上帝一样吗？我们虽然不应该破坏神像，但绝不能崇拜神像！"

奥尔良主教狄奥多夫和查理曼持同样的意见。当时刚从大不列颠岛回来的约克的阿尔昆也不得不承认第七届世界教会理事会和教皇阿德里安一世是错误的。然而，查理曼的愤怒产生了深远的影响。查理曼认为拜占庭人是宗教骗子，而教皇阿德里安一世屈尊迎合他们。因此，794年，在法兰克福，查理曼召集了自己的宗教理事会针对关于神像和上帝的这个热点问题展开了辩论。查理曼要求宗教理事会做出一个清楚的答复，并且如愿得到了他想要的答复。在法兰克福，查理曼的神职人员嘲笑并且指责了神像崇拜，认为只有神圣的三位一体[①]才可以受人崇拜。

此外，查理曼和他的学者们还在著名的《加洛林王朝之书》记下了他们

① 三位一体，又被称为三一真神、天主圣三、三一神、圣三一、三一神论，是基督宗教神耶和华的神学理论，建立于第一次尼西亚大公会议的《尼西亚信经》，是基督教三大派别的基本信条。三位一体的主要内容包括：圣父完全是耶和华上帝；圣子完全是肉身降世的耶稣基督；圣灵是在末后时期降临的再临基督；圣父、圣子、圣灵共用上帝的名。

的信念。在《加洛林王朝之书》中，查理曼写道："奉上帝的旨意，在教会的怀抱中，我们的王国的统治……"

查理曼明白无误地表达了自己的观点。作为教会首领，查理曼管理着法兰克王国，而神父的职责先于其他任何职责。当年，法兰克神职人员一定认为罗马和君士坦丁堡犯了错，而查理曼觉得自己的信仰会受到挑战。正如马丁·路德在16世纪的欧洲宗教改革中一样，查理曼可能也说过："我站在这儿，别无选择。"

马丁·路德

和马丁·路德一样，查理曼也去经书中求证。《加洛林王朝之书》中的法令虽然可能是约克的阿尔昆和其他人起草的，但听起来很像查理曼的语气。《加洛林王朝之书》中写道：“……主教们应理解上帝的祈祷并且教授其含义……同样，他们应一字不漏或一字不错地将其朗读出来……否则，他们会误导大家……他们也不应该允许神父给大家教授经书里没有、凭空想象的东西。”

因此，对神职人员的劝诫导致查理曼不得不直接面对在西班牙盛行的异教。由于接触了穆斯林和犹太教学者的思想，西班牙北部山区的基督教教徒有了些独立的想法——乌赫尔[①]主教费利克斯挑战了三位一体的观念，认为耶稣不过是上帝的养子。

乌赫尔主教费利克斯是个诚实的人，充满热情地宣扬了自己的嗣子说[②]。嗣子说传遍了比利牛斯山脉的所有教堂。然而，在查理曼心里，耶稣和上帝一样神圣——无论是不是收养的，难道一个普通人都能给所有人带来救赎吗？

查理曼号召约克的阿尔昆和奥尔良主教狄奥多夫拒绝接受嗣子说，让乌赫尔主教费利克斯意识到自己的错误，并且派安吉尔贝去罗马与教皇利奥三世协商。

8世纪末，查理曼觉得自己在“本质上”已经成了教堂的主要捍卫者，而教皇阿德里安一世的继任者，教皇利奥三世则不知自己应该充当什么角色。与此同时，约克的阿尔昆绞尽脑汁对付着这些信仰问题及查理曼坚定的意志。

“我飞到了我心爱的窝。”在圣马丁教堂隐修的约克的阿尔昆如是说。约克的阿尔昆想待在教堂里或河边，不满意修道院院长的工作，想卸下几乎不可能实现的责任并且过上宁静的隐修生活。面对查理曼不断扩大的影响力和统治范围，约克的阿尔昆能找到解决方法吗？

编写新的《圣经》的任务似乎完全超出了约克的阿尔昆的能力。因此，约克的阿尔昆给查理曼写信说他的脑子已经不够用了，并且虽然有一天另一个圣哲罗姆或有悟性的学者会完成这项任务，但他无能为力。

---

① 乌赫尔，天主教会在西班牙的一个教区，属塔拉戈纳总教区，始建于4世纪。

② 嗣子说，基督教术语，又被称为嗣子论、义子说、养子论、养嗣主义、收养主义，是早期基督教会中对耶稣神性的一种见解，认为耶稣是凡人和上帝耶和华收养的义子，而不是神。

“不要等待完美思想出现，”查理曼回答道，“那个时代永远不会到来。”

查理曼不仅想让约克的阿尔昆完成这本新的《圣经》的编写工作，而且要求新的《圣经》上的每一个字都必须非常清晰。因此，约克的阿尔昆不停地工作，认真研读神父们的文本。与此同时，约克的阿尔昆还要驳斥乌赫尔主教费利克斯，探究早期的《圣经》片段，直到头疼让他不得不停下来躺在床上舒展一下肢体。

随后，在罗马，一件人们做梦也想不到的事情发生了。799年的王宫年鉴直言不讳地描述了事情的经过：“罗马人抓住了教皇利奥三世，挖出了他的眼珠，割下了他的舌头，并且把他关进了监狱。到了深夜后，教皇利奥三世翻墙逃去了当时身处圣彼得大教堂的查理曼的使臣，即修道院院长威伦和斯波莱托公爵威尼吉斯处。”

对一个发誓要保护臣民不受外敌侵害，巩固臣民内心信仰的人而言，接下来注定是危机不断的一年。查理曼原本想铲除危险的嗣子论，却意想不到地遭遇了海上失利。阿拉伯劫匪横扫巴利阿里群岛①，而仇恨之潮也波及了周边海岸。此外，布列塔尼人和易北河两岸的斯拉夫人也开始骚动不安。查理曼的两名钦差已经遇难。

从东部边界传来了更坏的消息。巴伐利亚大主教萨尔茨堡的阿尔诺快马加鞭地赶去了罗马，而据艾因哈德记载：“两名法兰克大人物都倒下了——在一个靠近阜姆港的海滨小镇，弗留利公爵埃里克被叛军杀害了，而率军在山区攻打匈奴人时，巴伐利亚远征军总督文佐高的格罗尔德不幸牺牲。”

巴伐利亚远征军总督文佐高的格罗尔德的去世令查理曼悲伤不已，而痛失爱将弗留利公爵埃里克更让他难过得无法自拔。功勋卓著、无可替代的弗留利公爵埃里克征服了阿瓦尔人，总是随身带着虔诚的阿奎莱亚大主教保林写给基督教战士的《劝诫书》，把自己所有的财富都用于救济修道院，从来不考虑个人安危。提及巴伐利亚远征军总督文佐高的格罗尔德和弗留利公爵埃里克时，查理曼说道：“这两位勇将推进并且保护了基督教领土的边界。”

① 巴利阿里群岛，地中海西部群岛，是西班牙的一个自治区和省份。

谁来接替巴伐利亚远征军总督文佐高的格罗尔德和弗留利公爵埃里克呢？查理曼必须亲临东部边界。然而，在帕德博恩，查理曼看到路上的撒克逊贵族被领着迁往法兰克王国境内，而法兰克居民正迁往撒克逊人的城镇。在小查理已经跨过易北河去征服斯拉夫人的情况下，查理曼怎么能离开撒克逊人的领地呢？

一位拜占庭使者来到帕德博恩，带来了一个奇怪的消息。已经自立为女皇的伊琳娜女皇给查理曼送来了礼物和问候，并且解释说她已囚禁了她犯罪的儿子君士坦丁六世，独自统治国家，渴望与法兰克国王成为朋友。然而，把自己的儿子送入监狱的会是什么样的女人？一个女人如何能守住拜占庭帝国的皇位？

查理曼虽然身在帕德博恩，但心系南方和东方。除了其他人和事离不开查理曼，受伤的教皇利奥三世也来找他申诉。四十五年前，查理曼曾冒着冬日的暴风雪去迎接了来求助于矮子丕平的教皇斯蒂芬二世。由于无法离开自己的营地，查理曼派他的儿子，即伦巴第国王丕平·卡洛曼替他去迎接教皇利奥三世。

在帐篷前，查理曼迎接了受伤的教皇利奥三世。巴伐利亚大主教萨尔茨堡的阿尔诺和几个结实的法兰克部下护送着逃难的教皇利奥三世。经历了长途奔波后，教皇利奥三世见到了查理曼这位欧洲的主宰者。在自己的帐篷旁，查理曼为教皇利奥三世备好了一个帐篷。查理曼和教皇利奥三世在进行单独谈话时，在一旁守卫的士兵们十分好奇，不停地窃窃私语。

显然，教皇利奥三世的双眼还没被彻底挖出来，而他受伤的舌头也还可以说话。同来的高级教士说教皇利奥三世能被治愈完全是奇迹……所有人都一致认为，在骚乱不断的罗马，积蓄已久的怨恨终于爆发了。由于得不到贵族家族的支持，骑马从拉特兰宫出发时，教皇利奥三世遭到了一个拿着刀剑的武装团伙的袭击，而围观的人群被吓得魂飞魄散，导致之后发生的事情众说纷纭。

教皇利奥三世的对手指责教皇利奥三世犯了不道德和做伪证的罪行。然而，问题的关键在于有股强大的势力企图统治罗马，而教皇利奥三世自然是这股势力的肉中刺、眼中钉。

虽然大家听完了教皇利奥三世的叙述，但由于查理曼没有暴露自己的意图，没有人知道他的想法。当然，查理曼仍然把教皇利奥三世尊为使徒领主，并且请他去新教堂的圣坛就圣职。查理曼表示，教皇利奥三世必须在他的保护下回罗马去面对原告的控诉。查理曼将担任针对教皇利奥三世的罪行而举行的听证会的法官。

因此，跟着法兰克长矛手走出林间道路时，教皇利奥三世可能非常忐忑。对教皇利奥三世来说，回到罗马并且直面敌人是一种巨大的考验——毕竟，逃出来时，他被敌人们折磨得浑身是血，而他的眼睛差一点就瞎了。

虽然巴伐利亚大主教萨尔茨堡的阿尔诺照常跟随着查理曼，但由于太虚弱，约克的阿尔昆无法陪在查理曼身边。由于法兰克船队正计划收复马略卡岛[1]，奥尔良主教狄奥多夫也不在查理曼身边。此外，第二代图卢兹公爵盖洛内的威廉正在给查理曼送来开启韦斯卡[2]的钥匙的路上。

约克的阿尔昆虽然退居图尔，但仍然从巴伐利亚大主教萨尔茨堡的阿尔诺处弄清了事情的前因后果。约克的阿尔昆对圣彼得大教堂的忠诚度仅次于对查理曼。约克的阿尔昆注视着手里的书，十分清楚是上帝的意愿将受伤的教皇利奥三世带到了勇敢的查理曼面前。约克的阿尔昆猛烈抨击了在罗马发动叛乱的“不和之子”，认为那里“向来就闪耀着我们的信仰的最耀眼的光芒，而心灵瞎了的人把他们的神父弄瞎了”。

因此，约克的阿尔昆非常赞同查理曼亲临罗马进行裁决的决定。接着，约克的阿尔昆又开始思考查理曼的身份问题，以及还有谁能补救基督教领土的这种遗憾状态并且让罗马荣光重现。带着这些问题，约克的阿尔昆给查理曼写了一封不同寻常的信。

在信中，约克的阿尔昆写道：“至今为止，世上地位最高的人有三位。第一位是圣彼得大教堂的使徒领主，即教皇利奥三世，而我刚刚才从陛下您那里得知了他的遭遇。第二位是第二罗马，即君士坦丁堡的皇权与世俗权力的拥

① 马略卡岛，位于地中海，又名马洛卡岛。

② 韦斯卡，位于今西班牙阿拉贡自治区北部。

有者，而到处都在传言说这位君主已经被自己的臣民推翻了——这实在是太不虔诚了！第三位就是您。圣明的上帝让您成了基督教人民的统治者。不仅您的权力高于上述两个显要人物，而且您的智慧和身份也超越了他们。您难道没有发现基督教的命运只依赖于您一人吗？报复罪行、引导游子、安抚哀者、扬善抑恶的重任全都将由您承担。”

作为一位非官方大臣，约克的阿尔昆虽然循循善诱、苦口婆心地劝说查理曼以皇帝的身份去统治基督教西方世界，但巧妙地避开了“皇帝”这一字眼。

查理曼看上去没有考虑约克的阿尔昆的建议是否合理，只是极力劝约克的阿尔昆去撒克逊人的领地。然而，约克的阿尔昆没有上当或“离开宁静之湾而去是非之地”。因此，查理曼又想让约克的阿尔昆告别“屋顶冒烟、伤害眼睛的图尔”，陪他去罗马。约克的阿尔昆反驳称，图尔的烟对眼睛的伤害不及罗马的密谋者的刀。然而，约克的阿尔昆不会拒绝帮助查理曼驳斥嗣子说。因此，查理曼决定亲自去请约克的阿尔昆和奥尔良主教狄奥多夫。

冬季来临时，肆虐的暴风雪导致道路根本无法通行，而查理曼住在艾克斯。由于还有很多事情需要处理，查理曼显然不会费神去想策略或尊严之类的问题，而是开始着手装饰自己的教堂和户外大型温泉浴池的墙体。据艾因哈德记载：“查理曼常常邀请贵族和朋友——甚至侍卫一起泡澡。有时，浴池中会有一百多号人与查理曼共浴。”

无论游泳、吃饭还是清早穿衣时，查理曼都在安排800年的事。与此同时，有传言说查理曼会绕法兰克王国边界进行巡游，而由于估计这会是一次长途旅行，骑兵们开始议论纷纷。

“我们最爱和平的国王难道要去水流湍急的卢瓦尔河了吗？”

“不会的。国王肯定是要越过异教徒所在的西班牙去非洲。非洲有大象，是世界的第三部分。国王还会去耸立着圣墓教堂[①]的耶路撒冷。”

查理曼不是派了一个叫扎卡赖亚斯的僧侣带着礼物去耶路撒冷了吗？一

① 圣墓教堂，又名“复活大堂”，位于今以色列东耶路撒冷旧城，是基督教圣地和耶稣坟墓所在地，即耶稣遇难、安葬和复活的地方。

圣墓教堂

头送给查理曼的大象不是正在来的路上吗？这些形形色色的猜测传到了心系罗马的约克的阿尔昆那里。弗留利公爵埃里克和巴伐利亚远征军总督文佐高的格罗尔德逝世后，由于很怕查理曼再次冒险去边界，约克的阿尔昆对他说道：“守住你拥有的就够了。切莫因小失大。”

年轻的柳特加尔德王后也劝查理曼不要外出行军。由于十分厌倦撒克逊人的领土上的苦难生活，柳特加尔德王后希望待在艾克斯的新宫殿。在艾克斯的新宫殿，所有女人都有豪华又暖和的卧室。柳特加尔德王后疲惫不堪地央求查理曼道：“不要再出去了。”

然而，最终，800年3月，查理曼出发了。

无论哪里的边界需要，查理曼都会立刻赶到。查理曼沿着默兹河往下航行来到了海边。经过名下的庄园或有名的圣地时，查理曼和柳特加尔德王后都会停下留宿一晚。查理曼经过躁乱不安的低地，在英吉利海峡附近徘徊，视察防御异教徒船队的工事的修筑工作。800年5月月初，查理曼横跨塞纳河，视察了布列塔尼。800年5月月底，查理曼抵达卢瓦尔河谷并且成功与约克的阿尔昆会合。

据王宫年鉴记载：“国王虽然是来这祈祷的，但由于柳特加尔德王后身体每况愈下，多住了一些日子。800年6月4日，柳特加尔德王后驾崩了。国王把柳特加尔德王后安葬在图尔的圣马丁教堂。”柳特加尔德王后这个想尽王后之责的单纯女孩的离去让病中的约克的阿尔昆颇有感触。约克的阿尔昆祈祷道：“温和仁慈的主，请怜悯她，把她从我们身边带走……啊，我祈祷着，愿得到我们珍爱的女儿同样能得到上帝的珍爱。”

安葬了柳特加尔德王后后，查理曼没有久留，带着约克的阿尔昆和后来赶到的阿基坦国王路易一世快速北上。与奥尔良主教狄奥多夫会合后，查理曼参拜了圣德尼教堂的家族墓地。柳特加尔德王后驾崩一个月后，查理曼回到了艾克斯，开始筹备宗教理事会。

查理曼坐在大厅里的宝座上，穿着绣花斗篷，佩着宝剑，戴着一顶镶宝石的小王冠，而他两侧站着世俗和宗教贵族。查理曼听了一场长达六天的大辩论。辩论双方分别是乌赫尔主教费利克斯和约克的阿尔昆，而他们二人都德高望重，深谙神父们的智慧。

这是一场思想的较量。在查理曼所处的年代，异端邪说尚未被看作一种罪恶。确实，新见解可能会发展成为一种真理——使徒保罗不正打破了他那个时代的教规吗？然而，毋庸置疑的是，真理必须得到有力的论证。查理曼觉得，在这场较量中，他肩负着重大的责任。乌赫尔主教费利克斯虽然过着很不错的日子，但宣扬了真理吗？难道耶稣真的是嗣子，真的不是上帝的亲生儿子，只是一个名字吗？

乌赫尔主教费利克斯宣称自己获得了“我们荣耀的国王查理曼”的允许，得以“在他面前提出我的观点”，并且指出“我不是被暴力带到这儿来的——我来的目的是让我的信念得到鉴定和确认”。

然而，辩论结束时，查理曼拒绝接受乌赫尔主教费利克斯的观点。乌赫尔主教费利克斯向约克的阿尔昆认输，不仅重新申明了信仰，而且为他在教会中引起的冲突乞求宽恕。这场辩论让约克的阿尔昆精疲力竭。

查理曼让人把乌赫尔主教费利克斯带去一家修道院，安排了新的布道者去西班牙边界。安排好这些事后，查理曼立刻启程去美因茨，并且下达了关于管理撒克逊人的命令。

约克的阿尔昆告诉了查理曼他的心愿。约克的阿尔昆的心愿的内容如下：“世界的首都，即罗马在等着你。罗马的霸主……我深爱的大卫，快点回来吧。整个法兰克都已经准备好了，准备欢欣鼓舞地用胜利的桂冠欢迎你。”

接着，约克的阿尔昆返回了图尔，万分焦虑地等待着罗马的消息。800年8月月底，查理曼带着几个女儿和小查理沿莱茵河开始北上。越过熟悉的阿尔卑斯山脉后，查理曼没有向罗马的方向前进，而是去了拉文纳。在西奥多里克大帝的王宫，查理曼聆听了关于弗留利公爵埃里克生前管理的东部边界的汇报。与此同时，伦巴第国王丕平·卡洛曼从贝内文托赶了过来。查理曼接着向南去了安科纳[①]。

① 安科纳，今意大利中部滨亚得里亚海的港口城市，始建于约公元前390年。

800年11月月底，查理曼终于出现在了罗马。放眼望去，罗马城内都是红褐色的屋顶，而山间则是郁郁葱葱的松木。和二十六年前一样，查理曼再次吩咐贵族们穿上华丽的长袍，在音乐声中继续前进，准备去见教皇利奥三世。

教皇利奥三世不仅从罗马往外走了好几里地来迎接查理曼，而且整晚都与他宴饮。第二天，查理曼绕着城墙骑行并且穿过了一排排旗帜。满头灰发的查理曼迈着沉重缓慢的步伐登上了圣彼得大教堂的台阶——这一次，他没有下跪。

虽然800年的圣诞节，罗马发生的一切一直蒙着一层神秘的面纱，但十二个多世纪以来，相关争论从未停止。

针对教皇利奥三世的罪行而举行的听证会是在圣诞节前举行的。在拉特兰宫的三位一体大厅里，罗马和法兰克的高级神父们济济一堂，聆听着教皇利奥三世的辩护词和攻击他的密谋者们的起诉词。这一次，查理曼穿着长袍，坐在法官席上，而他身旁的被告是教皇利奥三世。

虽然没有军队跟从——法兰克的精英骑兵跟着伦巴第国王丕平·卡洛曼在爆发疟疾的贝内文托执行查理曼的命令——但查理曼的驾到仍然让动荡不安的罗马街道瞬间安静了下来。由于教皇阿德里安一世生前新建了许多建筑——实际上，查理曼也为此送来了不少礼物——罗马变得漂亮了许多。

查理曼一定一眼就瞅见了那幅教皇利奥三世让人嵌在墙上的马赛克装饰图案。在这幅马赛克装饰图案中，卓越的圣彼得身材伟岸，右手拿着一件大披肩递给教皇利奥三世，左手拿着一面绣有玫瑰花的旗帜递给“国王查理曼”。双膝跪地的教皇利奥三世的个子被描绘得比圣彼得小，而查理曼则高大健壮，俨然一副战士的模样，蓄着法兰克式宽胡子，看上去与教堂的扛旗官的个头差不多。值得一提的是，这幅马赛克装饰图案现立于圣梯旁，虽然大部分已经被复原，但不够清楚。

虽然教皇利奥三世应该如何为自己辩护的问题一定已经在大厅外被讨论过了，但查理曼显然没有参加，只是在圣彼得大教堂内听教皇利奥三世发言。教皇利奥三世高高举起《四福音书》，庄严地说道：“……因此，我，利奥三世，神圣罗马教会的教皇，在没有受到任何人的审判和限制的情况下，将按我个人的意愿，当着诸位的面替自己澄清……”

见现场没有任何异议，教皇利奥三世进行了自我辩护的宣誓，而控诉他的罗马乱党头子都在场旁听。虽然主教们宣判这些乱党头子死刑，但查理曼赦免了乱党头子。在教皇利奥三世的要求下，查理曼将这些乱党头子流放去了法兰克。

800年12月中旬，神职人员坐在一起私下议事。奥尔良主教狄奥多夫、巴伐利亚大主教萨尔茨堡的阿尔诺和约克的阿尔昆的一位弟子组成了一个秘密团队，想实现约克的阿尔昆的愿望，认为查理曼的领土已经形成了一个新的大帝国，即基督教帝国。奥尔良主教狄奥多夫等三人商议着，查理曼如果是基督教帝国的唯一保护者，那么应该得到什么样的头衔呢？

一家叫洛尔施的修道院的年鉴记载道：“皇帝的头衔空缺，而应基督教人民的意愿和召唤，法兰克国王查理曼将获得此头衔。”

查理曼不是也想过要统一基督教人民吗？约克的阿尔昆不是劝告大家放眼这个一眼望不到边界的帝国——这不正是圣奥古斯丁所预言的、名副其实的人间上帝之城吗？

如果罗马的政客们不屑一顾怎么办？然而，即使教皇利奥三世选择沉默，那又有什么关系呢？

安吉尔贝与奥尔良主教狄奥多夫等三人坐在了一起，说道：“现在，他的权力超过了其他所有国王的权力的总和。他非常正义、诚实、节制。”

离圣诞节还有两天时，查理曼的这四位朋友与教皇利奥三世坐在一起开始商议。教皇利奥三世若有所思。虽然没有秘书记录教皇利奥三世等五人的谈话内容，但毋庸置疑的是，教皇利奥三世对查理曼的帮助心存感激。教皇利奥三世的头上仍留着密谋者刻下的伤疤，而他已经在圣彼得大教堂的圣坛边进行了自我辩护的宣誓——此前，这种宣誓只有查士丁尼大帝时代的贝拉基[①]做过。

奥尔良主教狄奥多夫和巴伐利亚大主教萨尔茨堡的阿尔诺都是不苟言笑

① 贝拉基（360—418），大不列颠人，基督教修道士兼神学家，曾居于罗马、迦太基及巴勒斯坦等地。

之人，负责在基督教领土上沿路执行传教任务，也曾走出边界处理冲突，并且都牢记着约克的阿尔昆的话，即查理曼已经超越了其他所有国王，是给基督教领土带来和平的人。奥尔良主教狄奥多夫构想着和平的蓝图，认为和平不仅是他们这代人的事，而且应当福及子孙后代。

教皇利奥三世听着查理曼的这四位朋友发表意见。和教皇阿德里安一世一样，教皇利奥三世肩负着教会的责任，是圣彼得大教堂和罗马的唯一守护者……

从奥斯蒂亚[①]传来了一个意想不到的消息。扎卡赖亚斯带着耶路撒冷贵族的使臣到了奥斯蒂亚。被查理曼派去送礼的扎卡赖亚斯正赶来奉上耶路撒冷贵族的回礼，即圣墓教堂和加略山教堂的钥匙和耶路撒冷的旗帜，而罗马的神职人员和法兰克领主们欢呼雀跃，认为这是个好兆头，立刻派骑手疾驰南下，好让从耶路撒冷来的信使能快点抵达罗马。

圣诞节前夜，扎卡赖亚斯将钥匙和旗帜交到了查理曼手中——在平安夜得到这些基督城的象征是一种莫大的祝福。

圣诞节当天一大早，查理曼走进了圣彼得大教堂的门廊，穿过教堂中殿两边挂着的紫色织锦饰物登上了凯旋门。在凯旋门上，一千支点燃的蜡烛闪闪发光。在教皇利奥三世的强烈请求下，查理曼再次，也是第二次穿上了罗马贵族的短上衣、短斗篷和轻便拖鞋。

钟楼里回荡着拥有四百年历史的圣彼得大教堂的召唤。圣彼得大教堂和罗马神职人员、法兰克主教、各民族贵族及罗马贵族紧紧围着凯旋门上明亮的烛光。伦巴第国王丕平·卡洛曼接到了在圣诞节赶到罗马的通知，现站在查理曼身后。查理曼的女儿们站在圣坛附近。查理曼的部下们站在柱廊处，扛着查理曼的圣诞供品，包括一张银桌子、一只黄金圣餐碟和一些黄金圣餐杯。这些贡品都是贵重金属制品，而其重量和查理曼不相上下。

钟声停止了，在斑岩柱子与圣徒和天使的雕塑前，查理曼跪下并且开始祈祷。这些圣徒和天使的雕塑都是教皇阿德里安一世生前放置在圣彼得墓上方的。

① 奥斯蒂亚，台伯河口的一座古城。

教皇利奥三世为查理曼加冕

这是新年的第一次祈祷。二十九年来的记忆一起浮现在查理曼眼前——希尔德加德王后的孩子们，柳特加尔德王后，以及他以自己的方式对教皇阿德里安一世许下的诺言等都历历在目。

祈祷结束后，查理曼站了起来。这时，教皇利奥三世走到了查理曼身旁。教皇利奥三世给查理曼戴上了一顶熠熠生辉的皇冠。

现在，查理曼终于成了皇帝，即查理曼大帝。

罗马神职人员和贵族一齐高呼道："祝上帝加冕的、伟大的、热爱和平的罗马皇帝奥古斯都·查理曼长寿、永胜！"

加冕后的查理曼大帝

罗马神职人员和贵族第二次高呼时，法兰克人也跟着喊了起来。查理曼大帝听着人们的欢呼，一动不动。这时，在圣坛侍从的陪伴下，教皇利奥三世托着一件紫色披风走了过来，将披风披在了查理曼大帝肩上，并且在被尊为奥古斯都和罗马皇帝的查理曼大帝跟前快速跪下鞠了一躬。接着，教皇利奥三世走向圣坛，在寂静中举行了弥撒祷告……在祷文的最后部分，查理曼大帝的名字后面被加上了“罗马皇帝”这一头衔。

将所有供品都放到了圣坛上后，查理曼大帝离开了中殿，一声不吭地大步走下台阶，来到了庭院里。人们争相围住查理曼大帝。查理曼大帝的耳边一直响着感恩和赞美之词。

查理曼大帝对艾因哈德大喊道：“我如果早知道教皇利奥三世的打算，那么即使是在这个神圣的日子里，也绝不会迈入这个教堂！”这句话为查理曼大帝的加冕礼平添了几分神秘。查理曼大帝如果不想得到加冕，那么想得到什么呢？教皇利奥三世的真实意图又是什么呢？

迄今为止，由于拥有的证据都是支离破碎的，最明智的学者们也无法为我们解开这个谜团。虽然学者们相信约克的阿尔昆确实希望利奥三世能将皇帝的头衔赐予查理曼大帝，但没有人能断定查理曼大帝的真实想法。

年轻的历史学家们用幽默的措辞提出了自己的看法。年轻的历史学家们提出了疑问，即教皇利奥三世怎么能这样擅自把世界帝国的象征放在查理曼大帝头上。可怜的查理曼大帝全然不知这一象征意味着什么——他只是粗野的法兰克人，不喜欢罗马头衔。查理曼大帝虽然积极自学，但仍然没有真正明白“奥古斯都·查理曼”意味着什么。年轻的历史学家们还指出，世界帝国的象征也不能在这个时候被放在查理曼大帝头上。查理曼大帝一直致力于欧洲各地的其他种种事务，而他来罗马的目的是主持针对教皇利奥三世的罪行而举行的听证会，然后在圣诞节去圣彼得大教堂祈祷并且献上供品。

实际上，虽然在圣坛前的查理曼大帝是有所期待的，但没有人知道他的期待是什么。别忘了，针对教皇利奥三世的罪行而举行的听证会结束后，巴伐利亚大主教萨尔茨堡的阿尔诺就牵头对相关事情展开了讨论。洛尔施修道院的年鉴一般都是按事实记录的。由于查理曼大帝不喜欢“帝国”一词，巴伐利亚大主教萨尔茨堡的阿尔诺等人似乎都是用“整个基督教人民”来替代的。“整个基督教人民”更符合查理曼大帝对臣民的理解。虽然巴伐利亚大主教萨尔茨堡的阿尔诺等人希望查理曼大帝能获得比法兰克国王和伦巴第国王更高的头衔，例如西方基督教人民的国王或皇帝，但查理曼大帝没有指望教皇利奥三世会在圣坛前做些什么。

透过这一争执，我们深刻而清晰地感受到了巴伐利亚大主教萨尔茨堡的阿尔诺等人的愿望。约克的阿尔昆急切想让查理曼大帝获得荣誉、让教堂得到保护；“帝国”的神职人员想让查理曼大帝获得更完整更强大的东西；经历了痛苦的磨难后，教皇利奥三世想创建一个无敌的新权威来支持自己。

显然，教皇利奥三世的所作所为是对查理曼大帝和法兰克主教的一种戏弄——“在上帝的旨意下”不是将查理曼大帝称为宽泛的法兰克人的统治者或无边界的基督教人民的统治者，而是宣称他为罗马城乃至一个业已消失的世界性主权的统治者。这个不复存在的世界性主权包括大不列颠岛、君士坦丁堡、耶路撒冷、西班牙和非洲。教皇利奥三世不仅大胆偷换了概念不说，而且亲手授予了查理曼大帝皇冠——这种做法不就是创下先例，表明今后的皇帝都要由教皇来加冕吗？

教皇利奥三世的行为引发了诸如罗马帝国的延续性、世界两剑[①]、神圣罗马帝国[②]、中世纪的基督教统治的性质等无数问题，而这些问题不仅常常会转变成冲突，而且甚至一直持续到拿破仑一世寻求帝国皇权和更久远的时代。

查理曼大帝当时的反应是退出加冕礼。

查理曼大帝的房间在圣彼得大教堂旁的主教屋。走进房间后，查理曼大帝脱下了罗马贵族的盛装——他再也没有穿过这些紫色的绣花服饰。801年的复活节过后，查理曼大帝离开了罗马，再也没有回来。查理曼大帝没有改变任

① 两剑，即王权和教权。

② 神圣罗马帝国，全称日耳曼民族神圣罗马帝国，是962年至1806年地跨西欧和中欧的封建君主制帝国。962年，在罗马，德意志国王奥托一世被教皇加冕为罗马皇帝。后来，红胡子腓特烈改国名为神圣罗马帝国。

何官员的任职及儿子们的头衔和职责。伦巴第国王丕平·卡洛曼出席了加冕礼，后来被送回了意大利南部，而宫廷内务总管梅金弗里德在罗马染上了疟疾，不幸去世。

查理曼大帝花了好一阵子才想明白第二位君士坦丁大帝和永久的奥古斯都大帝的作用。至于巴伐利亚大主教萨尔茨堡的阿尔诺和奥尔良主教狄奥多夫提了什么建议，我们不得而知，而查理曼大帝必须自己解决这个问题。

除了法兰克侍卫，快活的罗马人民也上街游行，高举旗帜，大声喊出了他们对新皇帝的忠诚。法兰克侍卫仍然戴着头盔，穿着被雨水弄褪了色的斗篷。

查理曼大帝虽然接受了这顶皇冠，但之前在圣坛前于吟诵圣歌的礼拜仪式中，被惊得目瞪口呆，像一根披着紫衣的柱子。迎接加冕的父亲时，查理曼大帝的女儿们是多么兴高采烈啊！

查理曼大帝非常务实，觉得自己除得到这顶皇冠外便别无所获，没有多得到一寸土地或一个人。在奥勒利安城墙[①]外，尼禄·克劳狄乌斯·恺撒·奥古斯都·格马尼库斯的竞技场里长满了草，而图拉真[②]的图拉真柱在乞丐的小屋中显得鹤立鸡群。查理曼大帝得到的就是这些帝国的残垣断壁。然而，法兰克臣民没有召开大会祝贺他们的国王成为皇帝。罗马帝国的唯一残留物，即君士坦丁堡也没有通过贵族、元老院、军队和公民投票选举查理曼大帝这位没有文化的野蛮人。神秘的伊琳娜女皇又会怎样看待查理曼大帝的加冕礼呢？

除了自己，查理曼大帝还想到了伊琳娜女皇的问题。有人称伊琳娜女皇为女恶魔，也有人说她很迷人。由于有了皇帝的头衔，查理曼大帝觉得自己应该娶一位皇后。

这时，查理曼大帝觉得自己粗糙的羊毛衬衣蹭到了他的皮肤。查理曼大

---

① 奥勒利安城墙，罗马的一道城墙，修建于271年至275年，即罗马皇帝奥勒利安和普罗布斯在位时期。

② 图拉真（53—117），第一位在意大利境外出生的罗马皇帝。在位时的图拉真立下显赫的战功，使罗马帝国的版图和国力达到了极盛。图拉真建造图拉真柱彰显自己的功绩，而元老院曾赠给他“最优秀的第一公民”的称号。

帝把僵硬的手指插进僵硬的短发的空隙间摩挲着，面带笑容，仿佛听到了一个好故事。一些政治家和哲学家表示，伊琳娜女皇是女人，需要一个男人去君士坦丁堡当皇帝，而查理曼大帝心想，这是什么逻辑呀？这简直是废话，就像粪堆里爬出来的蛆虫一样恶心。君士坦丁堡人如果要选举统治者，那么肯定永远也不会召唤来自罗马的法兰克人查理曼大帝。

查理曼大帝觉得，他可能徒有皇帝的头衔，既没有城市，没有船队，没有法典，也没有军团，只有半信半疑地跟着他的武装力量。

想到这里，查理曼大帝舒展了一下酸痛的手臂，嘲笑了自己一番：上帝选择了世上最愚蠢的东西！

不久后，查理曼大帝收到了约克的阿尔昆的信。在信中，约克的阿尔昆写道："感恩上帝让救赎他的仆人一直获胜！"

据信使说，身处图尔的约克的阿尔昆拦住所有路过的人并且问他们查理曼大帝何时会归来。

复活节过后，查理曼大帝离开了罗马。离开前，查理曼大帝与利奥三世达成了一项协议，即新教皇就任圣职需要征得法兰克统治者的同意。

虽然一场地震让意大利的一些城镇满目疮痍，但查理曼大帝顾不上这个，照旧往前骑行。查理曼大帝到处转悠，尽可能地修复损失和倾听百姓的请愿。查理曼大帝从斯波莱托沿海岸北上去了拉文纳。在西奥多里克大帝的王宫里逗留了几天后，查理曼大帝拆掉了它的柱子。接着，查理曼大帝又来到了帕维亚，在前伦巴第国王德西迪里厄斯的浴池中游泳。随后，查理曼大帝接待了巴格达哈里发、阿巴斯王朝第五代哈里发哈伦·赖世德的使臣。这些使臣没有带来大象。

查理曼大帝带着圣墓教堂的钥匙向山区骑行。查理曼大帝前面飘着耶路撒冷旗帜，而他的女儿们跟在他后面，用歌声展示着她们如瓦尔基里般悦耳的嗓音。

查理曼大帝带领随从们爬上峡谷，来到正在融雪的朱庇特山口，经过波光粼粼的湖边，路过被他废弃的沟渠和泥潭，最终走进了法兰克森林。这是查理曼大帝最后一次越过阿尔卑斯山脉。

哈伦·赖世德的使者与查理曼大帝

查理曼大帝十分开心，带着随从们打猎飞驰。查理曼大帝产生冒出了一种信念，即他虽然不是罗马皇帝，但肩负着帝国的责任——现在，全体基督教人民都是他的臣民。

查理曼大帝一行人坐着小船，沿着水流湍急的莱茵河快速向前，并且在摩泽尔河河口外转向了艾克斯——查理曼大帝决定将艾克斯打造成一座皇城。

第9章

皇城艾克斯

据艾因哈德观察，“宝藏库里有三张银桌子：方桌面上是君士坦丁堡的平面图；圆桌面上是罗马的平面图；第三张桌子比前两张都漂亮，画着三个圆圈组成的世界的平面图”。

查理曼大帝已经有了世界地图，为什么要将这些城市如此细致地刻在这些银桌子上？对查理曼大帝而言，桌子肯定比壁画更实用。此外，这些城市的平面图确实有一定的作用，比如让查理曼大帝发现了罗马和君士坦丁堡确实非常相似。查理曼大帝虽然没去过君士坦丁堡，但仍然可以一饱眼福。查理曼大帝认为自己的艾克斯会成为继罗马和君士坦丁堡之后的第三座罗马。

艾因哈德认为，这些城市的平面图非常美妙，配得上查理曼大帝。然而，无论这些平面图多么精致和巧妙，查理曼大帝都无法从中看出罗马和君士坦丁堡是用什么材料建成的。当年的罗马统治者已经控制了外海及其贸易，将罗马建在了泥泞的台伯河①旁的小山上。罗马统治者把外海称为“我们的海”。实际上，后来的罗马帝国无论如何向内陆发展，都始终没有离自己赖以生存的地中海太远。

后来，君士坦丁大帝把罗马帝国的首都搬到了东方。新的“君士坦丁城”，即君士坦丁堡位于内陆海和三大洲的贸易路线交接处。三百年来，得益于

① 台伯河，仅次于波河和阿迪杰河的意大利第三长河，源于亚平宁山脉富默奥洛山西坡，向南穿过一系列山峡和宽谷，流经罗马后于奥斯蒂亚附近注入地中海的第勒尼安海。

独特的地理位置，君士坦丁堡挺过了经济压力和外来蛮族的入侵。然而，与此同时，许多帝王疯的疯，残的残，完全无法应对历史的大风大浪。

艾克斯远离海洋，无法与阿拉伯人和拜占庭人进行海上贸易。以艾克斯为中心也根本不可能复兴罗马帝国，而罗马帝国的市民也不可能是一群整天划着圆木舟在河面上晃荡的人。然而，加冕成为罗马皇帝后，查理曼大帝放弃了罗马和拉文纳，甚至放弃了帕维亚。查理曼大帝下决心定都艾克斯，并且一直在实施自己的这一想法。

第一眼看到查理曼大帝未来的都城时，多数人都不免会倒抽一口气。小小的维尔姆河甚是讨人喜爱，蜿蜒曲折地流过榆木葱郁的山谷。溪上的小舟为岸上的市场运送着鲜美的鱼虾。由灰石砌成的王宫位于一座平缓丘陵的山顶，而紫色的斑岩和绿色的大理石柱子会让人隐约想起拉文纳。然而，玛丽亚教堂虽然耗费了查理曼大帝很多精力，但不怎么像拉文纳的圣维塔教堂。查理曼大帝不在艾克斯时，由于马赛克用光了，工人往墙里填了些彩色的碎石。此外，柱廊内的大理石宝座也做得非常小，导致查理曼大帝只能勉强将自己的屁股放进里面。玛丽亚教堂只能算是一个礼拜堂，而朝圣者们真的将其称为艾克斯礼拜堂。

在圣彼得大教堂，查理曼大帝发现，尤其是有亮光照耀时，装饰物能给神殿增辉。艾因哈德记录道：“皇帝陛下装饰了艾克斯礼拜堂美丽的大殿。艾克斯礼拜堂的灯具都是金银材质的，而扶手和门都是用坚固的黄铜做成的。皇帝陛下还带来了很多金银器皿和精美的长袍，导致甚至连守门人履行职责时都不需要穿自己的常服了。皇帝陛下还下了很大功夫去改善自己的歌声——他虽然从不当众独唱，只是一个人低声哼唱或与他人一起合唱，但的确比较擅长唱歌。”

然而，明亮的摆设和长袍无法抵消这座只有九岁的未来帝国的都城的怪诞。由于王宫官员与查理曼大帝常年在外巡游，他们的家人和侍从也陪伴在旁。因此，查理曼大帝不在时，艾克斯就成了一座空城。然而，查理曼大帝一回来，艾克斯便拥挤得像个蜂窝——法兰克人开始在市场里搭起摊棚或在领主房子周围建起小屋，而来访者也沿着山坡有一处没一处地撑起帐篷，导致侍卫们不得不设岗看守并且阻止他们靠近玛丽亚教堂和犹太人的墓地。

一大群贵族会吸引大量西班牙商人、斯特拉斯堡的木雕工、客栈杂耍者，而成百上千的民众也会从各处赶来向查理曼大帝申诉。法兰克人毫不犹豫地接受了查理曼大帝的加冕，虽然不知道加冕意味着什么，但仍然喝酒祝贺，连连称颂。查理曼大帝认真地让所有十二岁以上的自由民对“成为恺撒大帝”的他重新许一次效忠誓言时，自由民们都非常乐意。谁说矮子丕平的儿子不配做皇帝和恺撒大帝呢？法兰克人希望再次以日耳曼人的方式，即用盾牌把查理曼大帝举起来庆祝他的成功。

查理曼大帝在艾克斯永久定居的做法治好了这里怪异的季节性现象。从此，小木屋变成了牢固的石头房子；富裕的领主将附近的农田改成了庄园；年久失修的营房也摇身一变成为为朝圣者提供住所的客栈。

意大利传来的消息让艾克斯的居民们兴奋不已——送给查理曼大帝的大象就要从东方出发了！埃尔坎巴尔德已经动身去了意大利，准备安排足够大的船以便能将大象这种庞然大物运到基督教教徒的土地上。在记录中，艾因哈德还补充称，这头大象叫阿布·阿巴斯，是阿巴斯王朝第五代哈里发哈伦·赖世德或艾伦，或叫这个名字的除印度外的某个东方的国王送给查理曼大帝的。

人们问艾因哈德，阿巴斯王朝第五代哈里发哈伦·赖世德为什么只送了一头大象？

艾因哈德机智地解释道：“因为他只有一头。”

和当年的管风琴一样，大象阿布·阿巴斯的到来同样惊动了圣迦尔修道院的编年史撰写者。这位僧侣记录道：“801年10月，犹太商人艾萨克带着一头大象从非洲来到了利古利亚[①]。由于遇到了暴风雪，大象无法翻越阿尔卑斯山脉。最终，在维尔塞莱[②]，大象度过了冬天。”

① 利古利亚，意大利西北部的一个地区。

② 维尔塞莱，阿尔卑斯山脉南的高卢小镇，位于赛西亚河右畔。

阿布·阿巴斯

由此看来，查理曼大帝似乎知道大象阿布·阿巴斯的行踪。大象阿布·阿巴斯不得不步行绕过敌对的拜占庭人的领土。查理曼大帝苦苦思索，终于想出了一个令人满意的措辞来代替遭人憎恨的“罗马皇帝奥古斯都”，宣布自己“正在统治着西方的罗马帝国”。查理曼大帝的这个说法不仅名副其实，而且很容易被理解。

然而，实行新币制时，查理曼大帝遇到的麻烦更多。和印玺一样，皇家钱币也要刻上一个确切的头衔。虽然查理曼大帝最终决定用“皇帝查理曼”这一头衔，但一枚在罗马制造的钱币上刻的是“罗马帝国的恢复者”，而另一枚在艾克斯制造的钱币上刻的是“基督教”。

因此，借助钱币上的头衔，罗马政客宣布，查理曼大帝不仅会重建罗马帝国，而且会保护基督教教徒。

802年，君士坦丁堡皇室和查理曼大帝开了个玩笑。

实际上，查理曼大帝虽然缺乏想象力，但毫不费力就能想象出拜占庭人获悉他加冕为帝后的情形——拜占庭人肯定怒不可遏。如果一个图林根领主要在查理曼大帝的宝座上占有一席之地，那么查理曼大帝同样会感到愤怒。因此，查理曼大帝完全可以理解拜占庭人的心情。然而，拜占庭人到底会有什么反应呢？相比愤怒，查理曼大帝更害怕拜占庭人的冷嘲热讽。由于很清楚自己的窘境，查理曼大帝不能容忍任何嘲讽。

然而，刚刚抵达艾克斯的拜占庭使者们非常和蔼。身材修长的拜占庭使者们穿着直挺的绣花长袍，向查理曼大帝深深地鞠了一躬，并且用流利的希腊语称查理曼大帝为“伟大的国王、最虔诚的基督教君主、胜利的西方领主”。拜占庭使者们虽然没有用“皇帝”这一头衔来称呼查理曼大帝，即没有把他当成和伊琳娜女皇平起平坐的人，但带来了伊琳娜女皇的友谊和美好心愿。拜占庭使者们还含蓄地暗示查理曼大帝说，神圣的伊琳娜女皇已经恢复了教堂的神像，受到了臣民的爱戴，可能有意要与他成婚。

然而，查理曼大帝和伊琳娜女皇的婚姻可以统一东西方吗？

柳特加尔德王后驾崩后，查理曼大帝一直没有续弦，只是和一个漂亮的法兰克福女人住在一起，而伊琳娜女皇真的想用联姻来合并两个帝位吗？

伊琳娜女皇是希腊人。据拜占庭使者们透露，伊琳娜女皇会坐着由几头白骡子拉着的金光闪闪的战车穿过街道，而她的宝座比其他世俗君主的都要高，在袅袅升起的旋香中若隐若现。伊琳娜女皇虽然已经拒绝让自己的儿子迎娶罗特鲁德，但仍然可能需要法兰克人的宝剑去抵抗异教徒斯拉夫人和保加利亚人以便守卫边界。

有一次，在亚得里亚海海岸，查理曼大帝看到了一艘拜占庭战舰。红桨在水中忽闪忽闪，而旗帜在空中高高飘扬。这艘拜占庭战舰的船头就可以放下一艘挪威人的龙船。查理曼大帝不仅意识到伊琳娜女皇是海上霸主，而且开始想起他的世界地图上被清晰标出的那片海域。

查理曼大帝想起了勇士们是怎么牺牲的——法斯特拉达王后想控制他们。从耶路撒冷来的朝圣者们说，伊琳娜女皇弄瞎自己的儿子时，太阳已经因日食而全黑了。伊琳娜女皇的话是否就像一滴蜂蜜，会让现实中的硬面包变甜？

然而，由于拜占庭使者们没有取笑查理曼大帝，查理曼大帝仍然感到高兴。如果伊琳娜女皇虽然确实不允许拜占庭使者们称查理曼大帝为皇帝，但同时提出了联姻，那么这种做法也会把查理曼大帝变成真正的皇帝。

仔细考虑了伊琳娜女皇的提议后，查理曼大帝对拜占庭使者们说道："作为西方帝国的统治者，我对君士坦丁堡女皇的提议报以友谊和美好的心愿。"

接下来，查理曼大帝好奇地等待着伊琳娜女皇的回复。

然而，伊琳娜女皇没有回复查理曼大帝。802年年底，查理曼大帝的使臣从君士坦丁堡带来了消息，称伊琳娜女皇已经被叛乱的贵族和军队流放到一座岛上去了。使臣表示，由于废黜自己的亲儿子，给宦官太多权力，以及想和一位野蛮的法兰克人结盟的种种行为，伊琳娜女皇的统治被推翻了。

根据上帝的旨意，尼基弗鲁斯一世①在君士坦丁堡称帝，成为拜占庭帝国的统治者。军队和反对崇拜圣像的人都支持尼基弗鲁斯一世，而骄傲的伊琳娜女皇不得不在岛上终日与纺车为伴。

在卡西诺山，查理曼大帝曾见过一个藏书丰富的图书室，而执事保罗就在那儿记录伦巴第历史。当时，查理曼大帝看到，书架上摆满了一本挨着一本的珍贵书卷，导致他很是嫉妒。如今，在新宫殿，查理曼大帝有了自己的藏书室。

这间藏书室俯瞰通向玛丽亚教堂的廊道。查理曼大帝站在一张书桌旁，看到在阳光照射下，廊道的金色圆屋顶十分耀眼。在藏书室里，沿墙摆放的是

① 尼基弗鲁斯一世（约750—811），拜占庭帝国的第三十一位皇帝，曾任亚美尼亚的将军，后担任首席大臣，在伊琳娜女皇被推翻后被推举为帝。尼基弗鲁斯一世的在位时间为802年至811年。

圣约翰·克里索斯托

艾因哈德和埃尔坎巴尔德带来的卷宗、约克的阿尔昆的小语法书和一些神父的作品的手抄本。装订成册的《上帝之城》放在一个镶有宝石的银套子里，非常醒目。一块光亮的木头旁放着一件珐琅制品。这件珐琅制品里面收藏着可敬的费德的一本书，而紧贴着它的是用软丝绒包着的圣约翰·克里索斯托[①]的书。女孩们还给软丝绒上绣上了金线。维吉尔的书与古罗马历史学家苏维托尼乌斯[②]的书被放在一起。除了其他神父的作品，藏书室里还有一本大的《圣经选文集》。这本《圣经选文集》只有二十年历史，拥有紫色的羊皮纸书页和便于

① 圣约翰·克里索斯托（347—407），古代基督教希腊教父、解经家和君士坦丁堡牧首约翰一世，有非凡的讲道才能。

② 苏维托尼乌斯，罗马帝国早期的著名传记体历史作家。苏维托尼乌斯的生卒年月不详。

圣马克与飞狮

阅读的大号字体。这本《圣经选文集》中还有四位福音传道者的小插图，而其中一幅插图画的就是圣马克的象征物飞狮正在救圣马克。

在床边，查理曼大帝也放着一本薄书。这本书是查理曼大帝让约克的阿尔昆写的《日课经》。查理曼大帝希望《日课经》简短实用，即要有与日历上的日期相吻合的正确祷文、赞美诗和名言。这本《日课经》陪伴着查理曼大帝度过了无数在外行军的日子。

然而，虽然约克的阿尔昆会呕心沥血地为查理曼大帝准备书籍，但想从约克的阿尔昆的藏书室借一本书绝非易事。

约克的阿尔昆指责道："你会迫不及待地伸手接过一本书，而我想要回这本书时，你把拿着书的手藏到身后去了。"

多年来，查理曼大帝一直习惯于让宫廷学校的缮写室抄下那些书籍，而约克的阿尔昆会让写字熟练的图尔僧侣做同样的事。如果每个修道院的藏书室都放满了书，那么人们便没有必要相互借书了，或许也不会弄丢马库斯·图利乌斯·西塞罗或塔西佗[①]的作品的孤本。通过这种方式，用大不列颠岛的凯尔特字体抄写的许多珍稀著作都流入了法兰克。与此同时，查理曼大帝从伦巴第

塔西佗

① 塔西佗（约55—120），古罗马最伟大的历史学家，在罗马史学上的地位堪比修昔底德在希腊史学上的地位。

和圣彼得大教堂的藏书室搬回了一大堆珍贵书籍。查理曼大帝要书时，约克的阿尔昆发现自己很难拒绝他。

或许查理曼大帝和约克的阿尔昆都没有意识到，他们正快速地在法兰克建立起一种古典作者和神父的作品的生存中心。有些在圣迦尔修道院或林迪斯法恩修道院被锁在柜子里的珍贵书籍却会在查理曼大帝的学校中流通。此外，北方人发动的袭击导致林迪斯法恩修道院的大部分藏书都被烧毁了。

约克的阿尔昆喜欢通过带一本新发现的或精美的书来给查理曼大帝一个惊喜。在温暖的夏季，约克的阿尔昆来到艾克斯，背着一个用绣花布裹着的又大又重的东西。约克的阿尔昆弓着身子，走到满怀期待的查理曼大帝身旁并且把那本了不起的《圣经》放在了他椅子的扶手上。这本《圣经》就是圣哲罗姆的手稿的校对本，而约克的阿尔昆将粗心大意的抄写者犯的错都纠正过来了。

约克的阿尔昆说道："我亲爱的大卫，你以前总说，由于用错了词，你的子民的祷告很糟糕。现在，你再也不会这样说了。"

新的《圣经》的封皮是银质的，上面有一块象牙饰板。象牙饰板上刻着十字架苦像，而十字架苦像上方是天使，下面是哀悼者。此外，封皮上还有四位坐着的福音传道者，正在各自象征物的帮助下埋头书写。每个细节都令人十分满意。

约克的阿尔昆接着说道："你以前还说，由于书上的词都写得很潦草，你的神父读得很糟糕。现在，你也不会再这样说了。"

查理曼大帝如饥似渴地翻阅着光滑的牛皮纸，发现每一章的第一个字母都是亮彩色，十分显眼，而每个字母都准确无误，词与词也被间隔开了，非常清晰。查理曼大帝立刻下令藏书室为这部新的《圣经》制作副本，然后从副本中取出二十卷分发至各个教区。

在藏书室，查理曼大帝突然向约克的阿尔昆提出了一个问题。和当年与约克的阿尔昆坐在一起上课一样，查理曼大帝没有立刻说出问题，而是拿出圣奥古斯丁的书，指着书中一行字，即"君士坦丁大帝获得去寻找一座城市的荣耀。这座城市将会像罗马的女儿一样陪伴着罗马帝国"。关于这行字，查理曼大帝曾苦苦思考了好几个小时。

十字架苦像

查理曼大帝有些犹豫地问道："你认为，我们是否可以再找到一座那样的城市——我是说，另一座陪伴罗马的城市？"

约克的阿尔昆扫了一眼书中的文字，继续盯着查理曼大帝——他不就是想问他的艾克斯是否能成为另一个罗马吗？

透过窗户向外望去，约克的阿尔昆看到，玛丽亚教堂孤零零的圆顶周围挤满了粗糙的茅草屋顶。艾克斯没有城墙，只有绵延的山峦延伸向地平线，而罗马有自己的河流，以及遍布群山的宫殿和庙宇。

约克的阿尔昆说道："我们如果没有第三座罗马，那么可以建立一座新的上帝之城。"

由于总是发烧和关节炎，已过古稀之年的约克的阿尔昆的身体越发虚弱和僵硬。约克的阿尔昆虽然对查理曼大帝一直尽心尽力，但仍然被这座门廊上立着金鹰的新宫殿内的许多事困扰着。陌生人挤满了四十余步长的大厅，而在乱作一团的卧室里，一个个陌生的女子抱着自己的孩子，穿着皇家亚麻服，用尖厉的嗓门发号施令。此外，约克的阿尔昆已经几乎认不出罗特鲁德了。

包括弗里迪斯在内的宫廷学校的老师都是约克的阿尔昆的弟子。约克的阿尔昆用辛辣的言辞提醒弗里迪斯道："不要让这些戴着王冠、在王宫内到处飞的鸽子们啄你的窗户。"

发现查理曼大帝想把新年的第一天由圣诞节改为冬季的黑暗结束的那一天时，约克的阿尔昆大叫道："我离开时，这里是一所拉丁学校。现在，这里成了一所埃及人的学校——我们竟然要用黑暗来制定日历！"

在图书室，约克的阿尔昆留意到，和他多年不见的艾因哈德已经成熟了许多，正在认真阅读苏维托尼乌斯所著的十二位罗马帝王的私密传记。"我们尊敬、荣耀的皇帝陛下，"艾因哈德解释道，"和罗马帝国的开国皇帝奥古斯都·恺撒非常相似。"

"他只像自己！"约克的阿尔昆驳斥道。

科尔比的圣阿代尔哈德大声朗读着维吉尔缓慢而有节奏的诗句时，约克的阿尔昆惊叫道："你怎么会屈服于那种恶魔的魔咒？"

接着，约克的阿尔昆一瘸一拐地沿着书架走过去，找到自己抄写的书卷，抚摸着它们珍贵的封皮，将头低下去，仿佛在倾听什么。约克的阿尔昆说道：“啊，这些书为我们创造了那么多美丽的乐曲。安静听吧——这些书在对着我们吟唱。”

然而，正是为了这些书，查理曼大帝才不想让约克的阿尔昆去富尔达的本笃会修士的隐修地。有太多的书卷需要修改，而能胜任这项工作的人只有约克的阿尔昆。

约克的阿尔昆为查理曼大帝写下了一首致手持火焰之剑的天使长圣米迦勒的颂歌。查理曼大帝看着这首颂歌的最后一行，十分困惑。在这首颂歌的最后一行，约克的阿尔昆写道：“你的学者已为自己的皇帝挑选了这首颂歌。”

在约克的阿尔昆的全力督促下，宫廷学校不仅已经培养出了会传承查理曼大帝和约克的阿尔昆的思想的一代人，而且让学生遍及边远领地的大小修道院。在图尔，约克的阿尔昆总是规劝来自爱尔兰和大不列颠岛的朝圣者去找查理曼大帝并且把愿望告诉他。约克的阿尔昆声称，查理曼大帝不知疲倦，是基督教人民的牧羊人，会保护朝圣者并且让他们的日子越过越好。

因此，许多岛民纷纷来到图尔的圣马丁教堂，导致这里的僧侣们不由得讥讽道：“这些大不列颠人一窝蜂似的涌了进来。”

有一位宫廷学校的老师是爱尔兰人，而精明的岛民和坚定的本地人难免会有摩擦。查理曼大帝这个已经酝酿多年的思想的熔炉终于要爆发了。奥尔良主教狄奥多夫是这场冲突的导火索，声称“只有狼杀死了骡子”，他才会同意苏格兰人的观点。

一位在奥尔良被判罪的年轻神父逃去了图尔的圣马丁教堂避难，而约克的阿尔昆不愿交出这位避难者。因此，奥尔良主教狄奥多夫派武装官员去图尔的圣马丁教堂要人，导致图尔的居民走上街头开始战斗。最终，约克的阿尔昆和僧侣们虽然救出了奥尔良主教狄奥多夫的武装官员，但仍然拒绝交出避难者。约克的阿尔昆立即向查理曼大帝写信汇报了所有事情，并且指出逃亡的神父有权避难和向皇帝申诉。

然而，查理曼大帝回复道：“奥尔良主教狄奥多夫比你早一天向我汇报了……你这是蔑视我的命令……和我讲使徒保罗向恺撒大帝申诉的典故没用——使徒保罗没有犯罪，和这位神父不一样。让这位神父回到奥尔良主教狄奥多夫那里去吧。我们很吃惊——你似乎没有意识到，你不应该违抗我们的意愿。”

查理曼大帝写了那么多话，不仅否定了与他的命令冲突的庇护权，而且非常生气，抨击约克的阿尔昆挑起了“两个明智的人、教会的神学家”之间的不和。查理曼大帝甚至称圣马丁教堂的教友们为“撒旦的大臣”，声称自己把他们送到约克的阿尔昆那里去的目的是让约克的阿尔昆改造他们，却发现他们变得越来越邪恶。

查理曼大帝这番话给了年迈的约克的阿尔昆当头一棒，而透过这番话，我们不难看出，查理曼大帝对隐修制度的成见变得越来越大。查理曼大帝觉得——或者说，有时是这样想的——隐修制度不仅让年轻人逃避了对君主的效忠义务，而且使他们过着衣食无忧的生活。

在院墙外，圣马丁教堂的世俗教友们终日寻花问柳、花天酒地，本就令约克的阿尔昆十分担忧。因此，约克的阿尔昆虽然立刻向查理曼大帝的权威屈服了，但没有接受查理曼大帝对教堂及僧侣们的谴责。约克的阿尔昆争辩说，他更了解圣马丁教堂的教友们，而罪行最大的人是那些闯入教堂的奥尔良人。约克的阿尔昆补充道：“我一直以来的苦心敬奉都白费了……如果我在古稀之年被冠以不忠之罪的话……即使把法兰克王国所有的金子都给我，我也无法在教会内部引发那么危险的骚乱。”

然而，查理曼大帝毫不留情，派了使臣去图尔捉拿有罪的僧侣们。与此同时，约克的阿尔昆毫不妥协——在萨尔茨堡人的帮助下，他偷偷送走了涉事的年轻僧侣，让他去远方寻求庇护以逃脱“狄奥多夫的熊熊怒火”。

这场发生在强大人物之间的、涉及权威和人权问题的冲突表明精神生活正在复兴。

这片昔日的法兰克人的领地已经成为多民族的大熔炉，而精神生活复兴即将在这里开始。当时，路上还没有吟游歌手，只有寻找圣地的朝圣者们；替王侯创作传世之作的肖像画家或雕刻家也没有出现；笨拙的木匠只能照着拜占庭的象牙制品上的图案在木头上雕刻；金匠们铸造的小器皿与阿瓦尔人那些珍宝非常相似；使用织布机的女人模仿的是查理曼大帝的《四福音书》上的图案；兰斯修道院的僧侣们充满热情地画起了栩栩如生的图案。

西方精神虽然不够成熟，但仍然以不可阻挡的活力开始在这场追求更美好生活的运动中得以体现。这场运动就是我们所说的加洛林文艺复兴，专指查理曼大帝统治时期的复兴，并且形成了一种独特的字体——加洛林小写体。

虽然今天的我们对书中的印刷文字不以为然，但一千五百多年以前，即古罗马的优秀文学没落后，欧洲人的书写方式就像巴别塔一样千奇百态。到了墨洛温王朝统治时期后，在法兰克，写作和思考的地位达到了最低谷。

在黑暗的中世纪，书写中心仅存于修道院。后来，为数不多的一些王宫中也突然出现了专门从事书写的秘书。这些分散在各地的书写中心逐渐形成了自己的字体，导致可供参照的模板再也没有存在过。在光线不足的房间里，抄写员用笔或标记物在擦净了的羊皮纸上埋头工作，自然是怎么省事怎么写，不会去考虑怎样写最容易辨认。通常，抄写员写的东西只有自己才能看懂。

当然，大多数人也见过墙上或墓碑上刻着的又大又方的大写拉丁字母——这是一种墓碑语言。用大写字母写成一整本书不仅会耗费很多珍贵的羊皮纸，而且需要很大一番功夫。这种有棱有角的大写拉丁文字母比较适合做页面标题，而写页面里的内容时，抄写员往往又是一阵龙飞凤舞。

罗马教廷甚至也发明了一种左右摇摆的字体。然而，罗马教廷发明的这种字体很难辨认，需要写字人解释。在爱尔兰，有一种字体有几分像精美的古罗马字体，后来演变成了林迪斯法恩修道院的优雅海岛体。

与此同时，一些为数不多的西班牙修道院坚持使用一种工整却又截然不同的西哥特字体，而卡西诺山周围的贝内文托修道院则发明了一种将所有字母都连在一起的小字体——实际上，对贝内文托人来说，这种字体已经够好了。麻烦的是，在不同的地方，字母的形状往往也各不相同。爱尔兰人使用的完全是自己的一套字母，而他们的字母被圣迦尔修道院和圣高隆邦修道院的僧侣传入了法兰克。

在科尔比的圣阿代尔哈德学习的地方，即科尔比修道院也形成了一种字体。这种字体有点像一种通用字体，借鉴了古罗马字体，又受凯尔特字体的影响。抄写书籍时，科尔比修道院非常有耐心的抄写员偶然发现了一种小写体。这种小写体的优点一是字体小，不仅容易书写，而且清楚地保留了大写体的样子，二是容易看懂——任何人都能掌握这种小写体。

在图尔，这种简陋的小写体颇受欢迎。图尔修道院的抄写员做了些改进，使得每个字母都很明显，而字母的间距也被稍微加大了点。这种小写体被传入了法兰克的宫廷学校。约克的阿尔昆掌管宫廷学校时，《圣经选文集》或供查理曼大帝阅读的《圣经》的首张紫色页面上用的就是这种小写体的镀金字。有些人说，约克的阿尔昆是这种小写体的发明者——虽然这绝非事实，但由于容易辨认，约克的阿尔昆和查理曼大帝都很喜欢这种小写体。

查理曼大帝和约克的阿尔昆为教皇阿德里安一世准备了一本圣咏集，而这本圣咏集用的就是这种小写体的镀金字。

查理曼大帝和约克的阿尔昆向外输送的手抄书数量日渐增多，而这种科尔比-图尔-艾克斯字体，即加洛林小写体也随之传到了法兰克边界。由于和约克的阿尔昆一样意识到了书写中心使用统一字体的好处，查理曼大帝下达了强制使用科尔比-图尔-艾克斯字体的命令。

然而，训练成百上千的人写同一种字体绝非易事。约克的阿尔昆向查理曼大帝坦言道："由于大多数人的文化水平不够高，我将这种字体推行不了多远。"抄写员如果想写好字，那么不仅必须没有阅读困难，而且使用的标点符号也要和其他人一样。为了提醒抄写员，约克的阿尔昆在自己的缮写室里立了一块牌子。在牌子上，约克的阿尔昆写道："记得使用标点让你的意思更明确——否则，给民众读书时，神父可能会出错。"这听起来很像查理曼大帝的口吻。

由于查理曼大帝的意志坚定，再加上约克的阿尔昆很有编辑天赋，推行统一字体的工作得以圆满完成。用加洛林小写体写的赞美诗集、弥撒书、法律书和其他所有书籍都被从图尔和艾克斯送到了边远城镇。法兰克人终于找到了通用字体，导致黑暗时代的不连贯的历史宣告结束。

此外，由于查理曼大帝的臣民抄写了大量古典文学和早期基督教文学作品，许多文本得以保存了下来。因此，文艺复兴晚期的学者，乃至今天的读者才有幸能读到那些作品。

加洛林小写体虽然后来因华丽的哥特体的兴起而逐渐衰落，但在之后的几个世纪中没有销声匿迹。文艺复兴时期，由于人文主义者们想寻找一种更好的字体，加洛林小写体再次流行，被称为罗马字体。在手稿中寻找字模时，早期印刷商试图使用哥特体，然后又转向了加洛林-罗马体。加洛林-罗马体一直沿用到了今天。

与大象阿布·阿巴斯抵达艾克斯的情形相比，任何一次胜仗所带来的轰动都黯然失色。大象阿布·阿巴斯从巴比伦北上，摇摇晃晃地走过泥泞不堪的集市街道，用它那不可思议的鼻子从屋顶上拖下新鲜的草料。大象阿布·阿巴斯的一声咆哮将巷子里的马吓得魂飞魄散并且在慌乱中冲进了肉贩子的待宰的羊群。

大象阿布·阿巴斯掀翻了替它搭的畜棚，连根拔起了小树，还吃掉了查理曼大帝手上的葡萄，而查理曼大帝心满意足。艾萨克是位黑人，陪着大象阿布·阿巴斯走了两年。艾萨克成为大象阿布·阿巴斯的看护者。艾萨克说，大象阿布·阿巴斯如果能适应法兰克的气候，那么可以再活五十年。显然，大象阿布·阿巴斯更适应炎热的夏季，并且一顿就可以吃光一块地里的谷物。进食后，大象阿布·阿巴斯会下河去洗澡。每天散步时，查理曼大帝都会去看看大象阿布·阿巴斯这位神秘的来访者。

虽然艾因哈德坚持认为，阿巴斯王朝第五代哈里发哈伦·赖世德因为非常爱戴和仰慕查理曼大帝，所以送来了大象阿布·阿巴斯，但推杯换盏时，有人说这头大象是艾萨克买来做交易的。

“阿巴斯王朝第五代哈里发哈伦·赖世德对我们荣耀的皇帝的敬仰赛过对世上其他所有君主！”艾因哈德极力维护着自己心目中的英雄。

由于派到巴格达去的法兰克使臣死了——或者说失踪了，只有艾萨克和大象阿布·阿巴斯回来，导致酒徒们仍然将信将疑，问道：“你有什么凭据吗？”

“凭据就是波斯人带来了许多珍贵礼物。”

“什么礼物？”

“香水和各种各样的东西。”

有人仍然说着闲话，认为艾因哈德在撒谎。然而，查理曼大帝的藏宝室中多了一件非常精美的霍斯劳一世[①]的金盘——这肯定是阿巴斯王朝第五代哈里发哈伦·赖世德送的礼物。此外，查理曼大帝的藏宝室中还多了一个被染成了彩色的大帐篷。看到这个帐篷的撒克逊人质十分惊讶，纷纷试着往上面射箭。大象阿布·阿巴斯到达艾克斯后，所有东方的珍贵宝物都被称作阿巴斯王朝第五代哈里发哈伦·赖世德送给查理曼大帝的礼物。

霍斯劳一世

① 霍斯劳一世（？—579），波斯国王和萨珊王朝最伟大的国王。霍斯劳一世的在位时间为531至579年。

阿巴斯王朝第五代哈里发哈伦·赖世德的礼物中有一件铜水钟。查理曼大帝非常喜欢这个铜水钟，并且发现它比牛脂蜡烛或沙漏计时都准确。这个铜水钟靠滴水来测量十二小时中的每一小时，而水滴完后，铜球会落下并且敲响铃铛，宣告另一小时开始。这个铜水钟可以帮助查理曼大帝观察星座的运行和变化。

查理曼大帝身边有了会讲各种语言的人，负责给他翻译加斯科涅人、希腊人或阿瓦尔人说的话。来自大不列颠岛的埃格伯特[①]等许多流亡者都在艾克

埃格伯特

① 埃格伯特（约770—839），9世纪时的韦塞克斯国王，被对手贝奥赫特里克和麦西亚国王奥法夺位并且流放。

斯寻求庇护。整个欧洲的局势呈现出一派前所未闻的稳定。查理曼大帝的和平区域从维尔姆河河畔的艾克斯一直延伸至边界之外。在葱葱郁郁的山谷中，撒克逊人质定居了下来。此外，小查理最后一次出征了波罗的海沿岸。没有通过议事会讨论或举行什么宣誓仪式，查理曼大帝与撒克逊人长达三十二年的战争宣告结束了，而莱茵河流域外的法兰克移民建造的城镇也没有遭到袭击或烧毁。查理曼大帝通过野蛮的民族迁移政策终止了武装战争。在没有宿怨或宗教仇恨的环境下成长起来的年轻一代之间，和平的局面确实形成了。查理曼大帝禁止携带武器的命令可能也起了作用。教区学校打破了宗族对抗，让所有孩子一起入学——这一点，查理曼大帝得感谢奥尔良主教狄奥多夫。

此外，艾因哈德这一代人都没有听说过其他统治者，对查理曼大帝非常忠诚。虽然约克的阿尔昆可能会兴高采烈地提起新的基督教帝国，但信息闭塞的农夫们都只有一个信念，即查理曼大帝统治了所有像他们这样的人。

艾因哈德写道：“他让人认真地把歌唱古代国王事迹和战争的原始歌曲记录下来以便能将其传给子孙后代。”虽然或许在努力保存日耳曼人的古老神话的过程中，查理曼大帝为自己砍倒伊尔明苏尔神像的行为赎了罪，但在他驾崩后的新的黑暗时代，那些被抄下来的歌曲都失传了。

查理曼大帝的个人习惯几乎全都没变——他唯一的改变就是坚持让臣民许诺效忠已经成为皇帝的他。查理曼大帝仍然会和陌生的使臣玩游戏。有时，查理曼大帝会选一位拜占庭使者，让人领着这位使者从一位圣骑士走到另一位圣骑士处，穿过艾克斯王宫的走廊。最终，被带到查理曼大帝时，这位缺乏经验的拜占庭使者才发现自己之前鞠躬致敬的对象只是宫廷内务总管和皇家军队总司令，而真正的查理曼大帝身着金衣，庄严地坐在宝座上，身后闪着耀眼的光芒。其他时候，查理曼大帝喜欢穿那件蓝色的旧披风，拄着一根苹果木手杖，一头扎进森林里去猎捕野猪。查理曼大帝拒绝穿贵族们带来的那套灰色的华丽服装。约克的阿尔昆提醒自己的朋友坎特伯雷大主教詹伯特道：“你们如果要去拜访我们的国王，那么记住，让你们的人不要在他面前穿金光闪闪的绫罗绸缎。”

后来，圣迦尔修道院的编年史撰写者用诙谐的语调讲述了一个故事：

“一个雨天，查理曼大帝穿着一件很薄的带毛羊皮衣，而随从们则个个昂首阔步，穿着饰有孔雀翎的雏鸡皮长袍和飘着紫色丝带的丝缟。有几个随从还裹着貂皮短袍。当天是某个节日，而查理曼大帝一行人刚从帕维亚，即威尼斯人扔下所有的东方宝物的地方回来。‘我们虽然现在比较悠闲，但一定不能懒散，’查理曼大帝说道，‘现在，我们都去打猎吧——就穿我们身上的衣服去。’

“查理曼大帝一行人出发了，在乱枝纵横、荆棘遍地的森林里艰难行进。最终，每个人身上都沾满了野兽的血迹和毛皮，并且就这样脏兮兮地回家了。

“其他人都纷纷找火取暖时，查理曼大帝又生一计，说道：‘为了把衣服弄干，每个人必须穿着自己那身衣服睡。’

“第二天，查理曼大帝命令随从们穿着同一身衣服去见他。随从们之前的华服已经破烂不堪，变得皱巴巴的，毫无光彩。查理曼大帝狡黠一笑，对宫廷内务总管说道：‘把我那件带毛的羊皮衣擦一下，拿到这里来。’那件带毛的羊皮衣干净白皙，没破一处。查理曼大帝穿上那件带毛的羊皮衣，问道：‘哪种衣服更珍贵和实用？是我这件只要一枚银币的衣服，还是你们这种要花好几磅银子的？’”

在圣马丁教堂外，约克的阿尔昆为自己找了一处安身的栖身地。约克的阿尔昆的这处栖身地的果树像教堂的柱子一样高大挺直，而鸟儿的歌声如天籁之音。因此，查理曼大帝去约克的阿尔昆的栖身地寻求慰藉。查理曼大帝的女儿们穿着皇家长袍，来到花满枝头的榆树下，坐在查理曼大帝的桌子旁，和她们的孩子们一起唱歌，给约克的阿尔昆的这处栖身地增添了一道亮丽的风景。约克的阿尔昆虽然原本一直想立僧侣之誓，逃脱尘世辛劳，但直到撒克逊的战火熄灭的那一年，即804年，仍然在努力校对《圣本笃会规》[①]以供所有修道院抄写。查理曼大帝口授了自己的法典，要求把“阅读圣本笃定下的

① 《圣本笃会规》，西方隐修之父圣本笃拟定的隐修规则，注重自给自足和献身生活，后为其他许多修会参考借鉴。

教规和规则”作为一条法令。去世前，在给已经成为科尔比修道院院长的科尔比的圣阿代尔哈德的信中，约克的阿尔昆写道：“我已经收起了代表战士身份的宝剑。”

没有哪位圣骑士或战士像约克的阿尔昆这样坚定地拥护着查理曼大帝。约克的阿尔昆的离世打破了法兰克的思想的某种显著的连续性。此后，人们再也听不到宫廷学院的种种绰号了。

第二代图卢兹公爵盖洛内的威廉可能是查理曼最强大的战将，也以自己的方式离开了老一辈的飞地[①]。第二代图卢兹公爵盖洛内的威廉放下了自己的宝剑和战马，进入了一家他曾在作战期间支持的山区修道院。有人说，第二代图卢兹公爵盖洛内的威廉承担了送水的任务，即骑着毛驴把水送给在田里干活的人们。同样，安吉尔贝也把更多时间花在了自己的修道院里。

这群优秀的人曾跟着查理曼大帝出生入死，并且为查理曼大帝的事业鞠躬尽瘁。没有人知道，查理曼大帝的功绩和伟业如果没有这群优秀的人的帮助，那么会是什么模样。查理曼大帝从这群优秀的人身上学到不少东西，而这群优秀的人也一直死心塌地地跟着查理曼大帝。如今，已过花甲之年的查理曼大帝失去了精神导师约克的阿尔昆和勇猛的后盾弗留利公爵埃里克。在查理曼大帝的督促下，那些神父和圣骑士都取得了巨大的成就，完成了甚至自己都觉得不可思议的任务。

其他人能这样忠心耿耿地为查理曼大帝效劳吗？想到这一点，查理曼大帝下令所有部下要更加卖力。查理曼大帝说道：“现在，身强体壮、意志坚定并且效忠上帝的你们必须去履行更大的职责。”

像影子一样跟着查理曼大帝的艾因哈德注意到了这一变化，写道：“自从获得了皇帝的头衔……”

804年是约克的阿尔昆的卒年，是撒克逊实现和平的一年，也是艾克斯的希望之年。南方的西班牙边界立起了第二代图卢兹公爵盖洛内的威廉建立的城镇和高楼，而北方的无法无天的丹麦国王古德弗雷德试图跟查理曼大帝接触和

① 飞地，一国境内隶属另一国的一块领土。

会晤。查理曼大帝正忙着跨海从艾克斯给非洲和叙利亚的穷基督教教徒送钱。与此同时，教皇利奥三世正从罗马赶去见查理曼大帝。教皇利奥三世此行的目的不是由于有所求，而是因为心情十分愉快，想和查理曼大帝讨论曼图亚是否发生了奇迹。

雨水滋润了土地，而臣民们不仅立下了誓言，表示要效忠上帝，而且每天从黎明起就开始期望幸运的降临。王宫楼梯旁的铜水钟也开始了新的报时方式。一个无法实现的理想即将走向幻灭……

教皇利奥三世欣慰地踏上了法兰克的土地。负责守卫东部边界的伯爵奥杜尔夫护送教皇利奥三世走下高高的阿尔卑斯山脉，来到了圣莫里斯修道院——小查理正率部下在此恭候来自罗马的访问者。教皇利奥三世一行人悠闲地骑着马，看到了成群的朝圣者和马车车队。马车车队正将帕维亚和威尼斯的物品送去艾克斯。原来，对商人征收的公路税已经被提高了。护送教皇利奥三世的骑士们穿着伦巴第斗篷，而斗篷上的搭扣是用摩尔人的银子做的。骑士们虽然是土生土长的图林根人或东法兰克人，但都认为自己是查理曼大帝的臣民。

圣马丁节庆期间，教皇利奥三世抵达了兰斯。在圣雷米大教堂的广场上，查理曼大帝与圣骑士和猎手们迎接了教皇利奥三世。教堂的入口处传来了悦耳的管风琴声。在教堂的壁画上，摩西带着他的人毫发无伤地出现在红海上，而汹涌的波涛淹没了一位看上去像匈奴人的法老的骑兵。

人们谈论着收成和留到犁地时节播种的种子。在艾克斯狭长的山谷中，金色的圆屋顶闪闪发光，而人们拿着教堂的旗帜在路边等候着——这和罗马的情形很像。然而，通往王宫的门廊的路要经过羊圈和牛棚。守护台阶的是一座精致的铜熊雕塑。

在大家恭候教皇利奥三世的地方，翻筋斗的杂耍者自娱自乐，灵巧地叉开双腿，在自己的头周围扔着小刀以赚取围观者的钱币。查理曼大帝骑在高头大马上，而马夫们守候在他的马镫旁。在台阶旁，宫廷管家像战士一样准备帮查理曼大帝接过斗篷，而喇叭尚未响起。一位老者大胆地挤上前去，用粗糙的手指弹起了竖琴，唱着欢迎查理曼大帝的歌曲。查理曼大帝从手臂上取下一个金臂环并且将其赏给了这位老者。奥尔良主教狄奥多夫见状高呼道：“他是诗人中的骄傲!”

盛宴开始了。大厅里挂着阿拉斯[①]挂毯，而客人的座席上都铺着紫色丝绸。银质大烛台上的烛光照着长长的放置着秋季的鲜花和野果的餐桌。穿着宫廷长袍的御膳总管领着一群端盘子的仆人，让他们将大浅盘送到客人面前。持杯者跟在拿酒者身后。圣骑士们的衣服闪闪发亮。孩子们从圣骑士身旁挤到座位上，盼着盛宴早点开始，接着又低声说起话来，宛如林子里突然刮起一阵小风。直到利奥三世开始祈福时，众人才恢复了安静。

查理曼大帝发现，王宫神父正在祈愿基督教人民能获得上帝的怜悯。虽然大厅内呈现一派衣着奢华、富丽堂皇的景象，但聚会的人群看上去只不过是一个普通的大家庭。大家欢聚一堂，其乐融融，在圣诞季的最后一天共享美食，一起欢度新年。人们尽情欢乐时，铜水钟不时发出报时的声音。

然而，接下来连续五年的不幸给这个基督教民族的新年蒙上了一层阴影。

起初，丹麦国王古德弗雷德没有出席和平理事会，而他麾下的海盗发动了突然袭击。艾克斯的王宫年鉴撰写者称这些海盗是丹麦人、诺曼人或北方人。通航季时，这些海盗会驾着又长又快的龙船驶出寒冷的斯堪的纳维亚、波罗的海诸岛和丹麦边界，而船上密密麻麻的马活像一堵墙。实际上，这些人是早期的维京人，会乘着浅底船一直朝河流上游航行。登陆后，这些维京人会骑上马去某个小镇，就像当年在林迪斯法恩一样，烧杀抢掠，无恶不作，夜晚降临时，这些维京人会用壕沟防护营地。这些维京人是大胆的战斗者，信仰上古之神，在教堂搜寻值钱的东西。如果遇到武装部队攻击，那么会骑上马返回龙船上——没人能追得上他们的龙船。

由于无法与这些维京人达成和平协议，查理曼大帝试图在沿海边界设防。800年出巡时，查理曼大帝曾提醒过海边的居民，并且下令开始建造瞭望

① 阿拉斯，今法国法兰西大区的加来海峡省的省会，位于里尔西南，斯卡尔普河畔，曾是著名的壁毯产地。

诺曼人

台。然而，由于低地和英吉利海峡附近的教区一直处于和平状态，从事农耕活动的自由民不愿意武装起来去站岗放哨。查理曼大帝下令在大河上造船，在莱茵河走廊等战略要地建造石质要塞。然而，丹麦国王古德弗雷德混进了波罗的海的斯拉夫人中间，不仅袭击那些发誓要效忠查理曼大帝的人，而且帮助那些反抗查理曼大帝的人。查理曼大帝的军队没法追上这些维京人。

海上似乎又出现了一个维茨金，而龙头的恶兆好像又要应验了。

根据事后得到的消息，圣迦尔修道院的编年史撰写者记载了一个夸张的故事，讲述了查理曼大帝如何与海上的维京人搏斗。

圣迦尔修道院的编年史撰写者写道：“在出巡期间于纳博纳的某个靠海

的镇上，查理曼大帝正在安静地用餐。这时，几艘船开了过来，而船上的诺曼人冲下来就开始如强盗般进行劫掠。虽然刚看到船时，有些人还以为船上的人是犹太人、非洲人或大不列颠商人，但看到船上的人的模样和速度后，全知的查理曼大帝开口说道：‘这些船上装的不是货物，而是最凶残的敌人。’

“查理曼大帝的话音刚落，人们就急忙跑向岸边。然而，人们只是白费力气罢了——由于听说查理曼大帝在镇上，诺曼人瞬间不见了踪影。最正义、最虔诚的查理曼大帝站了起来，透过东边的窗户向外看去，而泪水顺着他的双颊流了下来。没有人敢吭声。

“接着，查理曼大帝解释道：‘我不怕——一点也不怕这些流氓伤害我。然而，这些流氓竟敢在我还活着的时候就闯进这片海，导致我十分难受。想到这些流氓会对我的子孙后代使用那些卑劣的手段时，我更是心如刀绞。’”

实际上，这帮行踪不定的海盗们总是骚扰海岸地区。查理曼大帝在世时千方百计地保护着内陆地区，并且开始向大不列颠人征收更繁重的赋税，而上述故事只是圣迦尔修道院的编年史撰写者的即兴发挥。

查理曼大帝的南部边界十分稳固。阿基坦的主力军队不仅由阿基坦国王路易一世调遣，而且已经吸纳了足智多谋的加斯科涅人、普罗旺斯人和以前听命于奥尔良主教狄奥多夫的纳瓦拉的哥特人。阿基坦军队席卷了山区的村庄和峡谷，逐步推进到了承载着不幸记忆的埃布罗河附近——萨拉戈萨就位于此处。查理曼大帝想攻下远至巴塞罗那的海岸，同时又试图与科尔多瓦人达成停战协定，却似乎屡屡失败。

宗教热情时不时会激怒阿拉伯贵族，驱使他们反抗入侵的基督教教徒。第二代图卢兹公爵盖洛内的威廉离开了战事纷扰的世俗生活后，阿基坦一时群龙无首。虔诚的阿基坦国王路易一世管不住比利牛斯山脉的城堡中的任性的官员，而查理曼大帝也不愿贸然去阿基坦。基督教的主力军队攻占了埃布罗河河口的托尔托萨，并且在胜利后进入了一个山谷。然而，和龙塞斯瓦列斯的法兰克军队一样，这支军队遭到了袭击，死伤惨重。收到战况汇报后，查理曼大帝一声不吭，悲痛不已。

然而，来自穆斯林政权的最大威胁在地中海地区。查理曼大帝控制着地中海地区的几个海港城市。西罗马帝国覆灭后，巴塞罗那、纳博纳、马西利亚[①]和利古里亚的港口都停航了。据圣迦尔修道院的编年史撰写者记载，这些港口停泊着装有珍贵的走私货物的犹太和迦太基[②]商船。查理曼大帝希望重新开放古老的贸易线路，而伦巴第国王丕平·卡洛曼已经批准了一支船队沿利古里亚海岸，即热那亚[③]附近活动。

摩尔人的船队明目张胆地跨海袭击巴利阿里群岛、科西嘉岛、撒丁岛[④]等周边岛屿，把基督教教徒掳去当成奴隶贩卖。查理曼大帝怎样才能保卫这些岛屿呢？

伦巴第国王丕平·卡洛曼暂时批准的沿利古里亚海岸活动的船队是由意大利人控制的，并且有一次曾将海盗们赶出了科西嘉岛。然而，非洲的其他撒拉森人又攻击了其他船队。查理曼大帝下令建大帆船，要求不仅撞角要和拜占庭船只一样，而且桨要和北方人的船一样多。

东面住着未知陆地的居民。在易北河流域外，由于已经从许多斯拉夫人的部落得到了很多人质和贡品，查理曼大帝也应保护这些部落不受北方人和其他异教徒的侵犯。在小查理的带领下，伟大的东部边界军队一再进入荒地去执行查理曼大帝的和平策略。查理曼大帝十分明智，让奥杜尔夫掌管这片广大的边界并且封他为负责守卫东部边界的伯爵。

波希米亚森林边缘外的中陆地区高地上住着一个沉默的民族，即捷克人或波希米亚人，而他们从来都不知道文明有什么好处。

查理曼大帝知道，他如果能征服这些波希米亚人，那么可以把不安分的斯拉夫人和阿瓦尔人赶到远东地区去。

为了对付波希米亚人，查理曼大帝先后给小查理派去了三支武装部队。

---

① 马西利亚，即现在的马赛。

② 迦太基，地中海地区古城，坐落于今突尼斯，与罗马隔海相望。

③ 热那亚，意大利最大的商业港口和重要工业中心，今利古里亚大区和同名省热那亚省的首府，位于意大利西北部，利古里亚海热那亚湾北岸。

④ 撒丁岛，地中海上仅次于西西里岛的第二大岛，北邻科西嘉岛，南临非洲海岸。

这三支武装部队分别是信仰基督教的撒克逊人、巴伐利亚人和斯拉夫人。查理曼大帝当年也是用这种方式进攻阿瓦尔人的。与阿瓦尔人一样，栖居森林的波希米亚人突然消失了。在水流湍急的莫尔道河[①]流域外，由于物资供应不足，小查理的军队元气大伤。小查理慌忙撤退，汇报称自己只发现了一片茫茫的草地，即“东部的大平原”。

查理曼大帝不仅再次派小查理挺进波希米亚人的领地，而且给阿基坦国王路易一世派去了增援部队，命令他攻下托尔托萨。然而，不仅波希米亚人再次消失，而且路易的军队溃败了。

最终，似乎由于意识到了北部和东部边界已经到了极限，无法继续推进，查理曼大帝有一段时间一直在易北河沿岸修建防御工事，包括在边界城镇修筑、巩固并且让武装部队管理城墙和高塔。因此，埃塞菲尔德守卫边界并且监视着丹麦人，而易北河上游的霍布基则负责直面维尔齐人[②]。维尔齐人住在马格德堡和哈雷。查理曼大帝构筑的这条防线向上翻过萨勒河，爬上高地直抵伯默尔森林，绕着阿瓦尔人的定居点向东盘旋，然后又降至弗留利和伊斯特里亚。此前，弗留利公爵埃里克在弗留利和伊斯特里亚做的防守工作非常不错。在防线西面，基督教徒逐渐分散在山谷中定居，而在防线东面，无组织的异教徒则在“东部的大平原”上活动。这条防线从波罗的海延伸至亚得里亚海，十分坚固。

基督教的传教士们也涉足了防线外的一些地方。完成自己的终身任务时，巴伐利亚大主教萨尔茨堡的阿尔诺将教堂建在了萨沃河和德拉瓦河流域，甚至到了今天的奥地利境外。在很长一段时间里，这些教堂就是基督教领土的界标。

伊斯特里亚的边界哨所位于亚得里亚海的源头处，而查理曼大帝的特使和传教士们把附近的南斯拉夫人也变成了基督教教徒。

查理曼大帝不仅首次设定，而且准备竭尽全力去守卫自己的领土的界限——在界限内，和平必须占据上风。

---

① 莫尔道河，即现在的伏尔塔瓦河。

② 维尔齐人，又称柳蒂奇人，是西斯拉夫人的一支。

接着，饥荒卷土重来。饥荒虽然起初只发生在旱季的某些地方，但后来开始不断蔓延。根据以往的经验，查理曼大帝知道，饥荒结束后必有瘟疫，而瘟疫会造成混乱和恐惧——和像天启四骑士[①]一样，饥荒、瘟疫和混乱会接踵而至。

天启四骑士

① 天启四骑士，又称末日四骑士，来自《新约·圣经》末篇《启示录》中的典故。传统上和文学作品里将天启四骑士解释为白马骑士、红马骑士、黑马骑士、灰马骑士（或绿马骑士），依次代表瘟疫、战争、饥荒和死亡。

当时，在艾克斯，查理曼大帝拥有一大笔财富。查理曼大帝让圣骑士们在艾克斯随时待命，并且将他们组织成一个后备官员小组，根据需要派他们去执行任务。烽火和信鸽发出警报时，圣骑士立即奔赴各处。查理曼大帝会与新任御膳总管埃伯哈德商议各种事务，而所有法律案件都由宫廷伯爵处理。然而，饥荒依然肆虐传播，导致有些地方的军官甚至根本无法收集和储备粮食。

查理曼大帝下令弗里西亚渔船驶进莱茵河河口，让应征兵看守麦堆和牛群。与此同时，每位百户区的官员都要负责记录剩余的粮食数量。由于“邪恶的人正在这片土地上”，村民们纷纷挤进教堂祈祷，而不是往地里运水。特使骑着马走村串户，劝告那些有存粮的人把粮食分给那些没有的人。虽然有些人听从了劝告，但由于担心灾情会变得更严重，另一些人无动于衷。“要服从特使！”查理曼大帝命令道。

皇家庄园里有纯种的牛和精选的马。管理者们不仅已经种下了耐寒的新型谷物，而且让人抚育蜂群、看守河里的鱼虾。农场向人们示范了什么是最好的作物。查理曼大帝下令将庄园外的皇家神父的住宅向撒克逊移民开放，把没有耕地的家庭送到东边去开发撒克逊森林，让阿基坦人翻过高山去西班牙的新边界定居，让因病而不能劳作的人去森林里养猪。

灾情刚开始时，查理曼大帝想到，他将来撒手人寰时，他的家人和法兰克不知会是什么样子。

806年年末，在西奥多庄园，查理曼大帝召开了一次大会。实际上，相比艾克斯，西奥多庄园离查理曼大帝的统治中心更近。在大会上，查理曼大帝下令他的三个儿子，即小查理、伦巴第国王丕平·卡洛曼和阿基坦国王路易一世将所谓的帝国分而治之——显然，查理曼大帝沿袭了墨洛温王朝的传统，参照了矮子丕平的做法。

查理曼大帝把这份巨大的家产分为三个王国，而他驾崩后，他的儿子们将分别统治他曾经掌管的领土，从地方领主变成国王。阿基坦国王路易一世的统治区域以阿基坦为中心；伦巴第国王丕平·卡洛曼的统治区域以古伦巴第为中心；小查理的统治区域以莱茵兰为中心并且一直向南延伸至图尔。查理曼大帝再次关心起边界问题，在确定三个未来王国的边界时十分细致。此外，查理曼大帝把从阿尔卑斯山脉南部去意大利的通道分给了阿基坦国王路易一世，把从莱茵河地区到朱庇特山口的线路交给了小查理。这样一来，大路都是开放的，而查理曼大帝的三个儿子可以通过大路相互支援。

至于其他家人，查理曼大帝用自己的典型手段保护着她们。查理曼大帝的女儿们将拥有家产，会受到她们的兄弟们的关照，可以按照自己的意愿合法结婚。无论如何，查理曼大帝的孙辈们都不会被放逐、成为俘虏或受到伤害。此外，查理曼大帝要求自己的家庭内部和领土上必须保持和平。然而，查理曼大帝在世时，所有大权依然由他独揽。查理曼大帝让大家立下誓言，保证“儿子服从父亲”和“臣民服从皇帝”。

虽然查理曼大帝想重建西罗马帝国，或者说创建立另一个帝国，但现在，他的上述安排几乎还不能算作他的最终遗嘱。查理曼大帝给历史学家们又出了个谜题——一个与加冕礼同样令人困惑的谜题。查理曼大帝真的想把自己打下的江山按这种方式划分吗？或者说，查理曼大帝是否打算在弥留之际任命一个儿子为皇帝？查理曼大帝没有告诉我们这个问题的答案。

至于自己的那些儿子，查理曼大帝似乎没有偏爱哪一个。虽然小查理不仅最像查理曼大帝，而且奉命征战最多，但观察家们指责祈祷时的小查理不会低头。虽然阿基坦国王路易一世得到了最多的帮助，但每一次帮助似乎都是必需的。伦巴第国王丕平·卡洛曼有点嫉妒小查理，经常和教皇利奥三世争辩，也独自取得了许多成就，如攻打贝内文托人、阿瓦尔人和海边的穆斯林。然而，查理曼大帝的三个儿子都没有离开他们各自要统治的王国。

查理曼大帝决定为遗嘱的执行做准备，不仅让参加西奥多庄园的大会的贵族发誓服从遗嘱，而且让艾因哈德抄送了一份遗嘱给教皇利奥三世以求得罗马教廷的认可。

有一条线索可以证明查理曼大帝的意图。相比可以借皇帝这一头衔获得的特权，梅斯主教圣阿努尔夫的这位单纯的后人不喜欢别人称他为另一个奥古斯都或君士坦丁大帝，看上去似乎更关注自己应承担的责任。提及这种责任时，王宫年鉴撰写者写道：“该责任始于信仰基督教的君士坦丁大帝的统治时期。”

或许对查理曼大帝而言，基督教教徒的责任凌驾于一切政治抱负。在遗嘱中，查理曼大帝不是说最大的受益者就是团结统一的基督教人民吗？查理曼大帝希望，在圣彼得的引导下他的三个儿子能维护基督教人民的和平。此外，出于保护艾克斯的目的，查理曼大帝以艾克斯为中心设定了新的边界，而这种做法的目的不就是想让这个基督教国家存在下去吗？

这种史无前例的领土主权是幻想性的，建立于希望之上，并且要靠查理曼大帝的强烈决心来维系。

虽然饥荒最终得到了控制，但不仅瘟疫仍然席卷了大小村庄，而且牲畜显然遭遇了比人更严重的疫情。由于牲畜相继死去，小查理的军队近乎瘫痪。由于贝内文托人被指在畜群中撒“谋杀粉”，意大利边界爆发了反对贝内文托人的冲突。由于陌生人可能携带神秘的“谋杀粉”，徒步旅行者如果无法证明自己的身份，那么会被捆起来扔进河里。

在艾克斯，成群的人挤进玛丽亚教堂去摸那个装着圣马丁的披风的金质圣物箱。807年夏季，查理曼大帝又开始被另一件前所未闻的事困扰——几乎没有领主出席他召开的殷格翰王宫大会。由于参会人数太少，查理曼大帝不得不第一次取消殷格翰王宫大会，并且怀疑这种缺席会演变成一场反抗他权威的叛乱。虽然那年夏季可能没有战事，但查理曼大帝也没有与世俗和宗教贵族制订年度计划，而是派钦差去调查人民是否服从当地的领主或远方的皇帝。

查理曼大帝从不亲临外省的弊端已经逐步暴露出来了。起初，查理曼大帝觉得，他只待在艾克斯会便于他保存财宝和记录，是很好的做法。然而，由于看不到查理曼大帝，民众更依赖当地的贵族。

据钦差们说，士兵们虽然对查理曼大帝是忠诚的，但由于家中贫困，变得越来越少。由于很多劳动力都被调去造船或修教堂了，民众无暇顾及农活，而有些小地主只要缴纳一笔钱便“无须参军入伍”。为了求生，不能自食其力或缴纳什一税的自由民都陆续进入了修道院。

为了改变这种日渐萧条的局面，查理曼大帝颁布了一系列法令。查理曼大帝规定："因为许多人只是为了逃避应征入伍，所以未经皇帝批准，自由民禁止担任神父这一职位……发生饥荒或瘟疫时，无须皇帝批准，自由民即可当众祈祷……谷物不得被以高于定价的价格出售……生活必备食物不得出口。"

查理曼大帝还颁布了其他法令，包括地主如果没有为军队提供装备，那么会面临着失去采邑的威胁；拥有三处住宅者必须参军入伍；每三个只拥有一处住宅者的人中必须有一位参军，而另外两位要为这名参军者提供装备和生活来源；仅有动产的人必须提交三分之一的个人财产，如马匹、布匹、猪或羊……

令查理曼大帝意想不到的事情发生了。为了抵抗阿拉伯人和北方人，查理曼大帝需要一支训练有素的骑兵部队全年待命。因此，这支骑兵部队的装备必然有更高的要求，即需要重甲和铁头盔、承重力大的马鞍、保护战马脖子和缰绳的铁串铃。然而，五个自由民在田里劳作才能供得起这样一名骑兵的装备和食物。

由于要负责送一定数量的人去参军——违者会受到重罚——领主和主教加强了对自由民的控制。贵族按惯例为自由民支付钱财，而自由民对贵族的效忠誓言也变得更有约束力了。历史记载中开始出现了"臣属的"一词，而这表明封建家臣的身份终于产生了。

贵族的特点也在发生改变。公爵和伯爵不用再亲自指导战役，可以在家维持秩序。查理曼大帝允许每名伯爵在城堡中留四名士兵，而主教则可以在教堂大厅里留两名士兵。此前，弗留利公爵埃里克和第二代图卢兹公爵盖洛内的威廉会花费大部分时间和武装军队待在一起。一种新型的领主出现了——成功或受欢迎的军队领导者可以召集一批武装追随者。根据查理曼大帝的命令，自由民虽然可以更换自己的服役对象，但如果没有特殊原因，那么不得逃避服役。查理曼大帝想杜绝逃亡者并且限制厌战者躲进修道院。

虽然在墨洛温王朝统治时期，国王的官员的地位几乎不可能超越武装起来的自由民，但如今，这种法兰克人的旧秩序正在逐步瓦解——领主开始率领忠于自己的小股部队，而他们手中权力也随之增大。

这种封建制度虽然早在查理曼大帝开始统治前就已经萌芽，但查理曼大帝不仅加快了它的发展，而且用法令将它合法化了。然而，人们仍然敬畏在位时的查理曼大帝的荣耀头衔，觉得应对他尽最大的义务。大不列颠岛的诺森布里亚①国王厄尔德沃夫②不就是来找查理曼大帝商议吗？查理曼大帝这位最明智的国王陛下——他的臣民很少叫他皇帝——不是把该受审判之人都送给教皇利奥三世审判了吗？

大不列颠岛的诺森布里亚国王厄尔德沃夫

① 诺森布里亚，盎格鲁人建立的盎格鲁-撒克逊王国，最初由以迪斯河为界的两个独立的小王国组成。

② 厄尔德沃夫（790—830），诺森布里亚国王，796年开始执政，806年被逐，808年再次执政。

查理曼大帝又一次驳斥了教皇利奥三世的决定。正如当年讨论圣像问题一样，教会又激烈地争论起圣灵，即圣灵单单来自圣父，还是也来自耶稣？在艾克斯，查理曼大帝召集了一个教会理事会来阐明这一问题。心直口快的奥尔良主教狄奥多夫认为，正如所有头脑正常的人坚信的那样，圣灵也来自圣子耶稣。希腊人反对这一真理有什么关系呢？查理曼大帝希望奥尔良主教狄奥多夫能把“也来自圣子”表达清楚并且在公众祈祷中向大家说清楚。因此，“也来自圣子”成了法兰克祷文的一部分。科尔比的圣阿代尔哈德将艾克斯的教会理事会的决议带去了罗马城。

据说，耶路撒冷的牧首①也向孜孜不倦的查理曼大帝申诉，说无法无天的贝都因人②攻击并且奴役了耶路撒冷的基督教教徒，让基督教教徒为他们修建客栈和装饰圣坛。查理曼大帝曾给耶路撒冷的基督教教徒送去大笔财富。牧首还表示，收到最慷慨的查理曼大帝的礼物时，锡安山③和橄榄山④的人们无比高兴。牧首曾把圣墓教堂的钥匙交到了查理曼大帝手中。听完牧首的申诉后，查理曼大帝气愤又伤心。因此，查理曼大帝派使臣去阿巴斯王朝第五代哈里发哈伦·赖世德处，请他去保护耶路撒冷的基督教教徒。

为了展示自己对查理曼大帝的爱戴之心，阿巴斯王朝第五代哈里发哈伦·赖世德派了阿卜杜拉和橄榄山僧侣费利克斯、修道院院长乔治觐见了查理曼大帝。阿卜杜拉带来了许多不可思议的礼物，包括一只由象牙制成的迷你大象，一个有瓷釉和黄金涂层的玻璃花瓶，以及一顶可以坐下查理曼大帝和所有圣骑士的大帐篷。

阿卜杜拉还代表阿巴斯王朝第五代哈里发哈伦·赖世德发誓将遵照查理曼大帝的意愿行事，不仅会保护住在汲沦谷⑤的圣沙巴修道院到圣墓教堂一带

① 牧首，早期基督教在罗马、君士坦丁堡、耶路撒冷和亚历山大等一些主要城市的主教称号。

② 贝都因人，以氏族部落为基本单位的在沙漠中过游牧生活的阿拉伯人，主要活动区域在西亚和北非的广阔的沙漠和荒原地带，属于欧罗巴人种地中海类型。

③ 锡安山，位于耶路撒冷以南，因有耶稣的足迹而成为基督教教徒的圣地。

④ 橄榄山，位于耶路撒冷以东，是犹太教和基督教的圣山，周围遍植橄榄木，是耶稣曾经布道的地方。

⑤ 汲沦谷，耶路撒冷的一道山谷，位于圣殿山和橄榄山之间，有许多犹太人的坟墓。

的朝圣者和基督教教徒，让他们免遭抢掠和侮辱，而且愿意从圣墓教堂中拿出任意一件物品献给查理曼大帝作为担保。

艾因哈德也证实了此事，记载道："获悉查理曼大帝的愿望时，阿巴斯王朝第五代哈里发哈伦·赖世德不仅同意了他所有的要求，而且将救世主的圣墓和复活地都交给了他掌管。"

阿巴斯王朝第五代哈里发哈伦·赖世德赠送礼物及耶路撒冷的消息传播开来，西面的村庄顿时一片欢腾。村民们津津乐道地讲述着这些消息——任何与耶路撒冷有关的事都让人们备感神秘。和以前一样，艾因哈德忍不住详细地记录了整个过程。

阿巴斯王朝第五代哈里发哈伦·赖世德和查理曼大帝往来的真相又成为查理曼大帝统治时期的又一不解之谜。巴格达的宫廷记录根本没有提及查理曼大帝，也没提及派出阿卜杜拉一事。阿拉伯历史学家知道法兰克人——实际上，阿拉伯历史学家把所有的西欧人都称为法兰克人，并且说起过一位国王。此外，阿拉伯历史学家也没提及大象阿布·阿巴斯。然而，艾克斯和巴格达之间的确有贸易往来，而似乎只有只服务查理曼大帝的艾萨克才能解释真相。

阿巴斯王朝第五代哈里发哈伦·赖世德虽然似乎确实收到了巴勒斯坦的基督教教徒的申诉，但没有《一千零一夜》中的和他同名的人物哈伦·赖世德的宽容。现实中的阿巴斯王朝第五代哈里发哈伦·赖世德同意保护遭遇骚扰的教堂和朝圣者，并且出于礼貌将圣墓教堂作为礼物送给了某位法兰克国王的请愿者。

虽然阿巴斯王朝第五代哈里发哈伦·赖世德可能只是将圣墓教堂狭小的地下室赠予了不知名的法兰克国王，但身为伊斯兰圣地看护人的阿巴斯王朝第五代哈里发哈伦·赖世德真的会将耶路撒冷的某一部分随便交给一位陌生的基督教国王吗？这是难以令人信服的——耶路撒冷是所有穆斯林的圣地。阿巴斯王朝第五代哈里发哈伦·赖世德也不会像传说中的那样把巴勒斯坦的城市或领土等任何受保护领地交给查理曼大帝，而是只会答应帮忙保护神父和朝圣者。

圣迦尔修道院的编年史撰写者也记载了人们将查理曼大帝奉为“耶路撒冷保护者”的传奇。圣迦尔修道院的编年史撰写者记载道：“不知疲倦的，查理曼大帝派人给阿巴斯王朝第五代哈里发哈伦·赖世德送去了西班牙的马和骡子，弗里西亚的白色和红色长袍，以及最凶猛的狗等礼物。阿巴斯王朝第五代哈里发哈伦·赖世德没怎么看其他礼物，唯独问使臣这些狗能捉什么……那些日耳曼狗给阿巴斯王朝第五代哈里发哈伦·赖世德捉了一只波斯狮。阿巴斯王朝第五代哈里发哈伦·赖世德见状，明白了我们的查理曼大帝有多么强大，说道：‘现在我知道了——我的兄弟查理曼果真是名不虚传啊。我怎样才能报答查理曼赐予我的荣耀呢？我把答应给亚伯拉罕的土地给查理曼吧。查理曼虽然是一位品德高尚的国王，但那里太远了，可能没法保护那片遥远的土地。然而，为了表达我的感激之情，我还是会把那片土地交给查理曼，而我则会作为他的总督替他打理那片土地。’”

由于瘟疫不断蔓延，查理曼大帝又出巡了。带着家人和一路吟诵赞美诗的艾克斯唱诗班，查理曼大帝沿着默兹河和莱茵河流域开始巡游。查理曼大帝不仅明白眼前的磨难都是上帝的意愿，而且认为自己有责任去补救。

看到民众恐惧的样子，查理曼大帝不由得笑了起来。查理曼大帝禁止民众逃跑，也嘲笑某些人的懒散。查理曼大帝说道：“现在，用伟大的事迹效忠上帝是我们的特权。”

查理曼大帝给民众讲耶路撒冷和他获赠圣墓教堂的故事，给他们看耶路撒冷的旗帜，而看到了神奇的庞然大物，即大象阿布·阿巴斯时，民众也算是亲眼见证了查理曼大帝的故事。

随着寒冷天气的到来，不仅瘟疫减轻了，而且混乱停止了。在查理曼大帝路过的地方，一些谣言传播开来，说有好事发生了，即法兰克人与西班牙的撒拉森人停战了——实际上，在托尔托萨，阿基坦国王路易一世再次失利。

商人从基督教教徒的船只下水的普罗旺斯带来了新鲜的货物。查理曼大帝设法改变了内陆的孤立局面并且与外界建立联系，有了跨越地中海的贸易往来。虽然在圣迦尔修道院的编年史撰写者眼中，地中海只是“一个小水潭”，但最后几年，查理曼大帝一直在努力让边界抵达地中海。查理曼大帝掌控的海岸线在不断延伸，而静止的瞭望塔和哨所已经难以满足防守的需求。因此，只有拿下新的贸易港口，查理曼大帝才可以发展海上商业并且建立自己的大型船队。

实际上，查理曼大帝在普罗旺斯和利古里亚海岸的新船队的情况都不太妙——他们根本对付不了在海上飞驰的撒拉森人。然而，查理曼大帝发现了一条通往东方的林荫大道，而这条林荫大道显然更加重要。

之前在拉文纳港时，查理曼大帝远眺亚得里亚海的深色水域，看见拜占庭船队无所畏惧地在海上航行。查理曼大帝看见，最远处的岸边是君士坦丁堡军队的前哨基地，而在没有征得拜占庭将领们的同意的情况下，乘着小木船和小帆船的法兰克军队休想穿过那道水障。由于尼基弗鲁斯一世拒不接受查理曼大帝的皇帝头衔，君士坦丁堡的前哨基地和西西里岛上的将领们也对查理曼大帝充满了敌意。

在拉文纳上方，即亚得里亚海的尽头，坐落着古老的港口阿奎莱亚和普拉，而那儿的一位主教与查理曼大帝交情不错，后因被拜占庭的小派系从塔山扔下而丧命。这位主教的继任者福图内特斯曾去艾克斯寻求查理曼大帝的保护。此外，在神秘的威尼斯，一个崇尚商业的民族建造了新的货船并且偷偷摸摸地自行驶入了海上。来到艾克斯的两位威尼斯总督——威尼斯人称这二人为公爵——一边央求着与查理曼大帝结盟，一边极力想让艾克斯当局与君士坦丁堡的海上势力对抗。由于对两位威尼斯总督的这种两面派行为非常生气，查理曼大帝在威尼斯培植了自己的势力。

接着，一支拜占庭船队袭击了拉文纳附近的海岸，导致两位威尼斯总督急忙掉头转向君士坦丁堡。查理曼大帝宣布自己会保护福图内特斯，并且派伦巴第国王丕平·卡洛曼率军取道达尔马提亚走陆路去君士坦丁堡。查理曼大帝认为，在行军途中，伦巴第国王丕平·卡洛曼会攻下威尼斯人隐蔽的港口。

一旦征服了威尼斯人，查理曼大帝就能在他们的院子里建造做工巧妙的新型船只，并且可以因此进入海上贸易通道——这可能要等到他的儿子们执掌天下时才能实现。查理曼大帝试图控制亚得里亚海——一旦成功，他就可以与君士坦丁堡抗衡并且维持稳定的和平关系。

接到查理曼大帝的命令后，伦巴第国王丕平·卡洛曼试图跨海去威尼斯，却被拜占庭战船击退，被迫率军沿着海岸去了泥泞的水湾和环礁湖地带。伦巴第国王丕平·卡洛曼用船的桅杆造了一座桥，占领了一个环礁湖，而狡猾的威尼斯人将船只和财产带去了位于深水航道上的里亚尔托。

由于没有船，伦巴第国王丕平·卡洛曼包围却无法攻下威尼斯。伦巴第国王丕平·卡洛曼让军队守着陆地，把威尼斯人困在了外围的大环礁湖里。转眼到了炎热的夏季，而法兰克士兵们渐渐体力不支，不断生病。威尼斯人劝伦巴第国王丕平·卡洛曼接受他们的口头投降，并且承诺每年向查理曼大帝进贡三十六磅银子。伦巴第国王丕平·卡洛曼同意了威尼斯人的条件，带着军队离开了，继续向东行进。丕平·卡洛曼非但没有攻下威尼斯人的港口，反倒染上了沼泽病。

身处艾克斯的查理曼大帝收到了伦巴第国王丕平·卡洛曼的消息。查理曼大帝的大女儿罗特鲁德一病不起，而神父们在一旁听着她做临终忏悔。然而，宫中的人无暇顾及罗特鲁德的病情——他们的注意力都转向了接二连三发生不幸的北方。丹麦人是北方的各种灾难的肇事者。丹麦人在各个岛屿和弗里西亚的海岸抢掠，收下了一百磅银子后才同意离开。丹麦人向易北河上游航行，攻击了霍布基的城堡，唤醒了不安分的斯拉夫人，摧毁了撒克逊人的城镇。

此前，查理曼大帝不仅征兵应对北方的灾难，而且把自己的大象阿布·阿巴斯也派了过去。王宫的史官简要记录道："阿巴斯王朝第五代哈里发哈伦·赖世德赠送的大象暴死。"

一天深夜，即接近次日凌晨时，正穿过西奥多里克大帝雕塑旁的长廊往回走的查理曼大帝突然发现过道上站着一名信使。这名信使看上去好像经历了一段艰辛的骑行，跪下来请求查理曼大帝宽恕他将要汇报的消息。

"但讲无妨。"查理曼大帝有些不耐烦地说道。

“我要说的话不是我说的——我只是转告丹麦国王古德弗雷德的话。”

“我命令你快说。”

“丹麦国王古德弗雷德说您应该向他进贡弗里西亚人的领土和撒克逊人的领土，声称他要到这里来烧毁您的艾克斯。丹麦国王古德弗雷德让我警告您抓紧时间逃跑。”

查理曼大帝怒不可遏，召集了留守艾克斯的圣骑士们，而他身边只有他的侍卫和默兹河-莱茵河流域的自由民。查理曼大帝马上让小查理率领东部边界的军队和负责守卫东部边界的伯爵奥杜尔夫会合，再北上去威悉河。查理曼大帝表示，他会从莱茵河河畔和利珀河河畔尽快赶到充满痛苦回忆的费尔登与小查理会合，而他们会去丹麦人和艾克斯城之间的位置。

810年初夏，已经六十八岁高龄的查理曼大帝忍着痛失爱女罗特鲁德的悲伤离开了艾克斯去与北方人作战。查理曼大帝的对手是一帮海盗，会乘船沿海岸溜走。因此，进行常规的持久战绝非易事。

查理曼大帝离开露营地的帐篷时，一件不好的事发生了。艾因哈德虽然看到了这件事，但当时没怎么在意。后来，艾因哈德详细记录道：

“日出前，查理曼大帝正欲离开营地启程。突然，查理曼大帝看到了一个明晃晃的火球从空中掉落。这个火球从右往左在明净的空中快速划过，导致查理曼大帝的坐骑猛地一跳，把马背上的他摔倒在地。查理曼大帝这一跤摔得可不轻——不仅斗篷搭扣被摔破了，而且剑带也被摔成了两段。下属们跑过去帮查理曼大帝取下身上的武器后，查理曼大帝竟然无法自己站起来。查理曼大帝的长矛也被摔出了二十余步远。”

查理曼大帝不仅胖了不少，而且摔跤时是全副武装。因此，查理曼大帝的一只脚跛了。

然而，查理曼大帝这一跤似乎不是什么不祥之兆。后来，查理曼大帝和小查理父子二人会合后在威悉河河畔驻扎时，他们的密探没有发现北方人的踪迹。查理曼大帝在自己的帐篷中待着，有时还会去森林里打猎。查理曼大帝和小查理收到了丹麦国王古德弗雷德被暗杀身亡的消息，并且得知由于新国王打算和查理曼大帝商定停战事宜，丹麦船队已驶回了斯堪的纳维亚。确定上述消息属实后，查理曼大帝便骑马回家了。

与此同时，离开威尼斯后，由于受瘟疫或其他疾病折磨，伦巴第国王丕平·卡洛曼已经撒手人寰。伦巴第国王丕平·卡洛曼虽然有时不听旨意，一意孤行，但一直是查理曼大帝意志最坚强的儿子。

一回到艾克斯，查理曼大帝便召见了自己最信任的科尔比的圣阿代尔哈德，对他说道："你要去伦巴第给我的儿子丕平·卡洛曼修陵。丕平·卡洛曼的陵要被建在米狄欧兰侬①大教堂内——他是那里的统治者。你还要去圣彼得大教堂宣布丕平·卡洛曼的幼子，即意大利的伯纳德为伦巴第人的国王和他父亲生前所有臣属民族的国王。"

实际上，科尔比的圣阿代尔哈德要做的远不止这些。一位正在帕维亚等候的君士坦丁堡的皇家侍从一直在找丕平·卡洛曼，而查理曼大帝叮嘱科尔比的圣阿代尔哈德千万不能怠慢了这位皇家侍从并且要把他带到艾克斯来。查理曼大帝说道："这位皇家侍从是两个帝国之间的和平的纽带。如果说两位威尼斯总督是和平路上的绊脚石，那么我们要让皇家侍从知道必须挪开这块绊脚石。两位威尼斯总督将被交给最高贵的君士坦丁堡君主处置。此外，你还要让这位皇家侍从知道我们和君士坦丁堡之间将建立和平关系。"

虽然基督教民族的边界不仅遭遇瘟疫，导致有人病逝，而且会受到边界外的异教徒的侵扰，但其安全仍然必须有所保障。因此，埃格伯特会跨越海洋去统治英格兰，而新生的威尼斯则获得了自由。虽然纵使查理曼帝国难逃陨落的厄运，但英格兰和威尼斯都不会受什么影响。此刻，拿着停战协议的大使正从科尔多瓦来艾克斯的路上。

虽然查理曼大帝正跛着脚辛勤地工作，决心要让自己的家园恢复秩序，但他近来的行动对外界产生了不小的影响。

瘟疫结束时，无情的死神给予了查理曼大帝最残酷的打击，夺走了他圣洁的妹妹吉塞拉和驼背丕平的生命。查理曼大帝的妹妹吉塞拉生前一直在谢勒

---

① 米狄欧兰侬，即米兰。

修道院侍奉上帝，而当年曾幻想篡夺王位的驼背丕平则在普吕姆修道院度日。似乎直到811年年末，即临近圣诞季时，瘟疫才消失。

811年的最后一条王宫年鉴记录道：“查理曼大帝的儿子查理薨于811年12月的第五个祈祷日[①]次日。811年，查理曼大帝留在艾克斯过冬。”

圣骑士们惊呼道：“查理是帝国的希望！”或许在哀悼小查理时，圣骑士们也为自己感到悲伤。

查理曼大帝陷入了失去至亲的悲恸中。查理曼大帝把最艰难的任务都交给了小查理——可能因为小查理是儿子，所以查理曼大帝对他格外严厉。小查理虽然终生未婚，但曾和麦西亚国王奥法的女儿埃尔弗莱德有婚约——就像当年罗特鲁德和君士坦丁六世的婚约一样。查理曼大帝依稀记得，当年他的女儿吉塞拉也与伦巴第王室有婚约。然而，最终，这些婚约都被查理曼大帝拒绝了。查理曼大帝的子女们如果当年离开他并且坐上了遥远国度的王位，那么现在又会怎样呢？查理曼大帝无法回答这个问题。

如今，查理曼大帝的家庭已经与以前大不相同了。在王宫里，陪着查理曼大帝的只有鲁德哈德和几个孙辈，以及查理曼大帝的情妇们生的孩子。以前，查理曼大帝的情妇们整天懒散地待在帘子后的房间里，一点也不关心晚祷，只顾着谈论自己的新礼服。虽然情妇们有时会努力扯几句拉丁语取悦查理曼大帝，在他面前表现得非常恭敬，但现在，查理曼大帝是看不到她们的——她们都溜出去跟别的男人幽会去了。

鲁德哈德虽然不爱读书——即使是读给查理曼大帝听，但会跳舞，并且只要音乐响起，就会拉着裙裾，在烛光和炉火之间翩翩起舞。

破晓时和天黑后，查理曼大帝会穿着旧披风和旧拖鞋，独自一人从卧室去石柱廊。僧侣们都会在石柱廊恭候查理曼大帝，准备护送他穿过小教堂的皇帝门。在小教堂里，查理曼大帝祈祷，抑扬顿挫地吟诵着……

小查理和其他亲人的离世不仅让查理曼大帝备感虚弱，而且让他生平第一次想到要为自己找个安身的栖息地。查理曼大帝可能会离开世俗，要么去梅

① 12月的第五个祈祷日，即古罗马历法中的12月的第五天。

斯主教圣阿努尔夫的修道院，要么去约克的阿尔昆曾向往的、圣马丁教堂附近的小禅房——许多先人们都是这样做的。

虽然查理曼大帝似乎曾隐约有过这种念头，但当时小查理仍然在世。上了马后，查理曼大帝觉得自己的心脏不堪重负。查理曼大帝从约克的阿尔昆读给他听的老普林尼[①]的书中得知，心脏需要向四肢运送维持生命的血液。就像一个家庭需要一部分或一个人来供养并且支撑其他人，而小查理本应该是这样的人，即让整个家族得以延续和发展的人。百姓往往非常懒散、不思进取，如果离开小查理这样的人，那么会重新陷入无知的绝望中。

人们是怎样称呼阿基坦国王路易一世的？温柔的路易、虔诚者路易。阿基坦国王路易一世眉清目秀，生性敏感，能力有限，或许能在教堂里找到合适的职位。

噩耗依然接踵而至。在远东，尼基弗鲁斯一世被杀，而他的主力军队也被保加利亚可汗打得溃不成军。在苏格兰的低地附近，北方人的船队又出现了。圣彼得大教堂也传来了警报——撒拉森人的船队正在攻击意大利诸岛，而攻击者不是西班牙人，是非洲的穆斯林。摩尔人和非洲人联合起来进攻基督教人民的海岸会怎么样？不用说，无论哪支军队，这支军队无论多么强大或忠诚，都无法在海边靠陆路赶上船队。

教皇利奥三世打算在罗马的海岸边修筑防御工事。海岸边不像城镇，无法修筑城墙……查理曼大帝未曾召集过强大的军队。每年——只有两年例外——夏季，查理曼大帝都会规劝或强迫应征兵伴着飞扬的旗帜和声声号角外出行军。

不，查理曼大帝不可能放得下尘世的纷扰。虽然查理曼大帝与丹麦新国王立下了停战誓言，但那些丹麦勇士们想得到更多财宝，不会遵守对基督教人民的承诺。如果查理曼大帝没有找到特有的方式，那么军队不会自觉去捍卫基督教人民。

① 老普林尼（23—29），古罗马作家、自然主义者和自然哲学家，在生前花了大部分业余时间于野外研究、调查并且记录自然地理现象。老普林尼所著的《自然历史》是后世百科全书的编著典范。

整个冬季，查理曼大帝依然每天都要工作好几个小时。前厅中已经没有了嬉戏的女人，只有一些申诉者。查理曼大帝穿着鞋子，扎着绑腿，接见了申诉者。夜晚时，查理曼大帝会从藏宝室走到藏衣室再到藏书室，认真地记录自己的财产。

艾因哈德写道："查理曼大帝希望给女儿们和庶出的孩子们留下一笔遗产……认为自己说不定哪天就会离开人世或告别尘嚣。"

埃尔坎巴尔德以恢宏大气的笔调记录了查理曼大帝的财产："以上帝、圣父、圣灵和圣子的名义，最荣耀、最虔诚的奥古斯都皇帝查理曼的口述财产清单及分配如下。口述时间为基督纪年第八百八十一年，即查理曼大帝统治法兰克王国第四十三年、统治意大利第三十七年、称帝第十一年。本次乃查理曼大帝之财产第四次公布。征得上帝的许可后，查理曼大帝虔诚和认真地昭告自己藏宝室中的珠宝和钱财。"

勤勉的埃尔坎巴尔德是工于措辞的大师。虽然撰写国家文件时，精妙的措辞是很有必要的，但查理曼大帝有着不同寻常的癖好。在玛丽亚教堂里的大理石宝座上，人们可以看到查理曼大帝下令西西里石匠拼嵌出的"查理曼酋长"几个红字，而这个简朴的称呼不仅是不争的事实，而且会让查理曼大帝心安理得。

在遗嘱中，查理曼大帝把自己的珠宝、黄金、服饰、钱币和其他财物分成三部分并且将其分别放入三个大箱子里。查理曼大帝密封了两个箱子——这两个箱子是要留给他的领土上的教堂的，会被交给城里的二十一位大主教，是为尽基督教教徒义务而施舍的救济物。

还有一个箱子没有被密封，装的是个人财产和珠宝。这些财宝虽然现在供查理曼大帝使用，但他驾崩后，则会平均分为三份，分别留给家人、侍从及穷人。

还有一些笨重的物件，如船只、铜器、权杖、地毯，以及武器和马鞍，无法被放进第三个箱子里。因此，查理曼大帝下令以后再将上述物件放进箱子里。

接着，查理曼大帝制订了一些特定条款，规定必须将玛丽亚教堂及其装饰物保存好；约克的阿尔昆精心收集的藏书室中的书籍会被以不菲的价格出售，而所获钱款将被赠给穷人；那张画着君士坦丁堡的平面图的银桌子将被赠予圣彼得大教堂；那张画着罗马的平面图的银桌子将被留给拉文纳；那张画着世界地图的银桌子最为珍贵，将被留给包括穷人在内的继承人。

就这样，查理曼大帝处理了所有财产，而巴伐利亚大主教萨尔茨堡的阿尔诺、奥尔良主教狄奥多夫、安吉尔贝和弗里迪斯作为见证人在处理财产的文件上签了名。

处理好财产后，趁着春天的温和天气，查理曼大帝从默兹河顺流而下去了海边以督促修筑根特的堡垒与战船。在北方人出没的英吉利海峡附近，查理曼大帝视察了布伦，建起了一座灯塔，并且让船从各路下水。每到一处，查理曼大帝都会兴致勃勃地把西班牙胜利的消息告诉人们，而托尔托萨也被征服了，导致基督教领土延伸到了遥远的埃布罗河流域。

骄傲的科尔多瓦人也派出大使，传达了第二代科尔多瓦埃米尔希沙姆一世的和平请求。在遥远的南方，意大利的伯纳德已经成为伦巴第国王，而科尔比的圣阿代尔哈德也与贝内文托人达成了和平协定。如果君士坦丁堡做出让步，那么贝内文托人应该同样会信守诺言。

查理曼大帝必须与君士坦丁堡结盟。查理曼大帝认为，君士坦丁堡的使臣到来时摩尔人还没离开王宫这一情形一定是上帝的旨意。查理曼大帝焦虑不安地熬过了一个小时，却发现来者不是最高级别的大使，而是君士坦丁堡大主教迈克尔和米海尔一世·朗加比[①]的一名侍从官员。然而，查理曼大帝依然让自己的侍从披上靓丽的新斗篷，让圣骑士穿上丝绸、戴上羽饰，让领主穿上长袍，吩咐他们尽可能打扮得光彩夺目。查理曼大帝还命人把二十一座城市的旗帜沿着铜熊雕塑旁的台阶一字排开。

因此，御膳总管兼总司令伯查德迅速向查理曼大帝说明了真相，指出君

① 米海尔一世·朗加比（770—844），拜占庭帝国皇帝，于811年取代尼斯弗鲁斯一世之子斯特劳拉基乌斯成为皇帝，于813年被废。

士坦丁堡的大使们对发生在保加利亚的事颇为焦虑，不希望“东西方的两大君主之间有任何不义之举”。听完御膳总管兼总司令伯查德的话，查理曼大帝打起精神，却忘了拜占庭人惯于靠甜言蜜语打开话题的伎俩。

由于想在玛丽亚教堂的正厅接见君士坦丁堡的大使们，查理曼大帝吩咐下人不要将大使们带到王宫的大厅去。王宫的大厅虽然宽敞，但装饰得不够奢华，肯定会遭到拜占庭人的鄙夷，而玛丽亚教堂的正厅则是查理曼大帝最气派的会客厅。查理曼大帝正襟危坐，头戴珠宝皇冠，身披金帛披风，腰佩黄金宝石柄长剑，手持巴伐利亚公爵塔西洛三世的精美权杖。

君士坦丁堡的大使们身穿深色闪亮紫衣，迈入了正厅。突然，管风琴奏响了音乐，而唱诗班随之唱起了《旗帜飞扬》。君士坦丁堡的大使们俯首跪地，将一份文件交至查理曼大帝手中——这份文件正是和平条约。

编年史记录道：“君士坦丁堡的大使们用希腊语赞美查理曼大帝，称他为皇帝和巴赛勒斯[①]。”

历经十二年的波折，查理曼大帝终于得到了拜占庭人的认可，成为与君士坦丁堡的巴赛勒斯平起平坐的皇帝。

---

① 巴赛勒斯，东罗马帝国对统治者的称呼。

第10章

传奇的诞生

传奇是悄无声息地诞生的。一个小男孩在附近的花园里采摘草药，弯着腰，感受着着牛膝草和百里香草的芳香。小男孩待会要把草药篮子带到门旁，而本笃会的老修士会在那儿等着他。小男孩正想着该如何组织语言——他还不怎么会作诗。“我的神父，将这么小的礼物献给这么伟大的学者——如果您坐在这片郁郁葱葱的花园里，那么学堂里的所有孩子都会在这棵苹果树下尽情玩耍……快乐的学堂中的所有那些开怀大笑的孩子们。我的神父，您会根据各种思想写书，是否愿意把我说的这些话好好打磨并且将其写成一首诗？”

长大后的男孩上学了，作了一首名为《花园诗草》的诗，并且解释说这首诗是瓦拉弗里·斯特拉博[①]赠给可敬的圣迦尔修道院院长格里马的薄礼。

当时，弗里迪斯已经接了约克的阿尔昆的班。弗里迪斯沿着卢瓦尔河的河岸行走，试图把约克的阿尔昆的想法传承下去。约克的阿尔昆曾说道：“田里长的花草能治病。在田间，鸟儿们齐声做着晨祷，赞美创造自己的上帝。苹果园的芳香飘进了修道院，如缭绕的余音一般在墙内久久回荡。”

鸟儿们的声音节奏紧凑，流露出对新希望的憧憬，显示了心灵的平静。男孩们成群涌入规模日益扩大的图尔学校，而字迹清晰秀丽的书本从缮写室流

① 瓦拉弗里·斯特拉博（808—849），阿勒曼尼本笃会僧侣和神学作家，住在赖谢瑙岛。

向兰斯和赖谢瑙，去了布列塔尼和阿斯图里亚斯。兰斯和赖谢瑙的僧侣们画出了更逼真的圣像，而布列塔尼和阿斯图里亚斯的艺术家则和科尔多瓦的摩尔人一样，用工具锻造出了焕然一新的灯具。在那难得的和平的几年里，人们默默地工作着，心情愉悦。

奥尔良主教狄奥多夫忙碌着。奥尔良主教狄奥多夫的房间里有一幅手绘的世界地图。奥尔良主教狄奥多夫想起了鲁德哈德，即那个当年给查理曼大帝递苹果的小女孩和现在“浑身珠光宝气，焕发着金枝玉叶的高贵与显赫”的鲁德哈德。圣德尼教堂旁的公路通往人迹罕至、杂草丛生的巴黎岛。法杜尔夫建起了一座行宫并且宣布自己满怀感恩之心恭候着查理曼大帝大驾光临。专为查理曼大帝准备的卧室也已经收拾妥当。为查理曼大帝准备的卧室可以俯瞰塞纳河，而房间里的长榻上铺的是绸缎。万事俱备，只等着查理曼大帝在7月，即干草月驾临行宫。

看到艾克斯的沿河的土地时，一位陌生的骑行者想到了意大利城市佛罗伦萨，便将艾克斯称为“百花争艳的法兰克王国”。

陌生的骑行者的描述一点都没错。这片土地非常宁静，无论是在诗人兼学者瓦拉弗里·斯特拉博还是旅行者眼中，这片土地的创造者都是查理曼大帝——除了查理曼大帝，谁还有那么大能耐？哪一处基督教区域或教区不听命于查理曼大帝？

“自创世之初，”博比奥的邓加尔问道，“法兰克何曾有过一位国王能像查理曼大帝一样英明睿智、威震天下？”

上述这些人的话纯属耳闻了身边的一些事后有感而发。无论对未来抱有何种希望，人们都感觉到了野蛮的终结。与此同时，一个伟大的基督教团体延伸到了边远的村落。基督教团体内部已经达成了和解，将在宗教的帮助下继续踽踽前行。

虽然艾因哈德喜欢称当时的法兰克王国为罗马的复兴，但鲜有人附和他。论及查理曼大帝的帝国的建立时，偶有一两人会隐约提及罗马缔造者罗慕路斯的黄金时期。当然，“皇帝”一词出现在了被铸造得很精致的新币上。计量和重量

罗马缔造者罗慕路斯

单位也都重新制定了。看到全新的《圣经》的书页与兰斯和殷格翰王宫的壁画时，大多数史学家都会联想到大卫王或带领子民过红海①的摩西。

令人奇怪的是，不曾迈出高墙的修道院的僧侣与南征北战的老兵达成了共识。据老兵们回忆，伊尔明苏尔神像被推倒后，法兰克军队遭遇了给水困难，而正当他们饥渴难耐时，天空突然奇迹般地下起了倾盆大雨。在弗里茨拉尔大教堂的墙上，两个不知名的勇士穿着一身耀眼的白衣，看上去不正是在帮助基督教士兵吗？僧侣们认为，这两个人就是圣马丁和圣德尼。老兵们还唱起

① 过红海，即摩西分海的典故。据《圣经》记载，摩西带领子民逃出埃及被红海挡住去路时，神迹出现了——海水一分为二，导致摩西一行人成功过了红海，而追捕他们的埃及人被大海吞没了。

了西格堡的老歌，讲述着基督徒的包围圈内如何突然出现了两块燃烧着的盾牌并且将异教徒们吓得魂飞魄散、溃不成军。

上述内容是剑手克罗尔德的孙辈们在军营中听到的。在老兵们看来，那种奇迹只可能和查理曼大帝有关，譬如查理曼大帝从马上摔下时，他手中的长矛飞出了六七米远的情况暗示着丹麦国王古德弗雷德将离奇死亡——长矛从手中飞出表明他不再需要这支长矛了，以及空中出现的日食和月食现象应该是暗示着查理曼大帝的两个儿子，即小查理和伦巴第国王丕平·卡洛曼的离世。

因此，各种关于查理曼大帝的传说开始形成。查理曼大帝成了另一位皇帝，一位充满着传奇色彩的君主，而他也不遗余力地推动着这种传奇色彩的形成。正是由于听到了这些传说，不仅挺进阿瓦尔人的领地的法兰克军队士气高涨，而且备受瘟疫折磨、几近崩溃的村民们逐渐冷静了下来。身材魁梧的查理曼大帝骑着高头大马，领着锦衣华服的公爵、主教和贵族。队列前面有耶路撒冷的旗帜在开路，后面紧随着引人注目的大象阿布·阿巴斯。查理曼大帝在圣坛前与吟唱者一同念诵，在客栈里与饮酒者齐声欢唱。查理曼大帝的这种帝王形象兼具霸气与幽默，备受众人喜爱。

然而，查理曼大帝怎么也料不到，他费心扮演的皇帝这一角色的晚年会如此凄惨。

如今，查理曼大帝只能整天待在艾克斯宫，再也听不到军营里的歌声和修道院的餐桌上的传奇故事。由于严重跛脚，查理曼大帝常常穿着一件镶着白鼬皮边的长披风，而原来的苹果木拐杖也换成了一根顶部用象牙雕刻的长拐杖——这根新拐杖是弗里西亚的海豹猎手们送给他的。

晨起时，查理曼大帝会让人给他修面，甚至等着理发师帮他把那灰白的胡子梳向两边。查理曼大帝已经变得满头华发，就和当年年迈的斯特姆一样。查理曼大帝把头发挽至耳后，导致他那箍着一个薄薄的金皇冠的脑袋像一个闪闪发亮的头盔。

得知火灾的消息的那天早晨，查理曼大帝忍着关节的刺痛，努力迈着平稳的步子，穿过卧室的帘子接见了御膳总管兼总司令伯查德和艾因哈德。查理曼大帝了解到，巴伐利亚大主教萨尔茨堡的阿尔诺已经派了克罗地亚的基督教教徒来向他宣誓，还得知宫廷伯爵正在恭候他去处理撒克逊家族的案子。

执法官们非常重视西伐利亚的老人被杀一案。早在维茨金作乱时，这位撒克逊老人就已接受了洗礼。这位撒克逊老人虽然是基督教教徒和持剑贵族，但仍然在小查理劫掠西伐利亚的村落时不幸遇难了。当时，这位撒克逊老人的儿子宣布放弃死亡申诉，发誓要效忠小查理。然而，撒克逊人最近几次作乱时，由于新落户法兰克的家庭都被赶尽杀绝，已为人父的这位撒克逊宣誓者虽然是小查理的自由民和臣民，但仍然连同家人一起被放逐了。现在，撒克逊宣誓者的三个高大的儿子都是拥有武器的年轻人，开始要求恢复他们的祖父在西伐利亚的土地。

这三个撒克逊年轻人虽然要求诉诸撒克逊法律审理他们的案子，但究竟算流亡者还是自由民呢？在艾克斯的卷宗记录中，这三个撒克逊年轻人是流亡者，而撒克逊法律规定，只有得到国王的许可，被放逐的贵族才可以重获土地。

执法官们虽然已经果断讨论了这个案子，但不知如何了结。无奈之下，宫廷伯爵只得将这三个撒克逊年轻人的申诉上呈查理曼大帝。

查理曼大帝打量着这三个撒克逊年轻人，只见他们身姿挺拔，满脸红润，蓝色的眸子中满怀敬畏与期待。这三个撒克逊年轻人只知道自己眼前这位就是将北方的侵略者赶出西伐利亚的伟大的查理曼大帝。

由于认为这三个撒克逊年轻人会成为最优秀的战士，查理曼大帝宣布道：“他们是忠实的仆人，而我同意授权他们继承财产。”

在记事本上记录时，御膳总管兼总司令伯查德嘟囔着，好像在说“剩下上千的撒克逊人该怎么办”。

这三个撒克逊年轻人双膝跪地，而经过他们身旁时，查理曼大帝忍不住多看了几眼他们充满了欣喜的脸蛋。接着，查理曼大帝看到了克罗地亚人。克罗地亚人肤色黝黑，披着白斗篷，戴着银臂环。克罗地亚人给查理曼大帝带来了一个有点粗糙的用于游行的银质十字架。令查理曼大帝满意的是，御膳总管兼总司令伯查德替查理曼大帝挑选了几个更值钱的金臂环送给克罗地亚人。查理曼大帝继续往前走，穿过人群，来到楼梯尽头，听着铜水钟发出的声响。铜水钟报了正午的时后，查理曼大帝领头去了餐厅。用完餐后，查理曼大帝脱下了鞋子和披风，解下腰带，睡上两三个小时。

这时，莱茵河上的通信船上的信使来报信，说大火烧毁了美因茨的大桥。修建美因茨的大桥时，为了让大桥在洪水泛滥时也能岿然不动，法兰克人耗费了不少力气。酒鬼和流浪汉们随手扔的火把没有掉进河中，却掉在了美因茨的大桥的木梁上。结果，不到三个小时，美因茨的大桥就烧成焦炭并且全部坠入了河中。

“我们要再建一座石桥！”查理曼大帝脱口而出。那天下午打盹时，查理曼大帝怎么都无法入睡，总是想着如何在桥墩间将砖石结构搭成拱形，以及如何在河中撑起桥墩等问题。

春季的暴风雨来势凶猛，掀翻了石柱廊廊顶，导致去教堂时的查理曼大帝无处躲避风雨。法兰克石匠们既无法把石头捆在一起，也不像罗马人能撑起高架渠……罗马人花多久建成了像丰碑一样的罗马？艾因哈德说花了四百年，而查理曼大帝心想，这简直是无稽之谈——约克的阿尔昆如果还在，那么免不了会取笑艾因哈德一番。这些宫中成长起来的年轻人跟查理曼大帝讲述的都是经书中的语句，而不是含义。这些语句虽然是用加洛林小写体抄写的，十分清晰，但充其量也不过是放在火上的小柴棍而已。思想必须抓住这些语句并且用理解点燃它，正如柴棍燃烧后，火焰才能升起。

虽然理解这些语句后，人们努力获得成就的想法会变得更加明确，但如果没有全能的上帝的意愿，那么这种成就又当如何实现呢？

执法官们都无法回答这个问题，面面相觑地看着查理曼大帝。御膳总管兼总司令伯查德正等着查理曼大帝发话播种来自非洲的新型谷物的种子，而巴伐利亚大主教萨尔茨堡的阿尔诺派来了克罗地亚人。此外，破损的石柱廊、倒塌的木桥、遇难者们的坟墓及他们成千上万的孩子们的诉求都等着查理曼大帝亲自去处理……

侍从们发现，小憩后的查理曼大帝穿着那件蓝色披风，一瘸一拐地朝着

晚年的查理曼大帝

通往玛丽亚教堂的台阶走去。在一群闲谈的女人中，侍从们找到鲁德哈德，让她去告诉查理曼大帝一件事，即查理曼大帝应该去听取判决汇总或图林根主教的财务报告。

午后，查理曼大帝觉得身上有股热火使他困乏不堪、思绪不清——这就是医生所说的发烧。通常，查理曼大帝会靠看身边的人的面孔来想起接下来要做的事。御膳总管兼总司令伯查德催促查理曼大帝派人去召回他唯一活着的儿子，即希尔德加德王后所生的阿基坦国王路易一世。然而，阿基坦国王路易一世远在西班牙边界，正履行着自己的职责。因此，查理曼大帝没有听从御膳总管兼总司令伯查德的建议。

在阿基坦，战火依旧没有熄灭。撒拉森人的船队没有因科尔多瓦人签订停战协议而有所收敛。西班牙的摩尔人也加入了撒拉森人，又一次横扫科西嘉岛，将自己的势力范围扩张到了撒丁岛，并且在尼西亚、纳博纳和托斯卡纳等地成功登陆。教皇利奥三世的堡垒无法移动，不能对付这些入侵的船只。由于有人看到一支拜占庭船队撤离了西西里岛，查理曼大帝仍然抱有一丝希望，希望战争可以结束。

如果亚美尼亚的利奥五世[①]能帮查理曼大帝一把，那么两大帝国即使保不住那些岛屿，也可以保证海岸的安全。

亚美尼亚的利奥五世

① 亚美尼亚的利奥五世（775—820），拜占庭帝国的第三十四位皇帝，于813年至820年在位。

由于没能成功地建立强大的船队，而那条用湿木造的笨拙的船好像也被狂风吹散了架，查理曼大帝只能寄希望于拜占庭人的帮助。查理曼大帝在银桌子旁坐下，研究起君士坦丁堡的平面图来。君士坦丁堡确实有多个港口，一座兵工厂，以及一所建筑林立的大学。据使臣们说，希腊人在君士坦丁堡制造了一股可以在水上燃烧的无法驾驭的火焰，而这种火焰被称为海火，可以摧毁敌人的大船。

那么，查理曼大帝派了谁去君士坦丁堡呢？被派去君士坦丁堡的是年轻的图尔伯爵休和特里尔大主教阿玛利亚斯。图尔伯爵休如实汇报称，这个和平条约不能签——米海尔一世·朗加比不仅处于劣势，而且已经被亚美尼亚的利奥五世放逐。后来，亚美尼亚的利奥五世成为拜占庭帝国的皇帝。没人能摸透亚美尼亚的利奥五世的策略。大家只知道亚美尼亚的利奥五世不喜欢圣像。令人奇怪的是，伊琳娜女皇虽心机很重，但对圣像非常虔诚。查理曼大帝等着特里尔大主教阿玛利亚斯带回签署好的和平条约。

米海尔一世·朗加比

由于痛失爱子小查理和伦巴第国王丕平·卡洛曼，查理曼大帝备感焦虑。小查理和伦巴第国王丕平·卡洛曼曾是查理曼大帝的左膀右臂，而现在，查理曼大帝只能独自操劳。查理曼大帝拄着那根象牙拐杖并且把它当成一种新的权杖。查理曼大帝没有戴皇冠，拖着缓慢的步子穿过破败的石柱廊，盼着能早日收到会给他带来希望的消息。

一周接着一周过去了。查理曼大帝数着日子，后来竟能撇开拐杖，脱下长袍，骑马打猎了！查理曼大帝和猎手们去阿登高原时，发烧也不再纠缠他了。查理曼大帝一觉可以睡很久，直到太阳升起后，树枝斑驳的影子映在他头顶的帐篷上。

为商议来年的国家大事，查理曼大帝应该召开一次大会，而这场大会一定是在艾克斯举行的。

查理曼大帝提及召开大会一事时，御膳总管兼总司令伯查德默默地点了点头。

“伦巴第国王意大利的伯纳德必须从帕维亚出发来参加大会，而科尔比的圣阿代尔哈德则可以待在罗马。”

部下御膳总管兼总司令伯查德同意了查理曼大帝的想法，并且严肃地指出，布列塔尼的边界不能没有科尔比的圣阿代尔哈德——当地人仍然很不安分，而由于已经抛弃了阿基坦军队，巴斯克的山区和加斯科涅的贵族们不会参会。

御膳总管兼总司令伯查德的话勾起了查理曼大帝的回忆——三十五年前，罗兰任布列塔尼远征军总督时，法兰克军队在龙塞斯瓦列斯被巴斯克人袭击，溃不成军，而如今，已经没人愿意再提起龙塞斯瓦列斯这个地方。

查理曼大帝问道：“你刚才说什么？巴斯克人抛弃了军队？”

查理曼大帝刺耳的腔调让御膳总管兼总司令伯查德警觉了起来，连忙说道：“国王陛下，据信使说，巴斯克人把旗帜留给了路易并且躲进了山区。”

“路易把旗帜放在哪儿？”

“放在埃布罗河旁边，正对着韦斯卡。”

实际上，查理曼大帝早就听说了巴斯克人的事，只是想确认一下。韦斯卡毗邻萨拉戈萨，而当地人曾起兵反抗过查理曼大帝的统治。

虽然时间是破晓时分，但一想起西班牙那直插蓝天的红色高地，查理曼大帝顿时就感觉阳光已经刺进了他体内。那是一片危机四伏的土地。查理曼大帝思考着阿基坦国王路易一世为何会掉以轻心——或许是因为他完全相信上帝会保护他吧。巴斯克人已躲进山里没了踪影。查理曼大帝再次在记忆中搜寻，而他耳畔响起了当年第二代图卢斯兹公爵盖洛内的威廉的提醒——牧羊人早已把牲畜赶走，而空荡荡的山谷就是危险的信号。回忆让查理曼大帝深感不祥。

查理曼大帝只剩下一个可以合法继承他的遗产的儿子了，而他辛苦打下的江山现在全靠这个儿子，即阿基坦国王路易一世了。阿基坦国王路易一世是查理曼大帝的唯一合法继承人。查理曼大帝还想起了一件事——扔出去的火把竟然烧毁了美因茨的大桥！这是多么壮观的一座桥，查理曼大帝从没料到它会毁于一旦。对十几个民族的统治竟是这般不堪一击！

查理曼大帝非常正式地说道："总司令大人，请立刻将我的愿望和命令传达给我的儿子路易，让他带上自己的旗帜和军队火速从埃布罗河撤退。"

查理曼大帝又开始沿着埃布罗河河谷回忆起来，将自己的思绪带回了当年登上高山来到两个山口面前的情形——一个象征安全，而另一个象征着危险。听到查理曼大帝的指示后，御膳总管兼总司令伯查德虽然吃了一惊，但仍然恭敬地等着查理曼大帝说完。

查理曼大帝表示希望阿基坦国王路易一世"经乌赫尔和高山口回他的城市图卢兹，然后再自行选择路线来艾克斯"。

"经过乌赫尔和——高山口？"御膳总管兼总司令伯查德喃喃自语道。御膳总管兼总司令伯查德喜欢重复念叨几遍命令，而查理曼大帝似乎已经陷入了沉思。御膳总管兼总司令伯查德好奇地看着眼前的查理曼大帝，不知他还有没有什么别的事要吩咐。

查理曼大帝转动着手指上的戒指，从沉思中回过神来，缓缓地说，夏季的这场大会一定是喜庆的——世俗和宗教贵族不是来参加一场活动，而是来向他的儿子，即阿基坦国王路易一世宣誓效忠并且拥戴他为共治皇帝的。查理曼大帝虽然没有提到邀请教皇利奥三世来主持加冕仪式，但觉得是时候该把皇冠交给阿基坦国王路易一世了。查理曼大帝命令道：“把所有能来的人都算上——让御膳总管做好招待宾客的准备吧。”

“因为海陆两方面都传来了好消息，”查理曼大帝告诉圣骑士们，“所以我们的领土和臣民享受到的上帝的仁慈和佑护是前所未有的。值此和平与荣耀之际，在上帝的帮助下，让我的儿子与我共享皇帝头衔，而待我终老之时，他便能独享尊位。此时可谓大好时机。”

看着查理曼大帝无限憧憬的神情，圣骑士们也十分欣慰，喜不自禁。最终，查理曼大帝决定召回阿基坦国王路易一世，而从艾因哈德那里得知了消息的医生们也喜上眉梢。

查理曼大帝独处卧室，算了算日期，决定让阿基坦国王路易一世在813年7月月初出发。加冕典礼将于夏播期举行，而届时，趁着酿酒季的好月色，查理曼大帝还可以叫上猎手们一起去阿登高原过把打猎瘾。

813年夏季，关于查理曼大帝的传奇开始传播开来。贵族们的遍布大街小巷的骑兵队举行着欢庆活动，而成群的僧侣们从山上到山下排成一列蜿蜒的队伍，眼睛微闭，齐声为两位皇帝祈祷。阿基坦国王路易一世率军经过时，从奥尔良到西奥多庄园的老百姓都欢天喜地，把当天看作圣日。在奥尔良，奥尔良主教狄奥多夫加入了阿基坦国王路易一世的队伍。人群欢呼雀跃，高声歌颂着身在荣耀之城艾克斯的查理曼大帝。

普罗旺斯的领主们说，阿基坦国王路易一世的旅途十分幸运——途经比利牛斯山脉时，虽然奸诈的巴斯克人用了“惯常伎俩”，设下了圈套，但阿基坦国王路易一世一行人毫发无伤。

阿基坦国王路易一世虽然不像查理曼大帝那般身材高大，但仍然英勇潇洒，肩膀宽大，身材挺拔，并且在教堂圣地祈祷时热情洋溢。人们都说阿基坦国王路易一世彬彬有礼、仪表堂堂、虔诚可嘉。

整个维尔姆河河谷都挤满了人，而远处的山头上搭起了一座座凉棚。查

艾克斯的大神父希尔德博尔德

理曼大帝召来了所有主教和修道院院长——几个星期前，他已经把主教和修道院院长纳入了议事会并且让他们“秉承为帝国谋利的原则，自主决定所有事宜”。艾克斯的大神父希尔德博尔德面前的阅读架上摆着约克的阿尔昆制作的《圣经》。

宗教贵族们就新的法令、什一税和圣俸辩论了很久。在随从的陪同下，查理曼大帝就座于玛丽亚教堂旁的户外凳上。宗教贵族们走出来，去查理曼大帝身旁并且禀报了他们的意见。听罢，查理曼大帝提高嗓门，督促宗教贵族商议更重大的事情：“爱卿们，你们详细叙述了这些恶习。现在，请讲讲你们做了什么善事……没有成就便没有尊严……你们会说还有和平与和谐。伯爵们指控你们吵吵闹闹。让我看看你们与他们能否达成契约……要知道，除皇帝外，管理上帝的子民的重任就落在你们和那些伯爵身上！”

因此，为了取悦查理曼大帝，大臣们与宗教贵族们渐渐达成了协议。然而，大臣们与宗教贵族们展开辩论的传闻不胫而走，甚至传到了田间的农夫和做晚祷的朝圣者耳中。

有些来访者注意到，在宫殿的入口处，乞丐们正发泄着怒气，而流浪汉则躲在墙边扒别人的钱包。此外，妓女们跟着帕维亚和帕绍商人的货车混了进来，个个打扮得花枝招展，穿行在庭院里，而她们的目光永远追随着从她们身旁掠过的一件件貂皮斗篷和一双双戴金指环的手。通过付给守门人一个银币或低声承诺会陪他半小时，有些妓女便被放了进来。过道里的仆人向妓女们索要了更多的钱，窃笑着低声告诉她们，长着最美的羽毛的鸟儿正在楼上的房间里筑巢。说完后，过道里的仆人又收了一笔钱。

年轻的伦巴第国王意大利的伯纳德带着他的四个尚未成人的妹妹一起来了，却不知道把她们安顿在哪儿休息——女人的卧室嘈杂混乱、烟雾缭绕，活像一个妓院。查理曼大帝把年幼的孙女们和妾生的女儿安顿在一起——实际上，有时，他甚至记不起这些年轻女子的名字。在女人们的房间里，鲁德哈德和为查理曼大帝生了最后一个儿子蒂埃里的撒克逊美女阿德林达和说了算。蒂埃里时年七岁。

查理曼大帝不停地叮嘱着年轻的伦巴第国王意大利的伯纳德，让他务必抚养和照顾好这群未成年的孩子。

阿基坦国王路易一世进入了房间，看着这些整日蜷在床上的女人，眼中满是不屑，并且不由得想起了自己的母亲希尔德加德王后。阿基坦国王路易一世提出想与大神父希尔德博尔德共居一室，而查理曼大帝同意了。

查理曼大帝变得身体虚弱，很难控制自己的哭和笑，并且在见到阿基坦国王路易一世时喜极而泣。查理曼大帝急切地扫了一眼阿基坦国王路易一世身后的人。认出第一代巴塞罗那伯爵贝拉后，查理曼大帝才松了一口气。然而，在阿基坦国王路易一世的随从中，查理曼大帝没看到加斯科涅公爵桑乔一世·洛佩斯，也没有看到第一代赫罗纳伯爵罗斯坦——这些不忠之臣抛弃了他们的国王。

看到玛丽亚教堂的金色圆顶时，阿基坦国王路易一世兴奋不已，根本顾不上去想背叛之事。然而，忠诚是基督教人民紧密团结在一起的首要条件——如果人们没有忠诚，那么美好的愿景根本无法实现。要多少环节才能让这根团结的纽带更牢固呢？一直以来，负责维系这根纽带的军队不愁吃不愁穿，源源不断地通过水陆两路得到供给，有大量的粮食和有充足的金钱。然而，最终，查理曼大帝没能完成这根纽带，而是让它淹没在了罗兰、弗留利公爵埃里克、巴伐利亚远征军总督文佐高的格罗尔德和负责守卫东部边界的伯爵奥杜尔夫等人的鲜血中。

在朝西的窗户前，查理曼大帝接见了聚集在大厅中的部下。听部下们低声汇报从坎帕尼亚的海岸传来的坏消息时，查理曼大帝告诉他们，科尔比的圣阿代尔哈德最终会和最后一批伦巴第人，即贝内文托人达成和平协定。希腊人、伦巴第人和法兰克人已经联合起来共同对付危险的撒拉森船队。听到新的负责守卫东部边界的伯爵汇报了来自斯拉夫人的压力后，查理曼大帝反驳说霍布基已经被攻克了，而如果在韦斯卡失守的情况下，比利牛斯山脉的瞭望堡垒却仍然安然无恙，那么这种现象必须归功于上帝的恩惠和阿基坦国王路易一世的美德。

每天，查理曼大帝都会努力地从眼前一张张脸庞中搜寻着特里尔大主教阿玛利亚斯。特里尔大主教阿玛利亚斯正在从君士坦丁堡返回艾克斯的路上。在查理曼大帝看来，对阿基坦国王路易一世的加冕仪式来说，特里尔大主教阿玛利亚斯能及时赶到并且把和另一个皇帝签订的和平条约交到他手中无疑是个好兆头。

然而，直到加冕日的破晓，特里尔大主教阿玛利亚斯依然没有出现。查理曼大帝瘸着腿从帘子后面走出来，缓缓移动着身子，躺到长椅上，叹了一口气，让人给他修面和梳头。

山头上的天空一碧如洗，而查理曼大帝指着天空，说道：“好兆头。冲突和饥荒的风暴不是都要结束了吗？从来没有一天像今天这样宁静。”

查理曼大帝感觉到，铁刀片在他的下巴上摩挲着，而象牙梳子他头上轻拭着。查理曼大帝迷迷糊糊地睡着了。在病魔的纠缠下，已过古稀之年的查理曼大帝已经变得体弱气虚。查理曼大帝已经成了一张面具，一个活动的皇权形象，艰难地履行着仪式上的皇帝的职责，而他的行为全凭他的本能反应。查理曼大帝认为，他那一大群年幼的孙子和孙女也应该有一份他打下的土地。查理曼大帝一会儿想着瘦不拉几的蒂埃里也应该有个头衔，一会儿又盼着特里尔大主教阿玛利亚斯快点来……

813年11月的那个上午，在“忠诚者的十字架……”的歌声中，查理曼大帝迈进了玛丽亚教堂的正厅，一步一步地穿过两旁的黑柱子，走向圣坛上的耀眼的烛光处。查理曼大帝戴着皇冠和挂着帝王徽章的黄金链，靠着阿基坦国王路易一世强壮的肩膀缓缓前行。众人发现，查理曼大帝穿的是古代帝王的长袍。

两旁的神职人员和楼座里的贵族都注视着这一切。查理曼大帝威严地屹立在众人中间。跪着进行了祈祷后，查理曼大帝起身转向圣坛——那里放着另一顶皇冠。在大家眼中，查理曼大帝似乎就是权力与希望的关键人物。查理曼大帝说到阿基坦国王路易一世是上帝真正的儿子和仆人时，众人一片欢腾，热泪盈眶。查理曼大帝询问大家是否同意他将帝王之冠授予阿基坦国王路易一世时，众人异口同声地说道：“这是上帝的意愿和帝国的利益所在。”

令人意料不到的是，询问阿基坦国王路易一世是否愿意履行统治者的职责时，查理曼大帝突然喋喋不休了起来。查理曼大帝先是要求阿基坦国王路易一世保护所有的教堂，接济所有贫困者，然后又叮嘱他“无论何时都要善待你的姐妹、侄儿、侄女和其他所有血脉相连的亲人”。

接着，查理曼大帝让阿基坦国王路易一世宣誓按上述要求行事，而阿基坦国王路易一世照办了。这时，查理曼大帝才把皇冠放在了阿基坦国王路易一世头上，祈祷道：“承蒙上帝保佑，我得以有幸在今日亲眼看到自己的儿子坐上我的宝座。”

人们高呼道：“路易皇帝、奥古斯都万岁！”

这时，艾克斯的大神父希尔德博尔德走到圣坛前主持了弥撒仪式。歌声开始在教堂内响起：“圣灵来了……”

那一刻，在旁观者眼中，查理曼大帝的衣着显示的不仅仅是威严——他站立在圣坛旁，召唤着众人向前，活像一位圣徒。伦巴第国王意大利的伯纳德，即丕平·卡洛曼的幼子伯纳德走上前去，被正式加冕为伦巴第国王。

当天下午，人们兴致勃勃地举行了庆祝活动。一连几天，贵族们逐一向法兰克皇帝路易一世许下了效忠之誓。查理曼大帝把最贵重的礼物成堆成堆地送给了法兰克皇帝路易一世。除御膳总管兼总司令伯查德和查理曼大帝外，所有人都忘了特里尔大主教阿玛利亚斯还没有从君士坦丁堡回来。

然而，令众人惊愕不已的是，查理曼竟然下令法兰克皇帝路易一世重新回到阿基坦去履行自己的职责。有位编年史撰写者解释道："如此一来，查理曼大帝就可以继续保留自己的头衔。"

医生们和艾因哈德百思不得其解——首先，查理曼大帝这位生病的老父亲确实非常需要借助儿子法兰克皇帝路易一世的力量；其次，由于皇帝执政的地方离阿基坦并不远，法兰克皇帝路易一世完全可以兼顾阿基坦的事务。然而，查理曼大帝似乎不想让法兰克皇帝路易一世在艾克斯分享统治权。法兰克皇帝路易一世非常听话，告别了查理曼大帝，只留下一堆疑问让众人慢慢思考。

一轮圆月徐徐升起，一直升至松树林和城墙上空，照耀着这座拥挤的城市和如银线般的小河。林间袭来阵阵秋寒，而查理曼大帝依然在数着日子——他将一直数到他置身森林安息时。

在月光下的艾克斯，一切又变成了原样。山头上的凉棚已经没有了，而太阳下山后，星星点点的灯火亮了起来。森林里忽闪着红色的火花——那是树叶在燃烧。牛群被赶到田里去进行二次收割。查理曼大帝召见了自己的四名猎手，让他们备好猎犬和马匹。一切都准备就绪了。

虽然医生们央求查理曼大帝不要外出，以免受寒，但查理曼大帝回答称他不会去黑漆漆的阿登高原，只是去艾克斯附近的狩猎园。查理曼大帝交代御膳总管兼总司令伯查德去办一些事情。在夜晚醒来时，查理曼大帝摸索着走到了藏宝室和藏衣室的烛台前，盯着那些密封的箱子看了好一会儿。查理曼大帝找到了不爱说话的鲁德哈德——她没有和别的女人睡在一起。查理曼大帝叮嘱鲁德哈德要好好照顾和她一样有私生子身份的蒂埃里。

破晓时分，查理曼大帝没刮胡子，也没穿长袍，朝玛丽亚教堂走去。查理曼大帝只穿着羊皮衣和那件蓝色披风，觉得自在又舒服。祈祷结束后，查理曼大帝仔细察看了圣坛上的器皿和那些他下令要一直亮着的油灯，接着便出去叫猎手了。

艾因哈德写道："查理曼大帝虽然变得年老体弱，但仍然和往常一样出门打猎。813年11月1日左右，查理曼从艾克斯小教堂附近打猎回来。接着，814年1月，查理曼大帝发起了高烧，卧病在床。和往常发烧时一样，查理曼大帝开始禁食。然而，查理曼大帝的侧身痛了起来——希腊人称这种疼痛为肋膜炎。然而，查理曼大帝仍然坚持禁食，只会偶尔喝几口水以维持体力。卧床第七天的凌晨三时，举行了圣餐仪式后，查理曼大帝驾崩，享年七十二岁。"

几天后，特里尔大主教阿玛利亚斯带着签好的和平条约从君士坦丁堡回来了。然而，查理曼大帝已经撒手人寰，再也不能亲自执行条约或把分裂成两半的基督教世界连接起来。

在四十六年的时间里，查理曼大帝一直主宰着那么多臣民的命运。从查理曼大帝驾崩后的第一天起，人们能觉察到了许多不同寻常之处。法兰克皇帝路易一世身处南方，无法把握大局。查理曼大帝忘了告诉人们他希望被葬在哪里。圣骑士们一起商议，决定在查理曼大帝驾崩次日给他穿上帝王的服饰并且将他放入大理石棺，再将大理石棺置于艾克斯的玛丽亚教堂的大厅的圣坛下方——毕竟，艾克斯城是查理曼大帝一手指挥建造的。

面对临时安排的葬礼，艾克斯人民立刻想起了查理曼大帝临终前的种种征兆——不久前，地震震塌了查理曼大帝的石柱廊，而闪电击中了玛丽亚教堂的圆顶，将顶上的金球击落在地。

在玛丽亚教堂里，人们指着矮墙墩上的飞檐，告诉艾因哈德说那上面的字也有了变化。太神奇了！在"查理曼"和"皇帝"这两个红色的词中，"皇帝"已经褪色，几乎都无法被看清了。艾因哈德还想起，几年前那次日食时，一个火球划过天空，将查理曼大帝手中的长矛砸落在地——这不正预示着查理曼大帝的统治即将结束吗？

如果上述征兆只是表明上帝来到了法兰克，那么接下来又会发生什么呢？法兰克人的生活会不会有什么变化？由于突然失去了查理曼大帝的保护，在极度失落之余，人们也平添了不少恐慌。因此，村子里传出了一些宽慰人心的谣言，说查理曼大帝实际上并未离开，只是在睡觉，并且会在灾难来临时醒来。然而，吓坏了的男女老少们成群地离开家园，涌入修道院寻求庇护——查理曼大帝生前曾非常愤怒于这种行为。

最终，法兰克皇帝路易一世终于从阿基坦返回了艾克斯。一开始，法兰克皇帝路易一世就展现出了自己一丝不苟和极度虔诚的态度。法兰克皇帝路易一世认真遵照查理曼大帝的遗嘱处置了财宝，同时任命了四位仲裁人将房间里的一批特权妇人和食客搜了出来。法兰克皇帝路易一世从宫门处赶走乞讨者和受贿成性的守门人，并且取缔了他认为是魔鬼撒旦派来的玩杂耍者和跳舞熊的卖艺活动。

法兰克皇帝路易一世下令在查理曼大帝的安息之处上方加上了一块拱形的金墓碑，而金墓碑刻着：

崇高地扩大了法兰克王国之

伟大虔诚的皇帝

查理曼之陵

然而，事态很快发生了变化。法兰克皇帝路易一世决意成为一位虔诚的皇帝、罗马皇帝的继承人。秉承着宽容和惠民的原则，法兰克皇帝路易一世举行了盛大的群众见面会，接受了奥古斯都皇帝的头衔——这是查理曼大帝生前一直忌讳使用的头衔，下令将殷格翰王宫的壁画图案改为铁锤查理的胜利、罗马和君士坦丁堡的建立和查理曼大帝加冕的场景。

法兰克皇帝路易一世满腔热情地履行着保护教会的职责，却不亲自骑马去各地巡游。广大民众只知道法兰克皇帝路易一世的名字，也能从当地的领主处寻求恩惠和帮助。由于法兰克皇帝路易一世不如查理曼大帝有魔力，民众的忠诚更多地转向自己的伯爵和公爵。因此，艾克斯的皇帝变得更加孤立了。

法兰克皇帝路易一世很爱护家人，认真保护着年幼的孩子们——查理曼大帝膝下的那群意外出生的孩子。许多孩子后来都有不小的名气，有的成了编年史撰写者，如尼塔尔，有的做了修道院院长，如蒂埃里。然而，和年轻时的查理曼大帝一样，伦巴第国王意大利的伯纳德冲动任性，在意大利起兵反抗法兰克皇帝路易一世。充满幻想的奥尔良主教狄奥多夫也加入了伦巴第国王意大利的伯纳德的叛乱队伍。最终，叛乱被镇压了。

由于没有兵力控制不断变化的疆土，法兰克皇帝路易一世只能效仿祖先的做法，即将领土分给了他的三个儿子，而这三个儿子的寿命都比法兰克皇帝路易一世长。法兰克皇帝路易一世驾崩后，他的三个儿子便开始争权夺利。有一首诗描写了法兰克皇帝路易一世的三个儿子在841年的丰特努瓦[①]战役：

丰特努瓦战役

① 丰特努瓦，位于今比利时西部。

这儿响起了开战的呐喊，
那儿爆发了惨烈的战斗，
竟是兄弟间的互相残杀……
恐怕已忘了先人的友善。

虽然法兰克皇帝路易一世一直忠厚虔诚，但仅靠宗教信仰无法将这个新生的基督教帝国团结在一起。这个基督教帝国在铁锤查理和矮子丕平手里开始发轫，在查理曼大帝手中成形并且不断扩张。离开了查理曼大帝后，这个基督教帝国失去了种族根基或延续机制，也不复为帝国。

奇怪的是，自西罗马帝国灭亡、欧洲开始陷入混乱的封建社会后，法兰克皇帝路易一世竟是第一个自称为罗马皇帝的君主。突然间，莱茵河不再是强大的动脉，沦为了一道屏障。以莱茵河为界，北面、东面的人们与西法兰克人、阿基坦人频繁爆发战争。莱茵河北面和东面是说日耳曼语的地区，而西法兰克和阿基坦则是查理曼大帝的传奇故事流传的地区——这两个地区分别成了后来的德意志和法兰西。查理曼大帝设想的基督教国家原本始于低地国家，翻过阿尔卑斯山脉后进入意大利，最终却迷失在封建万花筒中，只剩下一个神秘的“罗泰凌吉亚王国”。伦巴第的平原地区又成了征服之路，而各个城市纷纷自建高高的城墙，由自己的公爵和市场内的同业公会管理，最终成为米兰、佛罗伦萨和费拉拉。此外，里亚尔托的威尼斯人一直在海上谋求发展。

随着查理曼帝国的分裂，各个领主死守着自己的封地，而修道院也没有放弃他们的圣俸。很快，领主和修道院便可以和各个国王抗衡了。与此同时，由于无法从外部召唤当年矮子丕平或查理曼大帝那样的武装力量，罗马教廷又重新趋于弱势。查理曼帝国的边界地区的一些地方后来也组成了新团体，如北境、信仰基督教的西班牙区域和多瑙河地区等。多瑙河地区成了后来的奥地利。

虽然不仅短暂的加洛林王朝已经没落，而且新生的查理曼帝国已经名存实亡，但有些东西却幸存下来。然而，这些幸存的东西几乎没有受到关注，也鲜有记录。

加洛林文艺复兴没有结束。加洛林文艺复兴历经君主更替和连年战乱，是知识与希望的脆弱遗产——查理曼大帝的学校、约克的阿尔昆的思想的传承者、安吉尔贝随性的歌曲、奥尔良主教狄奥多夫的公开庭审和坚固的教堂都为后来更大范围的复兴做了开拓性的尝试。在一定程度上，艾克斯的玛丽亚教堂、殷格翰王宫和圣德尼社区都展现出了新的辉煌。教会的生命线从不来梅延伸至托尔托萨，没有受损，完整地保留了下来。

伟大的格列高利圣咏、圣礼书、《日课经》和约克的阿尔昆的新的《圣经》都悄悄地从修道院向外界传播。用清晰的加洛林小写体抄写书本成为一种风尚。越来越多的无知者开始接触维吉尔和圣奥古斯丁的诗句，而这些诗句从修道院和王宫流向了教区学校，躲过了异族侵略者的破坏——它们是烧不尽抢不光的。僧侣们带着书本从内地逃向山区，来到了赖谢瑙和康士坦茨湖湖畔，而艺术家们正是在此掌握了新的彩饰技术。

加洛林小写体传到了意大利甚至卡西诺山区。在英格兰，阿尔弗雷德大帝[①]一直致力于抄写书籍以复兴文化，还派人去法兰克寻找撒克逊的约翰等教师来指导他。

与此同时，人们对查理曼大帝的记忆渐渐模糊了起来。人们对查理曼大帝的最后一次回忆停留在艾因哈德隐居的本笃会修道院后的一处记录里。这处记录提到，外出巡游的查理曼大帝从罗马带来了许多东西，变得十分富有。怀着对查理曼大帝的爱戴，艾因哈德写了《查理曼大帝传》，对他进行了一番详细描述。然而，在人物描述中，艾因哈德添入了一些怀念性的措辞和他想象中的奥古斯都·恺撒的某些特点。奥古斯都·恺撒是艾因哈德心目中的另一位英雄。当时，查理曼大帝已经离世十余载，而他真正的容貌开始为传说中的国王形象所代替。

---

① 阿尔弗雷德大帝（849—899），威塞克斯王国国王，是英国历史上第一个以“盎格鲁-撒克逊人的国王”自称的君主，进行了广泛的军事改革以抗击北欧海盗维京人的侵略，收复了英格兰大部分地区，被后人尊称为大帝和“英国国父”。

阿尔弗雷德大帝

人们回忆最多的是查理曼大帝的情史。一个不知名的僧侣写了一篇《查理曼大帝的愿景》，讲述了查理曼大帝如何将一位叫阿马尔贝加的圣洁处女带回宫中并且让她受尽了炼狱般的折磨。然而，由于在别处没有发现雷同记录，关于阿马尔贝加的内容很快便淹没在咏唱、民间故事和僧侣们的改写中。僧侣们重写了查理曼大帝的生平和事迹。

由于人类的想象具有某种魔力，查理曼大帝虽然不是王宫年鉴里或法兰克臣民心中的英雄，但成了西欧的新灾难中的英雄。人们用文字记录，口口相传，甚至反复歌颂着查理曼大帝的传奇故事。查理曼大帝顺理成章地成为人们公认的英雄君主。

瓦拉弗里·斯特拉博给艾因哈德的《查理曼大帝传》写了一篇前言。瓦拉弗里·斯特拉博似乎对查理曼大帝的生平事迹有些了解，指出“最荣耀的皇帝查理曼”显示出了一个黄金时代的卓越君主的生活轨迹。瓦拉弗里·斯特拉博写道：“……查理曼大帝比所有其他国王都求贤若渴……查理曼大帝将上帝交给他的黑暗混沌的——请容我这样形容——王国变成了焕发着新知识的光芒的国度。直到查理曼大帝的时代，野蛮愚昧的我们才学到了新知识。然而，如今，越来越多的人转移了兴趣。在大多数人心中，智慧之光已经失宠，逐渐黯淡。”

瓦拉弗里·斯特拉博用这种方式夸大查理曼大帝的业绩可能不会令人感到惊讶——令人咋舌的是，传说中的查理曼大帝与现实中的查理曼大帝完全是两个截然不同的人物。

真正的查理曼大帝拥有高大的个头和异常坚定的性格，不仅不会轻易改变决定，而且有能够识人的敏锐眼光。然而，三代人后，查理曼大帝的形象，即传说中的查理曼大帝完全变了样，不仅高出别人一个头，而且用锐利的双眼微微一瞥便能吓跑异教徒和敌人。外出骑马打猎时，传说中的查理曼大帝会脱下老式的法兰克衣服，穿上帝王的长袍并且戴上皇冠。传说中的查理曼大帝发怒时，所有在场的人都会吓得浑身发抖甚至大气都不敢出。再临龙塞斯瓦列斯时，传说中的查理曼大帝竟然抓住太阳，延长了白天。

现实中的查理曼大帝几乎没什么帝王的架子，而传说中的他非常威严，无比睿智和强大。长长的胡须也给传说中的查理曼大帝增添了几分威严。自然而然，为了顺应传说的需要，人们对查理曼大帝的遗体的描述也做了些调整，指出长眠中的查理曼大帝坐得笔直，在双膝上放着一本大福音书，将他的脸朝向大门口。人们还说，由于查理曼大帝还活着，他的胡子仍然在长，甚至伸入了石板的裂缝里。

885年左右，圣迦尔修道院的编年史撰写者完成了自己的《查理曼生平事迹》，用他那“没牙的嘴巴”描述了“金色帝国时期的杰出皇帝查理曼”的丰功伟绩。反复听了老兵们的颂歌后，圣迦尔修道院的编年史撰写者将自己记录的真实的、世俗的和“最狡黠的”查理曼大帝的轶事做了许多有违事实的扭曲。查理曼大帝成为圣迦尔修道院的编年史撰写者心目中的“钢铁查理曼大帝”，而查理曼大帝的臣民虽然“比钢铁还硬”，但在坚如钢铁的查理曼大帝面前普遍毕恭毕敬。

因此，在圣迦尔修道院的编年史撰写者的记忆中，查理曼大帝是一位不可战胜的君主，并且在一个安全与和平的黄金时代统治着一个好战的民族。然而，现实中的查理曼大帝不是战斗领袖，只是率领着一个不好战的民族在外活动了二十多年——这种反差实在令人震惊！

这种反差应是外敌入侵所致。

查理曼大帝驾崩后还不到十二年，北方人便开始突破海洋的边界。北方人的船队沿莱茵河、塞纳河和卢瓦尔河而上，长驱直入，大肆破坏各个城市——再也没有军队可以击退北方人了。845年，查理曼大帝的一个孙子带着自己的领主和应征兵眼睁睁地看着北方人从塞纳河河畔的村子里抓走了一万多名俘虏。当时，领主和应征兵都拒绝反抗可怕的北方人。

丹麦人组织船队沿卢瓦尔河而上，在图尔烧杀抢掠，无恶不作。奥尔良也落入了这群海盗的手中。在圣德尼教堂，丹麦人撬开了梅斯主教圣阿努尔夫的家族的墓穴，掠夺了尸骨上的帝王器物，又沿默兹河而上，去艾克斯烧毁了玛丽亚教堂。掠夺之余，丹麦人还沿海岸建起了冬季住宅区。

得意扬扬的丹麦人和北方人将侵略的魔爪一直伸到了西班牙。与此同时，安达鲁斯[①]和北非的穆斯林船队也将地中海西部据为己有。穆斯林侵略者从岛上的基地出发，攻下了连接意大利的陆桥。拿下马耳他后，穆斯林侵略者又经巴勒莫[②]聚集在西西里岛的海岸，侵占了萨勒诺附近的一个桥头堡，然后直接进入了亚得里亚海，到达了罗马的海岸边。

在宗教热情的驱使下，穆斯林侵略者不断向前进攻。阿拉伯将军们不仅指挥着船队有序航行，而且善于运用高端技术——为了应对拜占庭海军的“海

① 安达鲁斯，阿拉伯语名称，指711年至1492年间由阿拉伯穆斯林统治的伊比利亚半岛和塞普提马尼亚地区。

② 巴勒莫，西西里岛首府，位于西西里岛西北部。

火”，有位837年离开西西里岛的将军动用了新的喷火器。这些将军已经达到了目的，即通过海上航线打探到了拜占庭海军的武器。

当时的教皇利奥四世孤注一掷，在圣彼得大教堂周围建了一圈围墙。阿拉伯骑兵沿沃尔图诺河而上，来到了卡西诺山的岩石高地，沿途只遇到了微弱的抵抗。分裂的查理曼帝国没有船只；教皇没有军队；贝内文托人只顾自卫；如果港口平安无事，那么威尼斯人也不轻易发动战舰；拜占庭海军也只会为维持开放的贸易通道而战。

君士坦丁堡没有联合查理曼帝国，而是退回到了孤立状态。在斯堪的纳维亚人的带领下，从俄罗斯的水域来的小型船队骚扰着君士坦丁堡，而强大的保加利亚人控制了巴尔干半岛的内地贸易区和达尔马提亚的海岸。

教皇利奥四世

马扎尔人

除保加利亚人外，还有一股更大的危险势力出现在了“东方的大平原上”。这股势力便是凶残的马扎尔人。马扎尔骑兵沿多瑙河而上，进入巴伐利亚的山谷，冲破查理曼帝国的东部边界，绕过威尼斯诸岛，将凋敝混乱的艾克斯与四面楚歌的君士坦丁堡彻底分离了开来。法兰克人的领土又回到了加洛林家族的第一代人兴起前的状态，成了闭塞的内陆，无法与外界进行贸易。

幸存的法兰克人再次回到了靠体力生活的状况，开始了可怕的迁徙之旅，从海边、航道周边和肥沃的河谷等区域向东迁去了山区的安全地带。逃亡的法兰克人离开了海边的林荫大道，带着自己的牲口，跨过莱茵河，进入撒克逊荒野地区，向住在山顶城堡中的可以带兵作战的强大领主寻求庇护。

人的惰性也随之而来。除了意大利北部，即以前的伦巴第地区，其他地方都看不到城市生活了。据说，自870年至1000年，罗马没有建新建筑，也没有修旧建筑。巴黎岛也被好战又诡计多端的北方人围困并且遭到了劫掠。再也没有什么力量可以保护基督教人民了。

只有在离世后，幸存的基督教教徒才能得到解脱。这个熟悉的世界似乎正在普遍的绝望中走向末日，准备迎来1000年这一救赎之年。

在这种国家分裂、思想混沌的形势下，人们对查理曼大帝的记忆日渐模糊，悄悄然发生了改变——永不绝望和“不知疲倦的国王”形象与保护子民的基督教救世主形象融合在了一起。相比之下，查理曼大帝的时代似乎算得上是一个思想启蒙的和平时代。

此外，由于渴望引起某种变化，查理曼大帝的名字也成了基督教民族的希望。然而，随着痛苦的增加，失望带给基督教民族的痛苦与辛酸有增无减。

9世纪末，人们对查理曼大帝的记忆有了非同寻常的变化。由于连年内战和异族入侵，查理曼大帝的祖先留下来的法兰克地区——从卢瓦尔河流域到莱茵河流域——遭到了严重的破坏，而许多关于以前的记录、建筑、特殊物品和地方传统都消失了。教师和大学者都离开古老的罗马城镇，向东逃亡并且躲进了山区。颇为讽刺的是，出于安全考虑，许多法兰克贵族跨过莱茵河，迁入了以前的撒克逊人的领地。从富尔达到圣迦尔的那些东部边界的修道院成了新的生存中心。

这种大规模的外迁对人们关于查理曼大帝的记忆起到了决定性的影响。关于现实中的查理曼大帝的记忆大都销匿无踪了，而传说中的查理曼大帝的故事则随着移民一起进入了新的地区。在异乡，人们冒险从莱茵河河谷挽回的珍贵的书籍和文物足以证明查理曼大帝是位理想化的基督教君主。

在后来水深火热的年代中，人们几乎没有留下关于查理曼大帝的文字记录。在某种程度上，人们对查理曼大帝的回忆悄无声息地发展着，却从未停歇——旅行者的故事和被吟诵的歌曲都会提到查理曼大帝；观察星空时，富尔达修道院的僧侣们会把大熊座的导航星称作“查理曼马车”；比利牛斯山脉的一处客栈的主人指定一个石头十字架为查理曼大帝的十字架；阿尔卑斯山脉猎手则滔滔不绝地讲述着奇迹出现的雄赤鹿给查理曼大帝指明东行路线的故事。

在查理曼大帝曾试图统治的威尼斯，他成了鼓舞人心的预言家，曾预测过这座城市不会灭亡。据说，经过威尼斯时，查理曼大帝将一根沉重的长矛扔进了碧绿的海水的最深处，说道："正如我们当中没有人会再看到那支长矛一样，你们的敌人也会永远败于上帝的怒气之下。"

人们记忆中的查理曼大帝就是靠着这样零散的口头传奇深深根植于街头巷尾，并且在不断传播的过程中，渐渐变成了一位广施恩惠的帝王。撒克逊人的领地已经成为日耳曼力量的集合点，而百姓心目中的查理曼大帝的形象也经历了非常明显的演变。10世纪，日耳曼人似乎曾先后将查理曼大帝视为立法者和向他们引入基督教的传教士国王——查理曼大帝建造的各式各样的精致的木教堂不就是明确的证据吗？富尔达和赖谢瑙那些启迪人心的书籍、黄金制品和珍稀的象牙雕刻不也证明了查理曼大帝统治时期的辉煌吗？

这些东部的日耳曼人开始真正抵抗北方人和马扎尔人时，以及属于奥托家族的新君主在撒克逊人的领地上兴起时，人们对查理曼大帝的印象也是混杂不一的。由于无法完全认可查理曼大帝，而完全撇开他又寸步难行，日耳曼人将他认定为神圣罗马帝国的第一位皇帝。奥托一世不仅沿用了查理曼大帝的节庆日，而且在艾克斯重建的小教堂里自行加冕称帝。作为继查理曼大帝之后的又一为罗马帝国重振者，奥托三世远赴罗马举行了加冕礼。然而，需要指出的是，查理曼大帝从未想过要重振罗马帝国。

日耳曼人将查理曼大帝尊为传教士君主和神圣罗马帝国的创建者，开始把他视为圣人，认为他通过天使加百列与天堂保持着联系。

传奇人物查理曼大帝已经成为人们心中的一股力量。

1000年，这个世界虽然千疮百孔，但没有灭亡。基督教和欧洲出现了新的生机，而传奇人物查理曼大帝也获得了新生。

查理曼大帝像幽灵一般跟随朝圣者踏上了朝圣之旅。朝圣之路上的修道院和客栈自然都想靠奇迹和文物积攒人气。难道还有什么奇迹能比基督教救世主的预言更吸引人？难道还有什么文物能比"确为查理曼大帝"的残缺真迹或破布条更令人垂涎？

跨越比利牛斯山脉的路成了人尽皆知的“法兰克人之路”——实际上，朝圣之路并不会经过龙塞斯瓦列斯。每到一处，朝圣者都会狂热地讲述记忆中最纯洁的朝圣者、最伟大的君主查理曼大帝的传奇故事。无论是在通向最可怕的西部海洋的边缘还是通往孔波斯特拉的圣詹姆斯教堂的路上，查理曼大帝的传奇故事都经久不衰。查理曼大帝不正是从异教徒撒拉森人手里夺来了除萨拉戈萨外的所有西班牙地区吗？

在勃艮第，沿路的大小教堂都珍藏着无价的文物。据说，这些文物都是耶路撒冷牧首赠予查理曼大帝的。虽然当时仍然有人怀疑查理曼大帝是否去过耶路撒冷，但查理曼大帝似乎去过君士坦丁堡并且向东方的皇帝建议如何对付异教徒。

寻找诗歌素材时，为了取悦听众，普罗旺斯的诗人也编入了身为国王和上帝的拥护者的查理曼大帝的事迹。然而，听完诗后，听众觉得意犹未尽，纷纷要求再添点查理曼大帝的故事。在巴黎岛，诗人讲述了查理曼大帝如何用蒙帕尔纳斯[①]的岩石主持朝政和如何护佑圣热纳维耶芙教堂的故事。

后来，在伟大的颂歌集里，法兰西人欢天喜地地将查理曼大帝尊为法兰西这个最甜蜜的国度的君主。查理曼大帝不是从孩提时代时就全心全意供奉圣德尼吗？查理曼大帝一生都在为甜蜜的法兰西操劳。法兰西人很肯定地指出，实际上，在查理曼大帝的时代，甜蜜的法兰西已经延伸到了黑色的阿登森林、常年积雪的阿尔卑斯山脉和匈奴人的领土外，直到遥远的契丹[②]。

封建社会伊始，查理曼大帝的形象便具备了封建君主的特点。人们声称，许多有权有势的诸侯都随侍在查理曼大帝左右——光是给他送餐盘的就有四十名公爵。查理曼大帝不仅有四位国王服侍，而且甚至可以让教皇给他唱弥撒经。然而，法兰克皇帝路易一世加冕时，一些意想不到的事情发生了——历史上的心理学家可能追溯了当年的真实情况——由于法兰克皇帝路易一世竟然不敢上前接皇冠，查理曼大帝勃然大怒。

---

① 蒙帕尔纳斯，巴黎的塞纳河左岸的地区。

② 契丹，此处的契丹是中世纪欧洲国家对中国的称谓之一。

随着骑士制度和颂扬英勇战士的时代的到来，查理曼大帝作为甜蜜的法兰西的拥护者的形象轻而易举地顺应了这一变化。现实中的查理曼大帝是一位完美的谋略家和各民族的主导者，而新形势下的他成了一位勇士国王，一剑下去就能把一个全副武装的敌人劈成两半；现实中的他竭力想让法兰克人避免四处作战，而新形势下的他仅靠长矛取得一个回合的胜利就能拿下战争。在查理曼大帝的时代的记录中，只有在特殊的庆典活动时，他的大铁刀才会被提及。然而，查理曼大帝的一把私人宝剑也被赋予了新的意义，还被命名为"乔尤斯"，即欢乐之意。据传，乔尤斯是用上好的钢铸成的，而它的柄上则饰有最珍贵的文物，即圣矛的碎片。后来，由于吟游诗人的创作方向转向了英雄人物的爱情故事，查理曼大帝的身边便多了一位绝色美女。这位美女一般是西班牙的撒拉森君主的女儿，虽然原本信仰穆罕默德，但在查理曼大帝的影响下转信基督教。现实中的查理曼大帝生活中的那群女儿也消失了，而取代她们的是一位单身女子。这位女子叫贝利桑，拥有高尚的品德和白里透红的皮肤。

查理曼大帝成为所谓的"上帝在天使歌唱时加冕的法兰西的第一位国王"。与查理曼大帝有关的每一件事都能引起人们无限的遐想。在传说中，查理曼大帝甚至在二百岁高龄时还能从自己的象牙宝座上站起来，高喊"法兰西贵族们——骑上马，拿起武器"，并且竭尽自己微弱的力量帮助人们。安慰处境艰难的孩子时，村里的母亲们也会反复说道："查理曼大帝看到了我们的痛苦，而眼泪顺着他的长鼻子往下流，沿着白胡子滴到了马脖子上。"

法兰西人凭空想象了许多故事，并且出于嫉妒，认定传说中的查理曼大帝是属于他们的。与此同时，长眠于艾克斯的查理曼大帝的外观也变得与传说中的他更加相符：一块头巾从他的皇冠上垂下来并且盖住了他的脸；他左手戴着手套，托着一本金边福音书放在膝盖上，而右手拿着一柄直立的剑；这把剑没有装在剑鞘里——"永远亮出来对抗敌人"。

没过多久，许多人就亲眼见到了查理曼大帝的幽灵。画师们为查理曼大帝的传奇故事的手稿画了许多画，描绘了查理曼大帝被善良的圣詹姆斯叫醒或骑马进入君士坦丁堡的情形；在挂毯上的一些图案中，查理曼大帝身穿近世帝王的白鼬皮天鹅绒服饰，手持王权宝球与权杖。制作金器的工匠还给查理曼大帝打造了装遗骨或财产的圣髑盒——查理曼大帝遗体曾被掘出来并且穿上了一件紫色的饰有大象图案的拜占庭丝绸披风。彩色玻璃成为教堂装饰的新时尚后，传说中的查理曼大帝便在彩色玻璃上以站立的姿势出现在了基督教教徒眼前。

继这些颇能令人信服的绘画后，查理曼大帝的传记接踵而至。由于想向自己的守护神、孔波斯特拉的圣詹姆斯表达敬意和教育后人，沙隆的一位僧侣根据所有传奇故事整理出了一部非常绝妙的查理曼大帝的生平传记。

因此，三百余年后，查理曼大帝的形象变成了世界的君主，而在这个世界中，北方人被赶进了大海；撒拉森人被从基督教世界中除名；上帝帮助着受苦受难的人类。

或许只有在那种信仰与活力与日俱增的时代，一个传奇才可以在宫廷、国家机构、法律、修道生活、流行文学和艺术等方面留下烙印——就查理曼大帝的传奇来说，的确如此。

查理曼大帝生前制造的一个真实的谜团给中世纪的欧洲蒙上了一层阴影。查理曼帝国到底是什么？是基督教帝国吗？教会的神职人员是这样认为的。是罗马帝国吗？罗马教廷是这样认为的，并且指出查理曼帝国仍然拥有教皇利奥三世在罗马给查理曼大帝加冕时的皇权。是法兰克帝国吗？新兴的日耳曼君主声称查理曼大帝创建了他们的帝国。有位日耳曼君主还计划正式宣布查理曼大帝为圣徒以开启崇拜查理曼大帝的宗教习俗。然而，上述三种观点都受到了法兰西人的反驳——他们认定查理曼大帝是他们的第一位国王。

因此，查理曼大帝毕生致力统一的西欧基督教世界便围绕着权力与公国问题展开了长期的争论。神圣罗马帝国的君主虽然从未统一欧洲，但会追忆查理曼大帝——腓特烈·巴巴罗萨[①]将查理曼大帝的功绩作为他实现抱负的范例，而腓特烈二世则又组织了一次对查理曼大帝的骨架的挖掘，并且在那件饰

① 腓特烈·巴巴罗萨（1122—1190），即腓特烈一世，神圣罗马帝国皇帝，被认为是中世纪的德意志最成功的统治者之一。

腓特烈·巴巴罗萨

有大象图案的披风外面裹上了一件新披风。此外，自称为法兰西皇帝的拿破仑一世也提及了人们对“我们的祖先查理曼大帝”的回忆。本段提到的内容都是有确切的历史记载的，而不是来自民间传奇。

查理曼大帝的传奇不会消亡，也不会被本地化。据说，查理曼大帝驾崩时，艾克斯的玛丽亚教堂的钟不敲自鸣。巴伐利亚的山区的人们声称，查理曼大帝一直住在那儿的一个山洞里，而莱茵兰人则说，查理曼大帝的胡须长到能绕他的陵三圈之时便是世界末日。

丹麦人奥吉耶

为了争取自由，西班牙的基督教教徒开始了长期斗争。西班牙的吟游诗人描述着查理曼大帝此前曾与罗兰一起进行同样的斗争的情形。在传说中，圣骑士们变成了十二位贵族，不仅是查理曼大帝的侍从，而且是其他传奇故事中的主角。传说中的圣骑士分别是奥利维耶·德·维耶纳和丹麦人奥吉耶、巴伐利亚公爵奈蒙和大主教蒂尔潘等人。与此同时，加斯科涅人和普罗旺斯人拿着耶路撒冷的旗帜，加入了这场争取自由的斗争。现在，查理曼大帝的这面耶路撒冷旗帜已经成为法兰西的军旗。

不朽的《罗兰之歌》正是基于西班牙的基督教教徒的这场斗争形成的，充满了勇敢的献身精神。

英格兰和莱茵兰地区的壮士们离开了家乡，开始了第一次十字军运动[①]。十字军士气高涨，眼界开阔，呈现出了查理曼大帝的时代未曾有过的一派新气象。

吟游诗人们用歌曲给船上或岸边的十字军战士讲述了查理曼大帝的故事。吟游诗人们说查理曼大帝从阿巴斯王朝第五代哈里发哈伦·赖世德手中得到了耶路撒冷，还提到查理曼大帝曾坐船去耶路撒冷保卫圣墓。

因此，查理曼大帝的形象不仅依旧在大众心中代表着一股力量，而且会召唤壮士们告别家乡，积极应征入伍。无论行至何方，长途跋涉的旅者都能听到查理曼大帝的传奇。

十字军

① 第一次十字军运动，1096年开始的由西方基督教世界所发起的一项军事行动，旨在收复被穆斯林占领的黎凡特圣地，最终以1099年十字军攻陷耶路撒冷收尾。

在森林中，查理曼大帝这位蛮族人建造了自己的城市，立起了小巧的玛丽亚教堂。令人嫉妒的是，查理曼大帝已经成为跨越整个欧洲的一段记忆，而这段记忆描述了在一个逝去的时代中，基督教教徒团结一心为自己寻找救世主的故事。

作者后记

本书是讲述查理曼大帝生平故事的传记。本人要特别感谢里昂文学院的阿蒂尔·克里因克劳斯——他在查理曼大帝、约克的阿尔昆等人和加洛林帝国的崛起等方面的著述和研究令我受益匪浅。

本人对查理曼大帝的记叙基于在法兰克的历史背景下对他那个年代的一些原始资料的重组。本书中的河流、城市采用的都是现代名称，只保留了一些当时十分重要、现在却鲜为人知的地方的原名，如书中的西奥多庄园就是现在的蒂翁维尔。本书中的头衔和官职采用的是中世纪稍后时期的更简单的形式，如领主即高级贵族，而御膳总管则是当时的一种非常奇怪的拉丁-日耳曼混合职位，即最大的侍从。

本书中的所有人物的生活情形均按史料如实描述，而人物的名字采用的都是读者最熟悉的形式。为避免编年史般的纯事件记录，一些文字或传统在本书中都被拓展成了简短的生活情景。有些细节和事件取自圣迦尔修道院一位著名僧侣的记载，而这名僧侣对伟大的查理曼大帝的习惯和品质似乎了如指掌。

古往今来，虽然不仅关于查理曼大帝的历史记载一直非常丰富，而且他的传奇故事也因对其身后的文学和历史影响深远而广为流传，但鲜有关于查理曼大帝的文字传记。

本书面向普通读者，亦供我个人自娱。在成书过程中，本人发现自己过多强调了查理曼帝国的幸存力量及其对西欧各民族的影响。或许，最重要的那一部分内容已经随着查理曼大帝一同消逝了，而阿蒂尔·克里因克劳斯称那一部分内容为查理曼大帝的理想和道德目标，而不是物质成就，与查士丁尼大帝的情况如出一辙。阿蒂尔·克里因克劳斯还说道：“针对当时的西欧和中欧的混乱的政治和地理状况，查理曼大帝出其不意地制订了一个清晰的规划。”

查理曼大帝的梦想正如灯塔上闪烁的亮光，划过昏暗的欧洲，并且直到十字军运动时才得以复燃。本书正是一部尝试讲述查理曼大帝毕生的梦想、无意过多评述他的成败的作品。

译名对照表

Charlemagne	查理曼大帝
Roman	罗马
Visigoths	西哥特人
Lombards	伦巴第人
Franks	法兰克人
Witches' Sabbath	女巫安息日
St. Columban	圣高隆邦
Jesus Christ	耶稣基督
Germanic	日耳曼
Beowulf	贝奥武夫
Grendel	格伦德尔
Greek-Roman	希腊－罗马
Arab	阿拉伯
Islam	伊斯兰
Gaul	高卢人
Dagobert I	达格伯特一世
Poitiers	普瓦捷
Charles the Hammer	铁锤查理
Pepin the Short	矮子丕平
Carolingian empire	加洛林帝国
Thomas the Apostle	圣多马
Churl	渣儿
Villa of Theodo	西奥多庄园
Kerold	克罗尔德

St. Peter	圣彼得
Stephen II	斯蒂芬二世
Saint Fulrad	圣富拉德
Constable	总司令
Bernhard de Saint Quentin	伯纳德·德·圣昆廷
Metz	梅斯
Saint Arnulf	圣阿努尔夫
Aucher	奥谢
St. Maurice	圣莫里斯
Merovingian Dynasty	墨洛温王朝
Childerich III	希尔德里克三世
Saint Boniface	圣卜尼法斯
Bertrada	贝尔特拉达
Sodom	索多玛城
Northmen	北方人
Field Assembly	田野议事会
Seine	塞纳河
Carloman	卡洛曼
St. Denis the Martyr	殉道者圣德尼
Hay Month	干草月
Constantinople	君士坦丁堡
Jerusalem	耶路撒冷
David	大卫王
Córdoba	科尔多瓦
Meuse	默兹河
Frisian	弗里西亚
Gisela	吉塞拉
Alps	阿尔卑斯山脉
Aquitaine	阿基坦
Ado of Vienne	维埃纳的阿多
Clermont	克莱蒙
Himiltrude	赫罗特鲁德
Ardennes	阿登高原

Arduenna Silva	阿登森林
Vosges	孚日山脉
Würm	维尔姆河
Aquis Granum	阿奎斯格拉纳姆
Colony	殖民地
Ostrogoths	东哥特人
Vandals	汪达尔人
Angles	盎格鲁人
Saxons	撒克逊人
Jutes	朱特人
Meroveus	墨洛维斯
Rhinelands	莱茵兰地区
Austrasian	奥斯特拉西亚
Rhineland	莱茵兰
Neustrian	纽斯特里亚
Clovis I	克洛维一世
Boulogne	布伦
Lombardy	伦巴第
Bavarians	巴伐利亚人
Danube	多瑙河
Duke of Bavaria	巴伐利亚公爵
Tassilo III	塔西洛三世
Loire	卢瓦尔河
Pyrenees	比利牛斯山脉
Saint Hilary	圣希礼
Salzburg	萨尔茨堡
Toulouse	图卢兹
Soissons	苏瓦松
Worms	沃尔姆斯
Rocky Heights	岩石高地
Waiofar	瓦奥法尔
Duke of Aquitaine	阿基坦公爵
Corbeny	科尔贝尼

Alcuin of York	约克的阿尔昆
Burgundian	勃艮第
Provence	普罗旺斯
Carloman I	卡洛曼一世
Noyon	努瓦永
Chancellor	文书长
Saint Adalard of Corbie	科尔比的圣阿代尔哈德
Desiderius	德西迪里厄斯
Hunald	霍纳德
Garonne	加龙河
Duke of Gascony	加斯科涅公爵
Lupus II	卢波二世
Roncesvalles	龙塞斯瓦列斯
Nibelungenlied	《尼伯龙人之歌》
Desiderata	德西迪拉塔
Pavia	帕维亚
Seneschal	御膳总管
Gisela	吉塞拉
Eastertide	复活节
Prüm	普吕姆
Hildegard	希尔德加德
Swabian	士瓦本
Warin of Provence	普罗旺斯的瓦兰
Count of Autun	欧坦伯爵
Thierry IV	蒂埃里四世
Gerberga	格伯加
Swabians	士瓦本人
Gallo-Romans	高卢－罗马人
Gascons	加斯科涅人
Provengals	普罗旺斯人
Hildegard	希尔德加德
Harz	哈茨山
Irminsul	伊尔明苏尔

Hadrianus I	阿德里安一世
Geneva	日内瓦
Alemanni	阿勒曼尼人
Goth	哥特人
Byzantines	拜占庭
Great St Bernard Pass	大圣伯纳德山口
Napoleon I	拿破仑一世
Avars	阿瓦尔人
Liutprand	柳特普兰德
Benevento	贝内文托
Theodoric the Great	西奥多里克大帝
Spoleto	斯波莱托
Friuli	弗留利
Verona	维罗纳
Adalgis	阿迪吉斯
Adalbert	阿德尔伯特
Abbey of Saint Gall	圣迦尔修道院
Darius I	大流士一世
Via Clodia	克罗地亚大街
Syrian	叙利亚
Benedictine	本笃会
Paul the Apostle	使徒保罗
Corsica	科西嘉岛
Mount Bardo	巴尔多山
Parma	帕尔马
Mantua	曼图亚
Mount Silicis	火石山
Ravenna	拉文纳
Venetiae	威尼斯
Istria	伊斯特里亚半岛
Peter of Pisa	比萨的彼得
Ansa	安萨
Rhone	罗纳河

Rhone Glacier	罗纳河冰川
Ravenna	拉文纳人
Rotgad	罗特加德
Duke of Friuli	弗留利公爵
Treviso	特雷维索
Isembard	伊桑巴德
Count of Autun	奥坦伯爵
Gadarene	加大拉
Sturm	斯特姆
Fulda	富尔达
Fritzlar	弗里茨拉尔
Sigiburg	西吉堡
Eresburg	埃尔斯堡
Eastfalian	东伐利亚
Westfalian	西伐利亚
Süntal	桑塔尔山
Hessian	黑森
Treviso	特雷维索
Lippe	利珀河
Padra	帕德拉
Padrabrunnen	帕德拉夫宁
Paderborn	帕德博恩
Valhalla	瓦尔哈拉殿堂
Wotan	沃旦
Witzin	维茨金
Saracen	撒拉森
Neustrian	纽斯特拉里亚
Austrasian	奥斯特拉西亚
Bretons	布列塔尼人
Emir of Córdoba	科尔多瓦埃米尔
Abd al-Rahman I	阿卜杜勒 – 拉赫曼一世
Ommayids	倭马亚
Asturias	阿斯图里亚斯

Wascons	瓦斯康人
Basque	巴斯克人
Ebro	埃布罗河
William of Gellone	盖洛内的威廉
Eggihard	埃吉哈德
Augustine	圣奥古斯丁
The City of God	《上帝之城》
Sulayman ibn Yaqzan	苏莱曼・伊本・雅克赞
Slave	斯拉韦
Saragossa	萨拉戈萨
Beneventans	贝内文托人
Barcelona	巴塞罗那
Navarre	纳瓦拉
Pampalona	潘帕罗纳
Berbers	柏柏尔人
Ta'laba	塔・拉巴
Song of Roland	《罗兰之歌》
Auxerre	欧塞尔
Moselle	摩泽尔河
Karlsburg	卡尔斯堡
Duke of Toulouse	图卢兹公爵
King of Aquitaine	阿基坦国王
Louis I	路易一世
Rotrud	罗特鲁德
Gisela	吉塞拉
Angilbert	安吉尔贝
Corbie	科尔比
Nibelungs	尼伯龙人
Fastrada	法斯特拉达
Düren	迪伦
Dane	丹麦人
Wends	文德人
Pater Noster	主祷文

Ocker	奥克溪
Willehad	威尔利德
Frisians	弗里西亚人
Scandia	斯堪的纳维亚
Drakensberg	德拉肯斯堡山脉
Donation of Constantine	君士坦丁大帝的赠礼
Pepin Carloman	丕平·卡洛曼
Golden Horn	金角湾
Paul the Deacon	执事保罗
Soracte	索拉克太山
Florence	佛罗伦萨
Celt	凯尔特人
Lazarus	拉撒路
Cassino	卡西诺
Queen of Sheba	示巴女王
Philistines	非利士人
the Wain	北斗七星
Sirius	天狼星
Luna	月神
Marcus Tullius Cicero	马库斯·图利乌斯·西塞罗
England	英格兰
Bede the Venerable	可敬的毕德
Pythagoras	毕达哥拉斯
Aristotle	亚里士多德
Claudius Ptolemy	克劳迪厄斯·托勒密
Hipparchus of Nicaea	尼西亚的喜帕恰斯
Jericho	耶利哥
Anchises	安喀塞斯
Babylon	巴比伦
Baghdad	巴格达
Bertha	伯莎
Gregorian Chant	格列高利圣咏
Mainz	美因茨

Alemanni	阿勒曼尼人
Lydia	莉迪娅
Lindisfarne	林迪斯法恩
Aquileia	阿奎莱亚
Chelles	谢勒
Sigfred king of the Danes	丹麦国王齐格弗里德
Avar khagan	阿瓦尔可汗
Geilo	盖隆
Adalgis	阿达尔吉斯
Worad	沃德
Verden	费尔登
Edict for the Saxon Lands	《撒克逊领地法令》
Charles the Younger	小查理
Eresburg	埃尔斯堡
Brunhild	布伦希尔德
Thuringian	图林根
Gerold of Vinzgau	文佐高的格罗尔德
Abbion	阿比翁
Liutperga	柳特佩尔加
Narrow Way	狭路
Alwin	阿尔温
Attigny	阿蒂尼河
Count Hardrad	哈德拉德伯爵
Audulf	奥杜尔夫
Twins	双子座
Archer	人马座
The Bear	大熊座
Flemings	佛兰芒人
Carolingian	加洛林王朝
Mount of Paradise	乐园山
Lateran	拉特兰
Cosmas Indicopleustes	科斯马斯·因迪科普琉斯泰斯
the African coast	非洲海岸

Ethiopian	埃塞俄比亚人
Persian	波斯人
Normans	诺曼人
Zion	锡安
Miercna rīce	麦西亚王国
Offa	奥法
King of Mercia	麦西亚国王
Agilulfing	阿吉洛尔芬
Alemanni	阿勒曼尼人
Jove	朱庇特山口
Capua	卡普阿
Vesuvius	维苏威火山
Duke of Benevento	贝内文托公爵
Arechis II	阿里克斯二世
Naples	那不勒斯
Cloisters of Benedict	圣本笃回廊
Pleiades	昴宿星
Volturno	沃尔图诺河
Grimwald	格里姆沃德
Arno of Salzburg	萨尔茨堡的阿尔诺
Cosmedin	科斯梅丁
Chains	切因斯
Vitale	圣维塔
Justinian the Great	查士丁尼大帝
Empress Theodora	西奥多拉皇后
Aelia Galla Placidia	埃利亚·加拉·普拉西狄亚
Roman Sixth Legion	罗马第六军团
Lech	莱希河
Augsburg	奥格斯堡
Bremen	不来梅
Regensburg	雷根斯堡
Adelperga	阿德尔佩加
St. Michael Archangel	天使长圣米迦勒

Gulf of Taranto	塔兰托湾
Grimoald III	格里姆沃德三世
Hildeprand Duke of Spoleto	斯波莱托公爵希尔德普兰
Winigis	威尼吉斯
House of Medici	美第奇家族
House of Sforza	斯福尔扎家族
Carinthian	卡林西亚
Frozen Sea	冰冻之海
Aurelian	奥勒利安
Serapis	塞拉皮斯
Meginfried	梅金弗里德
Bononia	博诺尼亚
Hincmar Archbishop of Reims	兰斯大主教安克马尔
Einhard	艾因哈德
Bezalel	比撒列
Duke of Maine	曼恩公爵
Hostlaic	霍斯特雷克
Kriemhild	克里姆希尔特
Gideon	基甸
Abimelech	亚比米勒
Attila	阿提拉
Ring	圈城
Tours	图尔
lake of Constance	康士坦茨湖
Wienerwald	维也纳林山脉
Bohemia	波希米亚
Hisham I	希沙姆一世
Narbona	纳博纳
Carcassonne	卡尔卡松
Fardulf	法杜尔夫
Job	约伯
Abbey of St. Martin	圣马丁教堂
Cuthbert	卡斯伯特

Elijah	以利亚
Eishere	艾斯黑尔
Winides	维尼迪人
Valkyrie	瓦尔基里
Silver City	银城
Strassburg	斯特拉斯堡
Aix	艾克斯
Aachen	亚琛
Theodulf of Orléans	奥尔良的狄奥多夫
Liutgard	柳特加尔德
Rhine-Meuse	莱茵－默兹河流域
Serbs	塞尔维亚人
Croats	克罗地亚人
Tisza	蒂萨河
Balaton	巴拉顿湖
Drave	德拉瓦河
Paulin	保林
Wotan	沃旦
Ruodhaid	鲁德哈德
Euclid	欧几里得
Hippocrates	希波克拉底
Paradox of Charles–Charlemagne	查理曼－查理曼大帝悖论
Ephesians	《以非所书》
Carolingian Books	《加洛林王朝之书》
Marcus Aurelius	马可·奥勒留
Louis the Pious	虔诚者路易
Saint Jerome	圣哲罗姆
Sorbs	索布人
Dalmatian	达尔马提亚
Northumbria	诺森布里亚人
Caesars	恺撒
Altmühl	阿尔特米尔河
Pontiff of the Vine	葡萄园的教皇

Song of Songs	《雅歌》
Ercambald	埃尔坎巴尔德
Fredugis	里迪斯
Bishop of Orléan	奥尔良主教
Abdullah	阿卜杜拉
Asturians	阿斯图里亚斯人
Alfonse	阿方斯
Lisbon	里斯本
Grado	格拉多
Hercules	赫拉克勒斯
Code of Justinian	《查士丁尼法典》
Sasanian Persia	波斯萨珊王朝
Muhammad	穆罕默德
Jerusalem	耶路撒冷
Anatolia	安纳托利亚
Nicaea	尼西亚人
Martin Luther	马丁・路德
Felix	费利克斯
Bishop of Urgell	乌赫尔主教
Adoptionism	嗣子说
Wirund the Abbot	修道院院长威伦
Winiges	威尼吉斯
Duke of Spoleto	斯波莱托公爵
Balearics	巴利阿里群岛
Fiume	阜姆港
Book of Exhortation	《劝诫书》
Majorca	马略卡岛
Huesca	韦斯卡
Church of the Holy Sepalchre	圣墓教堂
Zacharias	扎卡赖亚斯
Ancona	安科纳
the Triclinium hall	三位一体大厅
Four Gospels	《四福音书》

Lorsch	洛尔施
Pelagius	贝拉基
Ostia	奥斯蒂亚
Church of Calvary	加略山教堂
Augustus Charles	奥古斯都・查理曼
Aurelian Walls	奥勒利安城墙
Trajan	图拉真
Tiber	台伯河
Mediterranean	地中海
Abul Abbas	阿布・阿巴斯
Harun al-Rashidd	哈伦・赖世德
Aaron	艾伦
Isaac	艾萨克
Liguria	利古利亚
Vercellae	维尔塞莱
Bulgars	保加利亚人
Nikephoros I	尼基弗鲁斯一世
St. John Chrysostom	圣约翰・克里索斯托
Suetonius	苏维托尼乌斯
Lectionary	《圣经选文集》
St. Mark	圣马克
Celtish script	凯尔特字体
Crucifixion	十字架苦像
Carolingian Renaissance	加洛林文艺复兴
Carolingian Minuscule	加洛林小写体
Corbie-Tours-Aix script	科尔比－图尔－艾克斯字体
Carolingian-Roman	加洛林－罗马体
Khosrow I	霍斯劳一世
Egbert	埃格伯特
Jænberht	詹伯特
Archbishops of Canterbury	坎特伯雷大主教
Rule of St. Benedict	《圣本笃会规》
Gudfred	古德弗雷德

Arras	阿拉斯
Scandia	纳维亚
Vikings	维京人
Tortosa	托尔托萨
Massilia	马西利亚
Ligurian	利古里亚
Carthaginian	迦太基
Genoa	热那亚
Balearics	巴利阿里群岛
Corsica	科西嘉岛
Sardinia	撒丁岛
Saracens	撒拉森人
Böhmer Wald	波希米亚森林
Czechs	捷克人
Bohemians	波希米亚人
Moldau	莫尔道河
Essefeld	埃塞菲尔德
Hohbuki	霍布基
Wilzi	维尔齐人
Magdeburg	马格德堡
Halle	哈雷
Saale	萨勒河
Istria	伊斯特里亚
Save	萨沃河
Istria	伊斯特里亚
Yugoslavs	南斯拉夫人
Eberhard	埃伯哈德
Eardwulf	厄尔德沃夫
King of Northumbria	诺森布里亚国王
Patriarch	牧首
Beduins	贝都因人
Mount of Zion	锡安山
Mount of Olives	橄榄山

Kedron	汲沦谷
St. Sabah	圣沙巴
Savior	救世主
Harun al-Rashid	哈伦·赖世德
Abraham	亚伯拉罕
Aquileia	阿奎莱亚
Pola	普拉
Fortunatus	福图内特斯
Rialto	里亚尔托
Hohbuki	霍布基
Meuse-Rhine	默兹河－莱茵河
Mediolanum	米狄欧兰侬
Bernard of Italy	意大利的伯纳德
Nones	祈祷日
Ælfflæd	埃尔弗莱德
Charles the Chieftain	查理曼酋长
Ghent	根特
Burchard	伯查德
Vexilla regis prodeunt	《旗帜飞扬》
Basileus	巴赛勒斯
About Gardening	《花园诗草》
Walafrid Strabo	瓦拉弗里·斯特拉博
Grimald	格里马
School of Tours	图尔学校
Reims	兰斯
Reichenau	赖谢瑙
island of Paris	巴黎岛
Dungal of Bobbio	博比奥的邓加尔
Romulus	罗慕路斯
Sigiburg	西格堡
Leo V the Armenian	亚美尼亚的利奥五世
Sea Fire	海火
Hugh	休

Count of Tours	图尔伯爵
Archbishop of Trier	特里尔大主教
Amalarius	阿玛利亚斯
Michael I Rangabe	米海尔一世・朗加比
Huesca	韦斯卡
Archchaplain Hildebold	大神父希尔德博尔德
Passau	帕绍
Bera	贝拉
Count of Barcelona	巴塞罗那伯爵
Duke of Gascony	加斯科涅公爵
Sancho I López	桑乔一世・洛佩斯
Rostaing	罗斯坦
Count of Girona	赫罗纳伯爵
Campanian	坎帕尼亚
Hohbuki	霍布基
Nithard	尼塔尔
Battle of Fontenoy	丰特努瓦战役
West Francia	西法兰克
Lotharingia	罗泰凌吉亚王国
Ferrara	费拉拉
Community of St. Denis	圣德尼社区
Alfred the Great	阿尔弗雷德大帝
John the Saxon	撒克逊的约翰
Vision of Charlemagne	《查理曼大帝的愿景》
Amalberga	阿马尔贝加
Deeds of Charles	《查理曼生平事迹》
Andalus	安达鲁斯
North Africa	北非
Palermo	巴勒莫
Pope Leo IV	教皇利奥四世
Scandinavians	斯堪的纳维亚人
Balkan	巴尔干半岛
Magyars	马扎尔人

House of Otto	奥托家族
Angel Gabriel	天使加百列
Compostela	孔波斯特拉
Montparnasse	蒙帕尔纳斯
St. Geneviève	圣热纳维耶芙
Cathay	契丹
Joyuese	乔尤斯
Châlons	沙隆
Frederick Barbarossa	腓特烈·巴巴罗萨
Frederick II	腓特烈二世
Olivier de Vienne	奥利维耶·德·维耶纳
Ogier the Dane	丹麦人奥吉耶
Naimon	奈蒙
Duke of Bavaria	巴伐利亚公爵
Archbishop Turpin	大主教蒂尔潘
Lyon Faculty of Letters	里昂文学院
Arthur Kleinclausz	阿蒂尔·克里因克劳斯
Thionville	蒂翁维尔